일본인 세화회

식민지조선 일본인의 전후

국립중앙도서관 출판시도서목록(CIP)

일본인 세화회 : 식민지조선 일본인의 전후/
지은이: 최영호.
-- 서울 : 논형, 2013
p. ; cm. -- (논형일본학: 31)

ISBN 978-89-6357-414-1 94910 : ₩23000

일본사[日本史]

913.07-KDC5
952.033-DDC21 CIP2013004357

일본인 세화회

식민지조선 일본인의 전후

최영호 지음

논형

일본인 세화회

식민지조선 일본인의 전후

초판 1쇄 인쇄 2013년 5월 1일

초판 1쇄 발행 2013년 5월 10일

지은이 최영호

펴낸곳 논형

펴낸이 소재두

등록번호 제2003-000019호

등록일자 2003년 3월 5일

주소 서울시 관악구 성현동 7-77 한립토이프라자 6층

전화 02-887-3561

팩스 02-887-6690

ISBN 978-89-6357-414-1 94910

값 23,000원

서문

연구목적

이 책은 한반도에 거주하다가 패전을 맞은 일본인들이 자신들의 권익 옹호와 귀환자 원호를 목적으로 하여 만든 단체, 세화회를 다루고 있다. 시기는 1945년 8월 15일 식민지 해방 때부터 1948년 7월 10일 부산 세화회 종료 때까지 약 3년간을 주로 다루고 있다. 특히 한반도 일본인들이 일본에 귀환하여 만든 단체, 동포세화회 활동이 끝나는 1947년 7월 1일까지를 주된 대상 기간으로 한다. 세화회 단체가 한반도와 일본에서 어떻게 결성되었고 주로 어떠한 활동을 했는지 정리한 것이다. 해방 직후 일본인 귀환 상황을 재조명함으로써 종래 역사학계가 깊이 다루지 않았던 해방공간에서의 일본인의 존재라고 하는 새로운 연구대상 영역을 제시하고, 현대 한일관계사 속에서 차지하는 일본인 귀환자의 존재 의미를 부각시키면서 역사적 사실을 실증하고 반성과 교훈의 소재로 삼고자 한다.

필자는 이 책의 내용과 관련하여 총 10여 차례에 걸쳐 발표하고 관련 연구자들과 토론하면서 정리했다.[1] 수많은 토론이 이루어진 가운데 가장 기억

---

1) 이 책의 집필내용과 관련하여 필자가 발표한 결과를 주최단체와 발표제목, 그리고 발표일과 발표장소 순으로 정리하면 다음과 같다. ① 東亞世亞教育文化學會, 「日本の敗戰と關釜連絡船: 日本人引揚者の回顧を中心に」, 2005년 11월 4일, 부산 동아대학교, ② 국민대학교 일본학연구소, 「모리타(森田芳夫) 문고 속의 한일수교 자료」, 2006년 11월 9일, 제주 하얏트리

에 남는 것은 왜 하필 이런 일본인 귀환 문제를 연구대상으로 하는가 하는 질문이 있었다. 이 질문에 대해 필자는 역사 연구를 왜 하느냐는 질문과 같은 것이라고 전제하고, 연구자라면 누구나 깊이 파고들어 분명히 밝혀내 보고 싶은 대상을 가지고 있는 것이 아니겠느냐고 응수했던 것으로 생각된다. 왜 하필 해방직후의 시기를 연구대상으로 하고 있는가에 대해서는 그저 필자 자신이 좋아서 하는 일이라고 대답했고 이 생각은 지금도 변함이 없다.

한반도가 해방된 지 70년이 다 되어가면서 일본에서는 패전의 기억을 까맣게 잊고 역사인식을 퇴보시키고 심지어 국가주의 회귀를 외치는 사람들이 늘어나고 있다. 2012년 8월에 한국의 이명박 대통령이 독도를 방문한 이후 한국과 일본의 외교관계가 경색되어가는 가운데, 일본의 정치권에서 여야를 불문하고 침략전쟁의 역사를 긍정하거나 비인도적인 정책의 사실을 부정하는 움직임이 빈번하게 나타나고 있다. 특히 2012년말에 재집권한 아베 신조의 자민당 정부는 과거 무라야마 담화를 부정하는 언동을 계속하여 한일관계를 암울하게 하고 있다.

한편 한국에서도 역사 연구자들조차 자신의 한자명을 사용하지 않는 사

젠시호텔, ③ 동남어문학회, 「패전 직후 재부산 일본인의 귀환」, 2007년 6월 1일, 부산 동아대학교, ④ 한국정치학회, 「일본 패전 직후 부산항을 통한 일본인의 귀환」, 2007년 8월 24일, 부산 BEXCO, ⑤ 한국민족운동사학회, 「귀환과정에서 나타난 남한거주 일본인의 식민지 인식」, 2007년 11월 17일, 서울 대우재단, ⑥ 한국정치외교사학회, 「해방 직후의 일본인 귀환: 세화회 활동을 중심으로」, 2009년 11월 20일, 서울 프레스센터, ⑦ 동의대학교인문사회연구소, 「한반도 거주 일본인의 귀환 후 단체활동」, 2010년 5월 26일, 부산 동의대학교, ⑧ 한국정치학회, 「조선인인양동포세화회 조직과 활동」, 2010년 8월 27일, 서울 고려대학교, ⑨ 한일민족문제학회, 「조선인인양동포세화회와 한반도 재산문제」, 2010년 10월 30일, 서울 광운대학교, ⑩ Association for Asian Studies & International Convention of Asia Scholars, 「Repatriation and Decolonization: the Role of Minority Organization in Japan and Korea」, 2011년 4월 1일, Hawaii Convention Center, Honolulu, ⑪ 한일관계사학회, 「한반도 거주 일본인의 귀환 후 재산보상 요구」, 2011년 5월 14일, 충북 청주대학교, ⑫ 한일관계사학회, 「해방직후 부산 일본인 세화회의 조직과 활동」, 2012년 6월 9일, 서울 송파예술문화회관, ⑬ 부산경남사학회, 「일본 패전 직전의 한반도 거주 일본인」, 2012년 6월 30일, 부산 부경대학교, ⑭ 한일민족문제학회, 「패전 직후 재조일본인의 귀환문제에 대한 조선총독부의 대책」, 2012년 12월 8일, 서울 숙명여자대학교.

람이 증가할 정도로 일상생활이 한자 문화에서 멀어지고 있는 가운데, 식민지 소산을 망각하거나 자신과 국가의 출자(出自) 문제에 눈을 감는 일이 많아지고 있다. 이러한 상황에서 필자는 해방직후 시기에 관한 실증적인 연구를 통하여 한국사회에 조금이라도 균형 감각을 제공하고자 노력해 오고 있다고 스스로 여기고 있다. 그간 현대 한일관계에 관하여 다양한 논저를 내오고 있는 가운데, 그 중에도 각별히 연구 관심을 쏟아 오고 있는 부분은 일본 거주 조선인이나 한반도 거주 일본인에 관한 자료를 찾아내어 민간인의 움직임 가운데서 한일관계 현대사의 원점을 밝혀내는 일이다.

이러한 필자의 평소 연구관심에 따라 이 책이 집필되었고, 따라서 집필 목적을 학문적으로 포장하자면 일본인 세화회 단체를 통해 현대 한일관계의 원점을 확인하고 해방직후의 시기를 실증적으로 확인하기 위해서라고 말할 수 있다. 한반도의 경우 식민지 종결 이후, 일본 열도의 경우 전쟁 종결 이후, 각각 국가 중심의 역사가 중점적으로 서술되는 가운데 놓치기 쉬운 '이동하는 사람들의 역사'를 규명해 내고자 하는 것이다. 결과적으로 이 책은 이제까지 한반도 해방공간에 관한 역사에서 한국인 중심의 역사가 지나치게 지배적인 것에 대해, 이를 보완하는 의미에서 한반도에서 사라져가는 일본인의 측면을 부각시키고자 한다. 한반도를 떠나기 전에 그들이 한반도에서 어떠한 일을 했는지, 어떠한 생각을 하면서 해방정국을 바라보고 있었는지 살펴보고자 한다. 또한 일본에 귀환한 직후에 한반도와 어떠한 관계를 가지고 있었고 어떠한 단체 활동을 했는지 추적하고자 한다.

일국 중심의 역사를 시야에 넣고 본다면, 대한민국과 조선민주주의인민공화국이 일본인과 결별하여 각자 새로운 국민국가를 건설해 간 것을 한반도 현대사의 원점으로 파악할 수 있다. 마찬가지로 일본에서 전후에 일어난 평화운동이나 고도 경제성장을 위한 각 방면의 노력들은 그 원점을 거슬러 추적해 보면 패전 직후에 일어난 해외로부터의 귀환 운동과 관련성을 갖는다고 할 수 있다. 이렇게 보면 재조일본인의 귀환 문제는 한반도와 일본의 현대사에서 서로 별개의 사건으로 파악되기 쉽다. 하지만 한반도와 일본의 관계를 중심으로 하는 소위 관계사적 관점으로 바라보면, 한반도 거주 일본인이 일본으로 귀환해 가서도 국교정상화 교섭에 직간접적으로 영향을 끼쳤던 점이나 한일 양국 사이에 전후 처리 문제가 미흡하고 애매하게 취급되어 온 이면에는 귀환자의 개인청구권 문제가 도사리고 있다는 점을 간과할 수 없다. 이 책에서 필자는 이러한 관계사 중심의 시각을 강조하고 한반도 일본인 문제가 일제강점기에 그치지 않고 현대 한일관계에서도 그들의 존재가 결코 결별된 일이 없다고 하는 것을 밝히고 싶다.

주지하는 바와 같이 한반도 해방을 전후하여 『매일신보』 이외에는 신문자료가 거의 남아있지 않고,[2] 해방공간의 언론 보도는 물론 관련 연구에서도 지나치게 일국 중심의 어프로치가 강하기도 하여, 해방공간에서 일본인의 귀환 상황을 입증하기에는 자료가 넉넉하지 않다. 이러한 연구조건을 토대로 하여 필자는 기존 연구의 공백 부분을 메우고자 하는 목표 아래, 가능한 관련 자료를 많이 찾아내고 참고하여 일본인 귀환문제의 전개과정을 실증해 내고자 한다.

연구내용 : 일본인의 귀환과 세화회

패전 직후 650만 명이 넘는 일본인들이 아시아 지역과 태평양 지역에 흩어져 있었다. 이들 가운데 350만 명 정도의 육해군 군인과 나머지 민간인 대

---

2) 부산의 『민주중보』의 경우, 1945년 9월 20일자 신문부터 일반의 열람이 가능하며, 해방공간의 4대 중앙신문 가운데는 매일신보(서울신문)만이 8.15를 전후한 신문이 남아있고, 조선일보는 1945년 11월, 동아일보는 1945년 12월, 경향신문은 1946년 10월부터 신문자료 열람이 가능하다. 정진석, 『해방공간 4대신문: 서울심신문(매일신보), 조선일보, 동아일보, 경향신문』, LG상남언론재단, 2005, 해제문(페이지 없음).

부분이 일본으로 귀환해야 했다. 거류하는 지역에 따라 귀환하는 양상이 달리 나타났으나 전반적으로 생명과 재산의 위협을 받으며 귀환 길에 올라야 했다.[3] 본문에서 논하는 바와 같이 패전(해방) 직전 한반도에서 일본 본토로 이동하는 일본인에 비해 한반도로 들어오는 일본인이 훨씬 많았으며, 여기에 중국지역에 있던 일본군 부대가 남방 방어를 위해 한반도로 이동 배치되고 있던 상황이나 패전 바로 직전 만주 지역에서 소련 침공을 피해 남하하고 있던 상황까지 감안하면, 결과적으로 패전 당시 한반도 역사상 가장 많은 120만 명 정도의 일본인이 한반도 안에 머물러 있었다고 할 수 있다. 이처럼 패전 당시 일본인 거류자 총수를 120만 명으로 추정하는 것은 일본인 군인이 32만 명 이상, 그리고 민간인이 80만 명 이상 한반도에 머물러 있었다고 하는 계산에서 나온 것이다.

일본이 전쟁에 패하자 한반도를 비롯하여 해외 각지 체류하고 있던 일본인들이 일본 열도로의 귀환을 서둘렀다. 일본군의 보호를 받으며 유지되어 오던 일본인 커뮤니티에 균열이 발생하면서 해외 거주 일본인의 안정적인 생활과 유동성이 파괴된 것이다. 패전 직후의 혼란 가운데 「중국잔류고아」 문제를 비롯하여 귀환 도중에 피해를 입거나 사망하는 일본인이 대량으로 발생했으며 많은 귀환자들이 일본에서 안정된 생활 기반을 갖지 못하고 전혀 새로운 개척생활을 시작해야 했다. 한반도 일본인의 경우, 관료들의 가족이나 남부지역 거주자들을 중심으로 개별적으로 선박을 마련하여 귀환한 것을 필두로 하여, 점차 군정당국의 통제를 받으면서 집단을 이루어 한반도를 떠나갔다.

38도선 이남에 거주하고 있던 일본인들 중 대부분은 1946년 2월 시점에 일본으로의 귀환을 마치게 된다. 일본 후생성의 귀환통계 자료에 의

3) 다우어, 『패배를 껴안고: 제2차 세계대전 후의 일본과 일본인』, 민음사, 2009, pp. 49-60.

하면, 해외에 있던 민간 일본인들이 패전과 함께 일본으로의 귀환을 시작하여 귀환활동이 거의 끝나는 시점인 1961년까지 총 6,288,665명이 귀환한 것으로 되어 있다. 이들 가운데에는 한반도 남부 지역에서 귀환한 일본인 596,454명, 북한 지역에서 귀환한 일본인 322,585명이 포함되어 있으며, 이들 대부분의 귀환은 1945년과 1946년 사이에 이루어졌다. 패전 이후 1946년 말까지 1년 5개월 동안에는 총 5,096,323명이 귀환했으며 이 가운데 남한 지역에서 571,765명이, 북한 지역에서 304,469명이 귀환한 것으로 되어있다.[4)]

위의 후생성 통계는 어디까지나 공식적인 통계이며 여기에 패전 직후 연합군에 의한 통제가 이루어지기 이전에 개별적으로 귀환해 간 사람들은 포함하지 않은 것이다. 만약 개별적인 귀환자까지 포함시켜 생각한다면 민간인의 경우만 90만 명 전후의 일본인이 귀환한 것이 되며, 여기에 한반도 체류 일본인 군인까지 포함시킬 경우에는 120만 명이 넘는 일본인들이 패전 직후 1년 정도의 기간에 한반도를 거쳐 일본으로 귀환한 것이 된다. 그리고 널리 알려진 바와 같이 이들 가운데 대부분이 부산항을 통과하여 일본으로 귀환했다.[5)]

일본인들이 거주지에서 쫓기듯 귀환해야 했던 것은 두말 할 것도 없이 일본제국이 민족차별을 기조로 하여 타민족에게 강요해 온 황민화 정책과 전쟁동원 시책에 따른 결과였다. 전쟁 기간에 식민지 혹은 점령지에서 현지 민족에게 불행을 강요했던 황민화 정책이 일본의 패전을 계기로 한반도 전체에 걸쳐 일본인 스스로를 불행하게 하는 결과를 초래한 것이다. 더욱이 38도선을 경계로 미군과 소련군이 분할 점령을 하게 됨에 따라 소련군 점령 지

---

4) 厚生省援護局(編), 『續々・引揚援護の記錄』, 厚生省, 1963, p. 417.

5) 최영호, 「해방직후 부산경남지역의 귀환자 원호체계와 원호활동」, 『한국민족운동사연구』 36집, 2003. 9, pp. 6-8.

역 일본인 주민들은 귀환하는 과정에서 남한 지역의 주민과 비교할 수 없을 만큼 갖은 고난을 겪어야 했다. 한민족 뿐 아니라 한반도 거주 일본인에게 있어서도 38도선은 비극의 분단선이 되고 만 것이다.

그런데 계획적인 송환이 이루어지기 이전에 일본인 거주자들은 중국과 한반도에서 자구적인 단체를 결성하여 일본인 네트워크를 유지했다. 특히 중국 동북지방의 「일본인회」와 한반도의 「세화회」는 일본인 귀환자들을 원호하고 정보를 공유하는데 지대한 역할을 담당했다.[6] 한반도의 경우, 일찍이 포츠담 선언 수락 발표일 3일후인 8월 18일에 서울에서부터 시작된 세화회 조직 움직임은 일본인 민간인들의 기대와 총독부와 일본군 부대의 지원이 맞물려 순식간에 지방으로 확대되었으며 한 달 만에 남한의 모든 지방을 커버했다. 이렇게 만들어진 남한의 세화회는 일본인 거주자들이 일찍 귀환해 감에 따라 1946년 4월 초에 이르러서는 서울과 부산의 조직만을 남기고 모두 소멸되었다.

한편 한반도에서 거주했던 사람들은 귀환한 후에도 도쿄를 중심으로 하여 세화회라는 이름의 조직을 결성하고 귀환자들을 위하여 권익옹호 활동을 전개했다. 세화회라는 이름으로 한반도에서 마지막까지 활동하던 부산 세화회는 도쿄의 세화회가 문을 닫은 지 한 해 뒤인 1948년 7월에 업무를 마쳤다.

이 책은 귀환 전 한반도의 세화회 활동과 귀환 후 일본의 세화회 활동을 연속선상에서 파악하고 연결고리를 찾는데 주력하고자 한다. 이처럼 관계사의 측면에서 귀환자 단체의 한반도 활동과 일본 귀환 후의 활동을 서로 관

6) 후생성 통계상 중국 동북지역과 한반도에서 귀환한 일본인 민간인 수가 전체 귀환자의 절반을 넘긴 것은 한반도를 둘러싼 지역의 일본인 단체가 귀환 원호에서 얼마나 중요한 역할을 수행했는지 잘 말해주고 있다. 小林英夫, 「戦後アジアにおける日本人団体の活動と特徴」, 小林英夫・柴田善雅・吉田千之輔, 『戦後アジアにおける日本人団体: 引揚げから企業進出まで』, ゆまに書房, 2008, pp. 18-19.

련시켜 서술하고자 한 점은 기존의 세화회 관련 연구와 비교하여 이 책이 갖는 가장 큰 특징이라고 할 수 있다.

세화의 의미

일본의 사전에는 세화(世話)는 ①통속적인 말이나 일상어 · 구어, ②세간의 소문이나 평판 또는 말투, ③현대적 · 일상적 · 서민적인 일, ④남을 위하여 힘을 쏟는 일이나 남을 돌보는 일 또는 폐를 끼치는 일 등, 다양한 뜻을 가진 단어라고 되어 있다.[7] 또한 일본의 「어원유래사전」에 의하면, 세화라고 하는 단어는 본래의 뜻이 "세간에서 흔히 일컬어지는 이야기", 또는 "세속에서 사용되는 이야기"이었는데, 이것이 점차 "일상적인 것", "통속적인 것"으로 바뀌어 사용되다가 에도(江戸)시대부터 "돌보다"는 뜻으로 사용되기 시작했다고 한다.[8] 현대에 들어서는 일상적인 용어로서 "돌보다"는 뜻으로 쓰이고 있다.

패전 직후 한반도의 급변하는 정세에 따라 조선총독부가 공식적으로 나서기 곤란한 상황에서 일반 일본인들이 민간 차원의 상호부조 이미지를 드러내기 위하여 단체명에 이 용어를 사용하게 되었다. 그러나 단체명에서 보이는 것처럼 순수한 민간 결사체로 출발한 것은 아니고, 본문에서 언급하는 바와 같이 조선총독부와 일본군의 지도와 지원 아래에서 만들어졌고 그 후 미군정 당국의 비호 아래 활동하게 되었다.

연구자 모리타 요시오

패전 직후의 한일관계와 일본인 귀환을 연구하는데 있어서 가장 훌륭한

7) 新村出(編),『広辞苑, 第三版』, 岩波書店, 1983, p. 1360.

8) 「語源由来辞典」, http://gogen-allguide.com/se/sewa.html.

길잡이가 되는 연구자는 단연코 모리타 요시오(森田芳夫, 1910~1992)라고 할 수 있다.[9] 그의 수많은 저작 가운데서도 가장 괄목할 만한 작품은 한반도 일본인의 귀환 문제, 특히 세화회의 조직과 활동에 관하여 방대한 자료를 발굴하고 정리하여 1964년에 발행한 『조선종전의 기록(朝鮮終戰の記錄)』이다. 이 작품은 일본에서 출간되자마자 한일 양국의 연구자들로부터 호평을 받기 시작했다.[10] 거의 모든 일본인 귀환자들이 자신의 주변에 관한 기억을 더듬어가며 귀환과 관련한 자료를 생산한 데 반하여 그는 방대한 자료들을 모아 패전과 귀환 과정을 실증해 냈다.[11] 또한 그는 1979년과 1980년에는 3권의 관련 자료집을 편찬하여 한반도 해방전후사 혹은 일본인 귀환에 관하여 관심을 가진 사람들에게 널리 참고할 수 있게 했다. 특히 세화회의 내부자료를 발굴해 내고 집대성하고자 한 점에서 그의 책과 자료집은 오늘날에 이르기까지 관련 연구계에서 교과적인 지위를 차지하고 있다.

모리타는 1910년 전북 군산에서 약재상을 운영하는 집안에서 태어나 어린 시절을 군산에서 보내고 중학교 이후로는 계속하여 서울에서 수학하면서 성장했다. 1932년에 경성제대 법문학부 사학과를 졸업하자마자 녹기연맹(綠旗聯盟) 연구소의 연구원이 되었으며 1942년에는 국민총력조선연맹 사무국에서 편집과장을 역임하면서 총독부 자료에 접근하기 쉬운 입장이 되었다. 한편 패전 직후 1945년 9월부터 서울 세화회 회장의 비서역 등을 담당하면서 한반도에 남아서 해방을 전후한 한반도 정세 변동과 일본인

9) 田中明, 「使命感の人: 森田芳夫さんを失って思うこと」, 『現代コリア』 326号, 1992. 11, pp. 66-68; 다테노 아키라(편), 『그때 그 일본인들』, 한길사, 2006, pp. 395-400.

10) 이홍직, 「소개, 森田芳夫 저, 『조선종전의 기록』」, 『아세아연구』 7권 4호, 1964. 12, pp. 179-183; 近藤劔一, 「森田芳夫 著, 『朝鮮終戰の記錄』」, 『国際政治』 2号, 1964, pp. 133-137.

11) 모리타 가족의 한반도 이주와 개별적인 귀환에 관한 기록으로서는 요시오보다 그의 친형 히데오(秀夫)가 더욱 상세한 기록을 남기고 있다. 森田秀夫, 『朝鮮渡航と引揚の記錄』, 秀巧社印刷株式会社, 1980.

귀환을 둘러싼 여러가지 움직임을 직접 목격했다. 이듬해 3월 말에 일본에 귀환하고 나서도 그는 귀환자 원호단체에 속해 있었으며 후생성 · 외무성 · 법무성 등에 근무하면서 수많은 자료를 입수할 수 있었다. 그는 이러한 환경에 안주하지 않고 조선총독부 관리와 한반도에서 귀환한 사람들을 면담하거나 하며 자료를 보완하면서 일본인 귀환 과정을 실증해냈다.[12] 당연한 일이지만 이 책의 집필에 있어서도 필자는 모리타의 연구결과에 크게 의존하지 않을 수 없었다.

미군정 귀환업무 담당자 William Joseph Gane

모리타의 연구가 한반도 거주 일본인의 시각을 중심으로 하고 있는 만큼, 보다 객관적으로 일본인 귀환 문제를 이해하기 위해서는 기존의 연구에다가 해방직후 한반도 거주 조선인의 시각과 미군정 당국의 시각에 관한 연구가 추가되어야 한다. 조선인의 시각과 관련하여 일차적인 자료로서 이 책에서는 가능한 해방직후 한반도의 언론 기사나 전단지 내용 등을 소개하고자 한다. 이와 함께 미군정 당국의 시각과 관련하여 이 책에서는 가장 괄목할 만한 연구 자료로서 외무처 난민과장을 역임한 윌리엄 게인(William J. Gane, 1920~)의 발표 자료에 주목하고자 한다.

게인은 1920년 펜실베니아주 필라델피아에서 태어나 1939년부터 1941년까지 Dropsie College에서 동양학을 공부했다. 태평양전쟁 발발 이후 그는 미공군 정보장교 훈련생으로 입대했으며 1944년에 버지니아 대학의 군정요원 양성소에서 그리고 1945년에 노스웨스턴 대학의 민정요원 양성소에서 수학했다. 1945년 3월에 중위로 진급했고 2차대전 종결과 함께 제24

12) 모리타 요시오의 약력과 저작에 대해서는, 浜田耕策,「森田芳夫先生略年譜」,『年報朝鮮学』3号, 1993. 3, pp. 1-3; 浜田耕策,「森田芳夫先生著作目錄」,『年報朝鮮学』3号, 1993. 3, pp. 4-17에 상세하다.

군단 군정요원으로 한반도에 들어와 미군정청 외무처에서 일하다가 1946년 4월에 대위로 진급했다.[13)]

그는 1945년 9월 24일부터 1946년 10월 24일까지 외무처 난민과장으로 재임하면서 일본인과 조선인의 귀환 문제에 직접 관여하게 되었다. 그는 자신의 경험과 군정부대의 자료들을 활용하여 1947년에 일본인과 조선인의 귀환에 관한 보고서 「1945년 9월 25일부터 1945년 12월 31일까지의 귀환」을 정리해냈다.[14)] 이 보고서를 일부 보완한 논문[15)]으로 그는 1949년에 노스웨스턴 대학교에서 석사학위를 받았고, 이어 1950년 8월까지의 한반도를 둘러싼 국제정세를 가미한 논문[16)]으로 1951년 같은 대학교에서 박사학위를 받았다.

그를 포함하여 100명 가량의 미군정 요원은 오키나와(沖繩)에서 단지 3일간의 교육만을 받고 한반도에 진주했다. 일본 점령에 대비한 교육을 받아왔기 때문에 어느 정도 일본어에는 친숙해 있었으나 한반도에 대해서는 기본적인 지리 정보조차도 알지 못할 정도였고 언어와 사회 사정에 대해서 사전 지식을 갖지 못했다.[17)] 이에 따라 그가 발표한 보고서와 논문이 거의 영어 자료에 의존하여 작성되었다고 하는 근본적인 한계를 가지고 있었을 뿐 아니라 조선인과의 원활한 커뮤니케이션이 이루어지지 않았을 것으로 생각되며 그의 현실 인식에 문제점이 많았을 것으로 보인다. 그럼에도 불구하고 일본어 자료 이외에는 일본인 귀환에 관한 정리된 자료가 없는 상황에서 게인의 발

13) 그의 박사학위 논문 말미에 첨부된 이력서(Curriculum Vitae)를 참고했다.

14) Gane, William J., *Repatriation: from 25 September 1945 to 31 December 1945*, Foreign Affairs Section, Headquarters USAMGIK, 1947.

15) Gane, William J., *Repatriation in Korea, September 1945 to January 1946*, Northwestern University (Master's Thesis), 1949.

16) Gane, William J., *Foreign Affairs of South Korea, August 1945 to August 1950*, Northwestern University (Doctoral Dissertation), 1951.

17) Gane, William J., 1951, p. 10.

표 자료는 일본어 자료들의 한계를 보완하는데 매우 유효하다고 할 수 있다.

이 책의 의의와 한계

필자는 연구자 모리타가 일찍이 자료 정리와 조사 분석에 열정을 쏟아 현대 한일관계사 연구계에 커다란 족적을 남긴 것에 대해 그의 저작물을 대할 때마다 선배 연구자로서 깊은 존경과 경의를 느끼고 있다. 그러면서도 다른 한편으로는 현대 한일관계사 연구자로서 그의 조사 결과에 대해서 맹목적으로 의존하기 보다는 끊임없이 재검토하고 보완해 가야 한다고 생각해 오고 있다. 필자는 2002년에 서울 거주 일본인의 일본 귀환에 관한 논문을 집필하면서부터 누군가 한국인의 관점이나 미군정 당국의 관점을 가미하여 모리타의 저서를 검토하고 극복하려는 연구 작업이 이루어져야 할 때가 오지 않았나 하는 의견을 후배 연구자들에게 토로해 왔다.

2000년대에 들어 한국의 대학 연구소를 비롯하여 여러 기관과 개별 연구자들이 일본인 귀환 문제에 관하여 관심을 쏟게 되었기 때문에 누군가는 이 문제에 관한 독창성 있는 연구결과를 내놓을 것으로 기대하기도 했다. 그런데 간간이 관련 논문들이 한국과 일본에서 나오기는 했지만 세화회의 활동을 집대성하는 연구 결과는 나오지 않았다. 이것을 개인적으로 안타깝게 생각해 오다가 2003년부터 다각도로 일본인 귀환에 관한 논문들을 집필하면서 필자 스스로가 한번 세화회의 활동을 정리해 보기로 결심하게 되었다. 그리고 2009년 한국연구재단으로부터 연구조성금 지원이 확정된 것을 계기로 하여 본격적으로 한국과 일본 그리고 미국에서 관련 자료들을 수집하고 연구결과에 관한 발표를 계속해 왔다.

세화회에 관한 책을 내놓으면서 아쉬운 점이 많지만 그 중에도 다음 세 가지의 문제점 혹은 한계점이 마음에 걸린다. 첫째는 연구대상 지역에 있어서 서울과 부산 그리고 도쿄의 세화회 조직에 한정되어 있다는 점이다. 그것은 말할 것도 없이 이 세 지역의 세화회가 가장 괄목할 만한 활동을 전개했기 때문이고 그에 따라 관련 자료도 그런대로 상당수 남아 있기 때문이다. 한반도 내에서는 38도선 이북지역과 함께 인천 · 군산 · 청주 · 목포 등의 세화회에 관한 언급으로서는 모리타의 자료집이 약간의 자료 소개와 함께 관련 사실을 소개하고 있으니 그것을 참고하기를 바랄 뿐이다.

둘째는 연구대상 시기에 있어서 1945년 8월부터 1946년 3월까지 세화회 조직의 초기 활동에 한정되어 있다는 점이다. 따라서 본문은 단체의 활동에 대한 전반적인 언급보다는 결성과정에 대한 의미 분석에 초점이 맞추어져 있다. 이를 보완하는 방법으로 세화회의 중요한 활동을 포함하여 이 책 말미의 연표를 첨부했으니 독자들은 이를 참고했으면 좋겠다.

셋째는 세화회 관련자 또는 일본인 귀환자들 개개인의 인식문제를 한정된 자료 속의 관련 기술을 통해서 밖에는 도출하지 못했다는 점이다. 개별적인 인터뷰를 통해 보완했더라면 좋았겠지만 여러 가지 이유로 시도할 수 없었고, 결과적으로 자료 분석에 그쳤다는 점을 고백하지 않을 수 없다. 게다가 될 수 있는 대로 폭넓게 한반도 귀환자의 회고록을 인용하려고 했지만 인용에서 누락된 사람들이 많다는 것도 부정할 수 없다. 또한 개개인의 사고와 인식은 복합적이고 유동적인 속성을 가지고 있음에도 불구하고 그들의 기록 가운데 나타난 일부 문구만을 가지고 필자 나름대로 개인의 성향을 '단정(斷定)'하거나 '예단(豫斷)'하는 잘못을 범했을 가능성도 있다는 것을 미리 일러두고 싶다.

이미지 자료

이 책은 지면 관계상 세화회 활동을 알려주는 이미지를 본문에 그다지 싣지 못했다. 일부 부산 세화회 임원들의 활동 상황이 사진으로 남아 있기는 하지만 서울이나 그 밖의 지방 세화회에 관한 사진은 그다지 발견되지 않고 있다. 다만 일본인 귀환에 관련된 영상 자료가 많이 나와 있기 때문에 일본 패전 직후의 시대 상황이나 세화회의 원호 활동을 이해하고 상상할 수 있는 좋은 근거가 될 것이다. 현재 한반도 일본인의 귀환과 관련하여 비교적 풍부한 이미지 자료를 제공하고 있다고 생각되는 단행본은 다음과 같다.

부산상공회의소, 『부산의 상공업 백년』, 부산상공회의소, 1989.

부산광역시, 『광복50주년기념 사진으로 본 부산 50년』, 한국사진작가협회 부산광역시지회, 1995.

아사노 도요미, 『살아서 돌아오다: 해방공간에서의 귀환』, 솔, 2005.

최영호 외, 『부관연락선과 부산』, 논형, 2007.

舞鶴引揚援護局郷土室, 『引揚記念寫真帳』, 舞鶴引揚援護局郷土室, 1950.

奥村芳太郎, 『在外邦人引揚の記録写真集：この祖国への切なる慕情』, 毎日新聞社, 1970.

毎日新聞社, 『一億人の昭和史日本占領 1：降伏・進駐・引揚』, 毎日新聞社, 1975.

毎日新聞社, 『一億人の昭和史 4：空襲・敗戦・引揚』, 毎日新聞社, 1975.

西日本図書館コンサルタント協会, 『日本1945』, 西日本図書館コンサルタント協会, 1982.

飯山達雄, 『小さな引揚者：写真集』, 草土文化, 1985.

木村秀明, 『米軍が写した終戦直後の福岡県』, 引揚港・博多を考える集い, 1999.

舞鶴市(編), 『引揚港舞鶴の記錄』, 舞鶴市役所, 2000.

淺野豊美, 『故郷へ: 帝国の解体・米軍が見た日本人と朝鮮人の引揚げ』, 現代史料出版, 2005.

引揚げ港・博多を考える集い(監修),『博多港引揚』, 図書出版のぶ工房, 2011.

감사해야 할 일

돌이켜 보면 필자가 1997년에 경남의 지방대학에 부임하면서부터 부산에 거주하게 된 것은 결과적으로 부산항을 중심으로 하여 귀환 문제를 연구하는데 절호의 기회가 되었다. 연구자에게 있어서 현장감이야 말로 역사적 사건을 끈끈하게 이해하게 하며 연구 추진에서 지속적인 에너지원을 제공한다는 점에서, 부산을 생활기반으로 하여 연구생활을 할 수 있게 된 것에 대해 매우 고맙게 생각하고 있다. 지리적 조건에 따라 쉽게 선박을 통해 일본을 다녀올 수 있는 점에서도 한일관계 연구자에게 부산은 적합한 지역이다. 해방직후 일본인과 조선인 귀환자들이 족적이 남아있는 후쿠오카(福岡)와 시모노세키(下關), 나아가 센자키(仙崎)를 여러 차례에 걸쳐 방문할 수 있었던 것도 부산에 거주하기 때문에 가능한 일이었다.

세화회와 일본인 귀환 관련 연구를 진행하면서 필자는 수많은 연구자료 관련 기관과 연구자들에게 신세를 졌다. 특히 한국과 일본의 국회도서관, 서울 국립중앙도서관, 동북아역사재단, 부산시사편찬실, 일본 외교사료관, 가쿠슈인(學習院)대학, 도쿄(東京)대학, 릿교(立教)대학, 규슈(九州)대학, 후쿠오카(福岡)·오이타(大分)·야마구치(山口)의 현립도서관, 후쿠오카시 종합도서관, 메릴랜드대학 College Park도서관, 부산대학교의 도서관과 자료실, 부산시립시민도서관 등에서 자료를 입수하고 열람하는 데 큰 도움을 받았다.

또한 어렵사리 입수한 연구 자료들을 선뜻 제공해준 한국과 일본 그리고 미국의 여러 연구자들에게 고마움을 느끼고 있다. 이러한 주변 연구자들의 협력과 격려 그리고 조언이 있었기 때문에 이 책의 집필이 가능하게 되었다고 생각한다. 특히 미국 코넬대학의 최덕효(Deokhyo Choi) 연구자는 William J. Gane의 자료를 일일이 스캔하여 보내주었고 한국 가천대학교의 이형식(李炯植) 연구자는 미즈타 나오마사(水田直昌)의 자료를 친절히 제본하여 우송해주었다. 이에 대해서는 고마움으로 그치지 않고 송구스러움을 금할 수 없다. 이 자료들을 통해 미군정의 귀환업무 담당자와 조선총독부의 재정업무 담당자의 사고 체계와 핵심 업무를 파악하고 세화회를 둘러싼 정책결정 구조를 이해할 수 있었기 때문이다.

돌이켜 보면 2006년에 규슈대학 법학부 방문연구원으로 있을 때 모리타 자료를 비롯하여 많은 자료를 접할 수 있었다. 그때 귀찮은 업무에도 불구하고 초빙 연구자로 선뜻 수락해 준 규슈대학의 이즈미 가오루(出水薰) 교수에게 뒤늦게나마 감사함을 전하며, 3개월 정도 규슈대학 연구실에 머물러 있으면서도 서로 시간이 맞지 않아 함께 식사도 하지 못한 것에 대해 미안함을 느끼고 있다. 또한 왕성한 호기심과 성실한 집필 활동으로 한국과 일본의 귀환문제 연구계에 널리 알려진 아사노 도요미(淺野豊美) 교수는 많은 아이디어로 이 연구서 집필을 격려해 주었다. 그는 이 책의 후속으로서 일본어판 출판 아이디어를 제시했고 공동 작업을 추진하기로 했다.

어려운 출판 환경 가운데도 일본에 관한 연구자의 발굴과 소개에 앞장서고 있는 논형출판사 소재두 사장은 기회 있을 때마다 필자에게 저서 내용의 퀄리티를 강조하며 연구자로서의 책무를 각성하게 했다. 무엇보다 이 책의 출간이 가능하게 된 것은 한국연구재단에 의한 원고료 지급과 이에 따른 계약이 있었기 때문이다. (2009년도 1차 인문저술지원사업 KRF-2009-812-A00003)

바라기는, 이 책이 식민지 사회에 관한 연구와 한국현대사 · 한일관계사와 관련한 연구에서 새로운 실증 과제를 발견해 가는데 조금이라도 도움이 되었으면 좋겠다. 특히 한국의 현대사와 한일관계에 있어서 이 책이 다루고 있는 대상 시기의 과도기적 특성과 국민국가 재편과정에서의 민족문제를 많은 독자들이 가능한 객관적으로 이해할 수 있기를 바란다. 아울러 독자들이 일본인 귀환자 문제에 대해서 일률적으로 이해하기보다는 귀환자 개개인이 머물던 지역이나 직업 또는 성분 등에 따라 천차만별의 상황을 경험해야 했고 다양한 귀환 과정을 겪었다고 하는 복안적(複眼的) 시야를 갖기를 바란다. 연구 관심이든 호기심이든 독자들이 각자 나름대로 대상을 설정하고 집중 규명해 가는 학문의 즐거움을 갖도록 하는데 이 책이 조금이라도 이바지할 수 있기를 소망해 본다.

2013년 봄

최영호

차례

도표와 사진

일러두기

① 이 책은 본문에서 일본 패전 이후 대한민국과 조선민주주의인민공화국 정부가 수립되기 이전의 시기를 다루는 만큼, 일부 인용문이나 표제 등을 제외하고는 Korean 인민을 '조선인'으로 표기하고 Korean 언어를 '조선어'로 표기하고자 한다. 또한 Korea 지역 용어로서는 북위 38도선에 의한 분할이 결정된 이후는 '38도선 이남'과 '38도선 이북'이라는 용어를 사용하고 남북한을 함께 일컫는 용어로는 '한반도'를 사용하고자 한다. 일본어 '內地人'이나 '邦人'도 일부 인용문이나 표제 등을 제외하고 '일본인'이라는 용어로 번역하여 사용하고자 한다. 다만 남북한 정부수립 이후의 시기를 다루는 후기에서는 '한국인', '한국', '공화국' 용어를 사용하고자 한다.

② 화폐단위와 관련하여 조선은행권의 경우 한반도에서 통용되고 있었기 때문에 '원'으로 표기하고, 일본은행권의 경우는 '엔'으로 표기하고자 한다.

1장

패전 직전의 한반도 거주 일본인

1장에서는 패전 직전 시기에 한반도 거주 일본인이 처한 상황을 소개하고자 한다. 전후 일본인 귀환의 배경과 함께 귀환자 원호 조직 세화회의 배경에 관한 서술 부분이다. 여기서는 한반도 거주 일본인의 내지(일본 열도) 지향성을 부각시키는 가운데 인구 통계의 특징을 살펴보고 패전 당시의 인구가 1944년 말의 인구보다 많았다고 하는 가설을 제시하고 가능한 관련 자료를 통해 이를 입증하고자 한다. 1944년의 조선총독부 통계에 나오는 숫자에 비해 패전 당시 한반도에 거류하고 있던 일본인 숫자가 훨씬 더 많았을 것으로 보고 이와 관련된 자료들을 소개하고자 한다. 그리고 총독부 통계 자료에 나타난 한반도 거주 일본인의 직업 구성에서 나타나는 특징을 통해 식민지배의 민족차별적 요소를 부각시키고자 한다.

이와 함께 일본 열도와 한반도 사이에 민간 이동을 가능하게 했던 교통수단의 패전 직전 상황을 정리하고자 한다. 주로 태평양전쟁 과정에서 패전에 임박하여 어떻게 일본의 교통수단이 차단되어 가는지를 살펴볼 것이다. 그와 함께 이러한 교통수단의 차단에도 불구하고 패전 직전에도 끊임없이 작은 규모의 민간 이동이 언제나 존재했음을 입증하고자 한다. 끝으로 한반도 일본인들에게 안전판과 같은 역할을 해온 일본군 부대가 패전 직전에 어떻게 배치되었는지, 소련과의 접전이 어떻게 시작되어 전개되었는지를 살피고자 한다. 일본군 배치 상황과 소련과의 접전 상황을 통해 패전에 임박하여 한반도 일본인에게 안전판이 약화된 점을 부각시키고자 한다.

패전 직전 시기에 있어서 한반도 거주 일본인의 상황에 관한 연구로서는 누구보다도 모리타 요시오가 일찍이 관련 자료들을 분석하여 『조선종전의 기록』에 그 연구 결과를 남겼다. 한반도 일본인의 인구 규모와 직업 상황 그리고 일본군의 배치 상황에 관한 본문 서술은 모리타가 시도한 연구 방법과 크게 다르지 않다. 다만 이 책에서는 관련 자료를 더욱 참고하여 모리타의 논리를 검증하고 보완하는 데 주력하고자 한다. 여기에다가 필자는 한반도 거주 일본인의 본국(일본 열도) 지향성을 강조하는 입장에 서서 관련 자료의 분석과 언급에 임하고자 한다.

1. 패전 직전 일본인 인구의 특징

1976년 강화도 조약 이후 상업적 이유 등으로 한반도에 진출한 일본인 수가 해마다 늘어나 1910년 강제병합의 해에 171,543명에 이르렀다.[1] 한국병합 이후에는 일본국적(國籍) 보유자 가운데 식민지에 거주하는 일본인 수가 식민지 이외의 외국에 거주하는 일본인 수보다 많아졌고 이러한 현상은 한반도 일본인 인구가 증가함에 따라 점차 확대되어 가는 양상을 보였다.[2] 조선총독부의 공식적인 인구 통계를 통하여 한국병합 이후 일본인 인구가 계속하여 늘어났다는 것을 알 수 있다. 통계에 따르면 이미 1911년에 20만 명을 넘었고, 1915년에 30만 명대, 1923년에 40만 명대, 1930년에 50만 명대, 1935년에 60만 명대, 1940년에 70만 명대에 들어서는 등, 매년 2만 명 내외

1) 木村健二, 『在朝日本人の社会史』, 未来社, 1989, pp. 10-12.

2) 若槻泰雄, 『戦後引揚げの記録』, 時事通信社, 1991, p. 10.

의 높은 증가세를 나타냈다. 이리하여 한반도의 일본인 사회는 20세기 최대 규모의 단일 식민 사회를 형성하기에 이르렀다.[3)]

식민지 조선의 일본인

다음 〈표 1-1〉은 조선총독부 통계에 의한 식민지 시기의 한반도 거주 일본인 인구 변동 상황이다.[4)] 전체적으로 매년 연말의 인구로서 제시된 것이지만 1944년 통계만은 그 해 5월의 인구를 집계한 것이다.

〈표 1-1〉 식민지 시기 한반도 거주 일본인 수

연도	남	여	계	세대수
1910	92,751	78,792	171,543	50,992
1911	114,759	95,930	210,689	62,633
1912	131,518	112,211	243,729	70,688
1913	146,215	125,376	272,591	77,129
1914	156,149	136,068	291,217	83,406
1915	163,012	140,647	303,659	86,209
1916	171,713	149,225	320,938	90,350
1917	177,646	154,810	332,456	93,357
1918	179,686	157,186	336,872	93,626
1919	185,560	161,059	346,619	97,644
1920	185,196	162,654	347,850	94,514
1921	196,142	171,476	367,618	99,955
1922	204,883	181,610	386,493	106,991
1923	212,867	190,144	403,011	110,439
1924	216,429	195,166	411,595	111,919

3) Uchida, Jun, *Brokers of Empire: Japanese Settler Colonialism in Korea, 1876-1945*, Harvard University Asia Center, 2011, p. 3.

4) 森田芳夫, 『朝鮮終戦の記録: 米ソ両軍の進駐と日本人の引揚』, 巌南堂書店, 1964, p. 2에서 재인용했다.

1925	242,158	201,244	443,402	113,254
1926	230,228	212,098	442,326	117,001
1927	236,394	218,487	454,881	119,219
1928	243,384	225,659	469,043	122,773
1929	253,764	234,714	288,478	127,300
1930	285,966	241,050	527,016	126,312
1931	266,320	248,346	514,666	130,349
1932	268,311	255,141	523,452	129,948
1933	278,524	264,580	543,104	135,707
1934	287,964	273,420	561,384	141,417
1935	333,410	285,595	619,005	144,815
1936	313,211	295,778	608,989	152,891
1937	322,412	307,100	629,512	158,350
1938	323,210	310,110	633,320	158,843
1939	332,218	317,886	650,104	161,400
1940	374,212	333,530	707,742	165,900
1941	368,080	348,931	717,011	171,610
1942	385,325	367,498	752,823	179,349
1944	345,561	367,022	712,583	-

정작 일본 패전 당시 한반도에 일본인이 몇 명 거주하고 있었는지에 관하여는 총독부의 인구 통계 가운데 1943년과 1945년의 조사 결과가 없기 때문에 1944년 5월 통계인 712,583명을 기준으로 하여 공백 기간의 인구를 추정할 수밖에 없다. 필자는 패전 당시에 군인을 제외하고 대략 80만 명의 일본인이 한반도에 거주하고 있었고, 여기에 일시체류자를 포함시키면 80만 명보다 훨씬 더 많은 일본인이 한반도에 있었을 것으로 보고 있다.

총독부의 인구통계 조사 자료를 통해 1944년 일본인 인구를 연령대별로 살펴보면, 0세, 1세, 2세, 3세의 영유아 숫자가 모두 2만 명씩을 넘기고 있었고 4세에서 20세까지의 어린이와 청소년이 나이별로 1만 2천 명대에서 1만

7천 명대의 분포를 나타냈다. 그 결과 일본인 인구 가운데 30% 이상을 청소년 이하의 연령대가 차지했다고 하는 것을 알 수 있다. 이것은 한반도 일본인 인구 가운데 30% 이상이 독립적인 생계 능력을 가지고 있지 않았고 이들이 별다른 의식 없이 생활하다가 패전 이후에 어른들의 동향에 따라서 일본으로 귀환하게 되었다는 것을 말해주고 있다.

한편 21세와 22세에는 남성의 군대 동원에 의한 인구 급감으로 9천 명대로 떨어졌다가 23세부터 다시 1만 명대를 회복하게 된다. 이때 남성의 경우는 2천 명대에 머무는 아주 적은 수치를 나타냈다. 그리고 36세부터 다시 나이별로 1만 명 이하로 내려가서 점차 연령대가 높을수록 대체로 인구가 줄어드는 경향을 보였다. 31세부터 40세까지 30대 인구가 100,700명으로 전체 인구의 14.1%를, 그리고 41세부터 50세까지가 71,598명으로 10.0%를 차지했다. 나아가 51세 이상의 인구는 69,305명으로 전체 인구의 9.7%에 지나지 않는다.[5] 이처럼 노년층이 아주 적었던 것은 인간 수명의 문제이기도 하겠지만 일본 본토에 돌아가서 노후를 보내는 사람이 많았기 때문으로 보인다.

지방별 분포

1944년 5월 당시 각 지방별 일본인 거주자 통계는 다음 〈표 1-2〉와 같다.[6] 한반도 전체 인구 가운데 일본인이 차지하는 비율은 2.8%였고, 함경북도, 경기도, 경상남도, 함경남도 순으로 일본인의 비율이 높게 나타났다.

---

5) 조선총독부(편), 『1944년 5월 인구조사결과보고』(서울대학교 아시아태평양교육발전연구단 자료총서4), 도서출판 선인 (영인본), 2000, pp. 95-96을 참고했다. 이 도서에 영인된 朝鮮総督府(編). 『昭和19年5月1日人口調査結果報告其ノ二』, 朝鮮総督府, 1945 자료에서는 일부 숫자의 판독이 어렵기 때문에 여기서는 통계표로 소개하지 않고 대강의 숫자로 인구의 특징을 포착하고자 한다.

6) 朝鮮総督府(編). 『昭和19年5月1日人口調査結果報告其ノ一』, 朝鮮総督府, 1944, pp. 1-16.

〈표 1-2〉 도별 일본인 인구(1944년 5월)

도별	총 인구	일본인 인구			일본인 비율(%)
		합계	남	여	
계	25,917,881	712,583	345,561	367,022	2.8
경기도	3,092,234	197,929	93,512	104,417	6.4
경상남도	2,417,384	97,345	45,487	51,858	4.0
함경북도	1,124,421	74,190	38,475	35,715	6.6
함경남도	2,015,352	69,110	35,303	33,807	3.4
평안남도	1,826,441	50,715	26,102	24,613	2.8
경상북도	2,605,461	42,055	19,804	22,251	1.6
전라남도	2,749,969	41,954	19,528	22,426	1.5
전라북도	1,674,692	33,068	15,509	17,559	2.0
평안북도	1,882,799	27,265	13,593	13,672	1.5
충청남도	1,675,479	25,829	12,001	13,828	1.5
황해도	2,014,931	25,095	12,449	12,646	1.2
강원도	1,858,230	19,386	9,683	9,703	1.0
충청북도	980,488	8,642	4,115	4,527	0.9

패전 직전 한반도 일본인의 인구 통계에 나타나는 특징으로 모리타 요시오는 총독부 통계의 신빙성이 부족했던 점, 일본 본토와 비교하여 출생률이 상대적으로 낮았던 점, 인구 분포에서 생산력 높은 20~50대 남성이 많았던 점, 한반도에서 가까운 지역 출신의 일본인이 많았던 점, 광공업 개발과 관련된 지방에 많이 거주한 점, 직업상 일본인이 특수한 지위를 많이 차지한 점, 등 6가지를 들었는데, 이것은 관련 연구에 있어서 인구동향을 설명하는 중요한 틀로 작용하고 있다. 이 책에서도 모리타의 분석결과를 기본적인 설명의 틀로 삼지 않을 수 없다. 다만 여기에 필자의 견해를 덧붙여 패전 직전 인구 상황을 보완하고 보다 깊은 분석을 시도하고자 한다.

총독부 통계의 문제

모리타는 식민지 시기 내내 매년 인구가 계속 증가하다가 1944년이 되어 유일하게 감소한 것처럼 나타나는 것은 그때까지의 인구 통계가 과다하게 조작되었던 것을 1944년부터 바로 잡다보니 생긴 일이라고 지적하고 있다.[7] 오늘날에 이르기까지 일반적으로 널리 인용되고 있는 총독부의 인구 통계에 대해 모리타는 근본적인 의문을 제기하고 있는 것이다. 총독부가 일본 정부에 대한 보다 많은 예산 배정을 위하여, 또는 총독부 시정에 대한 대내외적인 홍보를 위해서 인구 통계를 과다하게 조작했다고 보고 있는 것이다. 식민지 조선에서 출생하여 교육을 받은 모리타로서는 자신이 체험한 것을 바탕으로 하여 총독부 관리들의 조작설을 제시한 것으로 보인다.

이렇게 볼 경우 식민지 시기 내내 지속적으로 일본인의 인구가 증가해왔다는 것도 하나의 '가설'에 불과할 수 있고, 더욱이 통계상 1944년에 인구가 감소한 것은 실제로 그렇지 않고 전년에 비해 증가한 것일 수도 있다는 주장이 가능해진다. 그럼에도 불구하고 공식적인 통계라는 점에서 총독부의 통계 자료는 어느 자료보다 공신력이 있다고 본다. 어느 정도 과다하게 조작되었는지를 검증하지 않고서는 인구 동향을 명확하게 포착하기는 어려운 일이기 때문에, 결국 총독부의 인구 통계는 대략적인 추이 혹은 개연성 정도로 읽어내야 한다고 본다.

여성 비중의 증가

모리타는 패전 직전이 되어 남성들의 대규모 징집 등으로 인해 여성의 인구가 남성이 비해 상대적으로 많아졌다는 것을 지적하고 있다.[8] 1944년 통

---

7) 森田芳夫, 1964, p. 1.

8) 森田芳夫, 1964, p. 1.

계가 신빙성이 높다는 것을 전제로 할 경우, 적어도 거주 등록 상황에 한정해서 보면 여성 인구가 남성 인구보다 높다고 하는 현상을 다각적으로 해석할 수 있다.

이러한 현상에 관하여 이연식 연구자가 박사학위 청구논문에서 시도한 해석은 참고할 만하다. 무엇보다 여성 초과 현상은 전쟁 말기에 이르러 한반도의 일본인 사회에서도 전투 인력이나 노동 인력으로 강제 동원되는 사례가 많았다는 것을 간접적으로 말해주고 있다. 그리고 여성의 인구가 많았다고 하는 것은 생활면에서 한반도에 정착한 일본인이 많아졌다는 것을 나타내기도 한다. 소위 패전 직전의 시기에 이르러 식민지 사회에서 일본인 세대의 정주성이 높아진 것을 나타내는 하나의 바로미터로 이해할 수 있다는 것이다. 이와 함께 이연식 연구자는 유흥업 등에 종사하는 여성들이 많았다는 것으로도 해석할 수 있다고 덧붙이고 있다.[9)]

여기에 필자는 시야를 넓혀 전시체제에서 남성들의 직업을 여성들이 대체하는 움직임 가운데 본업에 종사하는 여성들이 많아진 것이 결과적으로 한반도에 여성 인구가 증가하는 원인의 하나가 되지 않았을까 하는 견해를 추가하고 싶다. 여성 직업인으로 식민지 초기에는 유흥업 · 상업 종사자가 대부분이었지만 1942년에 이르러서는 공무 · 자유업 종사자가 여성 직업자의 27%를 차지할 정도로 점차 여성의 직업이 다양화 되고 사회적 지위도 점차 향상되었다.[10)] 후술하는 바와 같이 한반도 인구 증가의 원인이 있는데다가 여성의 일자리가 늘면서 여성의 유입도 증가했을 것으로 본다.

또한 일본인 여성이 조선인의 배우자가 되는 사례가 많아진 것도 이러한 여성 초과 현상을 유발하는 하나의 요인이 되었을 것이다. 조선총독부

---

9) 이연식, 『해방 후 한반도 거주 일본인 귀환에 관한 연구』(서울시립대학교 박사학위청구논문), 2009, pp. 30-31.

10) 다바타 가야, 『식민지 조선에서 살았던 일본 여성들의 삶과 식민주의 경험에 관한 연구』(이화여자대학교 석사학위논문), 1996, pp. 24-25.

의 1938년 인구동태통계에 따르면, 한반도 안에서 일본인 여성이 조선인 남성과 결혼한 사례로 23명이 나온 것으로 되어 있다.[11] 그러나 일본사회까지 범위를 넓히면 1938년부터 1942년까지 일본인 여성과 결혼한 조선인 남성이 5,242명이었고 여기에 내연관계까지 포함하면 훨씬 그 수는 늘어날 것이다.[12] 이들 가운데 일본에서 한반도로 건너와서 거주하는 일도 많았을 것으로 보인다. 게다가 전쟁 말기에 이르러서는 조선인 남성과 결혼하는 일본인 여성의 수가 과거에 비해 훨씬 많아졌다.[13]

조선인 남성과 결혼한 일본인 부인들이 전후에 일본에 귀환하지 않고 한국에 남아 있다가 한일국교정상화 직전에 「부용회(芙蓉會)」라고 하는 단체를 출범시킨 일이나,[14] 여러 가지 사정으로 일본으로 귀환하지 못한데다가 조선인 가족으로부터도 버림을 받은 일본인 부인들이 「경주나자레원」과 같은 사회복지단체에서 보호를 받아야 하는 일이 발생한 것[15]은 조선인과 결혼하는 일본인 여성의 증가가 패전 직전 한반도 일본인 인구에서 나타나는 여성초과 현상과 어느 정도 상관관계가 있었음을 말해 주고 있다.

낮은 출생률과 사망률

모리타는 세 번째 특징으로 일본 본토에 비해 출생률과 사망률이 본토에 비해 현저하게 낮았다는 점을 지적하고 있다. 심지어 일본 본토의 도시 지역과 비교해도 출생률과 사망률이 낮았다는 점을 지적했다. 모리타는 그 이유

11) 朝鮮総督府, 『昭和13年朝鮮人口動態統計』, 朝鮮印刷株式会社, 1940, pp. 20-21.

12) 石川奈津子, 『海峡を渡った妻たち』, 同時代社, 2001, pp. 13-16.

13) 森田芳夫, 1964, p. 819; 신현경, 『재조일본인 사회의 형성과 조선남성의 '일선결혼' 연구』(강원대학교 석사학위논문), 2011, pp. 47-53.

14) 김문길, 「在韓日本人遺骨問題와 '芙蓉會'에 관한 연구」, 『외대논총』 31집, 2005. 8, pp. 39-52.

15) 上坂冬子, 『慶州ナザレ園: 忘れられた日本人妻たち』, 中央公論社, 1982, pp. 66-67.

로 남성 독신자가 많이 거주한 반면에 가족 전체가 모두 한반도로 이주하는 경우가 적었기 때문이라는 점을 들고 있다.[16)]

이것은 한반도 일본인 사회에서 교육과 노후 생활을 위해서는 일본 본토에 거주하기를 희망하는 풍조가 강했다는 것을 나타내고 있다. 즉 일본인 사회에서 한반도에 뿌리를 내리고자 하는 경향이 전반적으로 강하지 않았다는 것을 반증하기도 한다. 이러한 현상은 앞서 제기한 정주화 경향에 대한 복합적인 해석을 가능하게 한다. 식민지 통치가 장기화 하면서 점진적으로 일본인의 정주화 경향이 강해지기는 했지만 여전히 대부분이 일본 본토에 대한 지향성을 극복하지는 못하는 가운데 생활하고 있었다는 것을 보여주는 것이 아닌가 한다.

한반도 부근 출신

모리타는 네 번째 특징으로 본적지 조사 결과를 인용하여 한반도에서 가까운 지역 출신의 일본인이 압도적으로 많았다는 점을 강조했다. 1942년의 통계이기는 하지만, 규슈(九州) 지역 출신자가 34.7%를 차지했고 그 다음으로 츄고쿠(中國) 지역 출신자가 20.6%를 차지했다는 것이다. 이 두 지역 출신이 55%을 넘었고 그 다음으로 많은 지역이 츄부(中部) 지역으로 12.6%에 불과했다.[17)]

이러한 현상은 한반도 거주 일본인에게 있어서 유사시 피난처로 한반도의 거주지와 일본의 출신지를 선택할 수 있는 등, 여차하면 출신지와 왕래할 수 있었다는 것을 의미한다. 이것은 앞에서 제기한 바와 같이 일본 내지 지향성과 관계가 깊으며 가족 내에서 지역 간 이합집산이 가능하다는 점에서 한반

16) 森田芳夫, 1964, p. 1.
17) 森田芳夫, 1964, p. 6.

도에 대한 정주성을 약화시키는 조건으로 작용했을 것으로 생각할 수 있다.

일본인 다수 거주 지역

다섯째, 일본인의 거주지로서 경기도, 경상남도, 함경북도, 함경남도 순으로 많이 거주했고 특히 조선인을 포함한 전체 인구 가운데 일본인이 차지하는 비율은 함경북도가 가장 높았다는 것이다. 이것은 광공업 개발에 따른 대규모 이주 때문이었다.[18] 이것은 뒤에 거론하는 바와 같이 일본인의 직업 분포와 관계가 깊다. 비록 이들 중 대부분이 일본의 농어촌 지역 출신이기는 했지만 한반도에 건너와서는 관공서 관리나 2차 산업을 중심으로 하는 보다 수입이 높은 직종에 종사했다. 그러다보니 한반도의 도시 지역이나 사업장이 많은 곳에 거주하는 자가 많아진 것으로 보인다.

또한 함경북도에 많은 일본인이 거주한 이유 가운데 하나로 오늘날의 연변조선족자치구에 해당하는 만주 지역과 가까운 지리적 위치에 있어 만주 진출의 전진 기지와 같은 지역이었다고 하는 점을 들 수도 있다. 패전 직전 일본인이 비교적 많이 거주하고 있던 도시로는 경기도의 경성과 인천, 경상남도의 부산, 함경북도의 청진, 함경남도의 원산 · 함흥 · 흥남 등이다.

이상으로 조선총독부 통계 자료를 통하여 패전 직전 한반도 일본인의 인구 상황을 살펴보았다. 총독부가 매년 인구 통계를 부풀려 잡았다고 하는 모리타의 지적은 통계 수치를 파악하는 데 중요한 참고 사항이 되고 있다. 또한 그의 지적은 1944년 인구 통계가 그 전에 비해 줄어든 것처럼 보이지만 실제로는 그렇지 않다는 것을 강조한 것이다. 결과적으로 식민지 시기 전반에 걸친 인구 추이에서 패전 직전까지 지속적으로 매년 조금씩 증가해왔다고 견해를 나타내 보이고 있는 것이다.

---

18) 森田芳夫, 1964, pp. 3-4.

2. 계속 늘어난 한반도의 일본인 거류자

1945년 8월 15일 시점에서 한반도에 어느 정도의 일본인이 거류하고 있었을까. 앞에서 언급한 총독부 통계에는 1944년 말 한반도 거주 일본인 인구가 80만 명이 채 안 되는 것으로 나타나 있는데 반하여, 서울 세화회가 발족할 때 작성된 취지문을 보면 패전 직후 한반도에 '백수십 만'의 일본인이 있던 것으로 나타나 있다.[19] 총독부 통계와 일반인의 서술 가운데 나타나는 이러한 차이를 어떻게 이해해야 할까. 이 물음에 대해 정확한 통계가 나와 있지 않아서 확증할 수는 없지만, 필자는 관련 자료나 정황으로 미루어 볼 때, 패전 당시 80만 명이 훨씬 넘는 일본인 민간인이 한반도에 거류하고 있었을 것으로 본다.

이와 함께 후술하는 바와 같이 패전 당시 한반도에 총 32만 명이 넘는 일본군(조선인 포함)이 주둔하고 있었고, 여러 가지 이유로 한반도에 머물고 있던 일본인까지 포함시키면, 패전 당시에 한반도에 있던 일본인이 모두 합하여 120만 명 정도는 되지 않았을까 한다. 여기서는 일본인 민간인에 초점을 맞추어 패전 당시 인구에 관하여 논하고자 한다. 일반적으로 거주민 인구에 유동 인구를 포함시키면 통계 인구보다는 자연히 훨씬 더 많아진다. 조선총독부 인구 통계는 어디까지나 거주 등록을 마친 사람들을 대상으로 하는 것이기 때문에 관공서에 거주 등록을 하지 않은 일시 거류나 체류와 형태로 한반도에 와 있던 일본인은 이 통계 숫자 712,583명에서 제외되어 있다는 점을 인식해야 한다는 것이다.[20]

---

19) 『京城日報』의 주필을 담당하고 있던 中保与作도 패전 당시의 일본인 인구 규모에 대해 '조선에 있는 백수십 만 일본인'이라는 표현을 사용했다. 中保与作, 「略奪と赤色の劫火」, 田村吉雄(編), 『秘錄大東亞戰史朝鮮編』, 富士書苑, 1953, p. 341.

20) 거주자 이외에도 출장 · 단기파견 · 여행 · 조선경유 만주이동 등 다양한 형태로 한반도에 일시 체재한 사람이 많았다. 이규수, 「'재조일본인' 연구와 '식민지수탈론'」, 『일본역사연구』 제33집, 2011. 6, p. 144.

이 문제와 관련하여 부산에서 패전 직후 귀환자 원호업무를 담당했던 마루야마 헤이이치(丸山兵一)[21]는 그의 회고록에 일본 귀환 후에 부산상공회의소가 1944년 12월 말 시점에 집계한 것이라고 하면서 한반도에 총 809,900명의 일본인 민간인이 거주했다고 하는 기록을 남겼다.[22] 이것은 앞에서 제시한 총독부의 통계보다 거의 10만 명이 많은 숫자이며 그것도 이 인구가 모두 한반도에 거주한 사람들이라고 했다. 만약 마루야마가 제시한 거주 인구 통계에다가 일시적인 업무, 공습 피난 즉 소개(疏開), 만주 등의 지역으로 이동하기 위한 통과 등, 패전 당시 한반도에 거류하던 일본인 숫자를 포함하면, 80만 명이라는 숫자보다는 훨씬 더 많아질 것으로 본다. 패전 당시 한반도 일본인을 약 90만명이었다고 보는 견해도 있는데,[23] 이처럼 다양한 견해는 총독부 통계에 국한되지 않고 한반도로 유입되거나 통과해가는 유동 인구를 포함하여 추정하면서 나온 것들이다.

이와 함께 유동 인구가 통계 인구에 비해 많을 것이라는 현상을 한반도에 적용하려고 하면, 패전 직전 시기의 한반도에서 나타나는 유동적인 인구 상황과 함께 당시 일본인 이동의 방향 문제를 설명해야 한다. 즉 패전 직전 한반도에서 일본 본토로 유출되는 일본인에 비해서는 일본 열도로부터 한반도로 유입하는 일본인이 훨씬 많았다는 점을 규명해야 한다는 것이다.

21) 마루야마는 패전 직후 부산 일본인세화회에서 원호부장을 담당했다. 그가 1947년 1월까지 귀환 원호상황을 파악하고 있는 것으로 보아 1947년 1월이나 2월에 일본에 귀환한 것으로 추측할 수 있다.

22) 丸山兵一,「朝鮮に於ける日本人の引揚状況」, 加藤聖文(編),『海外引揚関係史料集成(国外篇)第19巻: 朝鮮篇二,「終戦後朝鮮における日本人の状況および引揚(二)」』, ゆまに書房, 2002, pp. 318-320.

23) ジョン・ダワー,『敗北を抱きしめて(上)』, 岩波書店, 2001, p. 44.

한반도는 안전지대

필자는 한반도가 일본열도에 비해 안전한 지역이었던 까닭에 적어도 한반도로 피신해 오는 사람의 움직임이 그 반대의 경우보다는 많았을 것으로 보아, 1944년 말의 시점에 비해서 1945년 8월 시점에 한반도의 일본인 수가 더욱 많았을 것으로 추정하고 있다. 태평양전쟁 말기에 이르러 일본제국의 모든 언론들이 군국주의 분위기에 압도되어 '본토 결전'을 외치는 가운데, 한반도로 이동해가는 조선인이나 일본인의 동향을 거의 전달하지 않았으나, 실제로는 1945년에 들어 연합국의 일본 본토 공습이 심해지는 상황에서 이를 피하여 보다 안전한 곳으로 여기는 한반도로 피신해온 일본인들이 많았다.[24] 대형 선박의 운항이 곤란해짐에 따라 한반도와 일본 열도 사이의 대규모 인구 이동이 곤란해졌음에도 불구하고 중소형 선박을 통해 한반도로 건너오는 일본인이 적지 않았다는 점이다.[25]

패전을 바로 앞두고 소련이 북한 지역에 진주해 들어오기까지 한반도는 일본인이나 조선인에게 있어서 일본 본토와 비교하여 상대적으로 평온한 지역이었다. 특히 1945년에 들어 일본 본토의 각 도시에 미군에 의한 공습이 심해지면서 한반도는 일본에 비해 상대적으로 훨씬 안전한 지역이 되었다. 따라서 강제로 일본으로 징집되어 갔던 조선인 노무자들이 일본 패전을 앞두고 대거 일본에서 한반도로 이동했으며,[26] 이와 함께 한반도에서 가까운 지역에 거주하던 일본인들도 한반도로 피신해 오는 일이 많았다.

---

24) 毎日新聞社,『在外父兄救出学生同盟』, 毎日新聞社, 1968, p. 107.

25) 필자는 동일한 관점에서 재일조선인의 인구에서 1945년 인구가 1944년 인구보다 적었을 것이라고 하는 가설을 제시한 바 있다. 최영호,『재일한국인과 조국광복: 해방직후의 본국귀환과 민족단체활동』, 글모인, 1995, p. 86.

26) 樋口雄一,『協和会: 戦時下朝鮮人統制組織の研究』, 社会評論社 1986, p. 196.

에드워드 와그너(Edward Willett Wagner)[27]는 1949년의 하버드대학 학부 졸업논문에서 이 문제를 거론했다. 점령군 군속으로서 한반도와 일본에서 자신이 겪은 체험을 바탕으로 하면서[28] 점령군 자료에 기초하여 작성한 논문인 만큼 신빙성이 크다고 본다. 그는 논문 속에서 패전 직전까지 30만 명에서 50만 명에 달하는 조선인이 공습이 심한 일본을 떠나 한반도로 피신하는 가운데 일본인도 함께 한반도로 피신하는 일이 많았다고 쓰고 있다.[29] 이동 규모는 정확히 알 수 없지만 패전 직전에 중소형 선박을 이용하여 일본에서 공습을 피해 한반도로 일시 소개하는 일본인이 상당수 있었음을 나타내고 있는 것이다.

히구치 유이치(樋口雄一) 연구자도 일찍이 협화회(協和會)에 관한 저술에서 이와 관련한 문제를 제기한 바 있다. 비록 그의 연구는 재일조선인의 인구 변동과 협화회 통제의 모순에 주된 관심을 둔 것이지만, 한반도 일본인의 인구 변동에서도 참고해야 할 문제를 제기한 것으로 생각된다. 그는 특별고등경찰의 자료를 인용하여 1945년 3월부터 5월에 걸쳐 조선인 귀국자가 22,466명에 달하여, 이 시기 시모노세키(下關) 부근에 머무는 조선인 숫자가 한 때 천 명에 달하면서 상당한 혼잡을 초래했다는 점을 제시하였다.[30]

그는 1945년에 들어 한반도 귀환이 왕성하여 오사카(大阪), 고베(神戸),

27) 와그너는 1946년부터 1948년까지 미군 민간 요원으로서 한국과 일본에서 활동했다. 1949년에 하버드대학 학부를 졸업하면서 재일한인에 관한 통사를 내용으로 한 졸업논문을 작성하여 제출했다. 그는 1951년에 학부 졸업논문을 보완하여 단행본 *The Korean Minority in Japan 1904~1950* (Institute of Pacific Relations)을 발간했다. 이 책은 재일한인 통사에 관한 최초의 단행본으로 1961년 일본 외무성이 정책 참고자료로 번역하고 그 영인본이 시중에 나돌면서 연구계에 널리 알려졌다.

28) 와그너는 미군정청 외무처에 근무하면서도 유창한 일본어를 구사했고 일본인 귀환자나 세화회 직원에게 친절을 베풀었다고 한다. 金居三男, 『世話会残留記』, 鮮交会(編), 1976, p. 34.

29) ワグナー, 『日本における朝鮮少数民族: 1904年-1950年(復刻版)』, 龍渓書舎, 1989, p. 58.

30) 樋口雄一, 『協和会: 戦時下朝鮮人統制組織の研究』, 社会評論社 1986, p. 196.

시모노세키, 모지(門司) 방면의 도선장이나 선착장을 물색하여 한반도행 어선 또는 기범선에 편승하기도 하고, 또는 어선을 구입하여 도항하기도 했다고 했다. 심지어는 병역징집에 관한 각종 공문서를 갖가지 위조하는 등 수단 방법을 가리지 않고 한반도로 건너가려는 움직임을 보였다고 했다.[31] 이처럼 1945년에 들어 한반도로 건너가려는 움직임이 활발해진 것은 지역적으로 일본 열도에 비해 안전하다고 판단했기 때문에 일어나는 합리적인 행동양식이었으며, 이것은 민족성에 국한되지 않고 조선인과 일본인 모두가 선택하기 쉬운 행동이었다고 보아야 할 것이다.

한반도로 피난한 일본 선박

또 하나 패전 직전 일본열도에서 한반도로 이동하는 인구 흐름이 보다 강렬했다고 하는 것은 일본 패전 시점에서 일본의 많은 선박들이 한반도로 피난하여 건너와서 정박해 있었다고 하는 점을 통해서도 입증할 수 있다. 이미 널리 알려진 바와 같이 미군정은 1945년 12월 6일 한반도 일본인 재산 접수에 관한 제33호 명령을 발표하고, 8월 9일 이후의 일본 정부 및 일본인 소유 재산 일체를 미군정에 귀속시켰다.[32] 그리고 나아가 미군정은 이 접수 명령을 근거로 하여 1946년에 들어서 일본의 점령당국에 대해 1945년 8월 9일 이후에 한반도에 정박해 있던 일본인 소유 선박을 모두 미군정에 귀속시켜야 한다고 주장했다. 왜 8월 9일을 기점으로 했는가 하면, 중립국을 통하여 일본 정부가 연합국에 대해 포츠담선언 수락 의사를 통보한 날짜가 8월 9일이기 때문이다.[33] 이에 따라 연합국은 8월 9일에 사실상 전쟁이 종결된 것으

31) 樋口雄一, 1986, pp. 196-197.

32) Headquarters United States Army Forces in Korea, Office of the Military Governor, ORDINANCE no.33, VESTING TITLE TO JAPANESE PROPERTY WITHIN KOREA, 1945. 12. 6.

33) 일본 정부는 (일본시각) 8월 9일에 미국 · 영국 · 소련 · 중국 4국에 대해 포츠담선언의 무조건 수락을 통보했고, 연합국을 대표하여 미국 국무장관은 13일 일본 정부의 의사를 확인하

로 본 것이다.

아무튼 한일회담에서 패전 직전에 한반도에 정박해 있던 일본 선박의 '반환' 문제가 쟁점화 될 수 있었던 것은 그만큼 패전 직전에 한반도에 일본 선박이 상당수 들어와 있었기 때문이다.[34] 일본선박이 한반도에 들어와 있게 된 것은 앞에서 언급한 바와 같이 조선인과 일본인이 대거 일본열도의 공습을 피해 한반도로 피신해왔기 때문이기도 하고 또한 선박 자체를 소개시키기 위한 움직임에 따른 것이기도 하다.

이 문제와 관련하여 고야마 겐이치(小山健一)의 회고록은 우리에게 시사하는 바가 크다. 그는 일본의 배상청 특수재산정리위원회 위원장으로서 1951년 10월부터 이듬해 2월까지 열린 한일회담 제1차 회담 선박분과위원회에 일본측 위원으로 참가했던 인물이다. 그는 회담에서 한국측이 일본에 대해 '반환'을 요구한 선박을 '종전 시기에 한반도에 폭격 피난해 있던 일본적 선박(終戦間際に朝鮮半島に爆撃避難していた日本籍の船舶)'이라고 표현했다.[35] 패전 직후 운수성 해운총국에서 연합국군총사령부와의 연락관을 담당했던 그는 1946년의 일을 회상하면서 당시 미군정(고야마는 이승만 정부로 오해하고 있음)이 1945년 8월 당시에 한반도에 정박해 있던 일본적 선박의 명부를 부산에 있던 급수(給水) 회사의 급수 일지를 중심으로 정리하여 총 150척에 달하는 선박 리스트를 제시하고 '반환'을 요청했다고

고 전후 점령 의사를 통고했다. 이에 따라 일본 정부는 14일 연합국에 최종 통보를 함으로써 패전에 이르는 외교적 절차를 마쳤다. 『매일신보』, 1945. 8. 15, p. 1; 1945. 8. 16, p. 1.

34) 패전 이후 한반도에 정박해 있다가 일본으로 건너간 선박 가운데 5척을 남한의 미군정이 일본의 점령당국과의 교섭을 통해 '반환' 받은 것에 대해, 일본측은 '재반환'을 요구했고, 한국측은 도리어 5척 이상의 선박에 대한 추가 '반환'을 요구했다. 이 문제는 한일 국교정상화 회담에서 청구권협정 교섭과 어업협정 교섭과 관련된 것으로 제1차 회담에서 30여 차례에 걸쳐 논의되었고 제4차 회담에 이르기까지 간헐적으로 거론되기는 했지만 한일 쌍방 모두에게 아무런 진전을 가져오지 못했다. 남기정, 「한일 선박반환 교섭에 관한 연구: 1차 회담 선박분과위원회 교섭을 중심으로」, 『일본연구』 43호, 2010. 3, pp. 61-78.

35) 小山健一, 『私だけが知っている昭和秘史: GHQ[連合国軍司令部]異聞』, 光人社, 2005, p. 43.

술회했다.[36)]

1962년 3월에 열린 한일회담 제6차 회담 시기에 한국정부는 일본 정부로부터 '반환' 받아야 할 선박의 수를 더욱 더 늘려 총 360척 정도의 선박명을 기재한 명부를 제시하기도 했다.[37)] 이렇듯 한국정부가 제시한 선박 명부는 일본측과의 교섭에서 청구권 규모를 크게 잡을 목적으로 정확한 검증이 불가능한 상황에서 임의로 작성한 부분이 있다고 생각된다. 하지만 한국정부가 이렇게 선박 명부를 제시할 수 있었던 것은 적어도 패전 직전에 수많은 일본의 선박들이 한반도로 건너와 있었다는 것을 의미하며, 이것은 일본 패전 직전의 인적 이동의 흐름에 있어서도 일본열도에서 한반도로의 흐름이 강했다는 것을 입증하고 있다. 결과적으로 이러한 견해를 토대로 하여 패전 당시 일본인 민간인의 경우만 해도 1944년 말에 비해서는 더욱 많은 사람들이 한반도에 머물고 있었다고 말할 수 있다.

3. 패전 직전 일본인 직업의 특징

일본제국의 식민통치에서 민족차별을 설명할 경우 흔히 중앙정부에 대한 참정권의 부재와 민족별 수입원의 차이를 들고 있다. 중앙 참정권의 경우에는 한반도 거주자라면 일본인이나 조선인에 관계없이 모두 투표권을 행사할 수 없었기 때문에 참정권 문제는 한반도 내부에 있어서 일반인들에게 민족차별을 크게 실감하게 하는 요소가 되지 않았다. 오히려 조선인에게 있어서 민족적 차별을 가장 심각하게 느끼게 하는 부분은 직업 구성과 봉급 체

36) 고야마는 미군정의 리스트를 일본 정부에 등록한 선박 명부와 대조하여 조사한 결과 70% 정도가 잘못 기재된 것이었다고 했다. 小山健一, 2005, pp. 51-53.

37) 국민대학교 일본학연구소, 『한일회담 외교문서 해제집II: 평화선 · 북송 · 6차회담 (예비교섭 · 청구권)』, 동북아역사재단, 2005, p. 845.

계에 따른 민족별 수입원의 차이였다고 할 수 있다.

여기서는 총독부 자료를 중심으로 하여 한반도 거주 일본인의 직업 구성에서의 특징을 살펴보고자 한다. 이 문제와 관련해서도 조선총독부가 마지막으로 직업 조사를 한 것으로 알려지고 있는 1942년도 『조선총독부 통계연보』를 우선적으로 참고하지 않을 수 없다. 앞의 인구 조사 결과에서 지적된 바와 같이 아무리 총독부 자료 가운데 1944년 이전의 자료에서 비록 신빙성이 결여되어 있다고 하더라도 그 이상으로 공적인 조사결과를 알려주는 것은 없기 때문에 이 자료에 의존하여 설명하지 않을 수 없다. 총독부 자료에 나타난 1942년 말 당시 한반도의 민족별 직업구성 상황을 정리하면 다음 〈표 1-3〉과 같다.[38]

〈표 1-3〉 1942년 말 한반도 민족별 직업 구성

단위: 인구 (명) , 비율 (%)

직업	합계		일본인		조선인		기타	
	인구	비율	인구	비율	인구	비율	인구	비율
계	26,361,401	100.0	752,823	100.0	25,525,409	100.0	83,169	100.0
농업	17,447,636	66.2	29,216	3.9	17,396,888	68.1	21,532	25.9
수산업	514,180	2.0	9,093	1.2	505,083	2.0	4	0.0
광업	564,434	2.1	23,265	3.1	537,806	2.1	3,363	4.0
공업	1,327,051	5.0	141,061	18.7	1,171,094	4.6	14,896	17.9
상업	1,912,134	7.3	136,801	18.2	1,749,938	6.9	25,395	30.5
교통업	405,150	1.5	53,874	7.2	348,678	1.4	2,598	3.1
공무 · 자유업	1,306,388	5.0	297,233	39.5	1,007,360	3.9	1,795	2.2
기타	2,312,252	8.8	32,650	4.3	2,266,404	8.9	13,198	15.9
무직	572,176	2.2	29,630	3.9	542,158	2.1	388	0.5

38) 朝鮮総督府(編),『昭和17年度朝鮮総督府統計年報』, 朝鮮総督府, 1944, pp. 28-35.

공무업 자유업 편중

한반도 거주 일본인의 직업 구성에서 보이는 특징으로 당시 한반도의 중심 산업인 농업에 극히 적은 수가 종사했다. 1942년 말의 통계에 따르면 농업 종사자의 경우 조선인 가운데 68.1%를 차지하고 있는데 반하여 일본인 가운데는 3.9%에 지나지 않았다. 당시 한반도의 농업 종사자 총 17,447,636명 가운데 일본인 종사자 29,216명이 차지하는 비율은 0.2%를 밑도는 미미한 수준이었다. 농업과 수산업을 합쳐 제1차 산업에 종사한 인구를 보면 조선인이 총 17,901,971명으로 70.1%를 차지했던 것과는 달리 일본인의 경우는 총 38,309명으로 5.1%에 지나지 않았다.

더욱이 일반적으로 널리 지적되고 있는 바와 같이, 지배층을 형성하는 공무업과 자유업에 과다할 정도로 많은 인원이 종사했다는 점을 통계를 통해서 확인할 수 있다. 이것은 일본제국의 한반도 식민 지배의 왜곡된 측면을 극명하게 나타내고 있다. 1942년 말의 통계에 따르면 공무자유업 종사자의 경우 조선인 가운데 3.9%에 지나지 않았는데 일본인 가운데서는 39.5%라고 하는 높은 비중을 차지했다. 일본 본토의 인구 대비 공무자유업 종사자 비율이 6.8%에 지나지 않았던 것과 비교해도, 39.5%라는 숫자는 한반도 일본인의 직업이 이 분야에 지나치게 편중되어 있었다는 것을 말해 주고 있다. 종사자 절대수에 있어서도 당시 한반도에서 총 1,306,388명이 공무자유업에 종사하는 가운데 일본인이 297,233명을 차지하여 무려 22.8%의 높은 비율을 보였다. 모리타 요시오는 이러한 공무업과 자유업에 편중된 일본인 직업 구조에 대해 "일본인이 특수한 지위를 차지하고 있었던 일면을 말해준다"라고 간략하게 언급하는 데 그쳤다.[39]

지방별로 일본인 직업의 특성을 살펴보기 위하여 1942년 인구 통계를 재

39) 森田芳夫, 1964, p. 4.

구성하여 〈표 1-4〉를 작성해 보았다.[40] 일본인 인구 가운데 4분의 1이 넘는 경기도의 경우, 공무 및 자유업 종사자가 93,743명으로 이 지역 일본인의 45.4%를 차지하고 있어 이 분야 취업자가 많이 거주했다고 하는 것을 여실히 보여주고 있다. 두 번째로 일본인이 많이 거주하던 경상남도의 경우에는 경기도보다는 높지 않지만 여전히 공무 및 자유업 종사자의 비율이 34.0%로 가장 높고 그 뒤를 이어 상업 및 교통업 종사자가 29.3%를 차지한 것으로 나타났다.

〈표 1-4〉 1942년 말 지방별 직업별 일본인 인구

단위: 인구(명), 비중[일본인 인구 중의 점유율](%)

지방별	일본인 인구	농업및수산업		광업 및 공업		상업및교통업		공무및자유업		기타 및 무직	
		인구	비중	인구	비중	인구	비중	인구	비중	인구	비중
계	752,823	38,309	5.1	164,326	21.8	190,675	25.3	297,233	39.5	62,280	8.3
경기도	206,627	3,240	1.6	37,542	18.2	57,731	27.9	93,743	45.4	14,371	7.0
충청북도	9,417	429	4.6	944	10.0	1,680	17.8	5,442	57.8	742	7.9
충청남도	28,228	2,391	8.5	2,578	9.1	7,060	25.0	12,716	45.0	3,303	11.7
전라북도	35,363	6,398	18.1	2,468	7.0	6,511	18.4	15,725	44.5	4,261	12.0
전라남도	45,250	5,732	15.0	5,023	11.1	13,244	29.3	17,938	39.6	3,313	7.3
경상북도	45,244	4,309	9.5	6,533	14.4	10,894	24.1	19,742	43.6	3,766	8.3
경상남도	98,974	8,228	8.3	16,589	16.8	29,017	29.3	33,634	34.0	11,506	11.6
황해도	26,189	1,989	7.6	7,016	27.8	3,602	13.8	11,849	45.2	1,733	6.6
평안남도	51,263	681	1.3	13,580	26.5	15,801	30.8	18,043	35.2	3,158	6.2
평안북도	32,252	294	0.9	6,115	19.0	4,927	15.3	17,534	54.4	3,382	10.5
강원도	21,101	1,210	5.7	4,012	19.0	3,129	14.8	10,201	48.3	2,549	12.1
함경남도	73,990	1,613	2.2	35,525	48.0	13,211	17.9	19,795	26.8	3,846	5.2
함경북도	78,925	1,795	2.3	26,221	33.2	23,688	30.0	20,871	26.4	6,350	8.0

40) 朝鮮総督府(編),『昭和17年度朝鮮総督府統計年報』, pp. 28-35.

지방별로 직업 분포를 보면, 농업이나 수산업에 종사하는 일본인은 한반도 남부 지역에 많이 거주했으며 특히 전라북도와 전라남도는 일본인 인구의 15%를 넘는 높은 비중을 보였다. 그 뒤를 이어 경상북도 9.5%, 충청남도 8.5%, 경상남도 8.3%로 이어진다. 반면에 광업이나 공업에 종사하는 일본인은 한반도 북부 지역에 많이 거주했으며 특히 함경남도가 48.2%로 가장 높은 비중을 보였고, 절대수에 있어서도 인구가 집중되어 있던 경기도를 제외하면 한반도 전체에서 함경남도에 이 직업의 종사자가 가장 많았다는 것을 알 수 있다. 그 다음으로는 함경북도 33.2%, 황해도 27.8%, 평안남도 26.5% 순으로 높은 비중을 보였다. 상업과 교통업의 경우에는 다른 직업에 비해 지방별 편차가 그다지 심하지 않았는데, 평안남도, 함경북도, 경상남도, 전라남도 순으로 높은 비중을 보인 편이다. 공무 및 자유업 종사자의 경우에는 충청북도와 평안북도가 그 지역 일본인의 50%를 넘긴 반면, 함경남도와 함경북도가 모두 26% 정도의 비중을 보이고 있어 지방별로 큰 편차를 보였다.

공무업과 자유업을 제외하고 산업별 인구 분포를 한반도 일본인에게 적용해볼 경우, 제1차 산업에서는 전라북도, 제2차 산업에서는 함경남도, 그리고 제3차 산업에서는 평안남도가 가장 많았다는 것을 알 수 있다. 그러나 전반적으로 일본인 가운데 제1차 산업 종사자가 다른 산업에 비해 현저하게 적었다고 하는 것은 한반도 향토에 대한 밀착도가 상대적으로 낮았다는 것으로 해석할 수 있다. 이처럼 일본인이 과다하게 공무자유업에 종사했다는 것과 함께, 농업을 비롯한 각종 직업에서 일본인이 조선인에 비해 상대적으로 특권을 누리고 있었던 것은 식민지 지배 구조의 왜곡을 지적하는 글을 통해 널리 알려져 왔다.

경성제국대학 예과 입학자 수

여기서는 식민지 지배 구조의 왜곡 현상을 확인할 수 있는 통계로, 오늘날 서울대학교의 전신이 되고 있는 경성제국대학의 예과를 예로 들어 일본인이 차지했던 비율을 소개하고자 한다. 이를 통해 민족 간 특권 계층의 구성과 격차를 설명하고자 한다. 그리고 한반도 관리에 대한 봉급 지급 상황에 관한 통계를 소개하고 이를 통해서 일본인과 조선인의 소득 격차가 어느 정도 만연했는가에 관하여 언급하고자 한다.

경성제국대학은 식민지시기에 조선총독부 관리를 포함하여 식민지 관료를 배출하는 등용문이었다. 특히 법문학부의 경우 졸업생이 식민지 관료로 진출하는 사례가 많았다. 경성제국대학은 2년제 예과를 설치하여 문과(법문학부)와 이과(의학부)로의 진학을 준비하게 했다. 결과적으로 경성제국대학 입시라고 하는 것은 결국 예과 입시를 의미하는 것이었고 따라서 예과 입시가 일제강점기 내내 경성제국 입학자 집단의 성격과 인원을 통제하는 기능을 담당해왔다고 할 수 있다.[41]

다만 일본 본토에서 제국대학 진학을 위한 대학예비기관으로 기본적으로 3년제 고등학교 고등과 과정이 운영된 것과는 달리 경성제국대학 예과는 2년제와 3년제 사이를 왔다 갔다 하는 제도적 변화를 겪었다. 1924년 3월에 제1기생 입시가 시작되면서 2년제를 유지하다가 1934년부터 1942년까지는 3년제가 되었으며 그 후에는 다시 2년제로 돌아갔다.[42]

다음 〈표 1-5〉는 경성대학 예과 합격생의 출신 지역을 조사한 결과 가운데 3년제의 1941년과 2년제의 1943년의 합격생 통계를 발췌한 것이다.[43] 출신지가 한반도인가 일본 본토인가를 가지고 판별한다면 패전에

41) 정선이, 『경성제국대학 연구』, 문음사, 2002, pp. 77-84.

42) 稲葉継雄, 『旧韓国～朝鮮の「内地人」教育』, 九州大学出版会, 2005, pp. 352-358.

43) 通堂あゆみ, 「植民地朝鮮出身者の官界進出: 京城帝国大学法文学部を中心に」 松田利彦 ·

다가올수록 한반도 출신자가 많아져 경성제국대학의 '현지화 경향'을 포착할 수 있다. 그리고 경성제국대학은 점차 한반도 출신 조선인에게도 어느 정도 고등교육기관 혹은 고급 관리 등용문으로서의 기능을 했다고 할 수 있다.[44)]

하지만 한반도 인구의 3%에도 채 미치지 못하는 일본인이 경성제국대학에 50%가 넘는 합격자를 차지한 것은 민족 간 학습 여건의 차이를 극명하게 보여주는 사례이며, 이것은 나아가 한반도 지배층의 형성과 식민지 관료 등용에서 민족적인 편향성이 나타날 수밖에 없는 배경을 잘 나타내고 있다고 하는 것을 부정할 수 없다.

〈표 1-5〉 경성제국대학 예과 합격생의 출신

민족별		1941년		1943년	
		학생수(명)	비율(%)	학생수(명)	비율(%)
일본인	한반도 출신	107	43.3	148	58.3
	일본 출신	50	20.2	39	15.4
	기타지역 출신	4	1.6	5	2.0
	소계	161	65.2	192	75.6
조선인	한반도 출신	82	33.2	60	23.6
	일본 출신	1	0.4	2	0.8
	기타지역 출신	2	0.8	0	0.0
	소계	85	34.4	62	24.4
기타		1	0.4	0	0.0
합계		247	100.0	254	100.0

やまだあつし(編),『日本の朝鮮・台湾支配と植民地官僚』, 思文閣出版, 2009, p. 64.

44) 通堂는 경성제국대학이 조선인 학생에게 고등교육기회로서 '충분히 유효하게' 기능했다고 보았다. 通堂あゆみ, 2009, p. 63. 하지만 이러한 견해는 민족적 토양을 고려하지 않는 것으로 민족적 차별을 경시한 견해라고 생각된다.

관리 급여의 민족별 차이

또한 흔히 지적되는 바와 같이 식민지 시기의 관리에 대한 급여 체계에 있어서도 일본인과 조선인 사이에는 현격한 차이가 존재했다. 〈표 1-6〉는 조선총독부 1942년 통계에서 국비에 의하여 임금을 지급받는 관리의 규모와 봉급 금액을 정리한 것이다. 그 해 국가 관리 총 인원 103,225명 가운데 일본인이 57,302명으로 55.5%를 차지했고 이들의 한 해 봉급 총액은 64,433,592원이었다. 이에 반하여 조선인 관리 45,919명에 대한 봉급 총액은 26,936,963원으로 나타났다.[45)]

〈표 1-6〉 국비지급 관리 인원과 봉급 금액(1942년)

단위: 인원 (명) , 봉급액 (원)

	합계		일본인		조선인		외국인	
	인원	봉급액	인원	봉급액	인원	봉급액	인원	봉급액
총수	103,225	91,378,535	57,302	64,433,592	45,919	26,936,963	4	7,980
칙임관	139	803,733	127	754,893	12	48,840	0	0
칙임관 대우	28	58,430	2	10,430	26	48,000	0	0
주임관	2,092	5,994,637	1,762	5,363,220	330	631,417	0	0
주임관 대우	195	325,636	121	242,816	74	82,820	0	0
판임관	22,864	29,557,767	17,802	25,351,275	5,062	4,206,492	0	0
판임관 대우	25,242	19,015,066	14,825	13,351,516	10,417	5,663,550	0	0
촉탁	1,754	1,879,022	914	1,138,373	836	732,669	4	7,980
고용원	50,911	33,744,244	21,749	18,221,069	29,162	15,523,175	0	0

이것은 칙임관 · 주임관 · 판임관과 같은 고위 관리직에 일본인이 조선인에 비해 월등히 많이 임명되었을 뿐 아니라 같은 직급이라고 해도 조선인과

45) 朝鮮総督府(編),『昭和17年度朝鮮総督府統計年報』, pp. 400-401.

달리 일본인에게는 일본 본국에 맞추어 가봉(加俸)이나 각종 수당을 지급했기 때문이다. 특히 일본인 관리에 대한 봉급 지출은 한반도에서 조세자금이 유출되는 전형적인 사례가 되었다. 1937년부터 1942년까지 6년간에 걸쳐 한반도 조세 총액이 11억 3,686만 원이었는데, 이 가운데 일본인에게 2억 8,890만 원의 급여가 지급된 것으로 나타났다. 반면에 조선인에게는 같은 기간에 1억 3,519만 원만이 지급된 것으로 나타났다. 여기에 한반도 조세 수입에서 지출되는 부담은 아니었지만 같은 기간 6년간에 걸쳐 일본인 관리에게 총 7,500만 원이 가봉으로서 지급되었다.[46)]

이러한 급여를 통한 민족적 차별에 대하여 조선인 사이에 불만이 팽배해 있던 것은 총독부로서도 익히 인지하고 있었다. 태평양전쟁이 전역으로 확대되고 조선인의 노동력을 이용해야 하는 시점에 이르자 뒤늦게 일본 정부는 조선인에 대해 일본국민으로서의 협력을 강요하는 한편, 종래의 식민정책에서 나타나는 불합리한 제도적 부분을 시정(是正)하고자 하는 정치적 술수를 보였다. 아베 노부유기(阿部信行)가 총독에 재임한 1944년 7월부터 패전 직후까지의 시기는 식민지 통치 붕괴의 전야(前夜)에 해당하는 시기로서, 그는 부임하자마자 내선일체 이념에서 이반되어 있는 조선인의 마음을 붙잡고 최대한 전쟁동원에 협력하게 할 것을 시정방침으로 설정하고 관련 정책들을 추진했다.[47)]

패전 이후 해외에서 귀환한 일본인 전문가들은 식민지 혹은 점령지 시정(施政) 결과를 가능한 긍정적으로 평가하면서 해외에 남겨놓고 온 재산의 「대차대조표」로서 작성한 『일본인의 해외활동에 관한 역사적 조사(日本人

46) 정태헌, 「식민지시대 말기의 자금수탈 구조」, 『일제식민지정책 연구논문집』, 광복50주년 기념사업위원회, 한국학술진흥재단, 1995, pp. 253-254.

47) 大蔵省管理局, 『日本人の海外活動に関する歴史的調査』(通巻第三冊, 朝鮮編第二分冊: 第三章朝鮮統治の最高方針), 大蔵省管理局, 1947, p. 66.

の海外活動に関する歴史的調査)』를 작성했다.[48] 한반도의 경우는 경성제국대학 교수로 재정학 전문가였던 스즈키 다케오(鈴木武雄)가 집필과 감수를 담당했는데, 이 책에서 그는 마지막 총독 재임시기의 민족적 차별 철폐를 위한 중요한 조치로서, 한반도 주민에게도 제국의회 참정권을 부여한 것과 함께, 조선인 관리에게도 패전 직전에 이르러 전면적으로 가봉을 지급한 것, 도지사・경찰부장과 같은 공무원이나 식산은행과 같은 민간기관에서 고위직에 조선인 임용을 일부 증가시킨 것을 제시했다.[49]

그러나 이러한 총독부 조치는 패전에 임박하여 조선인 강제동원의 반대급부로서 단말마적으로 도입된 것으로서, 제대로 시행되지도 않은 상태에서 일본의 패전 즉 식민지의 해방에 봉착하게 되었다. 결과적으로 이러한 제도적 시정 움직임은 장기간의 식민통치를 통해서 길들여온 민족차별의 사회적 잔재를 축소시키는 데 있어서 전혀 기능을 하지 못하고 끝이 난 것이다.

4. 패전 직전 한반도와 일본 사이의 항로

1937년 경성과 따리엔(大連)을 잇는 비행기 항로가 개설된 이후 한반도가 일본 열도와 만주를 왕래하는 항공기의 중계지가 되었지만, 태평양전쟁 돌입에 따라 민간 항공기의 편수가 급격하게 제한되기 시작하여 1945년에 이르러서는 전면적으로 운행이 중단되었다.[50]

---

48) 小林英夫, 『日本人のアジア観の変遷: 満鉄調査部から海外進出企業まで』, 勉誠出版, 2012, pp. 180-181.

49) 大蔵省管理局, 『日本人の海外活動に関する歴史的調査』(通巻第三册, 朝鮮編第二分册), pp. 70-71.

50) 大蔵省管理局, 『日本人の海外活動に関する歴史的調査』(通巻第九册, 朝鮮編第八分册: 第十八章交通通信の発達), 大蔵省管理局, 1947, pp. 68-69.

이와 함께 일본열도와 한반도를 연결하는 정기 연락선 항로로 1905년에 개설된 부산과 시모노세키(下關) 사이의 항로, 1930년에 개설된 여수와 시모노세키 사이의 항로, 1943년에 개설된 부산과 하카타(博多) 사이의 항로, 그리고 1922년에 개설된 제주도와 오사카(大阪) 사이의 항로가 존재했다. 그러나 태평양전쟁 중반에 들어서 일본이 제해권을 상실해가는 가운데 미군 잠수함이나 기뢰 촉발로 인한 파손 위험으로 일본과 한반도를 연결하는 민간인 수송을 위한 대형 연락선의 운행이 어려워졌고, 이에 따라 양 지역을 왕래하는 사람들의 이동도 규모도 그리 크지 않게 되었다.

이와 함께 일본 본토의 물자 수요가 계속 높아지는 가운데 태평양전쟁 후반부터 연합국군에 의한 해상보급로 차단 정책에 의해 대형선박에 의한 물자수송이 어려워지자, 그 대신 철도에 의한 수송이 더욱 중요해졌다. 특히 한반도 철도는 만주지역의 물자를 일본 본토로 수송하는 데 절대적으로 중요한 역할을 수행하게 되었다. 조선총독부는 1943년 12월 1일부로 종래의 철도국을 교통국으로 확대 개편하고 조선철도회사를 중심으로 하여 철도와 항만의 물류를 통일적으로 관할하도록 했다.[51]

1945년 4월부터 3개월 동안에는 군수물자 수송에 총력을 기울이기 위해 총독부는 열차 시각을 개편하여 여객 운송과 일반 화물 운송을 위한 열차 운행 편수를 대폭 축소했다. 또한 원활한 군수물자 수송을 위한 선박이 극도로 부족한 상황에서 선박의 운항 회전율을 높이지 않을 수 없었고 이와 함께 유기적으로 항만 하역을 실시하여 효율성을 높이고자 했다.[52] 하지만 패전 당시 부산교통국 운수부장을 역임한 다케우치 신이치(武内慎一)가 회고하는 바와 같이, 패전 직전에 대륙과의 물자 수송은 원활하게 이루어지지 않았고,

---

51) 田辺多聞, 「終戦前後の釜山地方交通局管内事情」, 鮮交会(編), 『朝鮮交通回顧録: 終戦記録編』, 鮮交会, 1976, pp. 246-247.

52) 大蔵省管理局, 『日本人の海外活動に関する歴史的調査』(通卷第九册, 朝鮮編第八分册: 第十八章交通通信の発達), pp. 31-32.

거의 매일 고위직 간부들이 모여 대책 회의에 부심하는 가운데 패전을 맞게 되었다.[53)]

연락선 항로의 두절

일본 본토와 한반도 사이를 왕래하는 정기 항로의 통행에 위협이 시작된 것은 일찍이 1943년 10월 곤륜마루(崑崙丸) 선박이 미군 잠수함에 의한 어뢰 공격을 받아 침몰하면서부터이다.[54)] 이듬해 8월부터는 일본 본토 남부에 대한 미군의 공습이 심해졌고 1945년에 들어 2월에 미군의 기뢰가 정기 항로에 투하되자 한반도 남부와 일본 사이의 대형 연락선 운행이 더욱 어려워져 파행적으로 운행이 이루어지게 되었다.

3월에 미군이 오키나와를 상륙하기 시작하면서 일본 본토는 물론 일본의 대형 선박에 대한 무차별 공습이 격화되었다.[55)] 5월부터 시모노세키를 피해 센자키 등의 대체 항구로부터 구축함의 호위를 받으며 대형 선박이 간헐적으로 야간에 운행되다가 6월 20일 사실상 정기 연락선 운행이 종결되었다.[56)] 오사카와 제주도 사이의 항로를 운행하던 제2기미가요(君が代) 선박도 1945년 4월에 미군의 공습으로 침몰되어 사실상 항로가 폐쇄되었고,[57)] 조선총독부 명령항로인 여수와 시모노세키 사이를 왕래하던 선박도 1945년 5월 시모노세키 해협이 통행 불능 상태에 빠지자 요시미(吉見), 센자키(仙崎), 하카타(博多) 등으로 항구를 옮기면서 파행적으로 운행되기에

53) 武内慎一,「釜山引揚業務の追憶」, 鮮交会(編), 1976, p. 268.

54) 日本国有鉄道広島鉄道管理局,『関釜連絡船史』, 大村印刷株式会社, 1979, pp. 96-102.

55)『西日本新聞』 기사를 보면, 1945년 3월에 들어서부터 매일처럼 '본토 결전'을 외치는 기사들로 메워져 있다. 그 가운데 3월 19일자, 5월 28일자, 6월 21일자 등에서 미군의 대대적인 규슈 공습이나 해상 기뢰 투하 소식을 보도했다.

56) 日本国有鉄道広島鉄道管理局, 1979, pp. 152-155 연표; 斉藤哲雄,『下関駅百年: 戦前の関門・山口の交通』, 新人物往来社, 2001, pp. 221-222.

57) 辛在卿,「君が代丸についての歴史的考察」,『京都創成大学紀要』7巻, 2007. 1, pp. 15-28.

이르렀다.[58]

한반도 공습

조선총독부의 교통국 신설에 따라 초대 부산지방교통국 국장[59]이 된 다나베 다몬(田辺多聞)은 패전을 전후하여 부산항의 교통상황을 일지(日誌)에 기록하여 남겼다. 그는 일본 패전을 한 달 정도 앞둔 7월 12일 부산항에 기뢰(機雷)가 투하되어 대형선박의 입출항이 불가능하게 되었다고 기록했다. 그날 부산항으로 입항하려던 덴잔마루(天山丸) 선박이 마산항으로 옮겨 입항하게 되었고, 그 후로 일본에서 한반도로 들어오는 대형 선박들은 부산항을 대신하여 울산, 포항, 마산 등의 항구를 전전하며 파행적으로 운행되었다고 했다.[60] 신문들은 7월 하순부터 부산 · 진해 · 나진 · 청진 등에 미군기가 내습하여 기뢰를 투하했다는 소식을 일제히 보도했다.[61]

7월 29일에는 구포와 물금 사이의 열차에 미군기가 총격을 가하여 승무원이 부상을 입기도 했으며 8월 10일 새벽에는 부산 수정동에 폭탄을 7발 투하하여 다수의 사상자를 내기도 했다. 이후 패전 때까지 연일 부산 시가지에 소규모의 공습이 있었으며 쉴 틈 없이 공습경보가 발령되자 교통국

---

58) 「関麗連絡船と南朝鮮鉄道」, http://www5f.biglobe.ne.jp/~travel-100years/travelguide_043.htm

59) 조선총독부 관보에는 교통국 이사였던 다나베가 1945년 8월 11일부로 부산지방교통국장에 해당하는 부산지방교통국 부두국장 겸 부산교통국 부두부장 직책을 조선총독부 도(道) 사무관 하라구치 미쓰구(原口貢)에게 인계한 것으로 되어 있다. 『朝鮮總督府官報』 5558號, 1945. 8. 13. 그러나 다나베의 회고록을 통하여 그가 패전 이후에도 사실상 부산지방교통국장 직책을 유지했다는 것을 알 수 있다.

60) 田辺多聞, 「終戦前後の釜山地方交通局管内事情」, 鮮交会(編), 『朝鮮交通回顧録: 終戦記録編』, 鮮交会, 1976, p. 250.

61) 7월 23일 새벽에 B-29기 6대가 下關을 거쳐 부산에 이르기까지 비행하면서 기뢰를 투하했고, 같은 날 새벽 또 다른 7대는 高知에서 松江을 거쳐 나진에 비행하여 기뢰를 투하했다고 한다. 이윽고 7월 25일 밤에는 청진 부근에, 그리고 26일 새벽과 오전에는 부산 · 진해 · 여수 · 해주 등에 미군기가 내습했다고 보도했다. 『西日本新聞』 1945. 7. 24, p. 1; 『매일신보』 1945. 7. 25, p. 1; 1945. 7. 28, p. 1; 1945. 7. 29, p. 1.

직원 가운데 다른 지역으로 전근 발령이 나기를 희망하는 분위기가 강해지기도 했다.[62)]

그렇다고 해도 7월과 8월에 걸쳐 수차례에 걸쳐 미군 비행기가 부산에 내습하여 공습을 감행할 때만 해도 일본인 사회에 그다지 큰 동요가 일어나지 않았다.[63)] 다케우치 신이치의 회고에 의하면, 부산 수정동에 있던 관사에도 공습이 있었고 근처에 폭탄이 떨어지는 일도 있었지만, 부산 거주 일본인들에게는 자주 있는 일이 아니어서 다음날 어떤 상황이 벌어졌는지 사고현장에 견학을 하러 갈 정도로 태평스러운(呑気な) 나날이었다고 했다.[64)]

미군 공습으로부터 도시 주민들을 보호하기 위한 수단으로 총독부는 1945년 3월부터 소개(疎開)를 계획하고 4월부터 실시하도록 권장했다. 여기에 국민총력 조선연맹 등이 나서서 총독부의 계획을 실행에 옮기도록 지원했다. 그러나 집단 소개는 오히려 조선인과 일본인 모두의 민심을 흉용하게 할 수 있는 성격을 가지고 있었기 때문에 관헌에 의한 적극적 실행은 이루어지지 않았다. 애초 계획과는 달리 실제로 건물과 인원의 소개는 아주 작은 규모로 이루어졌다. 예를 들어 5월에 학생들의 집단 소개가 시작되었지만 6월 중순까지 당초 계획의 10%밖에 참여율을 보이지 않았다. 어디까지나 자발적인 소개를 전제로 하다 보니 계획은 무성하지만 실제로 인원 소개를 별로 이루어지지 않는 양상을 보인 것이다.[65)]

1945년 들어 제주도에 대거 진주하기 시작하고 대본영이 미군 상륙을 예

---

62) 田辺多聞, 1976, pp. 250-251.

63) 최해군, 『부산7000년, 그 영욕의 발자취②: 개항부터 일제말까지』, 도서출판 지평, 1997, pp. 272-273.

64) 武内慎一, 「釜山引揚業務の追憶」, 鮮交会(編), 1976, p. 268.

65) 김인호, 「1945년 부산지역의 도시소개 연구」, 『한국민족운동사연구』 41호, 2004. 9, pp. 315-324. 총독부는 고위 관료 가족의 경우, 우선적으로 소개 희망 지역에 배정하고 희망자가 많을 경우는 추첨을 통해 소개 시설을 결정하기도 했다. 水田直昌, 『落葉籠』, 水田直昌(非賣品), 1980, p. 145.

상하고 노약자 5만 명 정도를 선박에 실어 육지로 피난시킬 계획을 세운 일이 있다. 하지만 이 소개 계획도 첫 번째 피난 선박이 조난을 당하자 철회되고 본토 결전 계획으로 방향을 전환했다.[66] 패전을 바로 앞두고 한반도 안에서 군 부대의 이동이나 군수 물자의 수송이 활발하게 이루어진 것에 비해, 일반인의 경우에는 소련과의 접전 소식이 있기까지는 대체로 방공호 대피 수준의 전투태세에 그쳤다.[67]

급기야 8월 9일에 소련군이 연합군의 일원으로 참전하고 전투지역을 벗어나고자 하는 피난 행렬이 시작되었다는 소식이 전해지면서, 한반도 거주 일본인들 사이에 불안과 동요가 확산되기에 이르렀다. 그럼에도 불구하고 북한 지역의 일본인들에 비해 남한 지역 거주 일본인들 사이에는 일본의 패전이 임박한 시점에도 전반적으로 패전을 예측할 만한 분위기가 상대적으로 적었으며, 실제로 교전상황을 실감하지 않은 상황에서 비교적 평온한 분위기 가운데 패전을 맞게 되었다.[68]

이와 같이 한반도와 일본열도 사이에 대형선박에 의한 정기항로는 패전이 임박하여 두절되었지만, 그렇다고 해서 소형 선박에 의한 자유왕래가 두절된 것은 아니다. 미군이 투하한 기뢰를 피하여 중소형 선박이 운행되었던 것은 주지의 사실이다. 앞서 언급한 바와 같이 패전을 앞두고 일본인과 조선인 그리고 일본의 선박들이 일본열도에서 한반도로 소개하여 이동했다고 하는 것은 이러한 중소형 선박을 통한 개별적인 이동으로 밖에는 설명하기가 곤란하다.

---

66) 森田芳夫, 1964, p. 18.

67) 패전을 한 주 앞둔 8월 9일 경성부 방위부장은 직장에 한정시켜 집단 소개를 실시한다고 하고 일반인에 대해서는 적용하지 않겠다고 발표했다. 『매일신보』 1945. 8. 9, p. 2.

68) 若槻泰雄, 1991, p. 231; 平和祈念事業特別基金(編), 『資料所在調査結果報告書(Ⅰ): 資料が示す今次大戦における恩給欠格者·戦後強制抑留者及び海外引揚者の労苦』, 平和祈念事業特別基金, 1993, p. 193.

5. 패전 직전 한반도의 일본군

식민지 시기 내내 한반도 거주 일본인이 조선인에 대한 차별 가운데에서도 평온하게 생활할 수 있었던 것은 경찰에 의한 치안 유지와 일본군에 의한 방위 조치가 있었기 때문이다. 여기서는 일본 패전 직전에 한반도에 일본군 조직이 어떻게 바뀌어 가고 있었는지, 그리고 소련 참전 이후 패전 때까지 일본군이 어떠한 상황에 처하게 되었는지 간략하게 살펴보고자 한다.

일본군 주둔 상황

태평양전쟁의 국면이 급박해지자 1945년 2월 일본 대본영은 조선군 편제를 개조하여 종래의 조선군사령부를 야전부대인 제17방면군 사령부로 대체했다. 그리고 새롭게 조선군관구 사령부를 설치하고 보충·교육·경리·위수를 담당하게 했다.[69] 제17방면군 사령부와 조선군관구 사령부의 통합 사령관에는 고쓰키 요시오(上月良夫, 1886-1971)[70] 중장이 임명되었다. 그리고 3월에 들어서자 대본영은 제주도·부산 등에 5개월 이후에는 미군이 상륙할 것으로 예상하고 38도선 이남 지역에 병력을 증강 배치했다. 이때 전투사단을 신설하기도 하고 만주·한반도 이북 지역·일본 본토에 있던 부대들을 재편하여 배치하는 방식을 취하기도 했다. 이 과정에서 패전 직전에 제주도를 비롯하여 이남 지역에 일본군 병력이 대폭 늘어났

---

69) 古野直也,『朝鮮軍司令部 1904~1945』, 国書刊行会, 1990, p. 255,

70) 고쓰키는 태평양전쟁 발발 당시 제19사단장으로 나남에 근무하고 있었다. 그 후 제2군 사령관, 몽고주둔군 사령관, 제11군 사령관을 역임하고 1945년 4월에 제17방면군 사령관 겸 조선군관구 사령관이 되었다. 패전 후 11월 24일 군용 선박을 통해 하카타 항구로 귀환했다. 귀환 후 육군성 후신인 제1복원성 차관이 되었고 1947년부터 1950년까지 후생성 복원국장을 역임했다. 일본 wikipedia,「上月良夫」자료; 古野直也, 1990, p. 272 참고.

다. 패전 당시 한반도에 총 32만 명이 넘는 일본군이 주둔하는 가운데, 38도선 이남 지역에만 23만 명 정도가 주둔하거나 체류하고 있었던 것으로 알려지고 있다.[71)]

일제 말기 미군의 일본 본토 상륙을 앞두고 일본군 내부에서는 미군이 제주도를 접수하고 공군기지로 활용할지 모른다는 가정 아래, 제주도 남서부 지역을 중심으로 제주도 전역에 서둘러 군사시설을 확충하는 움직임을 보이게 된다. 일찍이 1945년 2월에 제주도에 제58군 사령부가 창설되며 3월에 예하 96사단을 설치한다. 이어 당시 만주에 주둔하고 있던 제111사단이 정예부대로 지정되어 5월 제주도에 상륙하게 된다. 111사단은 미군부대가 상륙할 가능성이 가장 높다고 판단되는 모슬포, 고산, 안덕 지역 등에 배치되었으며 1만 2천 명 가량 정도의 병력을 주둔시켰다.[72)] 이어서 121사단이 하얼빈에서, 독립혼성 제108여단이 일본 본토에서, 각각 제58군 사령부에 예속되었다.

이렇게 되자 1945년 2월에 천 명 정도에 불과하던 제주도에 패전 시점에는 6만 명이 훨씬 넘는 대규모 병력이 주둔하게 되었다.[73)] 패전 당시 한반도에 주둔해 있던 일본군 부대의 상황은 다음 〈표 1-7〉과 같다. 평양과 나남에 본부를 둔 조선군관구 예하부대를 제외하고는 모두 38도선 이남에 주둔하고 있었다.[74)]

---

71) 森田芳夫, 1964, pp. 22-23.

72) 최영호, 『한일관계의 흐름 2006-2007』, 논형, 2008, p. 26.

73) 森田芳夫, 1964, pp. 15-17.

74) 森田芳夫, 「ソ連の參戦: 朝鮮引揚史その一」, 田村吉雄(編), 『秘錄大東亜戦史朝鮮編』, 富士書苑, 1953, p. 11.

〈표 1-7〉 패전 당시 일본군의 한반도 주둔 상황

<table>
<tr><th>사령부</th><th colspan="2">예하 부대</th><th>주둔지</th><th>38도선 이북 · 이남</th></tr>
<tr><td rowspan="2">제1방면군
제3군</td><td colspan="2">제79사단</td><td>남양</td><td>이북</td></tr>
<tr><td colspan="2">나진 요새</td><td>나진</td><td>이북</td></tr>
<tr><td rowspan="4">제34군</td><td colspan="2">독립혼성 제133여단</td><td>新京에서 이동 중</td><td>이북</td></tr>
<tr><td colspan="2">제137사단</td><td>정평</td><td>이북</td></tr>
<tr><td colspan="2">제59사단</td><td>함흥</td><td>이북</td></tr>
<tr><td colspan="2">영흥만 요새</td><td>영흥만</td><td>이북</td></tr>
<tr><td rowspan="11">제17방면군</td><td colspan="2">제160사단</td><td>이리</td><td>이남</td></tr>
<tr><td colspan="2">독립혼성 제127여단</td><td>부산</td><td>이남</td></tr>
<tr><td colspan="2">제320사단</td><td>전주</td><td>이남</td></tr>
<tr><td colspan="2">제150사단</td><td>정읍</td><td>이남</td></tr>
<tr><td colspan="2">제120사단</td><td>대구</td><td>이남</td></tr>
<tr><td rowspan="4">제58군</td><td>독립혼성 제108여단</td><td>제주도</td><td>이남</td></tr>
<tr><td>제121사단</td><td>제주도</td><td>이남</td></tr>
<tr><td>제111사단</td><td>제주도</td><td>이남</td></tr>
<tr><td>제96사단</td><td>제주도</td><td>이남</td></tr>
<tr><td colspan="2">여수 요새</td><td>여수</td><td>이남</td></tr>
<tr><td colspan="2">부산 요새</td><td>부산</td><td></td></tr>
<tr><td rowspan="5">조선군관구</td><td colspan="2">광주 사관구</td><td>광주</td><td>이남</td></tr>
<tr><td colspan="2">대구 사관구</td><td>대구</td><td>이남</td></tr>
<tr><td colspan="2">평양 사관구</td><td>평양</td><td>이북</td></tr>
<tr><td colspan="2">나남 사관구</td><td>나남</td><td>이북</td></tr>
<tr><td colspan="2">경성 사관구</td><td>경성</td><td>이남</td></tr>
</table>

소련의 참전

일본 패전을 일주일 앞둔 8월 8일, 소련군을 앞세운 소규모 조선인 부대가 두만강을 건너 한반도에 진격해 들어와 일본 경찰을 사살했다. 이들은 이

틈날 소련이 일본에 공식 선전포고할 것이라고 예고하고 사라졌다.[75] 소련과의 접전을 전혀 예상하지 않은 가운데 소수의 경찰만으로 치안을 유지하던 접경 지역 일본인 주민에게는 날벼락과 같은 사건이 발생한 것이다.[76] 그 후 몇 시간 되지 않아 8월 9일 0시를 기하여 소련의 선전포고와 함께 소련군이 일제히 만주 지역에 진격했고 0시 30분에는 한반도 접경 지역에서 공습을 시작했다.[77]

〈그림 1-1〉 소련군의 대일 참전과 한반도 진격

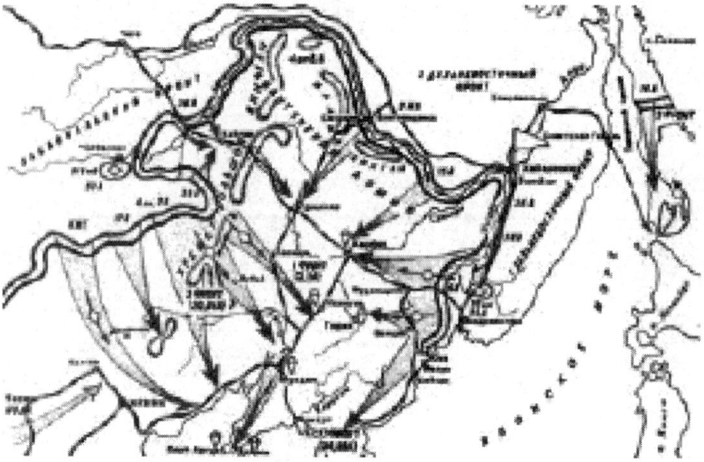

소련의 공격에 따라 나진을 비롯한 함경북도 일대가 혼란에 빠졌고 발 빠른 주민들은 서둘러 피난길에 오르기 시작했다.[78] 당시 일본군은 미군의 한

75) 森田芳夫, 1964, pp. 28-29.

76) 平島敏夫, 『楽土から奈落へ: 満州国の終焉と百万同胞引揚げ実録』, 講談社, 1972, pp. 65-66.

77) 1945년 8월 9일 0시 30분 경, 소련군 비행기 약 30대가 함경북도 웅기를 거쳐 나진 방면으로 침공했고 1시간 마다 여러 개의 편대를 이루어 나진항과 시내 요소에 폭탄과 소이탄을 투하했다. 山名酒喜男, 『朝鮮総督府終政の記録(1): 終戦前後に於ける朝鮮事情概要』, 友邦協会, 1956, p. 1.

78) 가토 기요후미, 『대일본제국 붕괴』, 바오출판사, 2010, p. 83.

반도 상륙을 예상하여 남쪽으로 전환 배치하고 있어 미약한 병력만을 유지하고 있던 상태에서 소련의 함경북도 진격에 대해 속수무책에 빠졌고 정보 두절과 식량보급 차단 등으로 패전 이후까지 이 지역 일본인 주민들을 공황 상태에 빠뜨렸다.[79] 아울러 소련 참전의 소식이 신문보도 등을 통해 널리 알려지면서[80] 한반도의 일본인 사회는 동요하기 시작했다.

8월 9일 새벽 소련군이 경흥에 진격해 들어왔다. 이에 따라 이 지역에 남아 있던 1개 중대 규모의 일본군 부대는 소련군에 접수되었다. 나진과 웅기에 있던 일본군은 소련군이 진격해오기 전에 미리 퇴각하여 산간지역에 들어가거나 남쪽 해안지대를 따라 청진에 집결하여 일제히 격퇴할 기회를 노리는 것처럼 보였다. 그러나 산간지역의 전투는 일본군의 피해를 키웠을 뿐 아니라 방위 지역을 퇴각하는 과정에서 일본군은 민간인들에게 퇴각 사실을 알리지 않았고 각 부대에 대한 퇴각 명령조차도 일사분란하게 이루어지지 않았다. 결과적으로 갑작스런 소련군의 침공 앞에 함경북도의 일본군은 지리멸렬 상태를 보인 것이다.[81]

8월 10일 웅기에서는 소련군의 공습이 계속되는 가운데 이 지역 일본군 헌병대장과 총독부 관리들이 모여 잔류한 일본인 주민들을 회령 방향으로 피난시키기로 긴급 결정하고 부두, 세관, 병영, 경찰서, 헌병대, 육군병원 등의 건물을 자폭시켰다. 그 이튿날 웅상(雄尙) 지역에 소련군 1개 중대가 상륙했고 이날 웅기항에 소련 군함이 입항하면서 길거리 곳곳에는 붉은 깃발이 내걸렸다.[82] 계속 퇴각해가는 일본군은 청진에 집결하여 가까스로 소련군과 접전하면서 남하를 저지했지만 15일 증강된 소련의 육군과 해병여단

79) 山名酒喜男, 1956, p. 2.

80) 『매일신보』의 경우, 8월 10일자 신문부터 소련의 북한 공격 소식을 전하기 시작했다. 그러나 8월 15일전까지는 여전히 결전태세를 강조하는 기사가 대부분이었다.

81) 森田芳夫, 1964, pp. 35-38.

82) 森田芳夫, 1964, pp. 33-34.

앞에 결전을 단념하고 방어에 전념하다가 18일이 되어서야 정전(停戰) 명령을 수령했다.[83)]

한반도 동북 지역에는 광물자원 등이 풍부하고 만주 진출이 용이하여 일본에서 진출한 공장이 많았고 따라서 일본인 거류민도 많았다. 소련 참전 당시 함경북도에는 7만 명이 넘는 일본인들이 거류하고 있었다. 이들은 일본군 퇴각과 함께 걸어서 해안선을 따라 남하하거나 산악지대를 통과하여 피난하지 않으면 안 되었다. 소련과 접전하는 지역에서 일본군이 군대 수송을 위해 철도 운송 수단을 장악했기 때문에 민간인의 안전 귀환에 사용될 여지가 없었기 때문이다. 소련과의 전투를 위해 남성들 대부분이 긴급 소집됨에 따라 주로 여성과 어린이가 무리를 지어 험난한 피난길에 오르지 않으면 안 되었다. 일본군의 패퇴로 보호 장치가 없어진 상황에서 남쪽으로 혹은 서쪽으로 우왕좌왕 하는 피난민 가운데서 소련군 폭격으로 인한 사망자가 속출했다.[84)]

이렇듯 일본군과 소련군의 접전을 경험한 북부 지역에서 패전 직전 일본인들이 전투 상황을 경험하는가 하면 일부 지역에서 연합군의 공습을 간헐적으로 체험했다. 그러나 이를 제외하고는 한반도의 대부분 지역이 일본 본토에 비해 평온한 상황에서 전쟁 종결을 맞게 되었다. 특히 서울을 비롯한 38도선 이남 지역의 일본인들은 접전 지역이나 여타 지역의 일본인들에 비해 패전을 예측할 만한 분위기가 상대적으로 적었으며, 대체로 평온한 가운데 패전 정국을 맞이하게 되었다.[85)]

---

83) 일본 wikipedia, 「ソ連対日参戦」 자료 참고.

84) 若槻泰雄, 1991, pp. 198-199.

85) 若槻泰雄, 1991, p. 231; 平和祈念事業特別基金(編), 1993, p. 193.

2장
패전 직후의 일본인 귀환과 총독부 대책

2장에서는 패전에서 항복에 이르는 기간에 한반도 정세의 급격한 변동 상황을 정리하고 이 기간 동안 조선총독부가 실시한 주요 정책과 함께 세화회 결성 배경을 살펴보고자 한다. 일본군이 소련군과 접전을 경험한 북부 지역을 제외하고는 한반도 지역의 일본인들은 대체로 평온한 가운데 종전을 맞았다. 특히 서울(경성)[1]을 비롯한 38도선 이남 지역의 일본인들은 이북 지역의 일본인들에 비해서는 대체로 큰 혼란을 겪지 않는 가운데서 패전 정국을 맞았다.

8월 15일 정오 라디오를 통해 일왕 육성의 포츠담선언 수락 발표가 이루어졌고 조선총독부 대강당에서는 총독이 울먹이며 패전의 현실을 받아들이는 모습을 보였지만, 그날 서울의 조선인 사이에서는 별다른 움직임을 보이지 않았다.[2] 그러나 그 이튿날 정치범이 일제히 석방되고 소련군이 한반도 전역에 진주할 것이라는 소문이 나돌면서 조선인의 집단 움직임이 강렬해져 치안 당국의 통제를 위협하기에 이르렀다. 이에 따라 한반도 일본인 대부분이 거류에 불안을 느끼게 되었고 서둘러 일본 본토로 귀환하고자 하는 움

1) 일제시기의 경성부(京城府)는 1946년 8월 15일 '서울시 헌장'을 통해 '서울시'로 개칭되었고 법률적으로는 그 해 9월 18일 미군정 법령 제106호에 의해 '서울특별자유시'로 되면서 '서울'이라는 지명이 공식적으로 사용되기 시작했다. 해방 직후 한반도에서 일반적으로 '경성'과 '서울'이라는 용어가 함께 사용되었지만 미군정에 의한 영어 표기에서는 1945년 9월 군정 초기부터 Seoul로 통일되어 사용되었다.

2) 中保与作,「略奪と赤色の劫火」, 1953, pp. 333-334.

직임을 보이기 시작했다.

일본 정부가 포츠담선언 수락을 발표한 후 3주간이 지난 9월 6일, 미군 제24군 선발대가 여의도 비행장에 도착하고 이틀 뒤에 본대가 인천에 상륙했다. 이윽고 9월 9일 총독부 청사에서 아베 노부유키(阿部信行, 1875-1953)[3] 총독을 비롯하여, 일본육군을 대표하여 고쓰키 조선군관구 사령관, 일본해군을 대표하여 야마구치 기사부로(山口儀三朗, 1889-1972)[4] 진해경비부 사령관이 각각 항복 문서에 서명함으로써 사실상 35년간에 걸친 총독부 통치가 막을 내렸다.

패전에서 항복 조인에 이르는 22일 동안 조선총독부는 한편으로 기밀문서를 파기하는 등 침략전쟁의 증거를 인멸하고 점령군을 맞이하는 정권 이양 작업에 들어갔으며, 다른 한편으로는 한반도 거주 일본인들을 위한 마지막 행정서비스를 실시했다.[5] 이 과정에서 남한 각 지역에 세화회가 결성되어 일본인 스스로에 의한 귀환원호 업무를 담당하게 된 것이다.

1. 일본 패전에 따른 한반도 치안 악화

일본의 각종 신문과 같이, 『京城日報』, 『매일신보』 등 한반도에서 발행되

3) 육군대장 아베 노부유키는 1944년 7월부터 1년 2개월간 조선총독을 역임했다. 그는 귀환 후 일본에서 점령군에 의하여 전범으로 지목되었지만 체포 대상에는 포함되지 않아 도쿄 극동군사재판에 기소를 당하지 않았다. 「ウィキペディア」 일본 wikipedia, 「阿部信行」 자료; 山名酒喜男, 1956, pp. 53-54 참고.

4) 야마구치 중장은 1945년 4월에 진해경비부 사령관에 임명되었으며, 패전 후 일본 귀환 직후 11월 15일자로 예편되었다. 「The Naval Data Base:人名事典」, hush.gooside.com/name/Biography, 「山口儀三朗」 자료.

5) 총독부의 마지막 재무국장을 역임한 미즈타 나오마사는 패전 직후 한반도에서 겪은 굴욕적인 사건으로 다음 세 가지를 특별하게 기억한다고 회고했다. 첫째, 8월 하순 각 지방에서 운반되어 온 일왕 부부 사진을 총독부 뒷마당에서 소각시킨 일, 둘째, 9월 8일 총독부 현관에서 일장기가 내려지고 대신 성조기가 게양되는 것을 지켜보아야 했던 일, 셋째, 미국에서 귀국한 이승만이 10월 중순 총독부 건물에 방문했을 때 정문 앞에서 도열하여 그를 맞아야 했던 일 등이다, 水田直昌, 『落葉籠』, 水田直昌(非賣品), 1980, pp. 146-147.

고 있던 신문들도 8월 15일에 일제히 일본 정부가 포츠담선언을 수락하기로 했다는 보도를 냈다.[6] 일본의 항복방침이 발표된 이후, 서울을 중심으로 하는 38도선 이남 지역에서도 극히 일부 일본군 장병 가운데 패전에 불복하여 자해하는 움직임을 보이는 일이 있었지만,[7] 전반적으로 일본군이 무장을 유지하며 치안의 공백을 메우는 가운데 조선총독부는 조선인과 커다란 충돌 없이 집정을 마치게 되었다. 조선군관부 사령부는 8월 17일 「관내 일반민중에게 고함」이라는 담화문을 발표하고 조선인에게 경거망동을 삼가라고 촉구했다. 신문을 통해 발표된 군관구 사령부의 담화문 내용 가운데 일부를 인용하면 다음과 같다.[8]

> 대일본 정부와 조선총독부에서는 국민의 복지를 기원하여 대처하고 일반은 당국의 지시에 기초하여 생업에 안심할 따름이며 결코 경거망동에 빠지는 일이 없기를 요망한다. 만약 인심을 착란하고 치안을 해치는 일이 있다면, 군은 단호한 조치를 취하지 않을 수 없을 것이다.

라디오를 통한 포츠담선언 수락 발표가 이루어지기에 앞서, 정무총감은 8월 15일 새벽에 여운형을 만나 패전 이후의 치안 유지에 협력해줄 것을 요청했고 그로부터 긍정적인 회답을 얻었다. 반면에 그날 경기도 경찰부장이 송진우를 만나 동일한 요청을 했으나 송진우는 반응을 보이지 않았다. 이튿날 아베 총독은 당시 경상북도 지사를 맡고 있던 김대우(金大羽)에게 요청하여 조선인 명망가들을 규합하고 치안 유지를 부탁하도록 했지만, 이 역시 총독부의 의도처럼 쉽사리 규합이 이루어지지 않았다.[9] 2차 대전 종결과 함께 한

---

6) 김성희 외, 『1면으로 보는 근현대사 1884부터 1945까지』, 서해문집, 2009, p. 220.

7) 임종국, 『일본군의 조선침략사2』, 일월서각, 1989, p. 165.

8) 『매일신보』 1945. 8. 17, p. 1. 군부의 강력한 방침이 있자, 경찰당국도 신문발표 등을 통해 '절대자중'을 촉구하고 시위운동을 일체 불허하겠다고 경고했다.

9) 森田芳夫, 1964, pp. 69-72.

반도와 동남아시아 지역에서 식민지 혹은 점령지의 독립을 인정하면서 일본인의 안녕을 유지하고자 했던 일본의 의도는 모두 실패하고 말았다.[10)]

한편 소련군이 접수하기 시작한 한반도 북부 지방에서부터 일찍부터 일본군의 무장 해제가 이루어지기 시작했다. 함경북도의 경우 8월 23일까지 일본군 부대 뿐 아니라 헌병대, 경찰관 등의 무장이 해제되었다. 8월 27일까지는 38도선 이북의 거의 모든 지역에 적용되었으며 행정권이 몰수되는가 하면 일본인 군인 · 경찰 · 관료 대부분이 억류되었다. 이때 소련군 혹은 인민위원회에 의해 주요 기관이나 공장 · 사업장 · 가옥 등에서 일본인들이 폭행을 당하거나 추출을 당했으며 수많은 일본인 부녀자들이 능욕을 당하는 사태가 전개되었다.[11)]

이에 따라 조선총독부 엔도 류사쿠(遠藤柳作, 1886-1963) 정무총감은 8월 29일 일본의 외무차관에게 전보를 보내고 즉시 소련군 점령군 사령관 측과 교섭하여 일본인의 생명과 재산을 보호하도록 요청했다. 이에 따라 외무성의 참사관이 한반도에 파견되어 일본인 구출을 위한 교섭을 추진했으나 소련측은 이에 응하지 않았다.[12)] 사실상 38도선 이북에 대해서는 8월 27일부터 조선총독부의 통제력이 전혀 미치지 않게 된 것이다.

총독부 경무국 보안과에서는 8월 16일부터 8월 25일까지 10일간 한반도 전역에서 다음 〈표 2-1〉과 같은 충돌사건이 발생했다고 파악했다.[13)] 그리고 〈표 2-2〉는 같은 기간에 발생한 살상 사건의 내용을 보안과에서 분석한 자료이다.[14)] 여기서 함경도의 정보가 누락된 것은 소련군과 교전이 벌어지면

10) Cumings, Bruce, *The Origins of the Korean War: Liberation and the Emergence of Separate Regimes 1945-1947*, Princeton University Press, 1981, pp. 70-71.

11) 山名酒喜男, 1956, p. 3.

12) 山名酒喜男, 1956, pp. 3-4.

13) 山名酒喜男, 1956, p. 5.

14) 山名酒喜男, 1956, p. 6.

서 교통과 통신이 두절되어 경찰 당국이 사회 사건을 제대로 파악하지 못했기 때문이다.

〈표 2-1〉 일본 패전 직후 한반도 내 사고 발생 건수

사건 종류	16일	17일	18일	19일	20일	21일	22일	23일	24일	25일	계
경찰관서에 대한 습격, 점거, 접수, 요구 등	12	38	39	17	34	4	3	2	-	-	149
총기 탄약 탈취	1	12	12	12	3	1	-	-	-	-	41
일본인 경찰관에 대한 폭행, 협박, 약탈 등	3	19	16	13	9	-	6	-	-	-	66
조선인 경찰관에 대한 폭행, 협박, 약탈 등	4	21	26	32	24	2	1	1	-	-	111
지방 행정관청에 대한 습격, 점거, 파괴	4	26	23	12	10	6	4	1	-	-	86
조선인 관리에 대한 폭행, 협박, 약탈	3	28	44	7	12	13	2	-	-	-	109
신사, 봉안전에 대한 방화, 파괴	21	25	27	14	45	3	1	-	-	-	136
일본인에 대한 폭행, 약탈, 협박 기타	11	8	21	10	11	7	12	-	-	-	80
조선인에 대한 폭행, 약탈, 협박 기타	-	-	50	2	1	4	2	1	-	-	60
기타	5	12	20	16	16	2	2	2	-	1	76
계	64	189	278	135	165	42	33	7	-	1	914

〈표 2-2〉 일본 패전 직후 한반도 내 살상사고 내용(8월 16일~25일)

사건 종류	일본인					조선인					중국인	계
	경찰(가족)	교원(가족)	관리(가족)	기타	계	경찰(가족)	교원(가족)	관리(가족)	기타	계	不明	
살해	2	3		1	6	5	1	11	4	21	1	28
자살	11	8	6	-	25	-	-	-	-	-	-	25
상해	6	1	1	-	8	40		26	1	67	-	75
구타 폭행	12	4	1	4	21	67	1	46	4	118		139
계	31	16	8	5	60	112	2	83	9	206	1	267

치안 상태 악화와 함께 일부 조선인들이 경찰과 행정 기관에 대한 습격을 감행하는 일이 발생했고, 일본제국의 앞잡이로 활동하던 조선인 관리에 대한 증오감을 표출하는 사건이 각지에서 발생했다.[15] 이와 함께 일본인 관리나 신사 관계자에 대해 폭행을 가하는 사건도 적지 않게 발생했다. 이러한 일본인들의 피해는 함경도와 같이 소련군과 전투를 벌이던 지역에서 일본인들이 당한 폭행, 협박, 약탈에 비하면 대수롭지 않은 것으로 볼 수도 있겠으나, 평소 전투 사태를 직접 목격하지 않던 상황에서 겪게 된 사회적 혼란 상황이었던 만큼, 이들에게는 더 이상 한반도에 남아있는 것에 대해 불안을 느끼게 하는 중요한 요인이 되었음에 틀림없다.

총독부의 치안유지 기능 상실

일찍이 8월 15일부터 16일에 걸쳐 청주형무소에 병설된 예방구금소에 강제 수용되어 있던 비전향 조선인 사상범을 포함하여 전국의 경찰서와 형무소에 구금되어 있던 조선인 사상범이 일제히 석방되었다.[16] 고쓰키 사령관은 조선총독이 우유부단하여 사상범과 공산주의자들을 석방했기 때문에 치안 악화 상황이 초래되었다고 보고 아베 총독의 '영합적'인 태도를 비판했다.[17]

소련군이 곧 서울에 입성한다는 뜬소문이 전국으로 확산되는 가운데 조선인 군중들이 소동을 일으키고 조선인 경찰에 대한 보복에 나서면서 경찰당국의 치안 기능은 현저하게 떨어졌다. 앞에서 언급한 바와 같이 패전 직후 군부의 단호한 방침에 따라 경찰 당국도 나서서 사회적 혼란을 수습하고자 했고, 여기에 조선건국준비위원회와 같은 조선인 조직들도 계속하여 '절대적 자중

15) 유지아, 「전후 미국의 한국과 일본에 대한 국방경비대(경찰예비대) 창설과정」, 『사림』 28호, 2007. 10, pp. 55-56.

16) 坪井幸生, 『ある朝鮮総督府警察官僚の回想』, 草思社, 2004, p. 139.

17) 金子定一全集刊行会, 『金子定一集第一: 在鮮終戦日記抄』, 金子定一全集刊行会, 1958, p. 129.

과 안정(安靜)'을 호소하고 나왔지만,[18] 군중들의 소동에 따른 사회적 혼란은 경찰 당국의 통제력을 무색하게 했다. 패전 당시 충청북도 경찰부장을 담당하고 있던 쓰보이 사치오(坪井幸生)[19]는 자신의 회고록을 통해 다음과 같이 서울의 사태가 충청북도에 어떻게 파급되었는지를 전하고 있다.[20]

> 8월 16일 서울에서 발생한 소요사태는 관할 지역에 파급된 것은 그날 밤의 일이다. 한반도 북쪽에 침공해온 소련군이 16일 오후 경성역에 기차로 진주할 것이라고 하는 헛소문이 나돈 것이 계기가 되었다. 조선인은 소련군을 환영한다고 하면서 경성역에 군중을 이루어 쇄도했다. 그러나 곧 그것이 잘못된 정보 헛소문이라는 것이 밝혀지고 차분해진 듯하다.
>
> 그러나 이 헛소문 소동은 그 후 경기도와 인접한 관할 구역에 속하는 진천경찰서 관내로 파급되어 들판의 불과 같이 어느새 충북 각지로 확산되어 갔다. 청주에서는 17일 아침, 도청에 밀려들어 온 청년들이 스피커로 시민들에게 외치면서 사태는 급변했다. 그들은 도청을 사무실로 하여 「치안유지회 준비위원회」를 설치한다고 하면서 도지사의 의사를 완전히 무시하고 집회를 연 것이다. 도청청사 옥상에는 조선독립의 상징인 태극기가 높이 게양되었다. 그들은 오후에는 중앙

---

18) 『매일신보』 1945. 8. 17, p. 2; 1945. 8. 18, p. 1; 1945. 8. 24, p. 1.

19) 坪井幸生은 1945년 11월 부산항을 떠나 하카타항으로 귀환했다. 이듬해 鹿児島県 경찰청 경시(警視)를 비롯하여 大阪府・埼玉県・山口県 등에서 경찰고위직을 역임하다가 1964년에는 大分県 부지사에 선임되었다.

20) 원문은 다음과 같다. 八月十六日に京城で発生した騷擾が管下に波及してきたのは, その日の夜半のことであった. 北朝鮮に侵攻してきたソ連軍が十六日午後, 京城駅に汽車で進駐してくるというデマが流れたことがきっかけであった. 朝鮮人はソ連軍を歓迎するといって京城駅に群衆となって殺到した. しかし, なのなくそれは誤報, デマとわかり沈静化したらしい. だが, このデマ騷動は, その後, 京畿道に隣接する管下の鎮川警察署管内に波及し, 野火のように見る見るうちに忠北の各地にひろがっていった. 清州では十七日の朝, 道庁に押しかけてきた青年たちがラウドスピーカーで市民へ呼びかけ, 常態が一変した. 彼らは道庁を会場にして「治安維持会準備委員会」を開くと称して, 知事の意思をまったく無視して集会を開いたのである. 道庁庁舎の屋上には朝鮮独立のシンボルである太極旗が高く掲げられた. 午後は中央広場で民衆大会を催し, アジ演説のあと, 彼らは自家用車, バス, トラックを多数動員して, 市内の中心で大がかりなデモ行進を行った. 「独立万歳」を叫ぶデモの余生に乗じて多少の略奪はあったが, 幸いに日本人に対する危害は発生しなかった. 道庁内のいたるところで朝鮮人職員が日の丸を利用して太極旗を作っていた. 赤い丸の下半分を勾玉形に青く塗りつぶし, 円の余白の四カ所に易の算木に似た文様を描けば朝鮮の旗に改造できるのである. 坪井幸生, 2004, pp. 139-140.

광장에서 민중대회를 열고 연설을 한 후 자동차 · 버스 · 트럭을 다수 동원하여 시내 중심에서 대규모 데모 행진을 벌였다. '독립만세'를 외치는 데모대의 여세에 편승하여 다소 약탈행위가 있기는 했지만, 다행히 일본인에 대한 위해(危害) 사태를 발생시키지는 않았다.

도청안 곳곳에서는 조선인 직원들이 일장기를 이용하여 태극기를 만들고 있었다. 붉은 원의 반쪽 아래 부분을 구부러진 옥돌 모양으로 파랗게 칠하고 원의 여백 네 군데에 점대와 비슷한 모양을 그려 넣으면 조선의 깃발로 개조되는 것이다. 나는 그날 밤 군대가 관리하는 청주방송국과 교섭하여 라디오를 통하여 도민들 특히 조선인들에게 자중을 촉구하는 연설방송을 실시했다.

한반도 일본인의 동요

비교적 평온하게 패전정국을 맞은 서울을 비롯한 남한 지역의 일본인들도 패전 직후의 급격한 사회적 혼란에 따라 점차 동요하기 시작했다.[21] 지역별로 동일했다고 보기는 어렵겠지만, 대체로 거의 모든 지역에서 패전 발표와 함께 장래에 불안을 느낀 일본인들이 다투어 현금을 인출하려고 은행에 몰려들었다. 조선식산은행 서울 본점의 경우, 8월 15일은 평온한 상태에서 업무를 마쳤는데 그 이튿날 아침 일찍부터는 사태가 일변하여 현금 인출을 위해 쇄도하는 일본인들로 창구가 북새통을 이루게 되었다.[22] 총독부 재무국장이 서둘러 일본 본토의 지점에서도 송금환을 현금화 할 수 있다고 하며 진화에 나섰지만 현금 인출 움직임은 쉽게 진정되지 않았다.

또한 패전과 함께 일찍부터 가재도구를 헐값에 내다 팔고 귀환에 나서는 일본인도 다수 있었다. 이 과정에서 서둘러 귀환해 가는 일본인으로부터 재

21) 패전 시기 한반도에 거주하던 일본인 어린이의 기록을 통해서, 패전 당시 38도선 이남의 평온함과 패전 이후 일본인 사회의 동요를 엿볼 수 있다. あの日を記録する会編, 『8月15日の子どもたち』, 晶文社, 1987, pp. 214-219.

22) 藤田文吉, 『日本人銀行員の朝鮮史雑感と朝鮮殖産銀行』, 株式会社アドワーク, 1988, pp. 665-666.

산과 물품을 매수하려고 많은 조선인이 일본인 집에 몰려들기도 했다. 패전 직후의 혼란 과정에서 일본인 회사에서 방출되는 상품을 불하받아 시장에 매각함으로써 막대한 부를 축적하는 자가 나오기도 했다.[23] 또한 진주군에 의한 관리 체제가 정비되기 이전에 부산을 비롯한 항구로 달려가 화물수송선, 범선, 어선 등 각종 선박을 이용하여 일본도항에 나서는 사람도 많았다. 개인적으로 선박을 빌려 도항한 사람도 있었으며 상업용 선박을 이용하는 사람도 있었고 도청 등 관공서나 일본인 단체가 알선하는 선박을 이용하는 사람들도 생겨났다.[24]

패전 당시 서울에서 거주하며 잡지사에서 근무하던 이마무라 이사오(今村勳)는 패전 정국과 일본인의 동향에 관하여 다음과 같이 회상했다.[25]

> 군중의 힘은 성난 파도가 되었다. 어느새 조직된 치안대, 보안대는 각 경찰서, 파출소를 습격하고 점거했다. 그러나 피의 투쟁은 없었다. 물러날 사람은 물러나고 새로운 사람이 들어왔다. 신문사, 회사, 큰 상점, 관청, 각종기관, 대학 등 조선인 측으로부터 접수 요구가 밀려와 일본인측 대표자가 가지고 있던 의자와 열쇠가 건네졌다. 지금까지 군(軍)과 관(官)에 의지하고 있던 일본인들은 이러

---

23) 佐賀縣 출신의 加茂治作은 자신의 회고록을 통해 8월 24일 가족을 먼저 고향으로 보내고 부산에 남아 조선인 친구 金達周의 도움을 받아 공장에서 방출되는 비누를 1개 50전에 불하받아 시장에 2원 75전의 가격으로 매각하여 막대한 이익을 얻었다고 회고했다. 加茂治作, 『井原將軍言行録』, 新人物往来社, 1975, pp. 148-149.

24) 若槻泰雄, 1991, pp. 233-235.

25) 원문은 다음과 같다. 群衆の力は怒涛の勢いとなった. いつしか組織された治安隊, 保安隊は各警察署, 派出所を襲い, 占拠した. 血の闘争はなかった. 退く者は退き, 新しき者が入った. 新聞社, 会社, 大商店, 官庁各種機関, 大学など朝鮮側から接収の要求が迫り, 日本人側首脳のもっていたイスやカギが渡された. 今まで軍と官庁に頼りきっていた日本人は, この急転直下の時態にがく然とした. もろくもついえた生活権, 早くも日本引揚げの準備にとりかかった. 勤先から退職金も渡された. あるいは疎開先に婦女子や荷物をとりに行った. 空襲に備えて準備した最低限度の持ち物, 衣類などをまとめて, ほかの物は放売しはじめた. 一攫千金を夢みるにわか古物買いが次々とあらわれた. あらゆる無理な工作をして釜山行きの乗車切符入手のため狂奔する者が多かった. 戦いに敗れたことのない日本人の, あまりにも見苦しい狼狽ぶりであった. これがきのうまで「海行かば」を歌い, 「八紘一宇」を世界に向かって叫んだ同じ日本人の姿だろうか. 今村勳, 『私の敗戦日記: 京城六カ月』, 今村勳, 1981, pp. 132-133.

한 급격히 추락하는 사태에 깜짝 놀랐다.
빈약해진 생활권, 일찍부터 일본 귀환 준비에 착수했다. 근무지로부터 퇴직금도 지급되었다. 또는 공습 회피지역으로 부녀자와 짐을 찾으러 갔다. 공습에 대비하여 준비한 최소한의 물건, 의류 등을 정리하고 다른 물건은 내다 팔기 시작했다. 일확천금을 꿈꾸고 졸지에 고물상이 된 자들이 계속 나타났다. 모든 공작을 펴서 부산행 승차권 입수를 위하여 광분하는 사람이 많았다. 전쟁에 패배한 적이 없는 일본인의 너무도 보기 싫은 낭패스런 모습들이었다. 이것이 어제까지 해외진출을 찬양하고 세계를 향하여 '팔굉일우(八紘一宇)'를 외쳐대던 같은 일본인들의 모습인가?

패전 후 일본인의 도피

8월 17일 아베 총독의 부인을 포함한 고관 부인 일행이 비밀리에 부산항에 도착하여 기범선(機帆船)에 많은 짐을 싣고 일본을 향해 빠져나갔다가 이날 악천후로 파도가 심하여 얼마 가지 못하고 짐을 거의 바다에 내던지고 가까스로 부산항에 회항했으며 부득이 서울로 되돌아가는 사고가 발생했다.[26] 특히 부산 거주 일본인 가운데는 미군이 진주해오기 전에 재산을 처분하고 선박을 빌려 서둘러 귀환한 사람이 많았다. 삼화(三和)고무 주식회사 사장으로 부산상공회의소 총재를 맡았던 요네쿠라 세이자부로(米倉清三郎, 1897-1975)[27]와 조선방적 사장으로 초기 부산 세화회의 임원이 된 도키오카 쇼헤이(時岡昇平)[28]는 자신의 회사에서 생산한 고무신 제품과 광목 등을 한

26) 田辺多聞, 1976, p. 251. 패전 당시 총독부 재무국장이던 미즈타 나오마사는 자신의 회고록에서 병약한 총독 부인이 여름휴가로 잠시 서울에 들렀다가 패전을 맞아 8월 말 혹은 9월 초 대형선박 통행금지 기간 중에 소형 선박으로 일본에 돌아가려다가 실패한 것이 언론에 잘못 전달되었다고 변호했다. 水田直昌, 1980, pp. 118-119.

27) 요네쿠라는 식민지 시기 말기에 경남상공경제회 총재를 담당했던 인물이다. 그러나 해방 직후 통제물자를 투매하여 한반도 경제를 교란시킨 인물로 널리 알려지고 있다. 부산상공회의소, 『부산상공회의소 백년사 1889-1989』, 부산상공회의소, 1989, p. 167.

28) 도키오카는 부산 세화회에서 초기에 상담역 담당자로 이름이 올라갔지만, 1945년 11월 시점에는 이미 세화회 임원 명단에서 빠져있어, 9월이나 10월 중에 개별적으로 귀환했다는 것을

꺼번에 시장에 방출하고 이른 시기에 서둘러 일본으로 귀환한 것으로 유명하다.[29]

패전 직후 일부 일본인의 투매와 반출과 같은 사태에 직면하여 언론사의 편집권을 장악한 조선인 기자들이 신문보도를 통해 이러한 문제를 고발했다. 예를 들어 종래의 일본어판 신문『부산일보(釜山日報)』에서 한글판 신문으로 새로 태어난『민주중보』는 8월 15일 이후 자행되고 있는 일본인의 각종 만행에 대해 건국준비위원회 경남본부가 조선인 자체의 치안단체「치안사령부」에 감시를 요청하고 있다고 보도함으로써, 일본인에 대한 조선인 대중들의 반감을 증폭시켰다. 이 신문이 보도한 일본인의 만행 사례로서는 일본인 병사 6명이 소금 4백 가마니를 버리는 등, 계획적으로 식량과 물자를 바다 속에 투하한 일, 일본인들이 쌀 20 가마니와 소총 20정 등을 배에 싣고 일본으로 밀반출하려 했다는 일 등이다. 그 이외에도『민주중보』는 아직도 제자리를 지키고 있는 일본인 관료들이 필요 이상으로 조선인을 간섭했다는 점, 일본인 상인들이 상품을 무더기로 방출하거나 부동산과 가재도구를 투매했다는 점 등을 보도했다.[30]

부산 세화회에서 원호부장을 담당한 마루야마 헤이이치(丸山兵一)의 기록에 의하면, 부산을 포함한 경상남도 거주 일본인들 가운데 9월 중순부터 10월 하순까지의 기간에도 미군의 통제력이 별로 미치지 않는 상황에서 선박을 빌려 귀환한 사람이 33,000명이었다고 되어있다.[31] 따라서 해방직후 개별적인 도항을 포함하면 이보다 훨씬 많은 일본인들이 미군의 통제를 받

말해 주고 있다. 森田芳夫・長田かな子(編),『朝鮮終戦の記録: 資料篇第二巻』, 巌南堂書店, 1980, pp. 396-397.

29) 박원표,『부산의 古今』, 현대출판사, 1965, pp. 234-235; 차철욱,「해방직후 부산경남지역 사업체관리위원회의 운영과 성격」,『지역과 역사』1호, 1996. 6, pp. 2-3; 高崎宗司,『植民地朝鮮の日本人』, 岩波書店, 2002, p. 199.

30)『민주중보』1945. 9. 20, p. 3.

31) 丸山兵一,「慶尚南道及び釜山に於ける引揚状況」, 加藤聖文(編), 2002, p. 310.

지 않은 가운데 부산을 빠져나간 것으로 생각할 수 있다.[32] 이렇게 패전에 따른 한반도 일본인들의 일본 도항은 혼란기의 개별적인 귀환으로부터 시작된 것이다.

2. 패전 직후 일본인의 귀환 쇄도

점령군이 진주해오기 전에 많은 일본인 민간인들이 소형 선박을 빌려 현해탄을 건너갔다. 드물게 입항해오는 대형 선박에는 일본군 장병들이 주로 탑승하여 민간인들이 이용할 여유가 없었고 또한 최대한 재산을 가지고 귀환하려는 사람들에게는 소형 선박이 유리했기 때문이다. 그러나 소형 선박에 의한 무리한 도항은 8월 하순부터 9월에 걸쳐 빈번히 발생한 태풍으로 인한 피해를 발생시켰다.[33] 여기에다가 어뢰와 해적 등으로 인하여 개별적인 일본인 귀환자 중에 피해자가 속출했다.

예를 들어 전라남도 순천의 지방운수국 직원들이 밀선에 가족과 재산을 싣고 여수항을 빠져나갔으나 얼마 지나지 않아 조난 사고를 당하여 익사하고 말았다.[34] 또한 전주의 일본인 세화회는 30톤급 화물선 두 척을 빌려 여수항에서 일본인들을 귀환시켰는데 세 번째 귀환 항해 중에 한 척이 침몰했으며 이 사고로 100명 정도 되는 승선자 모두가 행방불명되고 말았다. 뿐 만 아니라 전라남도 장흥에서 출항한 귀환선이 해난사고를 당하여 120여 명이 행방불명되기도 했으며 160여명이 사망하는 사고가 발생하기도 했다.[35] 이

32) 春田哲吉,『日本の海外植民地統治の終焉』, 原書房, 1999, pp. 266-267.

33) 若槻泰雄, 1991, pp. 235-237.

34) 古城剛之助,「麗水の遭難」, 鮮交会(編), 1976, pp. 284-285.

35) 若槻泰雄, 1991, p. 235.

들 귀환자를 태운 소형 선박들은 대부분 하카타, 가라쓰(唐津), 시모노세키, 센자키 등 한반도에서 가까운 항구에 입항했으나 항구가 없는 해안에 상륙하는 일도 있었고, 멀리 오사카(大阪)까지 항해하는 경우도 있었다.[36)]

또한 상황에 따라 차이가 있었지만 소형 선박에 의한 귀환을 위해서는 많은 비용을 지불해야 했다. 예를 들어 강원도 삼척에서 일본으로 귀환하는데 처음에는 한 사람 당 500원, 짐의 경우는 한 개 당 350원이었던 것이 나중에는 한 사람 당 5,000원, 짐도 한 개 당 5,000원으로 올랐다고 한다. 당시 300원 정도면 한 가족이 1개월 동안 생활할 수 있었던 것을 감안하면 귀환을 위한 비용이 터무니없이 비쌌던 것을 잘 알 수 있다.[37)]

미군이 상륙하기 전 인천에서는 여러 척의 범선이 일본인 귀환자들을 태우고 일본을 향하여 출항했다. 일본에서 가장 가까운 경상남도의 경우는, 도청이 나서서 일본인들에게 조속한 귀환을 장려했다. 도청과 도내 경찰서를 통해 "내륙에 거주하는 일본인들은 가능한 짐을 들고 부산, 울산, 진해, 마산, 통영, 삼천포 등의 항구로 나올 것"을 지시했다. 경상남도 거주 일본인 가운데 30% 가량이 기범선(機帆船)을 타고 귀환한 것으로 알려지고 있으며, 부산의 세화회에서도 패전 직후 9월 상순부터 10월 하순까지 3만 3천 명 정도가 기범선으로 위험한 항해를 감행한 것으로 추정하고 있다.[38)] 이렇듯 미군정의 통제가 아직 정비되지 않은 틈을 이용하여 서둘러 일본으로 귀환한 일본인이 남한에서만 27만 명 정도가 있었을 것으로 추정되며, 이 숫자는 조선총독부의 1944년 통계에 나타난 남한 거주 일본인의 인구에 적용할 경우, 그 절반이 넘는 것이다.

---

36) 若槻泰雄, 1991, p. 235.

37) 若槻泰雄, 1991, p. 236.

38) 森田芳夫, 1964, pp. 124-125.

일본 정부 주관의 집단 귀환

그럼 패전 이후 공식적으로 대형 선박을 통하여 집단적 귀환이 이루어지는 것은 언제부터일까. 일본의 후생성 자료에 따르면 일본 정부는 8월 28일 연합국군총사령부(SCAP)로부터 부산과 센자키·하카타 사이에 귀환자 수송을 위하여 과거에 연락선으로 사용되던 고안마루(興安丸, 5,600톤급)과 도쿠쥬마루(德壽丸, 2,600통급)의 운항 허가를 받았다고 한다. 후생성은 이 중에 고안마루를 최초의 귀환선으로 인정하고 있다. 후생성은 이 선박이 8월 31일 부산을 향해 출항하여 9월 2일 센자키에 입항했다고 기록하고 있다.[39)]

그러나 이 배가 애초 일본의 어느 항구에서 출항했는지, 그리고 얼마나 되는 인원을 태우고 운항했는지에 관한 정보는 명시하지 않고 있다.[40)] 다만 고안마루에 이어 역사상 두 번째 귀환선이 된 도쿠쥬마루에 대해서는 후생성 자료는 보다 상세한 정보를 알려주고 있다. 이 선박은 야마구치현(山口縣)의 스사(須佐) 항구에 정박해 있다가 9월 1일 부산항을 향해 출항하였으며, 9월 2일 저녁에 일본인 군인 군속 2,552명, 일반인 16명을 싣고 부산항을 떠나 이튿날 아침에 하카타에 입항했다고 한다.[41)]

귀환 연구에 있어서 가장 널리 인용되고 있는 일본의 후생성 자료를 비롯하여 기존의 관련 연구자들이 하나같이 점령군의 허가 아래 고안마루 선박이 부산을 출발하여 센자키에 입항한 9월 2일을 공식 귀환의 시점으로 간주

39) 引揚援護庁長官官房総務課記録係(編), 『引揚援護の記録』, 引揚援護庁, 1950, 附録年表, p. 2.

40) 다큐멘터리 작가 모리시타 겐의 작품에는 이 선박이 8월 30일 밤새 센자키항에서 몇 명인지 모를 한국인 귀환자를 가득 실었고 8월 31일 오전에 센자키항을 떠나 당일 저녁에 부산항에 입항하였으며, 9월 2일 아침에 대략 7,500명 정도의 일본인 귀환자를 태우고 부산항을 출항하여 당일 오후 늦게 센자키항에 입항한 것으로 서술했다. 森下研, 『興安丸33年の航跡』, 新潮社, 1987, pp. 114-120.

41) 모리타는 이러한 정보를 들어 徳寿丸을 첫 번째 귀환선으로 보고 있다. 森田芳夫, 1964, p. 123.

하고 있다. 이에 맞추어 오늘날에 이르기까지 일본의 귀환항 소재 지방자치단체에서는 9월 2일을 일본인 귀환의 시점으로 채택하고 기념행사를 추진해오고 있다.

그런데 9월 2일을 귀환선 운항의 시점으로 보는 견해에는 패전 후 점령군이 진주하기 전에도 연락선 선박에 의한 귀환자 수송이 이루어졌음을 간과하고 있다는 데 문제가 있다. 일본의 외교사료관에 소장되어 있는 외교기록 공개자료 속에는 8월 20일을 전후하여 일본 정부가 마닐라의 연합국군 최고사령부에 타전한 것으로 보이는 날짜 불명의 전보가 있다. 8월 20일 전후로 타전 시기를 추정하는 것은 이 자료의 바로 뒤에 첨부된 전보「일본 정부발 '맥아더'사령부 전보」의 날짜가 8월 20일로 되어 있기 때문이다. 일본 정부는 이 전보를 통하여 한반도와 일본열도 사이의 귀환자 쇄도 상황을 호소하고 다음과 같이 연락선 운행 허가를 요청했다.[42]

> 현재 시모노세키 부근에는 한반도 귀환을 희망하는 조선인 여객이 쇄도하고 있고, 또 한편으로 부산 부근에는 노인 · 어린이 · 부녀자를 포함하여 일본인이 다수 집결해 있으며, 양 지역 모두 식량사정이 어려운데다가 치안도 위험한 상황에 있어, 양 지역을 서로 수송하기 위해 현재 운행정지 중인 양 지역의 철도 연락선 항로(센자키 및 하카타와 부산 간)를 재개할 필요가 있다고 인정되므로 허가를 요청하며, 철도연락선 1척(고안마루 7,100톤급 및 도쿠쥬마루 3,500톤급)을 무장해제하여 굴뚝 · 갑판 · 뱃전에 하얀 십자가 표식을 붙이겠음.

42) 전보의 원문은 다음과 같다. 目下下関(本州)附近ニハ帰鮮ヲ希望スル鮮人旅客殺到シ居リ他方釜山(朝鮮)附近ニハ老幼婦女子ヲ含ム日本人多数集結シ居リ且両地共食糧事情逼迫シ居ル外治安モ危惧セラルルニ至リタルに付右両者ヲ相互ニ輸送スルタメ目下休止中ノ内鮮間鉄道連絡船航路(仙崎及博多ト釜山トノ間ヲ運航ス)ハ之ヲ再開スルコと是非必要ト認メラルルヲ以テ之カ許可ヲ得度ク右鉄道連絡船一隻(興安丸7,100総噸及徳寿丸3,500総噸)ハ之ヲ非武装トシ煙突, 甲板, 舷側ニ白十字ノ標識ヲ附ス事ト致度.「日本政府発聯合軍最高司令部宛電報」[일본외교문서 제16회 공개분, Reel no. K'0003,「太平洋戦争終結による在外邦人保護引揚関係雑件: 国内受入体制の整備関係, 輸送関係」], p. 6-0052.

조선총독부 교통국 이사로서 패전 직전 부산항의 부두 업무를 총괄하고 있던 다나베 다몬[43]은 그의 일지에 8월 20일 그간 두절되어 있던 연락선 가운데 고안마루가 부산항에 입항하여 다음날 일본인 귀환자들을 가득 싣고 출항했다고 기록하고 있다. 그리고 8월 22일에는 또 하나의 연락선 도쿠쥬마루가 부산항에 입항하여 일본인 귀환자를 태우고 24일 출항했다고 기록했다.[44] 두 선박이 어느 정도의 귀환자들을 싣고 일본의 어느 항구로 들어갔는지는 불분명하다. 모리타는 그의 책에서 항공사관학교 만주파견부대원 약 5,500명, 일본인 민간인 약 200명, 하얼빈의 방역급수부 요원 약 200명, 공주령(公主嶺) 간부교육대 2부대원 약 200명, 만주 관동군 관계자 가족 약 2,000명이 두 선박에 탔을 것이라고 했다.[45]

아무튼 24일에 입항할 예정이던 고안마루는 연합국군총사령부(SCAP)가 점령군 선견대의 진주를 위하여 이날 오후 6시를 기하여 100톤 이상 선박의 항행을 금지하도록 명령을 내렸기 때문에 30일까지 운항을 중단해야 했고 따라서 부산항에 예정대로 들어오지 못했다.[46] 결과적으로 일본 패전이 되어서 점령군 주력 부대가 진주하기 전에도 대형 연락선 두 척이 한 차례씩 일본과 한반도 사이를 운행하며 귀환자들을 수송한 것이 된다. 이에 따라 9월 2일을 일본인 귀환의 시점으로 간주하는 견해는 재고되어야 마땅하다.

---

43) 총독부 관보에는 다나베가 1845년 8월 11일부로 조선총독부 부산지방교통국 부두국장 겸 부두부장 사무취급 업무를 조선총독부 사무관 하라구치 미쓰구(原口貢)에게 넘긴 것으로 되어 있다. 『朝鮮總督府官報』 5558號, 1945. 8. 13. 그러나 총독부가 패전에 임박해서 지방교통국 수를 확대하는 등 교통국 기구를 대폭 개편하고 대규모 인사이동을 단행함으로써, 임원들이 대거 새로운 임지로 이사하는 등 혼란스러운 상황에서 패전을 맞게 되었다. 다나베는 계속 부산항에 남아 패전과 점령군 진주를 지켜보았으며 1945년 12월 27일 부산항을 떠나 일본으로 귀환했다. 田辺多聞, 1976, pp. 266-267.

44) 田辺多聞, 1976, p. 252.

45) 森田芳夫, 1964, p. 64.

46) 『防長新聞』, 1945. 8. 25, p. 2; 1945. 8. 31, p. 2.

점령군 진주 이전의 귀환자

아울러 패전 직후 점령군이 진주해오기 전에 선박을 통해 일본으로 귀환한 일본인 가운데에는 침략전쟁에 깊이 관여한 사람들이 많았을 것으로 보인다. 패전 직후 일본군과 총독부가 비인도적 침략 전쟁의 흔적을 없애는 과정에서 한반도와 일본에 새로운 점령 체제가 들어서기 전에 관련자들을 하루 빨리 일본으로 귀환시켜야 할 필요가 있었기 때문이다.

예를 들어 소위 731부대로 알려진 하얼빈 소재 관동군 방역급수부의 이시이 시로(石井四郞)[47] 부대장이 남긴 '1945년 8월 16일 메모'에 의하면, 부대원들을 부산에 집결시켜 가능한 일본에 빨리 그리고 많이 수송할 방침이라고 기록되어 있다. 이 가운데 도쿠쥬마루가 8월 22일 저녁에 부산항에 입항하여 다음날 출항할 예정이라고 간단히 기록되어 있어, 악명 높은 731부대원들이 이 선박을 이용하여 재빨리 귀환했음을 알 수 있다.[48] 이것은 앞에 언급한 바와 같이 모리타의 저서도 731부대 관련자 200명 정도가 이 시기에 귀환했다고 기술하고 있어 신빙성이 높다.

사와이 리에(澤井理惠)가 그의 모친 마리코의 기억을 빌어 기록한 책에서도 그의 외삼촌이 미군 진주 전에 한반도에서 일본으로 귀환했다고 기술하고 있다. 육군사관학교 생도였던 외삼촌이 8월 9일 훈련을 위하여 웅기에 머물러 있다가 소련군의 습격을 받아 간신히 도망쳐 나왔고 회령을 거쳐 서울로 이송되었으며 8월 19일에 서울을 떠나 일본으로 향했고 8월 24일에 도쿄에 도착했다고 기록했다.[49] 이처럼 8월 21일과 24일에 부산을 출항한 고

47) 이시이 시로(1892-1959)는 귀환 후 점령당국과 교섭하여 731부대 관계자를 전범으로 소추하지 않도록 하는 데 성공했다.

48) 『山陽新聞』, 2006. 7. 21, p. 1.

49) 서울에서 태어나고 성장한 사와이 마리코(澤井万里子)는 자신의 동생이 소련과의 접전을 피해 북한을 빠져나와 8월 19일에 서울을 떠났으며 8월 24일에 도쿄 시나가와(品川)에 도착했다고 기억했다. 사와이 리에, 『엄마의 게이죠 나의 서울』, 신서원, 2000, pp. 146-147.

안마루와 도쿠쥬마루에는 소련과의 접전지역에서 탈출해온 일본 군인이 많이 타고 있었을 것으로 추측할 수 있다.

연합국군 사령부에 의해 8월 24일부터 대형 민간선박의 항해가 일시적으로 전면 금지되었다가, 28일이 되어서는 인천과 같은 미군부대 진주 지역을 제외하고는 민간 선박의 운행이 가능하게 되었다. 8월 24일 시점에 대형 선박이 지속적으로 운행되고 있을 것으로 예상하고 부산항 부두에 2천 명 정도의 일본인들이 밀려들어와 귀환자 수송 선박을 기다리고 있었다. 그 후에도 승선을 기대하고 밀려드는 일본인들이 점차 늘어나, 부산항에서 연락선 운항이 재개되는 8월 31일 시점에 일본인 대기 인원만 해도 11,000명 정도가 체류하고 있어 부산항은 일대 혼잡을 이루었다.[50] 9월에 들어서서는 한때 2만 명이 넘는 일본인이 선박을 기다리며 부두에 넘쳤고 부두 창고에서 밤을 보내는 것으로도 공간이 모자라서, 귀환자들이 역전과 노상에서 대기하는 일까지 발생했다.[51]

3. 조선총독부의 귀환자 원호 수송

귀환쇄도 움직임에 따라 총독부는 수송대책을 서두르지 않을 수 없었다. 일찍이 8월 16일 조선총독부 교통국은 매일 오전 6시 50분 서울에서 부산으로 출발하는 열차를 귀환자를 위한 특별수송열차로 지정했다.[52] 아울러 이날 조선총독부 교통국은 식량, 소금, 섬유, 잡화, 된장, 간장, 기타 생필품의

---

50) 田辺多聞, 1976, pp. 252-253. 연합국군총사령부는 24군단을 인천에 상륙시키기 직전인 9월 6일부터 생활필수품 운반을 위해 100톤 이상 선박의 운행을 허가했다.

51) 本山実, 「終戦前後の釜山埠頭」, 鮮交会(編), 1976, p. 275.

52) 밀려드는 귀환 쇄도에 따라 교통국은 9월 10일 오전 10시 서울역 출발 열차를 추가로 배정하여 서울에서 하루에 두 차례 운행하는가 하면, 대전에서도 한 차례를 운행하도록 했다. 森田芳夫, 1964, p. 122.

수송을 집중적으로 실시하고 그와 함께 다음과 같은 방침으로 한반도에 거주하는 일본인들을 일본으로 수송하고자 하는 계획을 발표했다.[53]

① 군대의 복귀수송
② 각 방면의 군사, 기타 전력증강관계 공사, 공장이나 사업장의 노무자 및 그 가족, 기타 관계자
③ 그 밖의 일반인은 제한 수송
④ 공습피신처로부터의 복귀수송
⑤ 일본 본토 귀환을 희망하는 자의 수송, 부녀자를 우선으로 함
⑥ 여객수송의 경우, 가급적 객차로 수송하며 객차 부족 시 화차로 대체함

이 계획의 특징으로는 군인들을 우선적으로 귀환시키며 남은 여력을 이용하여 민간인을 수송하겠다는 방침이었다는 점과 또한 민간인의 경우 패전으로 인하여 가장 큰 피해를 입을 것으로 예상되는 부녀자들을 우선시하는 방침이었다는 점을 들 수 있다. 하지만 귀환자 수송대책에 관한 총독부의 구체적인 방침이 곧 바로 하달되지 않아 지방 차원에서부터 계획적인 귀환을 실시하는 것은 불가능했다.

이러한 상황 가운데 지방 행정단위에서 자율적으로 수송대책을 마련한 예로서는 유일하게 인천의 경우가 알려지고 있다. 인천에서는 일찍이 8월 22일 인천시청 명의로 다음과 같은 내용의 귀환수송계획서를 작성하여 시내에 거주하는 일본인들에게 배포했다.[54] 비록 이 계획서는 제대로 실행되지 못했지만 패전 직후 일본인 귀환 쇄도로 인한 혼란 상황을 수습하고자 했던 지방 관리들의 의도를 잘 나타내고 있다.

---

53) 森田芳夫, 1964, pp. 121-122.

54) 小谷益次郎, 『仁川引揚誌: 元仁川在住者名簿』, 大起産業株式会社, 1952, pp. 5-7.

① 일본인은 가능한 한반도에 재류하여 새로운 정부 육성에 협력할 것.
② 일본 귀환자를 위해서 주요 지역에 귀환자 모임을 설치할 것.
③ 출발역, 주요역, 부두에 안내소를 설치할 것.
④ 군인 단체로 지도반을 구성하여 수송상 편의를 기할 것.
⑤ 일본의 귀환접수 태세를 살피면서 통제수송을 실시할 것.
⑥ 한 달 수송력은 한반도 거주자 7만 명, 만주 10만 명, 중국북부 3만 명, 계 20만 명으로 함.
⑦ 수하물 탁송에 있어서 어른은 2개, 어린이는 1개로 1개 당 50㎏까지로 함.
⑧ 불용품 교환 모임을 설립할 것.
⑨ 하물탁송소를 설치하고 탁송하고 남은 짐을 맡길 것.
⑩ 열차는 원칙적으로 임시열차로 하며 보통열차에 별도의 칸을 연결함.
⑪ 부산에서 대기하는 귀환자에 대해서는 인천시청 직원이 나가 주먹밥을 지급함.
⑫ 선상에서는 식사제공 없으며 귀환자는 이틀 분 이상의 도시락을 지참할 것.
⑬ 일본에는 소금이 부족하므로 배 안에서 귀환자에게 소금을 지급함.
⑭ 수송증명서는 총독부에서 발행하며 뒷면에 주의할 것.
⑮ 일본에는 식량이 부족하므로 귀환자는 일본에서 배급받지 못할 것을 각오할 것.
⑯ 귀환 실시 즉 출발예정은 빠르면 3개월 늦으면 6개월 후가 됨.

총독부의 선박 조달

총독부로서는 귀환하고자 하는 사람의 수에 비하여 한반도에서 일본으로 귀환자들을 수송할 선박 교통편이 형편없이 부족했기 때문에 귀환 쇄도 움직임에 대해 적절하게 대처하기가 어려웠다. 총독부 교통국 총무과장은 8월 22일에 여의도 비행장에서 비행기를 타고 도쿄(東京)로 날아가 운수성 차관을 만나 귀환자 수송 선박 조달을 요청했다. 그는 운수성으로부터 전쟁 중에 대형 기선 선박 수가 계속 감소해왔기 때문에 귀환 선박 조달이 용이하지 않다는 설명을 들었으나,[55] 가능한 남아있는 선박을 모두 시모노세키(下關)와 부산 사이의 항로에 집중 배치할 것과 한반도의 철도를 최대한 활용하여 한반도와 만주지역의 일본인 귀환자들을 수송할 것을 요청했다.[56]

한편 총독부 교통국의 지시를 받고 부산지방교통국은 8월 17일에 귀환 선박 조달을 위한 긴급회의를 열어 식민지 시기부터 일본 본토와 한반도 사이의 연락선을 관할하고 있던 히로시마(広島)철도국에 선박 배치를 요청했다.[57] 이러한 요청이 받아들여져서 앞에서 언급한 바와 같이 두 달 전에 미군 공습으로 두절되어 있었던 부산과 일본 사이의 정기 연락선을 귀환자 수송 선박으로 배치하고 점령군 부대가 진주하기 전에 운행을 개시하도록 한 것으로 생각된다. 또한 그날 긴급회의에서 화물선에 의한 긴급수송 방침이 결정되어 8월 18일부터 24일까지 한반도에 정박해 있던 화물선 27척이 귀환자들을 싣고 하카타를 향해 부산을 출항한 것으로 알려지고 있다.[58]

일본 외교사료관에 소장되어 있는 공개자료 가운데, 일본 운수성의 해운총국이 1945년 9월 하순 경에 생산한 것으로 보이는 자료가 있다. 이 자료는 해운총국이 상부 기관에 보고한 것으로, 남한 지역 거류 일본인의 수송을 위하여 다음 〈표 2-3〉과 같이 총 13척의 선박을 운행하고 있거나 또는 조만간 운행할 방침이라고 기록했다.[59]

---

55) 운수성은 기선을 대형여객선(A급과 B급)과 화물선(C급)을 합하여 1942년말 총 611만 톤이었던 것이 1943년 말에 475만톤으로 떨어졌고, 1944년 7월에는 375만톤, 1945년 8월 1일에는 156만톤에 불과하다고 파악했다. 外務省,『終戰史錄』, 新聞月鑑社, 1952, pp. 26-28.

56) 교통국 총무과장 다나카 야스타로(田中保太郎)는 도쿄 출장의 목적이 귀환자 수송 선박의 요청과 함께 교통국 일본인 직원의 귀환 후 재취업을 논의하기 위해서였다고 회고했다. 田中保太郎,「終戦時の本局」, 鮮交会(編), 1976, p. 2.

57) 森田芳夫, 1964, p. 122.

58) 森田芳夫, 1964, pp. 122-123.

59)「南朝／内地間人員輸送能力訂正(案)」(1945. 9. 27) [일본외교문서 제16회 공개분, Reel no. K'0003,「太平洋戰爭終結による在外邦人保護引揚関係雑件: 国内受入体制の整備関係, 輸送関係」]

〈표 2-3〉 남한과 일본 사이의 수송능력(1945년 9월 27일)

선박명	톤수	수용인원	항로	1개월간 항해 수	1개월간 수송인원	취항예정
1. 이미 취항 중인 선박						
德壽丸	3,500	2,500	부산↔博多	20회	50,000	
興安丸	7,100	5,000	부산↔仙崎	15회	75,000	
朝博丸	1,287	1,000	부산↔舞鶴	5회	5,000	
雲仙丸	3,140	2,000	부산↔舞鶴	5회	10,000	
興昌丸	3,378	2,500	부산↔舞鶴	7회	17,500	
江寧丸	2,823	2,000	부산↔舞鶴	7회	14,000	
甘州丸	2,001	1,700	부산↔舞鶴	7회	11,900	
소계 7척	23,229	16,700		66회	183,400	
2. 곧 취항할 예정의 선박						
間宮丸	1,125	800	부산↔境	5회	4,000	9월 28일
白龍丸	3,181	2,000	부산↔舞鶴	5회	10,000	9월 28일
天祐丸	1,118	700	부산↔境	5회	3,500	10월 5일
黃金丸	1,906	500	부산↔關門	7회	3,500	9월 26일
소계 4척	7,330	4,000		22회	21,000	
3. 해군이 사용하는 선박						
龍平丸	725	100	진해↔博多	7회	700	
光濟丸	1,000	150	진해↔博多	7회	1,050	
소계 2척	1,725	250		14회	1,750	
합계 13척	32,284	20,950		102회	206,150	

위의 자료를 통해서 9월 하순의 시점에는 어느 정도 한반도 귀환자 수송을 위한 수단이 안정적으로 확보되고 있었다는 것을 확인할 수 있다. 이것은 패전 직후 부산항에 귀환 대기자들이 넘쳐나고 있는 상황에서 조선총독부(종전사무처리본부)가 일본 정부에 선박 배치를 요청한 결과에 따른 것으로 생각된다.

해운총국은 1945년 8월 15일부터 11월 11일까지 3개월간에 걸쳐, 한반도에서 일본으로 총 268,895명의 민간인 귀환이 이루어졌다고 파악했다. 항로

별로 보면 부산에서 센자키가 126,069명, 부산에서 하카타가 136,295명, 부산에서 사카이(境)가 827명, 부산에서 마이즈루가 3,785명, 진해에서 하카타가 1,074명, 인천에서 하카타가 733명, 인천에서 사세보가 2명, 마산에서 하카타가 110명 등이다.[60] 인원 통계 가운데 소수 인원이 나오는 것은 무장 해제 군인들 사이에 편승하여 귀환한 민간인이 있었기 때문이다.

조선총독부 종전사무처리본부

한편 일본의 본국정부가 8월 24일 점령군과 일본 정부 간의 연락을 담당하는 「종전연락중앙사무국」을 설치했던 것과 같이, 조선총독부도 8월 27일 「종전사무처리본부」를 설치하고 미군의 진주에 대비했다.[61] 이때 「종전사무처리본부」는 하부부서로서 총무부, 절충부, 정리부, 보호부를 두었다. 「종전사무처리본부」의 보호부는 「일본인의 일본귀환 준비」, 「잔류일본인의 단체조직」, 「기타 개인과 법인의 권익보호」를 목적으로 했으며 부장에는 당시 총독부 농상국장이던 시라이시 고지로(白石光治郎)가 맡았다. 보호부의 하부기구로는 총무반, 지도반, 급여반, 수송반, 숙영반, 위생반, 경비반이 설치되었다.[62]

패전 이후에도 계속 발행된 관보를 살펴보면, 총독부는 애초 「전재자원호대책본부」를 설치했다가 「종전사무처리본부」 체제가 되면서 그 규정을 보호부에 적용시킨 것을 알 수 있다. 그리고 애초 「전재자원호대책본부」는 접전지역을 피하여 남하해오는 일본인들만을 대상으로 하여 원호와 수송을

60) 森田芳夫, 1964, p. 367.

61) 총독부에서는 미군이 한반도에 진주할 때까지 애초 종전사무처리본부의 영문명을 종전연락중앙사무국과 마찬가지로 Central Liaison Office(CLO)로 사용하다가 나중에 미군정청의 지적에 따라 Postwar Business Management Headquarters로 바꾸어 사용했다.

62) 일본 외교사료관에 소장된 조선총독부의 자료에 의하면, 9월 20일을 전후한 시기에 조선총독부가 일본 정부에 대해 귀환자에 관한 지도연락 기관으로서 보호부를 설치했다고 보고하면서 그 하부 조직에 관하여 보고했다. 朝鮮総督府, 「邦人引揚ニ関スル指導連絡機関ノ設置ノ件」 [일본외교문서 제16회 공개분, Reel no. K'0002, 「朝鮮総督府終戦事務処理本部設置申請の件」]

담당하게 하기 위해 설립했음을 알 수 있다.[63] 그런데 치안 악화 등으로 거주 환경이 불안해짐에 따라 일본인의 귀환 움직임이 전반적으로 활발해지면서 전재민과 일본인의 귀환 수송 업무를 모두 「종전사무처리본부」가 떠맡게 된 것으로 보인다.

「종전사무처리본부」의 보호부는 일본인 귀환업무에 관한 주무부서가 되었고 특별수송 열차나 선박의 운행 통제, 피난민 수용소의 운영 관리업무 등을 담당했다. 보호부의 조직과 활동에 대해서는 총독부 관방기획과장으로서 보호부 총무반장을 담당하기도 했던 하라다 다이로쿠(原田大六)가 비교적 상세한 기록을 남기고 있다.[64] 보호부는 당초 존속기간을 1년으로 예정하고 10개월 동안에 걸쳐 한반도 거주 일본인 65만 명과 만주와 중국 동북지방 거주자 130만 명을 송환할 계획을 세웠으며, 이를 위하여 28,805,600원의 예산을 책정하기까지 했다.[65]

이처럼 미군정이 실시되기 이전에 보호부가 한반도 거주 일본인 가운데 65만 명의 송환을 계획했다고 하는 것은 두 가지 의미에서 시사하는 바가 크다. 첫째는 65만 명이라는 숫자는 한반도 거주 일본인 전체를 의미하지 않고 '잔류자'를 예상한 숫자라는 점이다. 적어도 80만 이상이 되는 한반도 거

---

63) 조선총독부는 1945년 8월 25일부로 훈령 제51호를 통하여 「전재자원호대책본부」 규정을 정하고 이를 관보에 게재했다. 규정의 내용은 대체로 다음과 같다. 제1조, 전재지 기타 지역으로부터 오는 피난자의 원호에 필요한 조치를 강구하기 위하여 조선총독부에 「전재자원호대책본부」를 둔다. 제2조, 「전재자원호대책본부」에 본부장, 차장 및 반장을 둔다. 제3조, 본부장은 조선총독부 농상국장이, 차장은 조선총독부 관방기획과장이, 이를 담당하며, 반장은 조선총독부 소속 고등관 가운데 총독이 이를 임명한다. 제5조, 「전재자원호대책본부」에 총무반, 급여반, 수송반 및 경비반을 둔다. 제7조, 각 반의 사무분장은 이래와 같다. 총무반, 전재자 원호에 관한 종합 기획, 기타 다른 반의 소관 사항이 아닌 사항. 급여반, 전재자의 급식, 피복 및 위생에 관한 사항. 수송반, 배차배급에 관한 사항. 경비반, 전재자의 숙영 중 또는 차량 이동 중 등에 있어서 경비에 관한 사항. 『朝鮮總督府官報』 5565호, 1945. 8. 25.

64) 原田大六, 「終戰に伴う引揚事務處理」, 森田芳夫 · 長田かな子(編), 『朝鮮終戰の記錄: 資料編第一卷』, 巖南堂書店, 1979, pp. 146-159. 原田大六은 11월 9일 조선인의 총에 맞아 복부 흉상을 입고 입원했다가 12월 말에 퇴원하자마자 일본으로 귀환했다.

65) 原田大六, 1979, pp. 148-152.

주 일본인 인구 가운데 15만 명 이상이 한반도에 남아있겠다고 하는 성향을 보이고 있었고, 총독부는 이러한 잔류 전망을 시야에 넣고 송환 계획을 편성했다는 것이다.

둘째는 미군정 진주 이전에도 일본인 가운데 80% 정도를 송환하겠다고 계획한 것으로 보아, 이것은 일제강점기 한반도 거주 일본인의 일본 본토 지향성이 그만큼 강했다는 것을 말해 주고 있다. 이처럼 「종전사무처리본부」 보호부의 송출 계획에서 한반도 거류 일본인 사회의 '잔류' 성향과 '본토 지향성'의 두 가지 속성을 함께 파악할 수 있다. 종합적으로 판단할 때, 한반도 주민으로서 일본인들이 그 동안 축적해온 재산을 보호하려는 강렬한 욕구가 있었음에도 불구하고 애초부터 80% 정도의 송환을 계획했다고 하는 것은 총독부로서도 종래 식민통치의 부조리와 그로 인해 발생할 일본인의 피해를 어느 정도 파악하고 있었다는 것으로 이해해야 할 것이다.

종전사무처리본부 안내소

총독부는 8월 27일 보호부의 관할 아래 안내소를 설치하고 귀환자 수송과 원호업무를 담당하게 했다. 애초 서울 · 부산 · 대전 · 대구 · 전주 · 광주 · 여수 · 시모노세키 등 8개 곳에 안내소를 설치했으나,[66] 실제로는 서울 · 부산 · 시모노세키 3곳에서만 안내소가 기능했고, 시모노세키 안내소는 패전 직후 대형 귀환 선박의 입출항을 담당하던 센자키항에서 운영되었다. 서울 안내소의 경우, 종래의 서울시(京城府) 전재과를 흡수하여 안내소로 발족시켰고 사무소를 시청(府廳) 건물 4층에 두었다.[67] 서울 안내소는 북

66) 朝鮮総督府, 「邦人引揚ニ関スル指導連絡機関ノ設置ノ件」[일본외교문서 제16회 공개분, Reel no. K'0002, 「朝鮮総督府終戦事務処理本部設置申請の件」]. 각 지역의 안내소 소장은 다음과 같다, 서울 山村正輔, 부산 一杉藤平, 대전 堤平太郎, 대구 水野薫, 전주 小泉弘, 광주 木下麟太郎, 여수 田所榮, 시모노세키 竹内俊平. 原田大六, 1979, p. 147.

67) 서울 안내소의 임원은 다음과 같다. 소장 山村正輔, 차장 및 총무 中野休文, 급여 담당 三

한과 만주에서 넘어오는 일본인 피난민을 서울 시내의 각종 학교 건물과 병원에 수용하여 원호하고, 전재증명서 발급, 구호물자 배급, 승차권·승선권 제공 등을 담당했다.[68]

안내소는 귀환 열차와 귀환 선박을 타려는 일본인에게 무료승차와 승선을 위한 증명서를 교부했으며 이 증명서에 탑승할 열차와 선박을 지정했다. 증명서를 교부하는 데 있어서 전쟁피난민·일반부녀자·총독부 직원 가족 등에게 우선권을 부여했다. 일반인에게는 구청 등의 관공서를 통해 신청 순으로 증명서를 교부했으며 점점 전쟁피난민이 증가함에 따라 일반인에 대한 교부를 일시 중단하기도 했다. 가지고 갈 짐으로는 한 사람 당 2개의 탁송화물을 인정했으나 대부분 부산에서 배에 싣지 못했으며 9월 14일 이후에는 군정당국의 명령으로 이것마저 허용되지 않았다.[69]

서울과 부산의 안내소는 당초에 일본인 학교만을 귀환자 수용시설로 사용할 계획이었으나 예상을 초과하여 밀려드는 귀환자들로 인하여 8월 말부터는 교육시설을 접수하여 여기에 귀환자들을 수용했으며 이것으로도 부족하여 종교시설까지 수용시설로 활용했다.[70] 부산 안내소는 귀환자 수용시설로서 부산역 앞에 있던 마스라오관을 비롯하여, 제3국민학교·제7국민학교·공회당·삼도여고·부산중학교 등의 시설을 이용했다. 9월에 들어 귀환자 수송선이 모자라는 가운데 이러한 시설로도 모자라 예전에 세관창고로 쓰던 건물을 개조하여 수용시설로 사용하였으며 모자라는 식량을 보충하기 위해 서울에 요청하여 밀가루와 쌀을 지원받기도 했다.[71]

谷懿壽, 숙영 담당 米澤九野, 위생 담당 渡辺主稅, 수송 담당 妻木麟夫, 경비 담당 牛島純一, 森田芳夫, 1964, p. 151.

68) 森田芳夫, 1964, p. 66; p. 151; p. 550.

69) 森田芳夫, 1964, p. 122.

70) 原田大六, 1979, p. 153.

71) 原田大六, 1979, p. 154.

부산 안내소의 활동과 관련하여, 모리타는 "부산 안내소가 애초에 일본에서 송환되어 오는 조선인의 접수도 실시했다"고 기록했다.[72] 그러나 이것은 안내소가 조선인 귀환 원호를 위한 설비를 계획하고 예산 가운데 극히 일부를 조선인 원호단체의 경비로 충당했던 것[73]을 과장 해석한 것으로 생각된다. 부산의 안내소도 다른 안내소와 마찬가지로 조선인 귀환자의 원호에 관한 업무는 조선인 민간 원호단체에게 맡기고, 오로지 일본인 귀환자에 대한 안내와 원호에 전념했을 것으로 생각된다.

센자키의 시모노세키 안내소는 일본인 중에서도 일본인 관료 귀환자들을 위한 기구였다는 것이 분명하다. 패전 이후 이곳에 조선총독부 관료와 조선 각지의 경찰관들이 대거 눌러앉아 원호업무를 담당했던 것으로 알려지고 있다.[74] 안내소장 다케우치 슌페이(竹內俊平)는 패전 당시 조선총독부 학무국의 연성과(鍊成課) 과장으로 재직했던 인물이다.[75] 이 안내소는 조선인 귀환자 원호업무에 직접 관여하지 않았을 뿐 아니라 아예 조선인 귀환자들이 알아차리지 못하도록 외부에 간판도 내걸지 않았다.[76] 센자키인양원호국 자료에 의하면 이 단체는 일본에 들어오는 총독부 관료나 지방 공무원에 대한 안내 업무만을 담당했다고 되어 있다.[77]

아무튼 9월 하순에 군정청 외무처로 업무가 이관되면서 「종전사무처리본부」의 보호부는 해체되었으며, 서울과 부산의 안내소의 업무도 10월에 들

72) 森田芳夫, 1964, p. 152.

73) 原田大六, 1979, p. 152.

74) 萩原晋太郎, 『さらば仙崎引揚港』, マルジュ社, 1985, p. 28.

75) 朝鮮関係残務整理事務所, 『事務所の沿革と事務概要』, 朝鮮関係残務整理事務所, 1950, p. 103. 패전당시 조선인이 국장을 담당하고 있던 상황에서 사실상 다케우치가 학무국을 좌우하는 최고 실세의 관료였다고 할 수 있다.

76) 『민주중보』 기자는 9월 하순 山口縣引揚民사무소 안에서 사무를 보던 시모노세키 안내소가 조선총독부의 출장소임에도 불구하고 공개적으로 활동하지 않고 조선인 귀환자 몰래 활동하고 있다고 고발 보도했다. 『민주중보』 1945. 9. 25, p. 1.

77) 厚生省仙崎引揚援護局, 『仙崎引揚援護局史』, 厚生省仙崎引揚援護局, 1946, p. 3.

어 계획수송을 실시하면서 서울과 부산의 세화회가 맡게 되었다. 센자키의 시모노세키 안내소는 11월 24일 점령당국의 지령으로 지방인양원호국 체제가 도입되면서 해체되었으며, 그 후 시모노세키 인양원호국에서 관련업무를 인계받아 처리했다.[78] 이와 함께 안내소장 다케우치는 후생성의 사무관으로 위촉되어 신설되는 시모노세키 인양원호국 센자키출장소의 초대 소장으로 임명되었다.[79] 그리고 1946년 9월에 가서 출장소 차장을 담당해오던 원호 업무의 전문가 시모마쓰 게이마(下松桂馬) 후생성 사무관에게 국장직을 넘겼다.[80] 실제로 센자키 출장소가 시모노세키 인양원호국의 업무를 담당했던 상황에서 미루어 볼 때, 총독부 관료가 전쟁이 끝난 후에도 1년 동안이나 시모노세키와 센자키에서 귀환 업무를 주재한 것을 알 수 있다.

4. 조선총독부의 귀환자 경제 지원

한반도의 치안 악화에 따라 일본인들의 귀환이 봇물 터지듯 이루어지면서 이들의 현금 인출도 성행하게 되었다. 8월 16일부터 은행이나 우체국을 포함한 금융기관 앞에는 아침 일찍부터 예금을 인출하려는 일본인들이 긴 행렬을 이루었다. 17일 총독부 재무국장은 성명을 내고 현금 인출을 억제할 것을 호소하는 한편,[81] 각 지역에서 쇄도하는 현금 요청에 대응하기 위해 군

78) 厚生省仙崎引揚援護局, 1946, p. 5.

79) 厚生省仙崎引揚援護局, 1946, p. 13.

80) 下松桂馬는 1946년 12월 센자키 출장소가 폐쇄될 때까지 짧은 기간 소장을 역임했고, 1947년 3월 관변 노인복지관 浴風會의 상무이사(사실상 이사장)에 취임했다. 浴風会(編), 『浴風会60年の歩み』, 浴風会, 1986, pp. 28-31.

81) 재무국장은 일본인들에게 한반도에서 사용하던 예금 통장을 가지고 일본에 들어가면 매월 500엔 한도에서 현금으로 인출할 수 있다고 했고, 한반도에서 발행한 수표는 일본의 본점에서도 유효하다고 했다. 이 문제에 대해서 총독부와 일본 대장성이 합의한데 따른 것이다. 그러나 점령당국의 지령에 의해 9월 24일부터 한반도의 예금통장과 수표가 일본에서 효력을 잃게 되었다.

용기와 열차 등을 이용하여 긴급하게 현금을 수송했다.

그럼에도 불구하고 폭등하는 화폐 수요를 감당할 수 없어 서울에서는 금융관계자들이 모라토리움 선언을 고려하는가 하면, 조선은행권 화폐가 바닥이 날 것을 우려한 각 지역의 금융기관들이 평일에도 오전에만 근무하고 일찍 문을 닫아버리는 등 고객의 이용을 금지하기도 했다.[82] 여기에다가 일부 일본인 귀환자의 기록에 의하면, 일부 조선인들이 아침 일찍부터 은행을 선점하여 일본인들의 현금 인출을 방해하기도 했고 조선인 은행원들 가운데 일본인의 현금 인출에 대해 비협조적인 자세를 보이는 사람도 있었다고 되어 있다.[83]

조선은행권 화폐 남발

패전 이후 미군정이 들어서기까지 일시적으로 총독부가 계속하여 행정권을 장악하는 가운데 조선은행권 화폐를 남발함으로써 남한에 물가 앙등을 초래한 것은 널리 알려진 사실이다. 1945년 6월 말에 조선은행권 발행고가 43억 7천 7백만원이었고, 7월 말에는 46억 9천 8백만원이었던 것에 비해, 8월 말에는 무려 79억 8천 8백만원으로 한 달만에 1.7배나 늘었다.[84] 이와 같은 화폐 남발 문제는 총독부가 한반도 일본인의 예금 인출과 일본 송금을 방조함으로써 스스로 방만하게 종전(終戰) 사무를 처리했기 때문에 발생한 것이다.[85]

더욱이 8월 15일부터 9월 28일까지 1개월 반이 채 안 되는 사이에 조선은행권 화폐는 무려 36억 원이나 초과 발행되었다. 해방직후의 조선은행권 초과 발행 문제는 이 기간 중에 발생한 국고금 지불 초과액 약 12억 원, 융자 명령에

82) 森田芳夫, 1964, pp. 114-115.

83) 水田直昌, 1980, p. 106.

84) 최영희, 『격동의 해방3년』, 한림대학교 아시아문화연구소, 1996, pp. 14-15.

85) 朝鮮銀行史編纂委員會, 「終戰前後の朝鮮銀行」, 森田芳夫・長田かな子(編), 1979, p. 209.

의한 대출과 일반 대출 약 2억 5천만 원, 중국 발해만 지역(關東州)에서의 발행 초과액 3억 2천만 원 등에 의한 것이었다.[86] 일본군 소집해제와 관공서 · 회사 등의 해산에 따른 퇴직금 지급 등 경비 지출이 많았던 것과 민간 일본인들이 귀환에 앞서 대거 예금을 인출한 것 등이 중요한 원인을 제공했다.[87]

다음 〈표 2-4〉는 1945년의 조선은행권 유통 상황을 나타낸 것으로, 칼 모스코비츠(Karl Moskowitz)의 연구 『식민지 조선은행의 종업원들(*The employees of Japanese banks in colonial Korea*)』에서 인용했다.[88] 조선은행이 군정청에 접수되는 9월 30일 당시, 조선은행권 발행고는 86억 8천만 원이었으며 이는 1944년 발행고에 비해 64억 원이나 증가한 것이었다.

〈표 2-4〉 1945년 조선은행권 유통 상황

월별	유통량(1,000円)	증가율(45년 1월 기준)
1월	3,245,558	100.0
2월	3,410,368	105.1
3월	3,574,418	110.1
4월	3,879,945	119.5
5월	4,049,834	124.8
6월	4,376,970	134.9
7월	4,698,220	144.8
8월	7,987,790	246.1
9월	8,680,198	267.4
10월	8,797,893	271.1
11월	8,625,868	265.8
12월	8,763,340	270.0

86) 山名酒喜男, 1956, p. 21.

87) 多田井喜生, 『朝鮮銀行: ある円通貨圏の興亡』, PHP研究所, 2002, pp. 230-232. 8월 21일 총독부 재무국장은 재량으로 여느 때와 같이 8만 명이 넘는 총독부 직원들에게 월급을 지급하면서 귀환할 일본인들에게는 9월분까지 얹어서 지급했다. 水田直昌, 1980, p. 109.

88) モスコビッチ, 『植民地朝鮮における日本の銀行の従業員達』, 殖銀行友會, 1986, pp. 196-197.

조선은행권 화폐의 인쇄는 식민지 시기 내내 일본 본토의 내각인쇄국에서 이루어져 왔다. 전쟁이 막바지에 이르면서 내각인쇄국은 동남아시아 등 확대된 지역에 대한 각종 화폐를 인쇄해야 했고 게다가 공습으로 인쇄와 수송 사정이 여의치 않게 되자 일본 정부는 뒤늦게 조선은행권의 한반도 인쇄를 고려하기 시작했다. 1945년 5월경에 이르러 인쇄 기술자와 기계를 서울에 투입했고 총독부 어용회사인 조선서적인쇄주식회사와 지카자와(近澤)인쇄사에게 화폐 인쇄를 준비시켜 왔다.[89] 결과적으로 지폐 인쇄 기술은 일본에서 한반도로 이전되었지만 실제로 인쇄는 실행되지 않은 상황에서 패전을 맞게 된 것이다.

이러한 상황에서 패전 직후 급증하는 화폐 수용에 대응하기 위해 조선총독부는 우선적으로 일본에서 인쇄된 지폐를 수송해와야 했다. 패전 직후 교통수단이 매우 열악한 가운데 화폐를 한반도로 실어 나르기 위해서는 첩보전을 방불케 하는 작전이 감행되기에 이른다. 8월 22일에 비행기로 도쿄에 출장을 나간 교통국 총무과장 다나카 야스타로(田中保太郎)는 일본에서 발행된 조선은행권 화폐를 가지고 8월 25일 서울에 돌아왔다. 그의 회고록에는 조선은행권 화폐가 도쿄에서 서울로 운반되어 오는 과정이 다음과 같이 묘사되어 있다.[90]

> (한반도로) 돌아오는 군용 비행기는 2대였고 여기에 일본에서 인쇄된 조선은행권이 4억 원 실려 있다고 했다. 억수와 같은 비가 내리는 가운데 도코로자와(所沢) 비행장을 이륙하였고, 본토 남쪽 해안선을 따라 비행하여 후쿠오카(福岡) 비행장에 착륙했다. 조선은행의 미야케(三宅) 감사 등과 경계를 엄중히 하는 가운

89) 水田直昌, 1980, p. 104-105.

90) 원문은 다음과 같다. 帰りの軍用機は二機で, 内地で印刷した朝鮮券が四億円積んであるということだった. 土砂振りの中を所沢飛行機を立ち, 本州の南の海岸線を伝って福岡飛行場に着陸. 鮮銀の三宅幹事等と警戒を厳重にしながら滑走路で一夜を明かし, 翌二十五日早朝福岡を立ち無事京城に帰り着いた. 田中保太郎, 1976, p. 3,.

데 활주로에서 하루 밤을 보내고 이튿날 25일 아침 일찍 후쿠오카를 떠나 무사히 서울에 돌아왔다.

또한 급증하는 화폐 수요에 맞추기 위해 총독부는 급거 8월 30일 고시 제496호를 통하여 조선은행권 1,000원권 지폐의 발행을 고지하고 서울에서 인쇄를 추진했다.[91] 이것은 3년 전 1942년에 일본은행권이 발행하기 시작한 1,000엔권 지폐 도안을 약간 변형시켜 인쇄하여 한반도에서도 서둘러 통용시키고자 한 것이었으나, 결국 점령당국의 금지 조치에 의해서 1,000원권 지폐는 통용되지 않았다.[92] 일본 본토에서도 인플레이션이 급등하는 가운데 일본 정부가 패전 전부터 준비해오던 200엔권 화폐를 패전 직후 일시 발행하기도 했으나,[93] 조선은행권의 경우에는 1,000원권 지폐와 마찬가지로 200원권 지폐 발행도 점령당국의 금지조치에 의해서 이루어지지 않았다.

일본인 관료에 대한 화폐 지급

아울러 9월 20일을 전후하여 조선총독부(종전사무처리본부)가 일본 정부에 보고한 바에 따르면, 보호부를 중심으로 하여 일본인 귀환자의 지도연락 업무를 위한 경비 지출이 불가피하다고 되어 있다. 그 보고서에는 귀환자 지도연락을 위한 대강의 경비로서, 인건비 280만 원, 급여 기타 잡비 2천만 원, 합계 2천 280만 원이 소요될 것으로 파악했다. 인건비의 내역으로서는 500명(남한 300명, 북한 200명)에 대한 1인당 평균 3천 원의 봉급으로 총 150만 원을 산정했고, 여비로 50만 원, 수당으로 80만 원을 산정했다고 했다. 또한 급여 기타 잡비의 내역으로서는 100만 명에 대해 1일 10원으로 2일

91) 『朝鮮總督府官報』 5567號, 1945. 8. 30.

92) 水田直昌, 1980, p. 105-106.

93) 『西日本新聞』 1945. 4. 17, p. 3; 「ウィキペディア」의 '二百円紙幣'.

분을 산정했다고 했다. 보호부는 다음과 같은 이유를 들어 경비 지출이 불가피하다고 설명했다.[94]

> 조선총독부 직원을 특별 배치하여 지도연락을 담당하게 하고 있지만, 조선 및 만주 중국북부 방면의 재류 일본인은 약 2백 만을 예상할 수 있으며, 귀환 완료까지는 아주 긴 기간이 예상될 뿐 아니라, 패전 후 각종 물가 앙등이 심한 관계도 있어서, 이들 직원에 대한 봉급과 여비 등의 지불, 급식 기타 소요 경비의 지불 방법이나 처리에 고민하고 있으며, 특히 이들 경비의 지불에 대해 조속하게 고려해주기를 바란다(총독부 경비로서 지불이 곤란할 경우에는 단체 조직 등으로 지불을 고려해 주기 바란다).

실제로 총독부 관료에 대한 화폐 지급은 9월 이후 센자키와 하카타와 같은 귀환자 상륙항에서 개별적으로 퇴직 수당 등을 지급한 사례에서 나타난다. 일본에 진주한 연합국군총사령부의 방침에 따라 일반인 귀환자가 지참할 수 있는 화폐가 한 사람당 1,000원 혹은 1,000엔으로 제한되었기 때문에 한반도에서 퇴직금을 지불할 수가 없게 되었다. 따라서 한 때 총독부의 각 부서에서는 편법으로 일본의 상륙항에 현금을 쌓아두고 귀환자를 신원을 파악하여 거기서 직접 퇴직 수당 등을 지불했다. 이것이 미군정 당국에 발각되어 10월 중에 총독부 회계과장을 비롯하여 교통국·체신국 국장과 재무국 전매총무과 경리담당관이 체포되어 구금되었다. 교통국 국장의 경우만 해도 위와 같은 이유로 1,500백만 원을 빼냈다는 혐의로 미군정으로부터 추

94) 朝鮮総督府, 「邦人引揚ノ指導連絡ニ要スル経費ノ件」[일본외교문서 제16회 공개분, Reel no. K'0002, 「朝鮮総督府終戦事務処理本部設置申請の件」]. 경비 지출의 필요성에 관한 설명 부분의 원문은 다음과 같다. 本府職員ヲ特別配置シテ指導連絡ニ当ラシメツツアルモ鮮内及満州北支方面ノ在留邦人ハ約二百万ヲ予想セラレ引揚ノ完了ニハ相当長期ヲ予想セラルルノミナラズ終戦後諸物価ノ仰騰甚ダシキ関係モアリ之等ノ職員ニ対スル俸給旅費等ノ支弁給食其ノ他所要経費ノ支弁ノ方法ナリ処理ニ悩ミツツアルヲ以テ特ニ之等経費ノ支弁ニ付早急考慮ヲ払ハレタシ(官庁経費トシテ支弁困難ナル場合ハ団体ノ組織等ニ付考慮セラレタシ).

궁을 받았다.[95]

한편 패전과 함께 총독부가 경제통제권을 상실하면서 각지에서 식량에 대한 약탈과 방출이 이루어지는 가운데, 총독부와 일본군은 갖은 수단을 동원하여 일본인 귀환자를 위한 식량의 유지와 확보에 주력했다. 이러한 움직임은 지리적으로 농촌과 떨어져 있고 일본인 귀환자들이 몰려 있는 서울에서 눈에 띠게 나타났다. 전쟁 중에 한반도 폭격에 대비하여 상당량의 곡물이 서울 주변 지역의 지하호나 창고에 저장되어 있었는데, 패전 직후 총독부와 일본군은 트럭이나 우마차를 이용하여 곡식들을 서울 시내로 옮겼다. 심지어는 아직 무장을 해제하지 않은 일본군이 곡물을 운반하는 조선인 우마차에게 위협을 가하여 억지로 헌병대 구내에 끌고 들어가는 일이 발생하기도 했다.[96]

주지하는 바와 같이 미군이 진주하기 전에 총독부는 식민통치 관련 자료와 함께 패전 후 종전사무처리본부의 활동에 관한 자료들도 대부분 폐기 처분했다. 따라서 총독부의 변종 조직인 종전사무처리본부에 대하여 미군 군정요원들은 사전 지식을 전혀 갖지 않았던 것은 물론 남한 진주 직후에도 그 실태를 알지 못했다. 따라서 1945년 9월에 구성되는 미군정청 외무처 관계자들이 사무실에서 '불가사의한 단체 종전사무처리본부'(mysterious Central Liaison Office)의 메모를 발견하고 총독부가 패전 이후에도 마치 대표성을 유지하는 통치기관과 같이 행세하며 재조일본인의 생명과 재산을 지키려고 한 것에 대해 놀라움과 실망을 나타냈다. 아울러 종전사무처리본부 조직을 빙자하여 외무처 난민과에서 활동하려고 했던 한 일본인 사기꾼에게 미군들이 우롱을 당하는 일이 발생하기도 했다.[97]

---

95) 田中保太郎, 1976, pp. 4-5,

96) 森田芳夫, 1964, pp. 118-120.

97) Gane, William J., *Foreign Affairs of South Korea, August 1945 to August 1950*, Northwestern University (Doctoral Dissertation), 1951, pp. 36-37.

5. 연합군 진주와 총독 지배 종결

북위 38도선을 경계로 하여 미군과 소련군이 무장해제를 실시한다는 연합국의 방침이 조선총독부에 전달된 것은 8월 22일의 일이다. 연합국군총사령부로부터 항복조건을 전달받기 위해 마닐라에 머물고 있던 더글라스 맥아더(Douglas MacArthur, 1880-1964) 사령관을 방문한 일본 정부의 대표 가와베 고시로(河辺虎四郎, 1890-1960)가 한반도의 38도선 경계설정 방침을 전달받고 8월 21일 도쿄에 돌아왔다.[98] 그 이튿날 일본 내무차관은 전보를 통하여 조선총독부 정무총감 앞으로 이러한 방침을 전달했다.[99] 미국과 소련에 의한 38도선 분할 방침이 분명해진 가운데, 8월 23일 조선총독부 국장급 회의에서 아베 총독은 다음과 같은 지시를 내렸다.[100] 요약하면 미군 진주 지역의 무장해제, 진주군에 대한 적극적인 협조, 귀환 희망자 이송을 강조한 것이다.

① 연합군의 진주는 북부는 소련군, 남부는 미군이 담당하고 진주 지역은 한정될 것임. 따라서 일본군 부대는 연합군 진주 지역에서 다른 곳으로 옮

98) 森田芳夫, 1964, pp. 154.

99) 山名酒喜男, 1956, p. 11.

100) 원문은 다음과 같다. ① 連合軍の進駐は, 北部はソ連軍, 南部は米国軍の担当なるが, 進駐は, 地区を限りて行わるべし. 或は全鮮に渉りて行わるることをも予想するを要す. 帝国陸海軍部隊は, 右, 進駐地区より他に移駐せしめるべし. 右, 撤収地区の治安維持は, 帝国警察(及び為し得れば憲兵)を以ってするを原則とするも, 其の不十分なる部分は, 進駐軍の協力に依ることとし, 苟も, 同地区内官民に無用の不安を起させしめざる様, 平常通り, 秩序を保ち, 業務に服するを要す. ② 連合軍が進駐し, 又, 帝国軍隊が撤収したる後に於いても, 行政機関及び公共団体の活動は, 平静通り, 行うを原則とす. 特に, 交通通信の確保及び食糧配給等に就き, 政府及び公共団体に於いて一切の責任を有す. 之が為, 連合軍は, 総督府及び公共団体に協力するものとす. ③ 進駐部隊の宿舍及び食糧等は, 軍及び総督府の責任に於いて行うが, 一般市民と進駐部隊との間に直接関係を生ぜしめざるものとす. ④ 将来, 内地人の帰国を予想し, 朝鮮在留を希望せざるものは, 此の際力めて南鮮地方に移動せしめて, 漸を追って還送するに便ならしむる姿勢に在らしむ. 其の詳細は, 別に計画する処に依るものとす. 帰還は婦人, 老・幼者を先とし, 次に, 不要残留男子とす. 山名酒喜男, 1956, pp. 12-13.

겨갈 것. 일본군 철수 지역의 치안 유지는 일본제국 경찰, 가능하면 헌병이 담당하는 것을 원칙으로 하나 이것으로 불충분한 지역은 진주군의 협력을 받을 것이며 혹시라도 쓸데없이 해당 지역 주민에게 불안을 끼치지 않도록 평상시대로 질서를 유지하고 업무에 임할 것.

② 연합군이 진주하고 일본군대가 철수한 후에라도 행정기관이나 공공단체는 평정 상태를 유지하는 것을 원칙으로 함. 특히 교통통신의 확보, 식량배급 등에 대하여 정부나 공공단체는 모든 책임을 질 것. 이를 위해 연합군은 총독부와 공공단체에 협력할 것으로 예상됨.

③ 진주 부대의 숙사와 식량 등은 군과 총독부가 담당하고 일반시민과 진주부대와의 사이에 직접 관계하는 일이 없도록 할 것.

④ 앞으로 일본인의 귀국을 예상하고 한반도 잔류를 희망하지 않는 자는 남부지방으로 이동시켜 점차 송환하기에 편리하게 할 것. 이에 관한 상세한 계획은 별도로 전달할 것임. 귀환 순서는 부녀자 · 노인 · 어린이를 우선으로 하고 이어서 잔류를 희망하지 않는 남성의 순으로 할 것.

38도선 이남의 미군정

이어 8월 26일의 국장회의에서 「종전사무처리본부」를 다음날부터 운영하기로 결정하고 진주군에게 숙사와 식량을 제공하기 위한 부서로 급양부(給養部)를 설치했다. 이때에도 총독은 진주군을 맞는 적절한 자세를 지시하면서 연합군이 진주하자마자 행정기구를 접수할 것을 요구할 때 이에 순응할 것을 지시했다.[101] 그리고 이날 총독부는 한반도에서 일본의 주권을 이전하는 시기문제와 관련하여 일본 정부로부터 "일본의 독립 문제를 규정하는 강화조약 발효일까지 법률상 일본측에 속하지만, 외국군대에 의해 점령됨으로써 사실상 주권이 정지 상태에 빠지는 것"[102]이라는 법적 해석을 전달

101) 山名酒喜男, 1956, pp. 15-17.

102) 일본 정부는 종전처리 회의 결과를 다음과 같이 총독부에 전보로 통지했다. 朝鮮に於ける我が主権の転移時期は, 独立問題を規定する講和条約批准の日迄法律上, 我が方に存する

받았다. 8월 28일 조선군관구 사령부는 "북위 38도선 이남 지역에 있는 부대의 정전 교섭 상대는 미군 제24군"이라고 발표했다. 한반도 일반인들에게 이때부터 언론 보도를 통하여 38도선을 경계로 하는 미소 분할에 따른 무장해제 방침이 알려지게 되었다.[103] 이윽고 8월 29일 총독부는 일본 정부로부터 미군이 경인(京仁)지구로 진주할 것이라는 통보를 받았다.[104]

9월 2일 미국 군함 미즈리(Missouri) 선상에서 일본의 항복 서명식이 열렸고, 같은 날 연합국군총사령부(SCAP)의 명령 제1호를 통해 한반도 일본군은 38도선 이남과 이북으로 나뉘어 미군과 소련군에게 항복할 것을 발표했다. 그 후 9월 6일 제24군 선견대가 서울에 도착하고, 8일에는 미군 부대가 인천에 상륙하기 시작했다. 미군 진주에 따라 조선군관구 사령부는 본부를 서울에서 대전으로 옮겼다. 서울에는 연락부만을 남겼으며 미군의 지시에 따라 일본인 장병의 무장해제와 귀환 준비에 착수했다. 이어 9월 9일 오후 4시 총독부 제1회의실에서 항복 문서 조인식이 열렸고, 4시 20분경 총독부 건물 정면의 국기 게양대에 걸려 있던 일장기가 내려지고 미군 군악대의 주악에 맞추어 성조기가 올라갔다.[105]

총독부 통치를 마감하는 항복조인식 장면 사진과 항복문서 내용이 신문보도를 통해 대중에게 널리 알려졌고, 9월 9일자로 연합국군총사령부(SCAP)가 발표한 한반도 문제에 관한 포고문 3개도 함께 알려졌다.[106] 포고문 제1호는 점령군의 관할 범위에 관한 것이었고, 제2호는 조선인에게 치안유지를 강조하는 내용이었다. 그리고 제3호는 화폐 유통에 관한 것이었다. 조선총독으

も，外国軍隊に依り，占領せられ，事実上は主権休止の状態に陥るべきことあるべし．山名酒喜男, 1956, p. 17.

103) 森田芳夫, 1964, pp. 155.

104) 山名酒喜男, 1956, p. 19.

105) 山名酒喜男, 1956, p. 27.

106) 『매일신보』 1945. 9. 10, pp. 1-2; 1945. 9. 11, p. 1-2. 이 신문은 9월 10일자 호외를 발행하여 「항복조인전문」 내용을 널리 알렸다.

로부터 통치권을 이양받은 제24군 사령관 존 하지(John Reed Hodge, 1893-1963) 중장은 같은 날 성명을 발표하여 38도선 이남 지역 주민에 대한 군정 방침을 알렸다. 그는 성명을 통해 "제군은 평화를 유지하며 또 정직한 행동을 하라. 이를 지키는 이상 공포의 생각을 가질 필요가 없다. 그러나 만약 명령을 지키지 않거나 미군을 다치게 하거나 또는 혼란을 야기한다면 나는 즉시 적절한 수단을 취하겠다"라고 하며 치안 유지를 강조했다.[107)]

9월 12일 하지 사령관은 아베 총독을 해임하고 제24군 제7사단장 아키발드 아놀드(Archibald V. Arnold, 1883-1973) 소장을 군정장관에 임명했으며, 14일에는 총독부 정무총감 이하 모든 국장을 해임 조치했다. 다만 군정 당국은 일본인 고급 관료들을 즉각 귀환시키지 않고 고문이라는 직책을 부여하여 한반도에 일시 잔류하며 업무 인계에 협조하도록 명령했다. 20일 아놀드 군정장관은 일본인을 배제한 국장 · 과장급 인사를 결정하고 기존의 총독부 기구를 그대로 인계하는 형태로 군정청 기구를 운영할 것을 전제로 하면서,[108)] 군정청의 가장 중요한 임무는 남한의 "복리를 위한 견실한 정부와 건전한 경제의 기초를 확립하는 일"이라고 발표했다.[109)]

이어 미군정청은 연합국군총사령부의 방침에 맞추어 패전국 일본의 재산권을 접수하기 시작했다.[110)] 일찍이 9월 25일 군정청은 '전환 재산(property transfers)'[111)]에 관한 명령 제2호를 발표하고 일본 정부 관할 관공

---

107) 『매일신보』 1945. 9. 10, p. 2.

108) 일본패전 당시 조선총독부 서기관을 담당한 이데 이사오(井手勇)는 미군정청 기구가 총독부 기구를 기본적으로 그대로 이어받았으면서도 다음과 같은 점에서 약간 차이를 보였다고 기록했다. ① 부총독 제도 설치, ② 재무국에 재산관리과 신설, ③ 총독관방 지방과를 폐지하고 기획과로 흡수, ④ 경무국 위생과를 폐지하고 보건후생국을 신설, ⑤ 경무국의 경제경찰과 · 보안과 · 경비과를 폐지, ⑥ 국방부를 신설하고 여기에 군사국과 경무국을 설치. 井手勇, 「終戦後の朝鮮(1): 米軍政庁とその施政方針」, 『同和』 166号, 1961. 10. 1, p. 4.

109) 山名酒喜男, 1956, pp. 33-34.

110) 국가기록원(편), 『중요 공개기록물 해설집 V: 국세청 · 성업공사 편(1950~1980)』, 국가기록원 기록정보서비스부 공개서비스과 2012, pp. 10-12.

111) United States Army Forces in Korea, Office of the Military Governor of Korea,

서나 일본인 대기업에 대해 권리이양 조치를 금지하고 차례차례 이들을 접수하여 미군과 조선인에게 관리하도록 했다.[112] 그리고 9월 28일에는 '일본 육해군 재산'에 관한 명령 제4호를 발표하고 육해군의 각종 재산에 대한 매매 · 취득 · 양도를 금지하고 미군정청 관할 지역에 소재하는 이들 재산은 모두 미국의 소유가 되었음을 선언했다.[113]

아베 총독의 상주문

한편 총독 지위에서 물러난 아베는 9월 19일 미군의 호송을 받으며 김포 비행장에서 비행기를 타고 일본에 귀환했다. 그는 일본 정부에 의해 9월 28일부로 총독을 공식 퇴임한 것으로 되어있다. 이날 그는 퇴임사에 해당하는 「상주문(上奏文)」을 작성하여 천황(天皇)에게 바쳤다. 「상주문」은 주로 패전 이후 군정 체제 정비에 이르는 과정을 보고하는 장문의 내용으로 이루어졌는데, 그 가운데에는 일본인 귀환에 관한 다음과 같은 언급도 포함되어 있었다.[114]

ORDINANCE no.2, CONCERNING PROPERTY TRANSFERS, 1945. 9. 25. 이 명령 속에 명확하게 문구를 제시한 것은 아니지만 전환 재산은 사실상 적산(敵産, enemy property)를 의미하는 것이었다.

112) 山名酒喜男, 1956, pp. 82-84.

113) Headquarters United States Army Forces in Korea, Office of the Military Governor, ORDINANCE no.4, CONCERNING JAPANESE MILITARY AND NAVAL PROPERTY, 1945. 9. 28.

114) 森田芳夫, 1964, pp. 300-301. 본문에 인용된 부분의 원문은 다음과 같다. ソ連ノ攻擊開始以降, 北鮮及満州方面ヨリ内鮮人戦災者ノ避難シ来レル者多ク, 之ガ救護ノ万全ヲ期スル為, 総督府ニ所要ノ機関ヲ特設シテ鋭意救護事務ノ処理ニ当ラシメ, 又内地ヨリ鮮内ニ帰還スル応徵者其ノ他ノ朝鮮人ニ対シテハ, 朝鮮勤労動員援護会ヲシテ救護ニ当ラシメ来レリ. 而シテ内地人ノ内地引揚, 満州, 北鮮等ニ於ケル戦災者ヲ優先セシメ, 順次婦女子一般人ニ及ボス方針ノ下ニ実施中ニシテ, 九月十三日迄ニ約三万人ヲ送還セリ. 鮮内在住内地人ノ安定措置ニ就テハ, 各要地ニ内地人世話会ナル私的団体ヲ設立セシメテ, 生業ノ継続, 生活援護, 財産権ノ擁護, 内地引揚相談等ニ付, 官民協力ノ体制ヲ確立シ其ノ活動ニ期待シアリ. 米国軍司令官ハ内地人ノ財産権, 朝鮮人ニ於ケルト同様, 之ヲ尊重スベク, 又公私立各企業体ニ於ケル幹部要員タル内地人ノ活動継続ニ付テモ, 内地人ノ為ニ之ヲ希望シアル趣旨ヲ会談ノ際表明スル処アリタルガ, 現実ニ於テハ, 京城府内ニ於ケル朝鮮人ノ濫リニ各種公私企業体ニ対ス

소련의 공격 개시 이후 북한과 만주 방면으로부터 일본인 전재자들 가운데 피난해오는 자들이 많아서, 구호의 만전을 기하기 위하여 총독부에 필요한 기구를 특설하고 예의주시하며 구호사무를 담당하게 했다. 또한 일본에서 한반도로 귀환하는 피징용자 등에 대해서는 조선근로동원구원회로 하여금 구호에 임하도록 했다. 이때 일본인의 일본 귀환, 만주 · 북한 등의 전재자들을 우선으로 하고 이어 부녀자 일반인에게 미치는 방침을 세우고 실시하고 있으며 9월 13일까지 약 3만 명을 송환했다. 한반도 일본인의 안전 조치를 위하여 각 요지에 일본인 세화회와 같은 민간단체를 설립하고, 생업의 지속, 생활원호, 재산권 옹호, 일본 귀환 상담 등에 관한 관민 협력 체제를 확립하고 그 활동에 기대하고 있다.

미군사령관은 일본인의 재산권에 관하여 조선인과 동등하게 존중하겠다고 하며, 또한 각 관립 · 민간기업체의 간부 요원이었던 일본인에 지속적인 활동에 대해서도 일본인을 위하여 이를 희망한다는 취지의 의사를 회담 때 표명했는데 현실에 있어서는 서울 시내에서 조선인들이 각종 기업체에 대한 접수 행위를 보이는데 신속하고 엄중하게 탄압하도록 요망하는 바에 상당히 미치지 못하고 있다. 이리하여 일본인의 한반도 내 활동은 점차 구속을 받고 있고 또한 관공서 직원에 있어서도 부하 조선인의 능률이 낮아서 일본인이 종래의 지위에서 그 책무를 수행하기 어렵다.

일본인 관민 모두 한반도에서 거주 활동할 열의를 상실하고 있는 듯하며, 나아가 식량배급의 차질, 물가 앙등, 일부 조선인에 의한 폭행 피해 등으로 혐오의 감정 아래 한반도 내 일본인 약 80만 명 가운데 귀환 희망자는 상당수가 될 것으로 예상되고 있고, 만주 · 중국북부 방면에서 한반도를 경유하여 일본으로 귀환하는 자를 고려하면 이러한 조치가 지극히 중요한 문제를 포함하고 있어 본인(신하 노부유키)이 중앙정부와 충분히 협의하여 앞뒤 조치를 유감없이 하는 데 노력할 것이다.

ル接収行為ヲ為スヲ迅速厳重ニ弾圧スルノ措置ニ就テハ, 当方ノ希望ニ副ハザル処多ク, 斯クシテ内地人ノ鮮内ニ於ケル活動ハ, 漸次拘束ヲ加ヘラレ, 又官公署職員ニ在リテモ部下朝鮮人ノ活動能率頓ニ低下シ, 内地人ハ従前ノ地位ニ於ケル其ノ職責ヲ全クスルコト能ハズ, 内地人ノ官民共ニ鮮内ニ於ケル居住活動ノ熱意ヲ喪失スルニ至ルモノノ如ク, 更ニ食糧配給ノ不円滑, 物価急騰, 一部朝鮮人ニ依ル暴行被害等ニ依ル嫌悪ノ情ニ基キ, 鮮内在住内地人約八十万中ノ引揚希望者ハ, 相当ノ数ニ上ルモノト予想セラレ, 満州北支方面ヨリ朝鮮ヲ経由シテ内地ニ引揚グル者ヲ考慮スル時ハ, 之ガ措置ハ極メテ重要ナル問題ヲ包蔵シアリ, 臣信行, 中央政府トモ充分協議ノ上, 之ガ前後措置ニ付, 遺憾ナカランコトヲ期セントス.

상주문의 내용을 요약하자면, 일본인 전재민 뿐 아니라 조선인 귀환자 구호에 만전을 기하고 있으며, 총독부가 일본인 귀환자 3만 명을 수송했다는 것, 한반도 일본인의 안전을 위해 관민협력하고 있다는 것, 조선인의 경거망동으로 한반도 일본인이 위협을 받고 있다는 것 등이다. 퇴임에 즈음한 과거 식민지 통치에 대한 반성은 찾아볼 수 없고, 총독 자신의 공적을 내세우고 조선인에게 전후 혼란의 책임을 전가하는 내용이었다는 것을 확인할 수 있다.

총독부 국장들

총독부 고위 관료 가운데 9월 14일 아놀드 군정장관에게 정무총감 직책을 이양한 엔도는 9월 27일 군정청으로부터 일단 일본 귀국에 관한 지령을 받았으나, 불법재정지출 문제와 경찰국장 억류사건 등이 발생하면서 귀환을 보류하고 있다가 10월 17일 미군의 호송을 받으며 비행기로 일본을 향해 떠났다. 패전 당시 총독부는 내부 부서로 재무 · 농상 · 광공 · 법무 · 학무 · 경무 등의 6개국을 두고 있었고 외부 부서로 체신국과 교통국을 두고 있었는데, 각 국장들은 대체로 가족들을 먼저 귀환시키고 나서 얼마동안 한반도에 머물다가 일본으로 귀환했다. 8명의 국장 가운데 5명이 1945년이 끝나기 전에 일본에 귀환한 것을 자료를 통해 확인할 수 있다.

미즈타 나오마사(水田直昌, 1897-1985) 재무국장은 국장직을 면직당하고 군정청 고문으로 잔류했다. 8월 하순 6명의 자녀와 부인 그리고 식모를 부산을 통해 먼저 귀환시키고 장녀와 둘이서 서울에 남았다. 미군 진주에 따라 9월 중순 서대문에 위치한 관사를 미군정에 넘기고 회현동(당시 旭町)의 작은 집 2층 방을 빌려 거주했다.[115] 군정청 검사국으로부터 불법재정지출 문제 등으로 수차례 취조를 받았으나,[116] 결국 구금 조치는 당하지 않았고 11월 말 두

115) 水田直昌, 1980, pp. 118-119.

116) 山名酒喜男, 1956, p. 54.

달간의 휴가를 얻어 그 사이에 부산항을 통해 일본으로 귀환했다.[117]

시라이시 고지로(白石光治郎) 농상국장은 패전 직후 「종전사무처리본부」의 보호부 부장직을 겸무하면서 진주해오는 미군을 맞았다. 미군 진주 후 외무처 발족에 따라 9월 하순 보호부 조직이 해체되었으나 그는 보호부에서 해오던 일본인 귀환 업무를 얼마동안 계속했다. 그는 보호부를 담당하면서 패전 이후 총독부 관료에 대한 급료 지급을 주도했기 때문에 조선인과 미군정으로부터 지목을 받았다. 이와 함께 10월 14일 산업협회 · 식량협회 등 단체의 해산과 관련하여 구금되어 취조를 받기도 했다.[118] 보호부의 일본인 귀환관련 업무는 그를 대신하여 보호부 총무반장 하라다 다이로쿠가 담당하게 되었다.[119] 시라이시는 비교적 오랫동안 투옥되었다가 1946년 7월 20일에 가서야 석방되었다.[120] 그가 석방된 시기에는 이미 한반도 거주 일본인이 거의 남아있지 않았다. 그는 총독부 국장 가운데서는 가장 늦게 일본으로 귀환했다.

시오다 마사히로(鹽田正洪) 광공국장은 9월 14일 국장직을 면직당하고 군정청 고문이 되었다가, 농상국장과 마찬가지로 나카무라 가즈오(中村一夫) 육군 소장이 관할하는 관동군 병참업무와 관련하여 석탄회사 융자문제를 둘러싸고 검사국에서 수차례에 걸쳐 취조를 받았다. 하지만 구금되지 않았을 뿐아니라 11월 30일에 일본 귀환 허가를 받았고, 12월 4일에 서울을 떠나 10일에 도쿄에 도착했다.[121]

이토 다이키치(伊藤泰吉, 1899-1965) 체신국장은 국장직을 면직당하고 군정청 고문이 되었다가 10월 8일 체신국 일본인 관리의 귀국 여비를 일본

---

117) 水田直昌, 1980, p. 142.

118) 山名酒喜男, 1956, p. 54.

119) 原田大六, 1979, p. 156.

120) 『朝鮮引揚同胞世話会特報』 2号, 1946. 7, p. 7.

121) 平和祈念事業特別基金, 1993. p. 212; 山名酒喜男, 1956, p. 55.

에 불법 송금한 죄목 등으로 구금되었다. 그러나 1946년 3월에 집행유예로 풀려났고 곧 이어 부산항을 통해 귀환했다. 그는 같은 해 10월 가와고에시(川越市) 시장에 임명되었다.[122)]

니시히로 다다오(西廣忠雄) 경무국장은 국장직을 면직당하고 군정청 고문으로 잔류했다. 10월 5일 패전 전후 기밀비 불법 사용과 관련하여 취조를 받기 위해 미군 헌병대에 구금되었다. 그러나 직책상 조선인으로부터 폭행을 받을 가능성이 많았기 때문에 추방이라는 형태로 귀환 길에 오르게 된다. 다른 국장에 비해 비교적 이른 시기인 10월 12일 미군헌병의 호위를 받으며 부산항으로 이송되어 귀환선에 오르게 되었다.[123)]

하야타 후쿠조(早田福藏) 법무국장은 국장직 면직과 함께 군정청 고문으로 잔류하다가 9월 17일 패전 전후에 중요한 서류를 소각한 문제와 사법보호협회 등의 단체를 해산한 문제 등에 관하여 미군 헌병대에서 취조를 받기 위해 억류되었다. 그러나 그도 경무국장과 마찬가지로 직책상 조선인으로부터 폭행을 당할 가능성이 많았기 때문에 11월 12일 추방이라는 형태로 귀환 조치를 받게 되었다.[124)]

고바야시 도시카즈(小林利一) 교통국장은 국장직을 면직당하고 군정청 고문이 되었다가 10월 26일부터 패전 후 교통국 일본인 관리의 귀국 여비 1,500만 엔을 시모노세키 일본은행에 송금한 것이 업무 횡령에 해당한다고 하여 광화문경찰서에 억류되어 취조를 받다가 서대문형무소에 감금되었다. 12월 중에 보석으로 풀려났고 도망치듯 미군정청에게 알리지 않고 12월 30일 부산항을 통해 한반도를 빠져나갔다.[125)]

122) 일본 wikipedia, 「伊藤泰吉」 참고.

123) 山名酒喜男, 1956, p. 54.

124) 山名酒喜男, 1956, p. 55.

125) 小林利一, 「私の終戦記」, 鮮交会(編), 1976, pp. 7-11; 本山実, 「交通局長の脱出」, 鮮交会(編), 1976, pp. 24-26, 鮮交会, 『朝鮮交通史』, 三信図書, 1986, pp.1110-1111.

패전 당시 조선총독부에서 조선인으로서 유일하게 국장직을 수행하던 엄창섭(武永憲樹, 1890- ?) 학무국장은 일본인 관료와 함께 9월 14일 국장직을 면직당하고 이어 군정청 고문이 되었다. 그는 대한민국 정부 수립 후 1949년 3월 반민특위에 체포되어 마포형무소에 수감되었다가 그 해 7월 질병에 의한 보석으로 석방되었고, 9월 서울지방법원 재판에서 무죄를 선고받았다.[126]

126) 친일인명사전편찬위원회, 『친일인명사전: 친일문제연구총서 인명편2』, 민족문제연구소, 2009, p. 506. 그의 행위는 2004년 3월에 제정된 「일제강점하 친일반민족행위 진상규명에 관한 특별법」 제2조 11호에 의거 '식민통치 및 침략전쟁에 적극 협력한 행위'에 해당하는 것으로, 관련 위원회는 결정했다. 친일반민족행위진상규명위원회, 『친일반민족행위진상규명보고서 VI-10』, 친일반민족행위진상규명위원회, 2009, pp. 7-54.

3장
서울 세화회의 결성과 활동

3장에서는 한반도 거주 일본인들이 귀환하기 전에 세화회 단체가 어떻게 결성되고 어떠한 활동을 했는지 살펴보고자 한다. 세화회의 활동 중에는 38도선 이남의 일본인들이 귀환과 관련한 정보를 공유하고 미군정의 계획수송 정책에 맞추어 질서 있게 귀환하도록 하는 일과 북한과 만주 지역에서 38도선을 넘어서 내려오는 일본인 전재자들[1]의 귀환을 돕고 원호하고 승선시키는 일이 가장 중요한 과제였다. 이것은 전후 새로운 일본 생활을 앞두고 한반도 생활을 청산하는 작업이었고, 어려운 처지에 놓인 일본인 동포를 위한 상호부조 활동이기도 했다.

모리타 요시오는 세화회의 결성과정이나 활동에 관한 연구에서 독보적인 위치를 차지하고 있다. 자신이 직접 세화회에 관여한 일이 있는데다가 세화회 관계자들과 직접 또는 간접으로 인적 네트워크를 유지하고 있었기 때문에 방대한 자료의 수집과 면담을 통한 자료 창출을 할 수 있었다. 여기에다가 그의 치밀한 성격과 정리 능력은 연구에 대한 열정과 어울려 교과서적인 저서와 자료집을 내놓았고 이것이 세화회 단체의 존재를 세상에 널리 알리는 데 결정적인 역할을 했다.

1) 일본인 귀환자 가운데 38도선 이북이나 만주지방에서 거주하다가 패전 직후 38도선 이남 지역으로 넘어와 일본으로 귀환한 일본인을 일반적으로 전재자(戰災者)라고 칭하고 있다.

그러나 모리타의 연구에서는 미군정 당국이 일본인 귀환 정책과 세화회의 원호 활동에 어떻게 관여했는지, 한반도 조선인들이 이 문제에 어떻게 관여했고 어떻게 바라보고 있었는지에 대해서는 언급이 부족하다. 기본적으로 일본인 중심의 시각에서 이 문제를 조사해왔기 때문이다. 여기에서는 그의 연구를 면밀하게 검토하면서 미군정 당국의 정책을 가미하는 정도의 보완 작업에 임하고자 한다.

1. 일본인 세화회의 결성

총독부의 설명회

포츠담선언 발표일 다음날 8월 16일 조선총독부에서는 총독과 정무총감이 재경일본인 경제인 가운데 지도자급 인사를 불러들여 패전 정국에 대해 설명했다. 이 자리에는 당시 경성전기회사 사장 호즈미 신로쿠로(穗積真六郎, 1889－1970)[2]를 비롯하여, 조선섬유산업회사 사장 유무라 다쓰지로(湯村辰二郎), 조선농지개발영단 이사장 와타나베 시노부(渡邊忍)와 함께 지난날 조선상공회의소 소장을 역임한 히토미 지로(人見二郎) 등이 참석했다.[3]

참가자들은 이 자리에서 총독이 치안 유지와 민심의 안정을 위해 의연한 태도를 보일 것으로 기대했으나, 이와 달리 총독은 총독부의 곤란한 처지를 전하고 혼란의 책임을 조선인에게 전가하는 우유부단한 모습을 보인 것으로 기억하고 있다. 총독에 이어 제2인자로서의 직위를 유지해왔고 총독 정치의 실권을 장악해왔던 정무총감은 만약 총독부가 나서서 패전 정국을 수

2) 호즈미는 초대 세화회 회장을 역임하다가 1946년 4월에 완전히 일본으로 귀환했다. 穗積真六郎,『わが生涯を朝鮮に: 穗積真六郎先生遺筆』, 友邦協会, 1974. p. 257.

3) 森田芳夫, 1964, p. 132.

습하고자 하면 오히려 불행한 결과를 초래할 것이 예상되기 때문에, 조선인 지도자 중의 한 사람인 여운형에게 치안 유지에 협력해달라고 부탁했다고 하는 것을 주된 내용으로 하여 참가자들에게 보고했다. 그런 가운데 정무총감은 여운형 일파가 마치 정권을 물려받은 것처럼 제멋대로 발표해버렸고, 나아가서 임시적인 정부 건설까지 궁리하고 있는 모양이라고 하면서, 자신은 결코 조선인들에게 그러한 광범위한 권한을 위임한 일이 결코 없다고 해명했다.[4)]

이에 호즈미는 총독에게 "우리는 어릴 때부터 의사(義士)나 충신에 관한 위인전을 무엇 때문에 읽었는가, 이런 경우 위정자의 태도에 거대한 성(城)을 내주어야 하는 정도의 결단이 없다고 한다면 무슨 얼굴을 하고 조선(통치)의 종말을 후세에 전할 수 있겠는가, 조금 더 확고한 태도를 우리 인민에게 보이기를 원한다"고 진언했다.[5)] 여기서 호즈미가 표현한 '인민'은 한반도에 거주하는 일본인을 가리키는 것이었다. 그리고 "거대한 성을 내주어야 하는 정도의 결단"은 종래의 통치권을 포기한다는 의미도 있지만 일생 일대의 중대한 결단이 필요하다는 것을 강조한 말이다.

호즈미는 치안이 악화되는 시국에 총독이 지나치게 무저항주의에 빠진 것에 실망을 표하고 이렇게 총독이 나약한 태도를 보이게 되면 한반도의 80만 일본인의 운명이 어떻게 될 것이고, 누가 나서서 이 사태를 수습하겠는가, 하는 착잡한 심경으로 총독부 건물을 나와 집으로 돌아갔다고 훗날 회

---

4) 호즈미가 회고한 바를 원문으로 옮기면 다음과 같다. 総監のお話はこの際, 総督府が表に立って事を収集して行くのは, かえって不幸な結果をもたらすものとなるので, 呂運亨に対して治安に助力するよう依頼した. しかるに呂運亨一派は, あたかも政権を委ねられたように発表して, 仮政府建設のことまで研究しているが, 決してそんな広い範囲の委任をしたものではないという, むしろ弁解的なものであった. 穂積真六郎, 「京城日本人世話会長として」, 森田芳夫・長田かな子(編), 1980, p. 313.

5) われわれは小さいときから義士銘々伝だの, 忠臣蔵を何のためによんだり見たりしたのであろうか. この場合の為政者の態度に, 大石の城の明け渡しくらいの決心がないとしたならば, 何の顔あって朝鮮の終末を報じ得るであろう. もう少ししっかりした態度をわれわれ人民に示してほしいものだ. 穂積真六郎, 1980, p. 313.

고했다.[6]

일본인 지도자의 자구책

당시 아사히신문 서울지국장을 담당하던 이쥬인 가네오(伊集院兼雄)[7]는 17일 오후 늦게 총독부를 방문하여 정무총감을 면담하고 일본인 단체 구성의 필요성을 역설했다. 이때 정무총감이 어떠한 발언을 했는지 알려지고 있지 않으나 그 후 일본인 단체에 대해 총독부가 적극 지원한 일로 미루어볼 때, 총독부가 전면에 나서지는 않겠지만 민간인 단체의 결성과 활동에 대해 측면에서 적극 지원하겠다는 언질이 있었을 것으로 본다. 만약 이러한 총독부의 지원 의사가 확인되지 않았더라면 그가 호즈미에게 민간인의 자구책 마련에 앞장서라고 설득하기에 어려웠을 것이다. 그는 정무총감과의 면담을 끝내고 바로 호즈미에게 전화를 걸어, 민간인으로서도 사태를 관망하고 있을 수만은 없는 만큼 신속하게 일본인 단체를 만들어서 대책을 강구해야 하지 않는가 하고 권유했다.[8]

호즈미는 1914년에 조선총독부에 들어가 28년 동안 관료생활을 보냈으며 1932년부터 1941년까지 총독부 식산국장을 역임했다. 그 후 1943년에 경성전기회사 사장에 취임했으며 조선상공경제회 회장을 겸임하기도 했다. 그는 식민지 인사들과 널리 친분이 있을 뿐 아니라 총독부와도 인맥을 널리 유지하고 있었기 때문에 이와 같이 전후 한반도 일본인의 민간 지도자로서 지목되기에 이른 것이다.[9]

8월 18일 호즈미는 서울에 있던 소수의 일본인 유지들을 모이게 하여 일

6) 穂積真六郎, 1980, p. 314.

7) 이쥬인은 세화회 관련 자료에 나타나지 않는 것으로 보아 단체 결성이나 활동에는 직접 관여하지 않고 이른 시기에 일본으로 귀환해 간 것으로 생각된다.

8) 森田芳夫, 1964, p. 133.

9) 森田芳夫, 1964, p. 133.

본인 단체 결성을 논의했다. 이날 아침 남대문로에 위치한 경성전기회사 사장실에서 호즈미와 이쥬인을 비롯하여 유무라 다쓰지로, 와타나베 시노부, 조선전업사장 구보타 유타카(久保田豊), 조선중요물자영단 이사장 와타나베 도요히코(渡邊豊日子), 경성일보 지배인 야스이 도시오(安井俊雄), 조선상공경제회 상무이사 스기야마 시게카즈(杉山茂一) 등이 모였다. 이들은 대부분 이쥬인의 설득 전화를 받고 참석했다. 이들은 이 자리에서 일본인의 치안 · 재산 · 귀환문제를 도울 민간단체를 결성하자는 데 의견을 모으고 사무국을 오늘날 소공동에 해당하는 하세가와정(長谷川町)에 위치한 조선상공경제회 건물 내에 두기로 했으며 회장에 호즈미, 부회장에 구보타와 와타나베 도요히코를 결정했다.[10] 이때는 잠정적으로 단체명을 「경성일본인회」라고 정했다.[11]

〈사진 3-1〉 서울 세화회의 산실 경성전기회사 건물

10) 穗積真六郎, 1980, p. 314.
11) 森田芳夫, 1964, p. 133.

이날 회장과 부회장 3명은 총독부를 방문하여 야스이가 마련한 민간단체 설립 취지문(趣意書)[12] 초안과 규약의 초안을 제시했다. 취지문 초안에는 "이러한 급변하는 시기에 다가올 신조선(新朝鮮)을 위하여 좋은 협력자로서 그 영광스런 발달에 기여할 것"[13]이라는 표현이 있었고, 규약에는 이 단체의 목적으로 "일본인 상호 간 연락과 협조, 그리고 상호부조를 기한다"라고 되어 있었다.[14] 이것은 어디까지나 단체결성의 가장 큰 목적이 한반도에서 일본인들의 안녕과 권익을 보호하기 위한 것이었음을 잘 나타내는 것이다. 이때 조선인 대중들이 연일 조선총독부 건물 주위에서 군중집회를 여는 등 해방 정국의 급격한 변동을 목격하면서도 서울의 일본인 지도자들은 대체로 새로운 정세에서도 자신들의 권익을 보호받고 살아갈 수 있는 방도를 모색하고자 했던 것으로 보인다.

서울 세화회 결성

총독부 정무총감과 경무국장이 호즈미 등을 접견하고 이들의 단체 결성 취지에 대해 전반적으로 호의를 보이는 한편, 새로운 단체의 명칭에 관하여 의견을 제시한 것으로 알려지고 있다. 이제까지 사용해오던 '내지인(内地人)'이라는 용어 대신에 갑자기 '일본인'이라는 용어를 사용하면 위화감을 불러일으키지 않겠는가 하는 의견과 함께, 정치성을 배제하고 민간인에 의한 상호부조를 강조하는 의미에서 '세화회(世話會)'라고 하는 용

12) 취지문 초안은 경성일보 지배인이자 기자인 야스이가 작성했다.

13) 취지서(趣旨書)로 표현된 취지문 초안에서 호소한 내용으로, 모리타는 일찍이 1953년 발행의 귀환자 자료에 다음과 같이 기록했다. この急転機に際し来るべき新朝鮮のために, よき協力者としてその光栄ある発達に寄与すべきこと. 森田芳夫, 1953, p. 37.

14) 규약 초안에서 가장 중심 과제로 내세운 것에 관하여 모리타는 다음과 같이 기록했다. 京城在住内地人をもって組織し, 内地人間相互の連絡・協調ならびに互助をはかる. 森田芳夫, 1953, pp. 38.

어를 사용하는 것이 어떨까 하는 의견이었다.[15] 총독부 고관의 의견을 주저 없이 받아들이고 호즈미 등은 이날 단체 명칭을 「경성내지인세화회(京城內地人世和會)」라고 확정했다. 이어 그들은 세화회 조직원 구성 작업에 나섰다.

그 다음날 19일 호즈미 등은 용산에 남아있던 조선군관구 사령부와 헌병대사령부를 방문하여 세화회 결성의 취지를 설명하고 협조를 요청했다. 조선군관구 사령부 참모들은 군부와 깊은 관계를 가지고 있는 구보타 유타카가 회장이 되기를 주장하여 호즈미와 다른 의견을 제시하기는 했지만,[16] 기본적으로 세화회 결성 취지에는 적극 찬동했다. 군 부대는 즉각 내부 전화를 통하여 각 지역 관공서에 일본인 단체를 조직하도록 연락을 취했고 각 지역 부대에 대해서는 이러한 세화회의 지방조직 결성 움직임을 적극 지원하도록 명령을 내렸다.[17] 이어 8월 20일 「경성내지인세화회」 사무국 역원으로서 아래와 같이 5명이 결정되었다.[18]

사무국장 가네코 데이이치(金子定一) 당시 흥아총본부 대륙국장
사무차장 이토 겐로(伊藤憲郎) 전 국민총력조선연맹 총무부장
총무부장 스기야마 시게카즈(衫山茂一) 당시 조선상공경제회 상무이사
사업부장 후루이치 스스무(古市進) 전 경성부 부윤(시장)
조사부장 스즈키 다케오(鈴木武雄) 당시 경성제국대학 교수

---

15) 森田芳夫, 1964, p. 134.

16) 穗積真六郎, 『わが生涯を朝鮮に: 穗積真六郎先生遺筆』, 友邦協会, 1974, pp. 191-192.

17) 森田芳夫, 1964, p. 134.

18) 조선인 지도자나 일본 군부와의 폭넓은 관계를 유지하고 있던 가네코 사무국장은 9월 19일 일본에 일단 귀국하여 도쿄에서 강연 등을 통하여 한반도 세화회 단체 동향을 알렸고, 10월 말에 다시 부산에 들어왔다. 그리고 12월 초에 일본으로 완전히 귀환했다. 金子定一全集刊行会, 1958, pp. 138-168.

또한 세화회는 이 시기에 14명의 특별위원[19]을 선정하여 중앙조직을 강화했다. 서울과 각 지방에서 지역 단위의 세화회가 결성되어 가는 가운데 서울에서는 일찍이 8월 25일 중앙임원과 지역대표으로 구성되는 상임위원 70명 정도가 경기도 상공경제회 임원실에 집결하여 제1차 임원회를 개최했다. 이날 임원회는 이미 결정된 중앙조직 임원 구성을 원안대로 통과시키고 취지문(趣意書) · 규약 · 사무국 기구(총무부 · 사업부 · 조사부)를 확정지었다.[20] 9월 6일까지 세화회 중앙부서에 의해 파악된 것으로 서울 시내 각지에서 생겨난 세화회 지역조직은 다음 〈표 3-1〉과 같다.[21]

〈표 3-1〉 서울 세화회의 지역조직(1945년 9월 6일)

구	지구	대표자	관할지역
중구	제1구	高井健次	南大門通3,4,5丁目, 南米倉町, 御成町, 蓬莱町1,2, 吉野町1,2, 吉市町
	제2구	漆原松吉	太平通, 茶屋町, 武橋町, 南大門通1,2, 三角町, 長谷川町, 北米倉町, 黄金町1
	제3구	古城亀之助	旭町1,2,3, 西部1,2, 東部1,2, 南山町, 日出町, 寿町, 倭城台町, 本町1,2,3
	제4구	村上一二	明治町, 栄樂町1,2, 若草町, 黄金町2,3
	제5구	松下三雄	本町4,5, 桜井町1,2, 大和町1,2,3, 大和町南, 花園町, 新町, 西四軒町, 東四軒町, 初音町, 並木町東, 並木町西
	제6구	徳永熊一郎	光熙町1,2, 黄金町4,5,6,7, 林町, 舟橋町, 芳山町
	제1구	石川倦造	昌成町, 玉仁町, 通仁町, 樓上町, 樓下町, 孝子町, 景武町, 新橋町, 清雲町

19) 穂積眞六郎, 渡辺豊日子, 久保田豊, 金子定一, 渡辺忍, 湯村辰二郎, 山家信次(경성제대 교수), 星野喜代治(조선은행 부총재), 横溝光暉(경성일보 사장), 高尾甚造(조선미곡창고 사장), 田中三郎(조선영화 사장), 片岡勉(종연방직 경성지점장), 波田重一(전 국민총력조선연맹 사무국총장), 田川常次郎(전 조선상공회의소 총재),.

20) 森田芳夫, 1964, pp. 134-138.

21) 京城日本人世話会,「京城日本人世話会規約 · 事務機構 · 職員の変遷」, 加藤聖文(編),『海外引揚関係史料集成(国外篇)第18巻: 朝鮮篇一,「終戦後朝鮮における日本人の状況および引揚(一)」』, ゆまに書房, 2002, pp. 31-38.

	제2구	太宰明	西大門1,2, 唐珠町, 都染町, 内需町, 積善町, 内資町, 通義町, 体府町, 社稷町, 弼雲町
	제3구	河野又一	光化門通, 鐘路1,2, 瑞麟町, 貫鉄町, 堅志町, 公平町, 清進町, 寿松町, 中学町, 貫勳町, 仁寺町
	제4구	浅原政一	鐘路3, 観水町, 長沙町, 樂園町, 益善町, 慶雲町, 授恩町, 敦義町, 薫井町, 鳳翼町
	제5구	林田佐八郎	臥竜町, 雲尼町, 松峴町, 司諫町, 安国町, 昭格町, 花洞町, 八判町, 三清町東, 三清町西, 斉洞町, 桂洞町, 嘉会町, 苑西町, 勧農町
	제6구	片山虎吉	鐘路4,5,6, 礼智町, 仁義町, 苑南町, 蓮池町, 忠信町, 孝悌町
	제7구	加藤好晴	東崇町, 梨花町, 蓮建町, 恵化町, 明倫町1,2,3,4
동대문구	제1구	国友尚謙	城北町1,2, 敦岩町, 東小門町, 敦岩町東仙北, 敦岩町東仙南, 敦岩町貞和, 敦岩町旭丘東, 敦岩町旭丘西, 昌信町南, 鍾岩町, 安岩町東
	제2구	稲田寿正	昌信町東, 昌信町西, 昌信町北, 崇仁町. 新設町, 新設町高砂南, 新設町高砂北
	제3구	渡辺富司	典農町, 踏十里町, 清涼里町, 回基町, 徽慶町, 里門町, 龍頭町北, 龍頭町南, 祭基町, 安岩町西
성동구	제1구	石森久弥	新堂町黄鶴, 新堂町龍谷, 東舞鶴町, 西舞鶴町, 中舞鶴町, 南舞鶴町, 北舞鶴町
	제2구	谷口寅一	桜丘南, 桜丘文化町, 同仲町, 同有樂町, 金湖町, 玉水町
	제3구	不破三平	上往十里町東, 上往十里町西, 下往十里町東, 下往十里町西, 中央馬場町, 沙斤町, 杏堂町, 鷹峰町
서대문구	제1구	松浦斉生	西小門町, 貞洞町, 和泉町, 義州通1,2, 蛤町, 渼芹町, 中林町, 蓬莱町3, 蓬莱4西, 蓬莱4南
	제2구	藤崎謙祐	竹添町1,2, 竹添町3第1, 竹添町3第2
	제3구	大梅健治	杏村町南, 杏村町北, 峴底町東, 峴底町北, 峴底町西, 弘済町, 付岩町, 弘智町, 新営町, 橋南町, 冷泉町, 平洞町, 松月町, 天然町, 玉川町, 橋北町, 紅杷町, 舘洞町
	제4구	戸塚房吉	大新町, 滄山町, 延禧町, 北阿峴町南, 北阿峴町北
마포구	제1구	本田八郎	阿峴町1,2,3,4,5, 孔徳町東, 孔徳町西, 新孔徳町南, 新孔徳町北
	제2구	松宮忠治	麻浦町, 桃花町東, 桃花町,西 桃花町南, 龍亭町, 大興町南, 大興町北, 塩里町, 玄石町, 新水町, 旧水町, 西江町東, 西江町西

용산구	제1구	平井九一郎	三坂通1,2,3,4,5,6,7, 岡崎町, 練兵町
	제2구	桜井藤吉	漢江通1東, 漢江通1西, 漢江通1南, 漢江通2南, 漢江通2北, 新龍山町, 龍山町1,2,3,4,5
	제3구	菊田久男	梨泰院町南, 梨泰院町中, 梨泰院町北, 漢南町, 北漢南町, 西氷庫町, 東氷庫町, 鋳城町, 普光町
	제4구	成松緑	西界町, 青葉町1北, 青葉町1南, 青葉町2,3, 元町1北, 元町1南, 京町
	제5구	広網徳太郎	元町2,3,4, 岩根町, 栄町, 大島町東, 大島町西, 弥生町, 清水町, 山手町, 錦町錦丘
영등포구	제1구	木下栄	明水台1,2,3, 本洞町, 鷺梁津町, 上道町東, 上道町西, 新吉町東
	제2구	大塚宗三郎	道林町西, 永登浦町東, 永登浦町南, 永登浦町中,北, 堂山町1,2, 堂山町中, 楊坪町, 楊坪町南, 糸屋町, 道林町東, 新吉町西, 新吉町北, 新吉町南, 番大方町

이와 함께 초기 세화회 직원은 한반도 거류 일본인 가운데서 충원되었다. 이들에게는 급료가 지원되었기 때문에 충원이 원활하게 이루어질 수 있었다. 예를 들어 조선총독부 교통국의 총무과 직원으로 패전 직전 만주에 근무했던 가나이 미츠오(金居三男)은 교통국 총무과장의 알선으로 서울 세화회 원호부원으로 근무하게 되었고, 다른 교통국 직원들이 귀환한 후에도 그는 1946년 3월 중순까지 서울에 남아서 세화회에 근무하면서 귀환자 수송을 도왔다고 회고했다.[22]

지방 세화회 결성

8월 25일의 첫 임원회를 계기로 서울에 세화회가 결성되었다는 소식이 라디오를 통해 전국에 전파되었다. 이와 함께 그 전날 24일에는 총독부가 기획과장의 명의로 각 지방 도지사에게 「내지인세화회 설립에 관한 건」이

22) 金居三男, 「世話会残留記」, 鮮交会(編), 1976, pp. 28-30.

라고 하는 지시문을 하달하여 각 지방에서도 일본인 단체를 조직하도록 했으며 각 지방에 주둔해 있던 군부대도 세화회 조직의 확대 움직임을 적극 지원했다.[23] 패전 이후 많은 일본인들이 자치단체 결성의 필요성을 느끼고 있었던 까닭에 지방에 따라 각종 형태로 단체를 만들어오다가 세화회로 명칭을 변경한 곳도 있고 아예 처음부터 세화회라는 명칭으로 시작한 곳도 있다.

인천[24] · 개성[25] · 청주[26] · 대전[27] · 전주[28] · 군산[29] · 목포[30] · 대구[31] 등 남한의 주요 도시에서 8월 말 이전에 일본인 단체가 결성되었다. 부산의 경우

---

23) 森田芳夫, 1953, p. 38.

24) 인천에서는 일찍이 8월 21일에 인천 신사(神社)사무소에서 「일본인연락간담회」를 구성하고 32명이 모여 단체 결성을 논의하고 8월 26일에 「내지인세화회」를 발족시켰다. 초대 회장에는 당시 조선정미 사장 加藤平太郎이 선임되었으며, 부회장에는 인천부회 부의장 小谷益次郎, 인천상공경제회 총재 森秀雄, 동양방적공장장 長野永治가 각각 선임되었다. 小谷益次郎, 『仁川引揚誌: 元仁川在住者名簿』, 大起産業株式会社, 1952. pp. 9-13.

25) 개성에서는 8월 말에 당시 도립병원 원장이던 高田誠一을 대표로 하여 명칭 불명의 일본인 단체가 만들어졌고, 나중에 「일본인세화회」 명칭을 사용하면서 개성부회 의원 岡本豊喜가 대표를 이어받았다. 森田芳夫, 1964, p. 140.

26) 청주에서는 일찍이 8월 17일에 군부의 명령으로 「내지인 친화회」가 결성되었다. 회장에는 당시 조선화물자동차 지점장 鮎川栄司가, 부회장에는 당시 조선운송 지점장 市川幸右衛門과 충북 상공회의소 이사 伊藤東之進가 각각 선임되었다. 이 단체는 8월 24일에 「내지인 세화회」로 이름을 바꿨다. 森田芳夫, 1964, p. 140.

27) 대전에서는 8월 하순에 당시 남선(南鮮)합동전기 지점장 青柳八百造를 대표로 하여 명칭 불명의 일본인 단체가 만들어졌고, 나중에 「일본인세화회」 명칭을 사용하면서 충청남도 내무부장 麻生憲治가 대표직을 이어받았다. 森田芳夫, 1964, p. 140.

28) 전주에서는 8월 하순에 당시 주조업 경영자 吉谷을 대표로 하여 명칭 불명의 일본인 단체가 만들어졌으며, 나중에 「일본인세화회」 명칭을 사용하면서 전주 법원장 石川莊四郎이 대표직을 이어받았다. 森田芳夫, 1964, pp. 140-141.

29) 군산에서는 8월 19일에 당시 남선합동전기 부사장 樋口虎三을 초대 회장으로 하여 명칭 불명의 일본인 단체가 만들어졌다. 초대 부회장으로는 인쇄업 운영자 光富嘉八과 전라북도회 의원 脇田春次이 각각 선임되었다. 森田芳夫, 1964, p. 141.

30) 목포에서는 8월 25일에 명칭 불명의 일본인 단체가 만들어졌다. 초대 회장으로는 패전당시 목포부회 부의장 中島健三이, 부회장으로는 목포상공경제회 총재 村上直助가 각각 선임되었다. 森田芳夫, 1964, p. 141.

31) 대구에서는 8월 하순에 명칭 불명의 일본인 단체가 결성되었다. 초대 회장으로는 대구부회 부의장 杉原長太郎이, 부회장으로는 약재상 운영자 町田六郎과 토목청부업자 森西平三郎이 각각 선임되었다. 森田芳夫, 1964, p. 141.

는 이 책의 4장에서 비교적 상세히 언급하고자 한다. 광주의 경우는 일본인 단체가 언제 결성되었는지 불분명하다. 그러나 패전 당시 전라남도 도지사였던 야기 노부오(八木信雄)[32]가 그의 회고록을 통해 8월 16일 도청에 일본인과 조선인 유지들을 소집하여 두 민족의 우호를 강조하는 간담회를 열었다고 하며, 그날 고위 관료들과 패전 처리 방책을 논의했다고 전하고 있어,[33] 비교적 이른 시기에 일본인 단체가 형성된 것으로 보인다.

각 지방에서 한반도 잔류를 희망하는 그룹과 귀환을 희망하는 그룹이 혼재하는 가운데 결성 초기에는 세화회 관계자들 가운데 상당수가 자신들의 재산을 지키기 위하여 잔류하기를 희망했으며 잔류하는 일본인의 권익을 보호하기 위한 거류민 단체를 기대하면서 세화회와 같은 단체를 결성한 것이다. 이에 따라 각 지역에서 오랜 거주 경험과 인적 관계를 갖고 있는 명망 있는 인물들이 자연스럽게 세화회의 대표자로 선정되었다.[34]

38도선 이북 지역에서도 패전 직후 해주[35]·겸이포[36]·사리원[37]·신막[38]·

32) 야기 노부오는 1945년 12월 10일에 일본으로 귀환했다. 八木信雄, 『日本と韓国』, 財団法人日韓文化協会, 1978, p. 265.

33) 八木信雄, 1978, pp. 255-260.

34) 서울 세화회에서 근무하면서 처음부터 끝까지 세화회 「회보」 발행에 관여했던 이마무라 이사오(今村勳)는 그의 회고록을 통하여 세화회 임원들은 대부분 패전 직후 한반도에 남아 「민단」과 같은 일본인 권익 옹호단체를 만들 수 있을 것으로 인식했다고 기록했다. 平和祈念事業特別基金, 1993, p. 197. 그는 1946년 2월 10일 부산을 통해 하카타로 귀환했다.

35) 해주에서는 8월 17일 「일본인회」가 결성되었고, 초대 회장에 万代龍助, 부회장에 小出豹·上村篤実가 선임되었다. 그러나 얼마 되지 않아 회장이 바뀌어 제2대 회장에 河野定吉, 제3대 회장에 河瀬貫四가 선임되었다. 森田芳夫, 1964, p. 142.

36) 겸이포에서는 8월 23일에 「내지인클럽」이 결성되었고, 초대 회장으로 일본제철 총무부장 田所怜이 선임되었다. 이윽고 8월 30일에는 「일본인회」로 명칭을 변경했고, 9월 10일에 「일본인세화회」로 또 다시 명칭을 변경했다. 森田芳夫, 1964, p. 142.

37) 사리원에서는 9월 10일 경에 일본인 단체가 결성되었으며, 패전 당시 사리원 읍장 松本利雄이 회장에, 동양척식회사 사리원 지점장 出水田忠志가 부회장에 선임되었다. 森田芳夫, 1964, p. 142.

38) 신막에서는 9월 초에 「일본인회」가 결성되어 패전 당시 학교조합 관리자 松尾卯六이 회장에 선임되고, 경찰서장 加藤久와 읍장 吉田剛는 상담역을 담당했다. 森田芳夫, 1964, p. 143.

장연[39]・안악[40]・평양[41]・진남포[42]・여천[43]・성홍[44]・신의주[45]・강계[46]・만포[47]・정주[48]・함흥[49]・홍남[50]・원산[51] 등지에서 「일본인회」 혹은 「세화회」 등의 이름을 붙인 일본인 자생 단체가 다양하게 만들어졌다. 그러나 이들 지역의 일본인 단체는 38도선에 의한 분단으로 남한과 단절되면서 조선총독부

---

39) 장연에서는 일찍이 8월 16일 「일본인회」가 결성되었으며, 주조업 경영자 大久保政雄이 초대 회장에 선임되었다. 森田芳夫, 1964, p. 143.

40) 안악에서는 8월 20일 경에 「세화회」가 결성되었다. 초대 회장으로는 황해도 도의회 의원 岡田謙作이, 그리고 부회장으로는 안악군수 入部俊夫가 선입되었다. 森田芳夫, 1964, p. 143.

41) 평양에서는 일찍이 8월 18일 「일본인회」가 결성되었다. 초대 회장으로는 서선(西鮮)합동전기 사장 今井頼次郎이, 부회장으로는 변호사 本島文市가 선임되었다. 森田芳夫, 1964, p. 143.

42) 진남포에서는 8월 중으로 추측되는 이른 시기에 「일본인 위원회」가 구성되었고, 그 지역 상공경제회 총재 河村國助가 회장에, 진남포부 의회 의원 鈴木隆助가 부회장에 선임되었다. 森田芳夫, 1964, pp. 143-144. 선박과 철도 등의 교통으로 비교적 남하하기 쉬운 지역이었기 때문인지 패전 직후 초기 진남포 일본인 단체의 결속력은 약했던 것으로 보인다. 38도선 분단이 확정되고 나서 뒤늦게 남하하게 되는 진남포 일본인들은 10월 15일에 「일본인세화회」 단체가 결성된 것으로 기억했다. 鎮南浦会(編), 『よみがえる鎮南浦: 鎮南浦終戦の記録』, 鎮南浦会東京本部事務局, 1984, p. 13; 遠藤みえ子, 『1945年鎮南浦の冬を越えて: 少女と家族の引き揚げ回想録』, 長崎出版株式会社, 2012, p. 54.

43) 여천에서는 8월 말에 명칭이 불분명한 단체가 만들어졌으며, 이 지역의 상인이던 五十嵐幸朔이 회장에, 일본화성(化成)공장장 田崎健治가 부회장에 선임되었다. 森田芳夫, 1964, p. 144.

44) 성흥에서는 발족 시기를 알 수 없으나 「일본인회」가 만들어져, 성흥광산 소장 石川修가 초대 회장을 담당했다. 森田芳夫, 1964, p. 144.

45) 신의주에서는 8월 26일 압록강윤선공사(輪船公司) 경영자 多田栄吉을 회장으로 하여 명칭 불명의 일본인 단체가 결성되었다. 森田芳夫, 1964, p. 144.

46) 강계에서는 패전 직후 단체 결성을 하지 않고 경찰서장 清水川을 연락책으로 하여 일본인 네트워크가 형성되었으나, 清水川이 구속되고 나서는 문화당(文化堂) 경영자 足立長吉이 연락책을 이어받았다. 1946년 1월에 가서야 「일본인세화회」가 결성되었다. 森田芳夫, 1964, p. 144.

47) 만포에서는 9월 8일 철공소 경영자 鶴田武男을 회장으로 하여 명칭 불명의 일본인 단체가 결성되었다. 森田芳夫, 1964, p. 144.

48) 정주에서는 일찍이 8월 16일에 「거류민회」가 결성되었으며, 초대 회장에 지방법원지청 검사 児玉恒記가, 부회장에 경찰서장 大村栄太郎이 선임되었다. 森田芳夫, 1964, p. 144.

49) 함흥에서는 8월 29일 함흥상공경제회 총재 井上清과 상공경제회 사무국장 土谷惟一을 대표위원으로 하는 「일본인세화회」가 결성되었다. 森田芳夫, 1964, p. 144.

50) 홍남에서는 9월 1일 「일본인세화회」가 결성되어, 홍남부윤을 역임한 坂口実男가 회장에, 홍남읍장을 역임한 長野五助와 일본질소비료 운수지점장을 역임한 速水源治가 부회장에 선임되었다. 森田芳夫, 1964, p. 144.

51) 원산에서는 8월 29일 「일본인세화회」가 결성되고, 원산부회 의원 松本五郎이 위원장에 선임되었다. 森田芳夫, 1964, p. 144.

나 서울 세화회 조직의 통제권 밖에 놓이게 되었다. 소련군과 전투상황이 실제로 벌어진 함경북도 지방에서는 미처 피난하지 못하고 잔류해 있던 일본인을 중심으로 자생 단체를 조직하고 피난민의 구제활동을 실시하고자 하는 움직임이 있었다. 패전 이전에 38도선 이북에서 공산주의 활동을 하던 일본인은 인맥을 이용하여 일본인 민간인의 보호에 주력했다.[52] 하지만 이들을 보호할 기관이나 인맥이 전혀 없는 지역에서는 패전 직후에 급조된 일본인 단체가 자구책을 강구하기에는 역부족이었고, 따라서 빈곤과 폭행에 시달리는 일본인들이 속출하게 되었다.

서울 세화회의 조직

한편, 38도선 이북 지역에서 이처럼 일본인들이 참담한 패전 정국을 체험하고 있는 것과는 달리, 서울의 세화회 구성원을 비롯한 38도선 이남 지역의 일본인들은 총독부와 일본군 부대의 보호를 받으며 비교적 안정적으로 조직을 결성하고 조직력을 확대해갈 수 있었다. 8월 25일 오후에 서울 세화회의 첫 모임에서 결정된 취지문과 규약은 다음과 같다. 이 자료를 통해 38도선 이북 지역과 비교하여 서울이 얼마나 평온했는지 짐작할 수 있다.

취지문[53]

---

52) 함경북도에서 주로 활동한 일본인 공산주의자 磯谷季次와 松村義士男 등은 조선공산당 지부 안에 「일본인부」 간판을 내거는 등 조선인 공산주의자들과의 협력을 강조하는 한편, 각 기관에 대해 일본인 전재민의 보호와 구제를 요청하고 나섰다. 磯谷季次, 『良き日よ, 来たれ: 北朝鮮民主化への私の遺書』, 花伝社, 1991, pp. 15-17.

53) 원문은 다음과 같다. 趣旨書. われわれは, この急転機に際して, 承詔必謹, 忠良なる臣下の誠をささぐるとともに, 大国民としての襟度を如実に示さねばなりません. とくにきたるべき新朝鮮のためには, よき協力者として, その光栄ある発達に全幅に寄与をなすべきであります. 家庭において, 職場において, 沈静におのおのの職分に対し, 旧に倍したる積極的邁進をしていただきたいのであります. この際, デマに迷い, 無意味に神経をたかぶらせるごときは, 絶対にいましめねばなりません. 右(上)の趣意をもって, 今回, とりあえず在鮮内地人百数十万のうち, 京城の数十万の連絡機関として, 京城内地人世話会を設立いたしました. 追って各地にも同様の団体の現出を見, それらの連合をもはかりたいと考えております. 今後こ

우리는 이 급변하는 시기에 승조필근(承詔必謹), 충신다운 신하의 성의를 바침과 동시에, 대국민으로서의 금도(襟度)를 여실히 보여야 합니다. 특히 다가올 새로운 조선을 위하여 좋은 협력자로서 그 영광스러운 발달에 전폭적으로 기여해야 합니다. 가정에서, 직장에서, 침착하게 각자의 직분에 대하여 과거에 비해 배전의 적극적 매진을 해야 합니다. 이때 헛소문에 현혹되거나 무의미하게 신경을 곤두세우거나 하는 일은 반드시 자중해야 합니다. 이러한 취지를 가지고 이번에 우선 조선 재주 내지인 백수십 만 명 가운데 경성에 있는 수십 만 명의 연락기관으로서 「경성내지인세화회」를 설립했습니다. 이어서 각지에서도 이와 같은 단체를 볼 것이며 단체들의 연합을 도모해갈 것입니다. 앞으로 이 기관으로 조선총독부 지도 아래, 내지인에 관한 업무 · 사무에 협력이나 상담을 부탁드리려고 합니다. 사무소는 당분간 경성 하세가와쵸(長谷川町)의 상공경제회(조선호텔 앞)에 마련해 두겠습니다.

규약[54)]

제1조: 본회는 「경성내지인세화회」라고 칭한다.

제2조: 본회는 경성 재주 내지인으로 조직하며, 내지인 상호 간의 연락 · 협조 나아가 상조를 도모하는 것을 목적으로 한다.

제3조: 본회에 회장 1명, 부회장 약간명을 둔다.

の機関をもって, 朝鮮総督府指導の下に, 内地人に関する業務・事務に御協力御相談申しあげる所存であります. 事務所は当分, 京城長谷川町商工経済会(朝鮮ホテル前)に設けておきます. 森田芳夫, 1964, p. 137.

54) 원문은 다음과 같다. 京城内地人世話会規約. 第一条, 本会は京城内地人世話会と称す. 第二条, 本会は京城在住内地人をもって組織し, 内地人間相互の連絡・協助ならびに互助をはかるをもって目的とす. 第三条, 本会に会長一人, 副会長若干名をおく. 第四条, 会長は本会を代表し, 会務を統裁す. 副会長は会長を補佐し, 会長事故あるときは, 会長の指名する副会長これを代表する. 第五条, 本会は重要事項を審議決定するため, 常任委員会をおき, 実践力を有する各界代表をもって組織す. 第六条, 常任委員会の議長および副議長は, 会長および副議長をもってこれに充つ. 第七条, 常任委員会は必要に応じ, 特別委員会を設くることを得. 第八条, 本会に事務局をおく. 事務局に事務局長一名をおく. 第九条, 事務局に総務部・事業部および調査部の三部をおく. 部に部長をおく. 各部には必要に応じ課をおくことを得. 第十条, 本会の経費は, 原則として会員の負担とし, その割当は委員会においてこれを決す. 森田芳夫, 1964, pp. 137-138.

제4조: 회장은 본회를 대표하며 업무를 총괄한다. 부회장은 회장을 보좌하며, 회장 유고시에는 회장이 지명하는 부회장이 이를 대리한다.

제5조: 본회는 중요 사항을 심의결정하기 위해 상임위원회를 두고 실천력을 가지는 각계 대표로 이를 조직한다.

제6조: 상임위원회 의장 및 부의장은 회장 및 부회장으로 이를 충당한다.

제7조: 상임위원회는 필요에 따라 특별위원회를 둘 수 있다.

제8조: 본회는 사무국을 둔다, 사무국에는 사무국장을 한 명 둔다.

제9조: 사무국에 총무부 · 사업부 및 조사부 3부를 둔다. 각 부에는 부장을 둔다. 각 부에는 필요에 따라 과를 둘 수가 있다.

제10조: 본회의 경비는 원칙적으로 회원의 부담으로 하며 그 할당은 위원회에서 이를 결정한다.

취지문에서 주목할 만한 대목은 승조필근(承詔必謹)하며 충신다운 신하로서의 성의를 바침과 동시에 대국민(大國民)으로서 금도(襟度)를 보여야 한다고 하고, 특히 해방된 조선의 인민들과의 협력을 강조했다는 점이다. 또한 총독부의 지도 아래 일본인에 관한 업무와 사무에 관하여 협력하고 상담하겠다는 것을 표명했다는 점도 특기할 만하다. 이것은 당시 서울에 있던 일본인 유지들이 여전히 황국신민으로서의 사고를 견지한 채 패전 이후에도 한반도에 잔류할 수 있을 것으로 기대했다고 하는 것을 나타내는 것으로, 식민지 해방이라고 하는 역사적 변화를 얼마나 안일하게 인식하고 있었는지 잘 보여주고 있다.[55]

서울 세화회의 명칭은 9월 15일이 되어[56] 「경성일본인세화회」로 변경되

55) 패전 직후 한반도 특히 남한에 거주하는 일본인 대부분이 일본과 식민지 조선이 서로 전쟁한 일이 없다고 인식하고 있어 패전이라는 상황을 심각하게 받아들이지 않았으며, 방송이나 신문을 통해서도 포츠담선언의 내용을 정확히 파악하지 못하는 가운데, 자신들이 식민지 지배세력으로서 군림해 왔다는 의식을 거의 갖고 있지 않았다. 平和祈念事業特別基金(編), 『資料所在調査結果報告書(別冊)』, 平和祈念事業特別基金, 1999, p. 3.

56) 9월 15일 바뀌었다고 보는 것은 서울 세화회 「회보」가 9월 14일까지 기관지 타이틀에 '내지인'을 사용해오다가 이날부터 '일본인'이라는 표기를 사용하기 시작했기 때문이다.

었다. 그 후 각 지방의 세화회도 단체 명칭에서 '내지인'을 '일본인'으로 바꾸어 갔다. 이것은 8월 18일 총독부의 조언을 받아들이기 전에 호즈미 등이 구상했던 명칭으로 회귀한 것을 의미한다. 서울 세화회는 9월 16일자 「회보」를 통해 세화회 명칭이 변경되었다는 것을 공지했으나, 그때 명칭 변경의 사유에 대해서는 아무런 언급을 하지 않았다. 기본적으로 이미 한반도가 일본으로부터 해방되어 이제 식민지가 아닌 상황에서 '내지'와 '조선'으로 지역을 구별할 필요가 없어졌고 한반도를 일본의 내지로 표현하기에는 어색해졌기 때문으로 보인다.[57] 또한 이와 같은 명칭의 변경은 미군정의 출범과 함께 총독부 통치가 종결되면서 미군정 진주 이전에 느낀 것과는 달리 한반도 일본인이 점차 한반도의 해방을 심각하게 인식하게 되었기 때문으로 보인다.

2. 일본인 귀환자 계획 송출

조선총독으로부터 통치권을 넘겨받은 미군정 당국은 일찍부터 일본인의 귀환업무에 관여했다. 무엇보다 미군은 서울 진주 후에 일본군의 무장해제 상황을 점검하는 가운데 세화회에 대해서도 일본군과의 관계를 파악하고 나섰다. 일찍이 9월 14일 서울 세화회 사무실에 미군이 들이닥쳐 세화회가 일본군 패전병을 숨기고 있는 것은 아닌지 수색했다. 이날부터 16일까지 미군들은 세화회 사무실 열쇠를 압수하고 집중 수사를 실시했다.[58]

미군이 진주하기 전인 8월 31일 총독부가 조선군관구 사령부와의 합의 아래 세화회 임원 가운데서 군인을 배제하기로 했기 때문에, 세화회는 다행히 미군의 혐의와 수색으로부터 자유로울 수 있었다.[59] 세화회의 활동을 알

57) 平和祈念事業特別基金, 1993, p. 215.

58) 金子定一全集刊行会, 1958, p. 138.

59) 金子定一全集刊行会, 1958, pp. 134-135.

아보기 전에 여기서는 미군정에 의한 계획 송출이 어떠한 과정을 거쳐 시행되었는지에 대해 살펴보고자 한다. 그것은 일본인 귀환자에 대한 미군정의 계획송출이 세화회 업무가 체계화 되는 일과 밀접한 관계를 갖기 때문이다.

군정청 민정관실의 귀환자 송출계획

남한에 진주한 미군 제24군단은 오키나와(沖縄)에 본부를 두고 있었다. 제24군단 본부에 소속되어 있던 윌리엄 게인은 스스로의 경험을 통해 남한 군정을 위한 준비가 지나치게 허술했다고 기록하고 있다. 약 100명의 요원들이 남한 군정 준비를 위해 차출되어 3일간 훈련을 받았는데 대부분이 일본 점령을 위해 훈련을 받아 오다가 연합국군총사령부로부터 갑자기 남한 진주를 지시받은 상태였기 때문에 한반도의 지리적 위치는 물론 식민지 통치의 역사를 이해하지 못하는 자들이 많았다고 한다.[60] 이들은 남한에 진주하여 일주일 사이에 일본인 민간인들이 혼잡스러운 분위기 가운데 일본으로 귀환해 가는 모습들을 목격하고 이에 대한 대책을 서두르게 되었다.[61]

총독부 관방기획과의 조직을 이어받은 군정청 민정관실 기획과는 일찍이 9월 10일 「피난민과 노동자를 위한 구제 기관(The Relief Organization for Refugees and Laborers)」이라는 계획안을 내놓았다. 이것은 총독부가 마련한 것을 그대로 내놓은 것으로 본부를 서울의 군정청 건물에 두고 서울, 대전, 대구, 부산에 통제소를 마련하여 귀환자들의 숙식과 수송을 원활하게 하자는 것이었다.[62] 이와 함께 조선인 귀환자의 원호와 송출을 행하고 그 과정에서 한반도 일본인의 귀환에 대해서도 대책을 수행하자고 하는, 이른바 조

60) Gane, William J., 1951. pp. 10-11.

61) Gane, William J., 1951. p. 17.

62) Gane, William J., 1951. pp. 18-19.

선인 귀환자 대책도 담겨 있었다.[63)]

그러나 이처럼 기획과가 주도하고자 했던 계획안은 중앙 조직의 업무를 조정하는 과정에서 지방분산적이고 중앙의 책임부서가 불명확하여 예측불가능한 귀환자 유입상황이 발생할 경우 대처하기 곤란하다는 이유로 받아들여지지 않았고 아놀드 장관은 9월 25일 귀환업무의 주무부서로 외사과(the Office of Foreign Affairs)를 지정했다. 애초에 외사과는 종래의 총독부 관방외사부 업무를 승계하여 3명의 인원으로 주로 일본 외무성의 업무를 조사하고 서울 주재 소련 영사관과의 연락 업무를 담당하는 데 그쳤으나 여기에 새로운 귀환 관련 업무를 담당하면서 조직이 커졌다.[64)]

법령 제8호에 의해 10월 1일부로 외사과는 독립부서가 되었고,[65)] 초대 외사과 과장에 고든 엔더스(Gordon B. Enders) 소령이 임명되었다.[66)] 외사과의 일본어와 한국어 명칭은 얼마 되지 않아 외무과로 바뀌었고 이듬해 3월 19일에는 법령 제64호에 의한 정부부서 명칭 변경에 따라 외무처로 바뀌었다. 이하 본문에서는 산하 부서인 난민과와의 상하 관계를 분명히 하기 위해 편의상 나중에 붙여지는 외무처라는 명칭으로 통일하여 사용하고자 한다.

외무처 난민과

외무처 안에서도 귀환업무는 난민과(Displaced Persons Division)가 전담

---

63) Gane. William J., 1947, pp. 3-4; 황선익, 『연합군총사령부의 해외한인 귀환정책 연구』(국민대학교 대학원 박사학위청구논문), 2012, pp. 83-86

64) Gane, William J., 1951, pp. 15-17.

65) Headquarters United States Army Forces in Korea, Office of the Military Governor, ESTABLISHMENT OF THE FOREIGN AFFAIRS SECTION OF THE SECRETARIAT OF THE GOVERNMENT OF KOREA, 1945. 10. 1; 한국법제연구회, 『미군정법령총람 영문판』, 한국법제연구회, 1971, p. 61.

66) United States Army Forces In Korea, Official Gazette (官報), 1945.10.1.

하게 되었다.[67] 난민과장에는 윌리엄 게인 중위가 착임하여 귀환업무 전반에 관한 책임을 맡았고, 일본인 귀환 송출업무에 관하여는 마틴 로스(Martin J. Ross) 중위가 담당했다. 엔더스 소령은 게인 중위에게 귀환문제에 관한 연구를 지시했고 연구에 기초하여 500만 명 정도의 귀환자들을 관리할 수 있는 기구(agency)를 구상해보라고 하는 임무를 하달했다.[68] 엔더스의 명령은 다소 과장된 임무와 같이 보이나 그 만큼 귀환 업무에 만전을 기하라는 지시였다고 생각한다.

9월 25일부터 난민과는 중국과 38도선 이북지역, 그리고 일본의 귀환자 상황에 관한 보고를 받았다. 이에 따라 미군정청에 귀환자 주무부서가 필요하다는 것과 일본인과 조선인 원호단체에 대한 통제와 통합, 외무처와 교통국 그리고 후생국 사이의 조정이 필요하다는 것을 재확인했다. 특히 난민과는 일본인 귀환자 원호단체와 관련하여 미군 요원이 아주 적은 상황에서 그들의 행정력을 최대한 활용하는 것이 일본인 귀환 대책을 원활하게 추진하는 데 유효할 것이라는 정책적 판단을 갖게 되었다.[69]

게인 중위는 1945년 9월 25일부터 12월 31일까지의 3개월 남짓 기간에 지방에서 올라온 귀환자 통계와 원호상황에 관한 자료들을 토대로 하여 보고서를 정리했다. 이 보고서에서 미군정 당국이 한반도 일본인의 전면 귀환을 지시하게 되는 이유로 다음 세 가지를 들었다. 첫째, 조선인들이 과거 혹독하게

67) Gane. William J., 1947, p. 1. 1945년 9월 22일부터 12월 31일까지 난민과에 다음과 같이 미군 14명과 조선인 군속 2명이 배속되어 있었다. William J. Gane 중위, Thomas O. Harrison 중위, Samuel C. Brown 병장, Benjamin A. Frankel 병장, Harold Williamson 중위, Gilbert F. Caswell 중위, Robert L. Beyer 대위, Walter L. Rothwell 중위, Leonard C. Rowe 대위, Robert R. Mitkiff 중위, Martin J. Ross 중위, Robert G. Telfer 중위, Cornelius P. Moses 중위, James C. Graham 중위, 진성열(陳晟烈) 군속, 최병우(崔秉宇) 군속. 이들 가운데 Graham 중위는 1945년 10월 일본에 건너가 미군정청 도쿄 연락사무소 초대 소장을 담당했으며 Mitkiff 중위는 그의 뒤를 이어받았다. 長重九, 「王家の終焉: 側近貴族の回想」, 『友邦』 8回, 1982. 3; 『민중신문』 1946. 7. 1.

68) Gane. William J., 1947, p. 4; Gane, William J., 1951, p. 20.

69) Gane, William J., 1951, pp. 20-21.

일본인들에게 착취당한 것 때문에 더 이상 그들이 잔류하는 것을 원하지 않는다는 것, 둘째, 일본인들도 정부 관료나 기술자 등이 조선인으로 대체되면서 귀환하기를 원하고 더 이상 조선인들의 이익을 위한 일에 개입하기를 원치 않는다는 것, 셋째, 앞으로 정치적, 경제적으로 일본이 한반도에 침투를 확대하는 것을 방지하기 위해서 등이다.[70] 아울러 게인은 보고서에서 일본인 귀환 업무에서 현존하는 세화회 기구를 최대한 활용할 것을 또 다시 제안했다. 미군정 당국의 한정된 인원과 예산으로서 체계적인 귀환자 원호수송을 하기에는 세화회 기구를 적극 활용하는 것이 바람직하다는 것이며 실제로 귀환업무 추진에 있어서 세화회가 담당해온 역할을 높이 평가했다.[71]

또한 군정청 업무 매뉴얼에 따르면 외무처 난민과는 하부 부서로 기획 및 특수계획반 · 운영반 · 통계정보반 · 연락반을 거느리고 있었고 다음과 같은 임무를 띠고 있었다.[72]

① 귀환해 온 사람들로부터 청취하여, 해외에 있는 조선인에 대한 데이터를 수집하는 일.

② 극동지역으로부터 들어오는 조선인 귀환자에 대한 계획적 수용에 관해 군정당국과 연락을 유지하는 일.

③ 한반도를 출입하는 모든 난민에 대해 기록을 유지하고, 관계부서에 매일 보고하는 일.

④ 일본인 귀환자를 감독하며 특히 열차의 배정, 각 지방 일본인 세화회에 대한 통보, 열차화물 적재 등을 감독하는 일.

---

70) Gane. William J., 1947, p. 1.

71) Gane. William J., 1947, p. 4; APPENDIX, p. 10. 게인은 자신의 박사학위 논문에서도 세화회에 관하여 열악한 조건 아래서도 가장 높은 능률을 보인 조직이라고 극찬했다. Gane, William J., 1951, p. 49.

72) United States Army Military Government In Korea, *Manual of Military Government Organization and Function*. USAMGIK Office of Administration, 1946, p. 3.

⑤ 일본인의 귀환에 관하여 관련 군정당국과 연락을 유지하고, 각 도시에서 귀환하는 일본인에 대해 기록할 것, 그리고 귀환자들의 도착예정을 부산의 연락사무소에 통보하는 일.

⑥ 한반도 잔류 일본인에 대해 통계 기록을 유지하는 일.

남한의 개항 항구인 부산 · 군산 · 인천 · 목포 중에서 가장 귀환자들로 붐비던 부산항에는 외무처가 난민과 소속의 로스 중위를 중심으로 하여 일부 군인을 파견했다. 이들은 부산에 진주한 40사단 및 지방 군정팀의 지원을 받아 귀환자에 대한 원호 및 송출업무를 감독했다.[73] 귀환업무의 주무부서인 난민과는 애초 한반도에서 귀환해 가는 일본인에 대한 수송과 원호에 몰두했다. 난민과가 일본과 중국에서 귀환해 오는 조선인에 대한 체계적인 수송과 원호에 관여하게 되는 것은 1946년 1월 중순 도쿄에서 일본 점령당국의 주재 아래 열린 회의(Tokyo Repatriation Conference) 이후의 일이다.[74]

난민과가 설치된 후 소속 군정요원들이 우선 담당해야 했던 일은 무장 해제된 일본군 장병들을 일본으로 귀환시키는 일이었다. 미군정은 일단 소집해제되어 가정에 돌아간 자를 다시 부대에 복귀시켜 군인의 신분으로서 귀향시키는 일도 있었다.[75] 이와 함께 경찰관 · 신관(神官) · 일본기생(芸者) 등 조선인들로부터 우선적으로 폭행 피해를 받을 소지가 많은 사람들을 군인들 틈에 섞어 먼저 귀환시켰다. 또한 일본 점령당국의 요청에 따라 일본의 안정적인 석탄 공급을 위하여 광산 노동자들을 우선적으로 귀환시키기도 했다.[76]

---

73) 부산항에서 일본인 군인 및 민간인의 귀환자에 대한 통제는 40사단의 160보병연대 병력이 담당했다. 경남대극동문제연구소(편), 『지방미군정자료집 I : 한국현대사자료집시리즈1』, 경인문화사, 1993, pp. 28-34; 『민주중보』, 1945. 9. 23.

74) Gane, William J., 1951, pp. 136-143.

75) 森田秀夫, 『朝鮮渡航と引揚の記錄』, 秀巧社印刷株式会社, 1980, p. 76.

76) 若槻泰雄, 1991, pp. 237-238.

일본군 장병의 송출

미군정에 의한 계획적인 귀환자 철도 수송은 9월 24일부터 시작되었다. 이것은 무장 해제된 일본군 장병들을 대상으로 하여 우선 실시되었다. 이날 서울역에서 장병 2천 명을 태운 열차가 이른 아침 6시 50분 부산을 향해 출발했다.[77] 이어 또 다른 열차가 일본군 장병 2천 명을 태우고 8시 26분에 서울역을 떠났다. 이튿날 일본의 점령당국은 일본 정부에 대해 남한의 미군정이 9월 27일부터 매일 4천 명씩 연락선 선박으로 귀환시킬 계획을 세웠다고 통보했다.[78]

송출항으로서 처음에는 부산항과 인천항이 사용되었으며, 대전 이남 지역의 부대에 잔류하는 군인은 부산항에서, 대전 일부를 포함하여 대전 이북 지역의 부대에 잔류하는 군인은 인천항에서 송출했다. 나중에는 제주도의 부대에 잔류하고 있는 군인들을 송출하기 위하여 제주항이 사용되기도 했다. 이들을 받아들이는 일본의 항구로는 센자키, 하카타, 사세보(佐世保) 등이 배정되었다.[79]

미군정 당국은 귀환 군인들이 가지고 갈 수 있는 금액으로 장교에게 500원까지, 하사관과 병사에게는 각각 200원까지 허용했으며, 개인 물품으로는 장교의 경우 군장품 1개 이외에 장성급 장교에게 2개, 영관급과 위관급 장교에게는 1개씩을 휴대하도록 허용했다.[80] 이처럼 귀환자에 대한 화폐 반출 금지 조치는 군인 뿐 아니라 일반인에게도 적용되었다. 일반인의 경우에는 1인당 소지할 수 있는 금액을 1,000원으로 제한하고, 귀환항에서 승선하기 전

77) Gane. William J., 1947, p. 93.

78) SCAPIN-55, 1945. 9. 25, 「RADIO INFORMING JAPANESE GOVERNMENT THAT COMMANDING GENERAL, USAFIK, PLANS TO START MOVEMENT OF DISARMED JAPANESE FROM FUSAN TO JAPAN AT RATE OF 4000 DAILY COMMENCING 27 SEPTEMBER」

79) 森田芳夫, 1964, p. 345.

80) 森田芳夫, 1964, p. 343.

에 귀환자 물품을 수색하여 1,000원을 넘은 조선은행권 혹은 1,000엔을 넘은 일본은행권 화폐는 물론 채권증서나 재산소유권 증서가 발각되면 이를 압수하고 그 대신 수령증을 발부했다.[81)]

귀환자 휴대금액 제한

계획적인 귀환 조치가 끝날 때까지 일관되고 엄격하게 화폐 · 유가증권의 유출과 유입을 제한한 것은 연합국군총사령부의 점령방침에 따른 것이었다. 일찍이 9월 7일 요코하마(横浜) 주재 태평양미국육군총사령부는 한반도 미군 진주에 맞추어 한반도 주민을 대상으로 하여 3가지 포고문을 발표했다. 그 가운데 제3호가 「통화」에 관한 것으로, 그 제5항에서 화폐와 채권의 유출입을 포함하여 대외금융거래를 금지했고, 제6항에서는 38도선 이외 지역과의 금융거래는 모두 대외금융거래로 간주한다고 했으며, 이를 어기는 자는 엄하게 처벌하겠다고 경고했다.[82)] 귀환자에 대한 화폐 · 유가증권 유출 제한 조치는 일본으로부터 한반도로 귀환하는 조선인에게도 동일하게 적용되었다.[83)]

귀환자들로부터 화폐 · 유가증권 유출 제한 조치에 대한 불만이 제기되자 패전 때까지 총독부 관방총무과장을 역임했던 야마나 미키오(山名酒喜男)[84)]는 10월 24일 군정청에 진정서를 제출하고 귀환자들의 생활 곤궁을 호소하면서 금융유통 금지 조치를 철회하도록 요청했다. 미군 진주 이후에도 남한의 일본인들이 일주일 500원까지 현금 인출을 인정받아 생활해 왔는데,

81) ワグナー, 『日本における朝鮮少数民族』(復刻版), 龍溪書舍, 1989, p. 61.

82) 森田芳夫 · 長田かな子(編), 1979, pp. 249-250.

83) 최영호, 『재일한국인과 조국광복: 해방직후의 본국귀환과 민족단체활동』, 글모인, 1995, pp. 130-133.

84) 야마나는 일본 패전 당시 조선총독부 관방총무과장 겸 정무총감 비서직을 담당했다. 1945년 11월에 일본에 귀환했으며 귀환 후 곧 외무성 관리국 북방과장 직책을 맡았다. 山名酒喜男, 1956, p. 別2.

일본에 귀환하면 1,000엔으로는 길어야 2개월 정도밖에 생활할 수 없다, 한반도에서 오래 살다보니 일본에 연고가 전혀 없는 사람들을 위해서 예금통장이나 송금증서 등을 가지고 갈 수 있도록 해달라고 하는 내용이었다.[85] 그러나 이러한 요청은 미군정 시기 내내 받아들여지지 않았다.

한편, 일본군 장병들의 귀환문제에 대하여 미군정 당국은 전반적으로 계획과정에서 일본군 수뇌부와 협의하여 결정했다. 북한 지역에 진주한 소련군이 일본군을 포로로 하여 수용소에 억류시키고 소련으로 송환하여 강제노역에 동원했던 것에 비하면, 남한의 경우는 일본군의 무장해제의 경우에도 일본군 스스로에게 일임하여 일본군에게 굴욕감을 덜하게 했으며, 귀환하는 데 있어서도 부두에서 검사를 실시할 때를 제외하고는 일본군과 거의 접촉하지 않았다.[86]

미군정청은 당초 하루에 4천 명의 일본군을 출항시킬 계획이었으나 전반적으로 귀환이 순조롭게 진행되는 가운데 선박조달 상황이 좋을 때는 하루에 만 명 넘게 승선시키는 경우도 있었다. 군정당국은 10월 4일부터 일단 민간인의 열차수송을 중지시키고 오직 군인만을 귀환시켰으며, 10월 15일에는 군인과 그 가족도 교통국의 승차권을 구입하여 일반 열차에 승차할 수 있도록 허용했다.[87] 계획송환과 함께 미군정청은 소형 기범선을 통해 몰래 일본으로 귀환하는 사람들의 개별적인 움직임에 대한 단속을 강화해 갔다.[88]

계획 수송을 통하여 12월 말까지 3개월 동안에 일본군의 귀환을 거의 완료할 수 있었다. 외무처 난민과는 9월 27일부터 12월 28일까지 일주일 간격

85) 山名酒喜男, 1956, p. 46; pp. 66-69.

86) 森田芳夫, 1964, p. 349.

87) 森田芳夫, 1964, p. 346.

88) 森田芳夫, 「解放の嵐の中に: 朝鮮引揚史その二」, 田村吉雄(編), 1953, p. 33.

으로 귀환자 수를 파악하여 〈표 3-2〉과 같이 총 176,241명의 일본군이 한반도를 떠나 일본으로 귀환했다고 집계했다.[89)]

〈표 3-2〉 일본군 장병 귀환자 수

주차	기간	귀환 군인 수
1	9.27 ~ 10.7	26,022
2	10.8 ~ 10.14	36,117
3	10.15 ~ 10.21	51,199
4	10.22 ~ 10.28	15,713
5	10.29 ~ 11.4	24,347
6	11.5 ~ 11.11	17,914
7	11.12 ~ 11.18	2,239
8	11.19 ~ 11.25	360
9	11.26 ~ 12.2	2,162
10	12.3 ~ 12.9	56
11	12.10 ~ 12.16	65
12	12.17 ~ 12.23	33
13	12.24 ~ 12.28	14
합계		176,241

남한에 남아서 무기처분 작업을 담당하던 일본군 작업대도 1946년 4월에 모두 일본으로 귀환해 갔다. 이로써 남한에서 일본군 부대는 최종적으로 사라지게 되었다. 한편 계획송출 기간에 무장해제 장병들의 입국과 귀향 업무를 담당하기 위해 후쿠오카에 설치되었던 「조선군 잔무정리부」는 남한과 만주에서 귀환하는 장병들을 뒤처리하다가 1946년 9월에 지바(千葉)의 유수업무국으로 흡수되었다.[90)]

89) Gane, William J., 1947, p. 91.

90) 임종국, 1989, pp. 166-168.

일반 일본인의 송출

10월 3일 아놀드 군정장관은 「종전사무처리본부」의 보호부장을 통하여 각 지역 일본인 세화회 단체에 민간인 계획 수송을 위한 사항으로 다음과 같이 지시했다.[91)]

① 10월 4일부터 당분간 귀환열차 운행을 중지한다.
② 서울 · 대전 · 대구 · 수원 및 김천을 귀환자 집결지로 지정했으므로 수송을 재개할 때는 군정청의 지시를 따라 이상의 집결지에 집결하여 귀환하는 것으로 한다.
③ 앞으로는 군정청이 발행하는 증명서를 귀환자에게 교부할 것이다.
④ 대도시의 치안과 일본군대의 송환 촉진을 위하여 모든 일본인은 관련 지시가 있을 때까지 현재 지역에 머물러 있어야 한다.

같은 날 아놀드는 담화문을 발표하여 "일본인은 군정당국의 지도 아래 수송력이 허락하는 한 신속하게 귀환시킬 예정이다. 아직 귀환하지 않은 일본인은 본인과 가족을 가까운 지역의 세화회 단체에 등록시키고, 귀환계획을 실시할 경우 이에 포함되도록 수속을 취해야 한다. 일본인의 개인적인 귀환은 금지한다. 귀환에 관한 상세한 지시는 수시로 공표할 것이다"라고 했다.[92)] 여기에 그치지 않고 군정청은 10월 8일에 다음과 같은 내용의 법령 제10호를 발령하여 일본인들의 등록을 의무화하고 개별적인 귀환 이동을 금지시켰다.[93)]

---

91) 森田芳夫, 1964, p. 352.

92) 『京城日本人世和会会報』 28号, 1945. 10. 4. 서울 세화회에서는 담화문 가운데 '일본인 구제기관'이 「종전사무처리본부」를 지칭하는지, 아니면 세화회를 지칭하는지에 관하여 군정청에 조회했다. 이에 대하여 세화회 같은 성격의 기관이라는 유권해석을 받았으며 이 회답을 계기로 하여 아직 세화회가 없던 지방도 서둘러 세화회를 조직하게 되었다. 森田芳夫, 1964, p. 353.

93) Headquarters United States Army Forces in Korea, Office of the Military Governor, REGISTRATION OF JAPANESE NATIONALS, 1945. 10. 8; 한국법제연구회, 1971, p. 65.

(제1조) 일본인은 모두 경찰서를 경유하여 군정청으로부터 발급되는 허가증을 소유하고 있지 않으면 해당 거주지의 세화회(Bloc Association) 사무소로부터 10 킬로미터 이상 떨어진 곳으로 여행할 수 없다. 이 범위 안에서 여행할 경우에도 원칙적으로 출발 당일 야간통행금지 시각까지 귀가해야 한다.
(제2조) 군정청의 포고가 있을 때 모든 일본인은 세화회 사무소에 등록해야 한다. 세화회 대표는 매일 등록결과를 집계하여 다음날 정오까지 시 · 읍 · 면사무소에 제출해야 한다. 시 · 읍 · 면장은 이것을 다음 주 월요일까지 도지사에게 제출하고, 도청에서는 이것을 곧 바로 군정청 외무처에 제출해야 한다.
(제3조) 본 법령은 도지사의 고시에 따라 효력을 발생한다.
(제4조) 본 법령의 위반자는 법원이 정하는 바에 따라 처벌받아야 한다.

군정청은 민간인의 계획적인 수송을 위해 10월 10일부터 수송열차에 대한 시운전을 실시했으며 10월 23일부터 본격적인 계획수송을 시작했다. 이때 서울과 인천 지역을 중심으로 하는 경기도 거류 일본인 2,260명을 수송열차에 태워 귀환시켰다. 10월 24일부터 귀환자 수송을 위해 매일 두 대의 열차가 용산역에서 부산으로 향했으며 많을 때는 하루 세 차례 운행하기도 했다.[94] 당시 서울에서 부산까지 대략 18시간이 걸렸다. 계획수송 처음에는 대부분 북한에서 남하하여 서울의 수용소에 들어있던 피난민들을 수송했으며, 11월 3일부터는 군인 유가족들을, 11월 8일과 9일부터는 직업별 지역단체별 수송을 시작했다. 계획수송의 실시에 따라 잔류 일본인이 점차 줄어들었기 때문에 귀환수송 횟수도 점점 줄어갔다. 11월 17일부터는 오후 3시에 출발하는 열차 하나만 운행하게 되었으며, 11월 24일부터는 단체수송이 끝나고 개인 신청자에 대한 수송이 시작되면서 4일에 한 차례 운행했고, 12월에 들어서는 일주일 내지 열흘에 한 차례 운행하게 되었다.[95]

일반인 귀환자의 송출항으로서는 기본적으로 부산항을 지정했으나 극

94) 열차 출발시간과 각 열차의 탑승 인원은 Gane. William J., 1947, pp. 93-97에 상세하다.
95) 森田芳夫, 1964, pp. 361-365.

히 예외적으로 인천항과 목포항을 허가한 경우도 있으며 때로는 군인 귀환선에 편승하도록 허가한 경우도 있다.[96] 이렇게 하여 군인과 마찬가지로 민간인들도 귀환을 희망하는 자의 경우는 12월 말까지 거의 귀환 송출을 완료했다. 외무처 난민과는 8월부터 12월까지 5개월 사이에 일본으로 귀환한 민간인 숫자에 대하여, 8월 63,648명, 9월 105,207명, 10월 104,981명, 11월 163,920명, 12월 32,008명으로, 총 469,764명이 귀환한 것으로 집계했다.[97] 민간인 수송을 위한 열차로는 주로 화물차가 이용되었으며 미군정이 철도국에 지시하여 열차를 배치했다.[98] 난민과는 열차를 통하여 수송한 일본인 귀환자 총 240,830명에 대해서 〈표 3-3〉과 같이 월별로 집계했다.[99]

〈표 3-3〉 열차 귀환 일본인 수(1945년 8월 23일~12월 29일)

월별	출발지	횟수	인원	월별	출발지	횟수	인원	월별	출발지	횟수	인원
				11월	서울	36	79,623	12월			
8월	서울	3	3,000		인천	5	10,001				
					개성	1	1,426		서울	9	10,322
					영등포	1	750		인천	3	1,594
					대전	2	2,625		대전	1	163
9월	서울	28	50,150		전주	8	7,056		전주	2	879
					이리	1	1,622		군산	6	3,593
					군산	5	5,109		남원	1	712
					김제	1	948		광주	1	602
10월	서울	18	37,568		광주	4	2,319		목포	1	385
	서울·수원	1	2,250		목포	12	7,908		대구	1	300
	인천	2	4,417		대구	2	3,150		안동	1	65
	대전	1	1,380		수원·대전	1	833				
					김천	8	80				

96) 森田芳夫, 1964, pp. 364-368.

97) Gane, William J., 1947, p. 92.

98) 橋塚武一,「終戦後の配車業務」, 鮮交会(編), 1976, p. 21.

99) Gane, William J., 1947, pp. 93-97. 게인은 출발시각에 따라 열차로 수송된 일본인 수를 정리했다.

잔류 일본인에 대한 사회적 반감

패전 직후 한반도의 다른 지역에 비하면 전라남도 지역에서는 상대적으로 일본인에 대한 반감이 적게 나타났다. 패전 당시의 도지사 야기 노부오(八木信雄)에 대해서도 조선인의 평판이 대체로 좋은 편이었다.[100] 그러나 태평양전쟁 시기 일본 등지에 강제로 동원되어 갔던 조선인 노무자들이 대거 귀환하면서 강제동원의 실태와 미수금 문제 등이 알려지면서 전라남도는 물론 한반도 전역에서 잔류 일본인에 대한 반감이 높아져 갔다. 특히 9월에 들어 우키시마마루(浮島丸) 선박의 폭침사고 피해자 가운데 일부 조선인 생존자가 부산항에 귀환하여 이 문제를 고발하면서 일본인에 대한 사회적 반감은 더욱 증폭되었다.[101] 세화회가 나서서 진화 작업에 나섰지만 미약한 대응은 도리어 이들의 불만을 가중시켰고 사회적으로 일본인 배척 운동으로 확대되고 이러한 움직임은 전국으로 확산되어 갔다.[102] 건국준비위원회 경남지방 본부의 경우, 일찍이 9월 23일에 관내 각 지부에 통첩을 보내, 일본제 영화와 음반을 비롯하여 일본의 잔재를 일소하자고 호소했다.[103]

해방 이후에도 비교적 일본인에게 우호적인 기사를 써왔던 『매일신보』는 9월 22일 조선인 종업원에 의한 자치위원회가 결성되면서 '새로운 출발'을 선언하고 일본인에 대한 반감을 부추기는 방향으로 기사의 논조를 변화시키기 시작했다.[104] 『부산일보(釜山日報)』의 조선인 사원들을 중심으로 일

100) 八木信雄, 『日本と韓国』, 財団法人日韓文化協会, 1978, pp. 260-270. 야기 노부오는 조선인과 미군의 환송을 받는 가운데 12월 중순 부산을 통해 일본으로 귀환했다.

101) 『매일신보』 1945. 9. 22, p. 2; 『민주중보』 1945. 10. 5, p. 1.

102) 森田芳夫, 1964, pp. 309-312; 森田秀夫, 『朝鮮渡航と引揚の記錄』, 秀巧社印刷株式会社, 1980, pp. 76-77. 일본에서 귀환한 조선인 가운데는 일본에 남아있는 동포를 생각해서라도 한반도에서 잔류 일본인에게 악행을 해서는 안 된다고 주장한 사람도 있다. 『민주중보』 1945. 9. 23, p. 3.

103) 『민주중보』 1945. 9. 24, p. 4.

104) 『매일신보』 1945. 9. 23, p. 1.

찍이 9월 1일부터 진보적 성향의 신문으로 출발한 『민주중보』는 10월 6일자 사설을 통해 해방직후에 부산에서 발생한 원인불명의 대형 화재, 대구 군제(郡是) 공장의 전소 사건, 창원 상남면(上南面) 건국위원회 관계자의 살인사건 등 미궁에 빠진 사건들의 배경에는 잔류 일본인 가운데 악질분자가 연루되어 있을 가능성이 높다고 하며 반일 분위기를 고조시켰다.[105)]

아울러 미군정으로부터 정식 인정을 받지 못하고 진보진영 세력에 의해 명맥을 유지해오고 있던 조직 「조선인민공화국」[106)]도 일본인 배척 움직임을 노골적으로 드러냈다. 패전 직후 귀환해 가는 일본인들로부터 재산을 값싸게 매수하는 조선인의 행위를 비난하는가 하면,[107)] 일부 일본인에 의한 불미스러운 행위를 확대하여 비방했다. 예를 들어 「조선인민공화국」의 선전부 명의로 9월 30일에 작성되어 세간에 뿌려진 전단지 「일본패잔군의 무장해제를 철저히 단행하자」를 보면, 일본인에 대한 분노가 잘 드러나 있다. 이 전단지는 미군 진주 후에도 아직 일본인 군인 가운데 야음을 틈타 발포하거나 살해와 폭탄 투척을 일삼는 자가 있는데 일본인 문제를 미군정 당국에게만 맡기지 말고 조선인의 손으로 직접 '왜놈들'을 축출하자고 주장했다. 그리고 조선인들에게 일체 일본인과 상행위를 하지 말 것과 일본인에게 노역을 제공하지 말 것을 호소했다.[108)]

일본 패전과 미군 진주 이후에도 한 때 일본군의 보호를 받아오던 일본인 민간인들은 일본군이 철수하기 시작하면서 점차 격렬해지는 조선인들의 배

105) 『민주중보』 1945. 10. 6, p. 1.

106) 건국준비위원회는 9월 6일 각계각층의 사회단체 인사들을 서울 경기여고 강당에 소집하여 전국인민대표대회를 개최하고 「조선인민공화국」 결성을 선언했다. 『매일신보』 1945. 9. 7, p. 1.

107) 『매일신보』 1945. 10. 6, p. 1. 인민공화국은 10월 10일 「조선인민중앙위원회」 명의의 성명을 발표하고, 일본인의 개인재산이나 공공재산 모두 일본제국주의의 소산이기 때문에 조선인의 일본인 재산 매수는 불법이며 무효라고 했다. 『매일신보』 1945. 10. 10, p. 1.

108) 김현식 · 정선태, 『삐라로 듣는 해방직후의 목소리』, 소명출판, 2011, p. 74.

척 움직임을 겪게 되었고 이제는 이러한 사회적인 위협으로부터 안전판을 상실하게 되었다.

일본인 재산 접수

이러한 혼란 상황에서 일부 조선인들이 일본인 배척 운동을 개별적인 행동으로 옮겨, 일본인 가옥과 건물에 대해 무단 접수를 감행하는 움직임을 보이기도 했다. 조선인의 일본인 재산 점거 문제와 관련하여 미군정청은 10월 23일, 25, 27일, 30일에 연이어 「일본인 재산 양도에 관한 성명」을 발표하고, 일본인의 사유재산에 대한 폭력 행위를 금지하고 적절한 수속을 통해서 구매하도록 지시하는 한편, 이 지시를 위반하는 자는 군정청이나 경찰에 신고하도록 했다.[109)]

이 문제와 관련하여 조선인과 일본인 사이의 견해가 서로 달리 나타났던 것은 어느 면에서 자연스러운 현상이다. 일본인 건물을 점유하여 사용하는 조선인의 경우에는 여러 가지 사유를 들어 일본인 재산을 군정당국이 폐쇄 조치한 것은 부당한 일이라고 주장했다.[110)] 반면에 어떠한 형태로든 재산을 빼앗긴 일본인으로서는 아무래도 이 문제에 대해 비통한 마음으로 기억하지 않을 수 없었다. 서울 세화회에 잔류하여 활동한 한 일본인은 총검으로 무장한 조선인들이 귀환해 가는 일본인에게 가옥과 건물을 인도하라고 강요하는가 하면, 각지에서 일본인 회사나 조합과 같은 건물에는 유령 단체들

---

109) 森田芳夫, 1964, pp. 933-941.

110) 『민주중보』가 10월 하순에 경남 통영의 사례로서 보도한 것을 일부 인용하면 다음과 같다. 통영에서 일본인이 모두 추방된 상황에서 군정당국은 지방 행정청과 협력하여 일제히 빈 일본인 가옥을 폐쇄했다. 그 중에는 멀리 국외에서 귀향하여 「건국위원회」 등의 알선으로 겨우 일본인의 빈집에 우거하게 된 사람이 많고, 심지어 몇 개월 또는 몇 년 전부터 일본인 가옥을 빌려서 사용해 오고 있는 사람이 있다. 또한 회사나 공장의 종업원으로서 여전히 생산과 사업을 이어가고 있기도 하다. 이러한 이유를 불문하고 닥치는 대로 문을 닫고 출입을 금하여 놓은 결과 귀환 동포들이 쫓겨나 빈집의 문턱을 베개 삼아 노숙해야 하는 처지에 있다. 『민주중보』 1945. 10. 26, p. 2.

이 나타나 무단으로 점거하는 사태가 발생했다고 기억했다.[111)]

한편 애초 군정당국은 일반 일본인의 잔류에 대해 낙관적인 태도를 보이면서 일본인의 사유재산권을 옹호하는 듯한 발언을 계속 해왔으며, 소유재산에 미련이 있어 귀환하지 못하는 일본인들을 위해 재산의 매매나 탁송을 일시 허용해왔다. 그러나 12월 6일에 공포한 명령 제33호에 이르러서는 종래의 입장을 바꾸어 일본인의 사유재산권도 9월 25일 날짜로 소급하여 인정하지 않았고 그간 조선인과 맺은 매매나 양도와 같은 법률 행위도 일체 무효라고 선언했다.[112)] 9월 25일에 발표된 군정청 명령 제2호의 '전환 재산'은 이제 사유재산도 포함하는 개념이 되어 버린 것이다.

1946년에 들어서 미군정 당국은 잔류를 희망하는 일본인들에게도 적극 귀환하도록 촉구하는 지시를 내렸다. 1월 22일 외무처는 세화회에 대해 38도선 이남의 일본인은 앞으로 2주간 이내에 군정청의 직간접 사무담당자 천 명과 그 가족을 합하여 4천 명을 제외하고는 모두 귀환하도록 통보했다.[113)] 이것은 사실상 한반도 거류 일본인에 대한 최후 추방 통첩이었다.

3. 세화회의 상호부조 활동

일본어 정보의 전달

패전 당시 동양척식주식회사 서울 지점장을 하고 있던 이노마타 쇼이치

---

111) 今村勳, 1981, p. 149.

112) Headquarters United States Army Forces in Korea, Office of the Military Governor, ORDINANCE no.33, VESTING TITLE TO JAPANESE PROPERTY WITHIN KOREA, 1945. 12. 6; 한국법제연구회, 1971, p. 95. 조선인이 일본인으로부터 정당한 절차를 받아 구매한 경우에도 법률적으로는 매매행위가 무효가 되었고 그 재산의 소유권은 군정청에게 귀속되었다. 森田芳夫, 1964, pp. 942-944.

113) 森田芳夫, 1964, pp. 380-391.

(猪又正一)는 패전 직후 정보 부재 상황에 대해 대체로 다음과 같이 회고했다. "조선은 독립하게 되었고 우리는 남아있기는 하지만 자신의 국가가 아니라 외국에 있는 상황이 되었다. 우리 주위는 매일처럼 변화해갔다. 일본 국기가 없어지고 새롭게 나온 태극기가 각지에 내걸렸고 국가는 일본 국가 대신 애국가가 울려 퍼졌으며 『경성일보(京城日報)』는 폐간되었고 또한 일본으로부터 신문이 오지 않는 대신 길거리에는 조선어 신문이 쏟아져 나왔다. 일본인들은 일본과의 통신이 두절되었기 때문에 일본 소식을 제대로 알 수가 없었다. 라디오는 일본어를 쓰지 않고 조선어로 방송하게 되고 조선인 사이의 대화는 일본어를 그만두고 모두 조선어로 바뀌었다. 우리들이 조선인 친구와 대화할 때도 일본어를 사용하는 것이 신경 쓰이게 되었다."[114)]

식민지 시기 한반도 일본인에게 가장 큰 영향력을 끼쳐온 일본어 신문 『경성일보』[115)]는 패전 직후에도 일본어로 계속 발행되기는 했지만 조선인 자치위원들이 지배하면서 파행적으로 발행되기에 이르렀다.[116)] 이러한 상황에서 세화회는 결성 직후부터 일본어로 잔류 일본인을 위한 정보 전달에 주력했다. 처음에는 조사부장 스즈키 다케오가 매일 오후에 세화회 사무국을

114) 원문은 다음과 같다. 朝鮮は独立することになり, 私たちは居ながらにして, 自分の国でなく外国に居ることとなった. それからというものは, 私たちの周囲は毎日のように変化していった. 日本の国旗は影を潜め, 新しくできた朝鮮の国旗が各所に掲げられ, 国歌は君が代に代って朝鮮の国歌ができ, 新聞は京城日報が廃刊となり, 又内地からの新聞も来なくなり, それに代って朝鮮の諺文新聞が現れた. 内地との通信は杜絶したので, 内地の状況は全然わからない. ラジオは日本語を廃して朝鮮語の放送となり, 朝鮮人間の会話は日本語をやめて, すべて朝鮮語となり, 私たちが朝鮮人の友人と話すのも日本語では気が引けるようになった. 猪又正一, 『私の東拓回顧録』, 龍溪書舍, 1978, pp. 153-154. 이노마타는 1945년 11월 10일 부산항을 떠나 하카타로 귀환해 갔다.

115) 1906년 9월 한국통감부의 기관지로서 시작된 경성일보는 식민지시기 내내 한반도 일본인에게 가장 널리 읽히는 신문이었다. 조선일보 · 동아일보와 같은 민족지와 비교하여 규모나 영향력이 월등하게 컸으며, 신문사 사장과 운영에 관하여 총독부가 주도권을 장악해 왔다. 임경석(편), 『동아시아 언론매체 사전 1815-1945』, 논형, 2010, pp. 48-51.

116) 『경성일보』는 1945년 9월 25일 미군정에 의해 접수되었고 10월 26일까지 일본인에 의해 편집되어 오다가 그 이후로 조선인의 손에 넘어갔다. 그러나 12월까지 일본어로 계속 발간되었다. 中保与作, 「略奪と赤色の劫火」, 田村吉雄(編), 1953, pp. 338-339; 송건호, 『송건호전집 5: 한국현대사의 빛과 그늘』, 한길사, 2002, pp. 93-94.

방문하는 20~30명의 일본인들에게 기자회견 형식으로 정보를 전달했다. 이때 조사부장이 정리하여 발표하는 정보들은 조사부 산하 보도과에 들어와 합류한 일본인 기자들이 각지에서 수집한 것이었다.[117] 정보의 내용은 주로 연합국군 진주 전후의 일본 정세, 38도 이북의 상황, 한반도의 치안 상황 등이었다. 그런데 시간이 갈수록 정보를 듣기 위하여 세화회 사무실을 찾는 일본인이 늘어나면서 9월 초에는 300명을 넘겼다. 이에 따라 방청권을 배부하여 발표장 입실을 제한했지만 더욱 더 방문자가 늘어나자 9월 10일 이후에는 회견을 두 차례로 늘려 발표하기에 이르렀다.[118]

그러나 9월 18일부터 미군정에 의해 대중 집회가 금지되면서 세화회가 중요한 활동으로서 계속해왔던 회견 발표 모임까지도 중지되기에 이르렀다. 잔류 일본인에 대한 정보 전달은 세화회 대신 총독부 잔무 기구로 만들어진 서울 안내소에서 일시 담당하게 된다. 서울 안내소 하부부서로 설치된 '정보계'가 군정청의 허가 아래 열차의 운행 상태, 일본의 귀환자 접수 상황, 화물의 취급 등에 관하여 정규적으로 설명하는 한편, 귀환에 관한 정보 전달과 지도를 담당했다. 서울 안내소에 의한 정보 전달은 10월 말까지 이어졌다.[119]

회보 발행

세화회 조사부장에 의한 회견발표가 성황을 이루자, 당시 조사부 보도과 과장을 담당하고 있던 야스다 도시오가 9월 2일 일요일부터 보도 자료로서 『京城內地人世話會會報』(이하, 『회보』로 약칭함)를 발간하기 시작했다. 제1호부터 제3호(9월 4일)까지는 보도과 소속원들이 손수 철필로 작성한 등사판으로 각각 120부씩 인쇄하여 배포했다. 제1호와 제2호 표제 밑에는 "한

117) 今村勳, 1981, p. 137.
118) 森田芳夫, 1964, p. 315; 今村勳, 1981, p. 138.
119) 今村勳, 1981, p. 142.

사람이라도 많은 사람들이 읽혀지기를 바랍니다"[120]라고 하는 문구가 새겨졌다.

처음부터 『회보』 발간에 직접 관여한 이마무라 이사오는 초창기 발간과정에서 겪은 고생을 회고하면서, "익숙하지 않은데다가 무더위 때문에 등사지에 발라진 초가 녹아서 몇 장인가 인쇄하는 사이에 글씨에 잔줄이 생기기 때문에 한 차례에 모두 인쇄하지 못하고 등사지에 3차례나 다시 적어 인쇄했다"고 술회했다.[121] 제4호(9월 5일)부터는 등사 전문가에게 맡겨서 정연한 필체로 일반 신문과 같은 형태를 갖추어 한 번에 1,000부씩 인쇄를 하게 되었고 10월 중순에 가서는 최대 1,500부까지 찍어내기도 했다.[122]

『회보』 제1호는 「발간사(発刊の辞)」를 통하여 세화회가 사업의 취지 즉 연락기관으로서의 기능을 철저히 하기 위하여 소식지를 발행하게 되었다고 했다. 발간사의 내용은 다음과 같다.[123]

급변하는 시국에 맞추어 경성 세화회가 탄생하여, 지역 내지인의 연락, 상호부조에 나서게 되었다. 내지인세화회가 무엇을 해야 할지, 어떠한 방향으로 나아가야 할지는 고양이 눈처럼 급변하는 상황에 맞추어 회원 즉 모든 경성 내지인 여러분의 긴밀한 협력에 의하여 비로소 실현될 수 있다고 확신한다. 본회는 협력을 촉진하는 방법으로 또한 본회 취지의 철저화를 위하여 회보를 발행하기로 했다. 이 회보 발행에 의하여 우리 내지인은 냉정침착, 질서정연하게 조선의 새

---

120) 원문은 다음과 같다. 一人でも多くの方によんでいただきたいのです.

121) 원문은 다음과 같다. 不馴れのうえに, 暑さのため原紙のロウがとけ, 何枚か刷るうちに字がかすれてくるので, 一度で刷れないで, 原紙に三度も書きなおした. 今村勳, 1981, p. 138.

122) 森田芳夫, 1964, p. 316.

123) 원문은 다음과 같다. 急転せろ時局下に即応して京城内地人世話会が誕生, 在城内地人の連絡, 互助に乗出すことになった. 内地人世話会が何をなすべきか如何なる方向に進むべきかは, 猫の目の如く急転する状勢に応じて会員即ち全京城の内地人諸君の堅き協力に依って初めて実現し得ると確信する. 本会はこの協力を促進する方法として且つ本会の事業の趣旨徹底化を期して会報を発行することとなった. この会報発行に依って我ら内地人は冷静沈着, 秩序整然として, 朝鮮の新秩序に協力貢献し得らるるならば本会報発行の本旨に副ふものと深く信じ会員諸君の絶大なるご支援を乞ふのである.

로운 질서에 협력 공헌할 수 있다면 본 회보 발행의 취지에 부합하는 것으로 깊게 믿으며 회원 여러분의 절대적인 지원을 바란다.

그리고 「세화회의 기구」를 통하여 단체의 임원과 부서를 소개했다. 또한 「서로 연락합시다」에서는 세화회와 각지 일본인과의 연락을 확고하게 할 필요가 있으니, 마을 대표든 애국반장이든 지역의 대표를 맡은 사람은 속히 세화회 사무국에 나오기를 요청했고, 만약 대표가 정해지지 않은 지역에서는 대표를 정하여 조사부 보도과에 연락하도록 호소했다. 『회보』는 제123호(1946년 2월 1일)까지 발행되었으며 1946년 2월 6일에는 마지막 귀환 열차 안에서도 『이동회보 제1호』가 발행되어 열차 안에 있던 귀환자들이 회람했다. 회보는 귀환과 관련한 군정청의 포고문을 비롯하여, 귀환자 주의 사항, 귀환집결지 안내, 일본의 귀환자 접수 상황, 등에 관한 다양한 기사를 싣고 있어 일본인 귀환을 연구하는 데 있어서 중요한 자료가 되고 있다.

일본의 「평화기념사업특별기금(平和祈念事業特別基金)」[124]은 1990년대에 들어 귀환 자료에 관한 조사사업의 일환으로 귀환자와 억류자 기록에 관한 자료집을 발간하는 가운데, 1999년에 자료집 별책으로서 이마무라가 소지하고 있던 『회보』 전부를 복각하여 공개했으며, 『회보』의 기사내용에 관한 분석을 실시했다. 자료 분석을 담당한 히야마 유키오(檜山幸夫) 교수는 이 자료집 서문에서 『회보』의 전반적인 내용과 의의를 설명하는 가운데, 『회보』 기사의 내용을 다음 〈표 3-4〉과 같이 분류했다.[125]

124) 이 기금은 일본 총무성 소관 독립행정법인으로 일본인 귀환자와 해외 억류자 등을 위로하고 이와 관련한 홍보 전시를 담당하기 위해 1988년 8월에 설립되었고 2013년 3월 31일까지 한시적으로 운영되기에 이르렀다.

125) 平和祈念事業特別基金(編), 1999, pp. 4-6.

〈표 3-4〉 세화회 『회보』의 내용과 분류

내용		건수	비율
일본인론		33	3.6
국가재건		12	1.3
귀환		280	30.4
본토 사정		24	2.6
상호 부조		10	1.1
재산		25	2.7
침정화(沈靜化)		7	0.8
전재민 원호 구제		133	14.5
기부 기증 기타		159	17.3
미군		94	10.2
한반도 재건		14	1.5
세화회 활동	기구 및 조직	52	5.7
	학도대 위문단	23	2.5
	어학 강습	54	5.9
합계		920	100.0

분류	건수	비율
논설	97	10.5
해설	35	3.8
안내	202	22.0
고시	196	21.3
정보제공	182	19.8
담화	7	0.8
기부	33	3.6
호소	53	5.8
모집	9	1.0
구인	8	0.9
사람 찾기	9	1.0
게시	2	0.2
등록	21	2.3
오키나와	2	0.2
조선어	4	0.4
영어	50	5.4
소련	1	0.1
기타	9	1.0
합계	920	100.0

자연스런 결과로서 기사내용 가운데는 단연코 귀환 관련 기사가 가장 많았으며 이어 기부나 기증 관계, 그리고 전재민 원호 구제 관련 내용이 많았다. 이것은 『회보』가 전반적으로 일본인 귀환자들을 위한 직접적인 정보로 채워졌다는 것을 보여준다. 따라서 기사 종류에서도 귀환 업무와 관련된 안내, 고시, 정보제공이 많았다. 패전 직후 서울의 일본인들이 귀환할 때까지는 세화회의 기관지 『회보』가 위와 같은 내용을 전달함으로써 그들에게 가장 중요한 정보전달 매체가 된 것이다.[126)]

일본인 자제 교육

세화회 결성 초기에 조직원들 상당수가 한반도 잔류를 희망하고 있던 상황에서 이들은 새로운 정세에 대응하기 위해서 조선어를 습득해야 했다. 9월

126) 山名酒喜男, 1956, p. 42.

12일에 서울 세화회와 YMCA가 공동으로 개교식을 열고 조선어 강습회를 시작했다. 가사야 야스타로(笠谷保太郎)를 대표로 하는 서울 YMCA는 세화회를 도와 일본인 거주자를 위한 조선어 강습에 적극 나섰다.[127)] 조선어 강사를 담당한 오쿠야마 센조(奧山仙三)는 1915년에 발간한 『어법 · 회화 조선어대성』[128)]으로 일본인에게 널리 알려진 인물이었다. 처음에는 2개 클래스에 140명이 수강할 정도로 조선어 강습의 인기가 높았다고 하나 일본군 장병들의 철수와 함께 일본인들의 귀환 분위기가 점차 강해지면서 조선어 수강자도 점차 줄어들어갔다. 여기에 개강 후 한 달 만에 미군에 의해 YMCA건물이 접수되면서 일본인을 위한 조선어 교습은 중단되고 말았다.[129)]

이와 함께 귀환을 앞둔 일본인 어린이에 대한 교육도 실시되었다. 세화회 조직이 정비되기 전에 경성제국대학 학생들을 중심으로 하는 학도단(學徒團)이 결성되어,[130)] 서울 각지에서 소규모 단위로 일본인 어린이들을 모아 교육을 담당했다. 학도단의 활동에 참여했던 미야우치 도시카즈(宮內俊一)는 9월 10일 경에 학도단에 교육반을 결성하고 스즈키 다케오 경성제대 교수 등의 지도를 받으며 어린이 교육을 계획했다고 기록했다. 이때 어린이들의 안전을 위해 각 지역에 소규모로 학생들을 모아 그룹 지도에 임하기로 했고 종래의 교과서를 이용하여 이과 · 수학 · 과학 · 영어 · 예능 · 체조 등을 가르치기로 했으며, 또한 수업 이외에 학생들을 인솔하여 전재민 수용소를 방문하고 위문 활동을 펼치기로 했다고 기록했다.[131)]

---

127) 浦橋勝信, 『朝鮮植民地下の京城 · 皇城YMCAに関する研究』(九州大学人間環境学府修士論文), 2009, pp. 48-49.

128) 奥山仙三, 『語法 · 会話朝鮮語大成』, 日韓書房, 1915.

129) 森田芳夫, 1964, p. 317.

130) 당시 경성제국대학 부속 이과교원양성소 교수였던 渡部学은 9월 하순에 학도단을 지도하게 되는데, 그는 학도단이 8월 29일 결성되었다고 회고했다. 渡部学, 「終戰後に於ける京城日本人學徒の教育營爲」, 森田芳夫 · 長田かな子(編), 1980, p. 185.

131) 宮内俊一, 「京城における塾教育」, 森田芳夫 · 長田かな子(編), 1980, p. 198.

학도단 교육반에 의한 수업이 9월 하순부터 시작되었는데, 9월 27일 경성제대 이과교원양성소의 와타나베 마나부(渡部學) 교수가 이 활동에 관여하면서 수업이 더욱 체계화 되었다. 학도단을 지도한 스즈키 교수는 세화회 조사부장을 담당하고 있었던 만큼 세화회 중앙조직에서 교육을 위한 물심양면의 지원을 주도할 수 있었다. 세화회는 교육위원회를 설치하고 전면적인 교육 지원에 나섰다. 교육위원장은 당시 경성제대 총장으로서 세화회 특별위원이기도 했던 야마가 노부지(山家信次, 1887-1954)가 선정되었다. 10월 4일에 교육위원회가 열려 교육에 대한 지원과 군정청과의 교섭을 결정했다.[132] 교육비로는 수강생으로부터 한 달에 10원 정도의 수업료를 받기도 했지만, 거의 세화회로부터 9월부터 3개월 동안 지원받은 26,060원으로 충당했다.[133]

학생이 가장 많았을 때는 서울 지역 전체에 1,800명 가량 되었으나, 10월부터 계획 수송이 시작되면서 학생 수가 점차 줄어들었다. 세화회의 집계에 따르면 10월 19일 시점에 교습소가 10곳이 되었고 11월 중순에는 2곳, 12월 중순에는 1곳으로 줄어들었다. 이듬해 2월 남한 거주 일본인이 전원 귀환하면서 세화회의 일본인 학생 교육도 끝이 났다.[134]

4. 세화회의 전재자 원호 활동

소련의 한반도 진공 이후 피신해 오는 사람들이 남한에서 소수 보이기 시작하다가 패전 이후 북한을 탈출해 오는 피난민 집단이 많이 나타났다. 일찍이 패전 일주일 후 8월 25일까지 7만 명 정도의 일본인이 북한과 만주지방에

132) 浦橋勝信, 「日本人世話会帰還事業: 京城内地学徒団・在外不兄救出学生同盟について」, 『アジア教育学会発表文』, 2010. 10. 31, pp. 3-4.

133) 宮内俊一, 1980, p. 199.

134) 宮内俊一, 1980, p. 200.

서 남하해 왔고,[135] 이들의 수용을 위해 서울 각지의 학교 · 사찰 · 신사 등이 사용되었다.[136]

세화회가 조직적으로 나서기 전부터 경성제대 의학부 동문과 재학생들이 지도교수의 인솔 아래에서 귀환자 원호를 위한 자원봉사 활동에 나섰다. 여기에 다른 학교 학생들이 가담하여 여러 피난민수용소에서 진료를 담당했다. 또한 일찍이 8월 말에 일본인 학생들이 결성한 학도단(内地人學徒団)과 여성봉사대(大和撫子隊) 등이 일본인 귀환자들의 짐 꾸리는 일을 돕는 한편 북한에서 넘어오는 전재민들을 위해 가옥이나 사무실을 정비하여 임시숙소로 제공하고, 의연금을 모으거나 의복과 식량을 조달하여 전재민들에게 제공하기도 했다.[137]

의료 서비스

경기도 방역부 전재과나 종전처리사무본부 보호부 서울안내소와 같은 공식적인 기구가 의료 서비스 업무에 나섰는데, 서울의 일본인 세화회도 조직을 증강하여 전재민 구호와 진료를 도왔다. 8월 하순 세화회는 사업부에 의료과를 설치하고 사무실에 의약품을 비치하여 의료 활동을 지원했다.[138] 그리고 총독부 업무의 종결과 함께 서울 안내소 업무를 세화회가 부분적으로 이어받게 되었다. 이에 따라 9월 24일 서울 세화회는 규약을 개정하여 사무국을 폐지하고 그 대신 원호부와 위생부를 확대 신설함으로써 전재민 구

135) 木村秀明,『ある戰後史の序章』, 西日本圖書館コンサルタント協會, 1980, pp. 16-17.

136) 1945년 8월부터 1946년 3월 사이에 총 4만 3천 명 이상의 전재민이 서울에 수용되었다. 모리타는 수용소로 사용된 종교시설(대표자)을 다음과 같이 파악했다. 森田芳夫, 1964, p. 550. 東本願寺(三井幾松), 西本願寺(永井政一), 洗心寮(近藤春雄), 開教院(佐藤喜春), 瑞龍寺(齊藤吉彦), 興國寺(吉田博登), 大念寺(和田貞夫), 鶴松寺(馬養淸督), 高野山別院(佐藤登), 金光教會(石崎直德), 神宮奉贊殿(富田茂良), 元町西本願寺(坂口三郎).

137) 今村勳, 1981, pp. 144-147; 高杉志緒,『日本に引揚げた人々』, 図書出版のぶ工房, 2011, pp. 112-113.

138) 森田芳夫, 1964, p. 320.

제단체로서의 성격을 분명히 했다.[139] 세화회는 전재민의 자활을 위해 취업 알선에 나서기도 했지만,[140] 무엇보다 역점을 두어 추진한 사업은 병원 운영을 통해 의료 서비스를 제공하는 일이었다.

세화회는 특별위원인 야마가 노부지의 아이디어 제안에 따라 전재민을 위한 전용병원을 설립했다.[141] 세화회는 9월 21일에 병원 설립을 결정하고 오늘날의 회현동(旭町)에 있던 고바야시(小林)병원을 인수하여 10월 1일 「이재민구제병원(Japanese Relief Hospital)」이라는 이름으로 개원시켰다. 이 병원은 세화회로부터 경비의 절반을 지원받아 일본인 전재민에 대해 무료치료를 실시했고 지불능력이 있는 일본인 거주자에 한해서만 약값을 실비로 받았다.[142] 경성제대 의대교수 기타무라 세이이치(北村精一, 1898-1980)[143]를 원장으로 하고 내과 · 소아과 · 외과 · 안과 · 이비인후과 · 피부과 · 산부인과 등을 두고 진료에 임했다. 서울 세화회는 10월 말까지 고바야시 병원 이외에도 와타나베(渡辺) 병원과 야스다(安田) 병원 등 두 곳의 병원을 추가하여 전재민 진료를 위한 병원으로 활용했다.[144]

이와 함께 10월에 들어 귀환자 특별 수송열차가 운행됨에 따라 「이동의료국」이 조직되어 서울에서 부산으로 이동하는 사이에 승객 환자들에 대한 진료를 담당했다. 미군정 당국의 제안에 따라 해부학 전문의 스즈키 기요시(鈴木清, 1898-1967) 교수를 중심으로 하는 경성제대 교수들이 이 조직을 만

---

139) 森田芳夫, 1964, p. 314. 이어 11월 1일에는 세화회는 제3차 기구 개정을 행하고 국장 · 차장 제도를 없애고 총무부 · 원호부 · 의료부 · 지도부 · 연락부 등 5개 부서를 설치했다.

140) 森田芳夫, 1964, pp. 550-551.

141) 木村秀明, 1980, pp. 20-24.

142) 森田芳夫, 1964, p. 321.

143) 피부과 전문의였던 기타무라는 1945년 12월에 부산을 통해 하카타로 귀환하여 1946년 6월 長崎의대 교수가 되었다. 野北通夫, 「北村精一名誉教授のご逝去によせて」, 『日皮会誌』 90巻7号, 1980, pp. 577-580.

144) Gane. William J., 1947, p. 29; 高杉志緒, 2011, pp. 114-115.

들어 활동했다. 외무처 난민과 과장 윌리엄 게인은 10월 초 귀환 체계를 세우는 과정에서 자신이 스즈키에게 이동진료를 위한 조직을 제안했고 스즈키의 Medical Relief Union (MRU) 계획안이 미군정 당국의 승인을 얻었고 이에 따라 최초로 10월 10일 부산행 귀환자 열차 안에서 의사 1명과 4명의 의과대학생이 이동진료를 실시했다고 기록했다.[145)] 서울 세화회는 10월 11일 스즈키를 「이동의료국」 국장에 임명하는 한편 산하 기구를 조직하고 약품과 경비를 지원했다.[146)]

서울 세화회의 사무실은 결성 당시 오늘날 소공동의 조선상공경제회 건물에 있었으나 한 달도 안 되어 오늘날 명동의 미나카이(三中井) 백화점 안으로 옮겼다. 그 후 10월에 들어 미군정의 건물 접수에 따라 수시로 분산되거나 이동해야 했고, 이와 함께 내부 임직원의 일본 귀환과 전재민 증감에 따른 업무 과제에 따라 수시로 조직 개편을 실시해야 했다.[147)] 1945년 9월 24일에 조직을 개편하여 사업국과 문화국을 중심으로 여러 부를 두는 형식을 취했으나, 1945년 11월 1일에는 종래의 국장 제도를 폐지하고 대신에 총무부 · 지도부 · 의료부 · 원호부 · 연락부 등 5개 부를 중심으로 하는 체제로 개편했다. 이에 따라 종래의 사업국에 속해 있던 원호부를 독립시키고 원호부장에 후루이치 스스무(古市進)[148)]를 임명했으며, 종래의 문화국에 속해 있던 위생부를 의료부로 독립시키고 의료부장에 기타무라 세이이치를 임명했다.[149)]

---

145) Gane. William J., 1951, p. 52; Gane. William J., 1947, pp. 29-30.

146) 木村秀明, 1980, pp. 25-26.

147) 森田芳夫, 1964, p. 413; p. 558.

148) 후루이치는 1942년 5월부터 1945년 5월까지 서울사장(京城府尹)을 역임했다. 패전 이후 호즈미로부터 서울 세화회 회장을 인계받아 1946년 4월부터 귀환자 원호활동을 지휘하다가 같은 해 12월 일본에 돌아갔다.

149) 「京城日本人世話会規約 · 事務局 · 職員の推移」, 森田芳夫 · 長田かな子(編), 1980, pp. 376-377. 기타무라가 담당했던 「이재민구제병원」 원장직은 須江杢次郎(경성제국대학 조교수)에게 인계했다. 高杉志緒, 2011, p. 115.

전재민 원호

세화회는 12월 시점에는 서울과 주변 지역에 수용되어 있던 전재민들을 거의 전원 송출하는 성과를 올렸다. 동절기 추위로 인한 것이기는 했지만 북한에서 넘어오는 전재민의 수가 1946년 1월과 2월에 들어서는 눈에 띄게 줄어들었다. 이에 따라 1946년에 들어 미군정이 일본인 잔류자의 귀환을 지시했고, 이를 계기로 하여 세화회 직원들도 대부분 귀환 길에 올랐다. 이제 서울 세화회에 남은 과제는 북한 탈출 피난민을 기다려 이들을 접수하고 송출하는 일이었다.

3월에 들어 날씨가 따뜻해지고 소련군이 월남 행렬을 묵인하면서 38도선을 넘어 남하하는 일본인 전재민 수가 다시 대폭으로 늘어났다.[150] 이들을 맞아들이기 위해 서울 세화회는 경기도 연백의 청단역과 같은 38도선 접경지역에 의료진을 파견하여 대기시켰다.[151] 서울 세화회의 원호과장으로 직접 파견 지역을 시찰한 다케시마 가즈오(竹島和雄)는 1945년 10월 4,624명, 11월 4,792명, 12월 5,547명, 이듬해 1월 2,060명, 2월 1,704명, 3월 5,294명, 4월 19,392명, 5월 30,099명이 북한 지역에서 탈출하여 서울로 들어왔다고 파악했다.[152]

---

150) 1946년에 들어 38도선을 넘어 온 일본인들이 남하 과정에서 겪은 참담한 체험에 관한 기록을 많이 남겨놓고 있다. 引揚体験集編集委員会(編), 『死の三十八度線』, 国書刊行会, 1981; 川畑智, 『生きる限り: 北朝鮮引揚げの記録』, 川畑智, 1985; 小野英男(編), 『ああ北朝鮮の山河よ: 北朝鮮引揚げから50年小野4きょうだいの記録』, 小野英男, 1995; 天内みどり, 『芙蓉の花; 北朝鮮引揚げの記録』. 近代文芸社, 2000; 후지와라 데이, 『흐르는 별은 살아있다』. 청미래, 2003; 早野朝子, 『遥かなる朝鮮38度線』. 平和のための大阪の戦争展実行委員会, 2003; 鶴岡慧, 『私の北朝鮮事情: 敗戦までのささやかな青春敗戦後の抑留, 拷問, そして引揚げ』, 鶴岡慧, 2007 등.

151) 예를 들어 서울 세화회에서 청단에 파견된 의료진들은 청단역 앞의 여관 창고에 「청단일본인세화회」라고 하는 간판을 내걸고 귀환자 원호에 임했다. 세화회라고 하는 공간은 38도선을 넘어 남하해 온 일본인에게 몸과 마음의 안식처가 된 것이다. 毎日新聞社, 『在外父兄救出学生同盟』, 毎日新聞社, 1968, p. 118.

152) 竹島和雄, 「京城日本人世話会の援護活動概況」, 森田芳夫・長田かな子(編), 1980, pp. 348-349.

한편 다른 서울 세화회 자료에 의하면 작성 주체가 분명하지 않으나, 패전 직후부터 이듬해 3월 사이에 38도선 이북에서 남하하여 서울 주변의 수용소에 들어온 피난민 규모를 다음 〈표 3-5〉와 같이 집계한 것이 있다.[153] 이 표를 통해 38도선에 인접한 황해도와 강원도, 그리고 소련과 접전한 바 있는 함경북도, 함경북도와 가까운 함경남도에서 패전 직후 일본인들이 대거 남하하여 38도선을 넘어 도피해 온 것을 알 수 있다. 이 자료는 통계에 잡히는 수용소 입소자 이외에도 수용소에 입소하지 않은 전재민 5만 명 정도가 더 있었을 것이라고 기록했다. 아울러 모리타는 이 자료 가운데 '기타' 지역의 전재민 서울을 포함하여 경기도 지역에서 들어온 일본인이라고 해설했다.[154]

〈표 3-5〉 서울 수용소에 들어온 일본인 전재민

출발지	계	45년 10월까지	11월	12월	46년 1월	2월	3월
황해도	18,424	9,534	1,924	2,635	424	493	3,413
평안남도	1,411	944	227	152	48	23	17
평안북도	1,230	354	108	352	395	11	10
강원도	4,650	3,420	742	452	9	5	22
함경남도	6,325	3,422	925	570	294	234	880
함경북도	8,385	4,602	1,184	1,006	658	398	537
만주	1,427	590	158	234	194	101	150
기타	1,194	640	245	42	38	149	80
계	43,046	23,506	5,513	5,444	2,060	1,414	5,109

서울 세화회 직원들은 소수의 인원으로 전재민의 수송 · 숙식 · 의복지

153) 加藤聖文(編), 『海外引揚関係史料集成(国外篇)第23巻: 朝鮮篇六「終戦後朝鮮における日本人の状況および引揚(六)」』, ゆまに書房, 2002, p. 647.

154) 森田芳夫, 1964, p. 540.

급 · 진료 등의 업무에 매달렸다.[155] 미귀환 일본인의 자제들을 중심으로 하여 일본에서 결성된 「재외부형(父兄)구출학생동맹」은 남한의 세화회 관계자와 연락을 취하면서 행동대원을 한반도에 잠입시켰으며, 38도선 이북 지역의 일본인들이 귀환할 수 있도록 하기 위해 일부러 38도선을 넘어 들어가 북한 인민위원회를 방문하여 김일성 위원장 등을 만나 북한 잔류 일본인의 궁상을 알리고 귀환을 허가하도록 요청한 일은 일본사회에 패전 직후의 무용담으로서 널리 알려지고 있다.[156]

규슈의 의료시설

소학교 6학년 때 일본에서 한반도로 건너와 계속 서울에서 성장하여 경성제대 조교수가 된 이즈미 세이이치(泉靖一, 1915-1970)는 패전 직후 「이재민구제병원」과 「이동의료국」의 조직 결성과 원호 활동에 헌신했다. 그는 1945년 12월 귀환자들 사이에 끼어 부산을 경유하여 하카타에 일단 귀환했다. 그러나 귀환한 후에도 그는 자신이 태어난 도쿄로 곧바로 가지 않고 하카타에 남아서 새로운 원호단체를 조직하는 데 매진했다. 전재민 원호의 과제를 담당해야 할 한반도 세화회의 활동이 쇠약해지고 있는 것을 안타깝게 여긴 그는 하카타에 있던 「재외동포원호회」 산하에 「구료부(救療部)」를 조직하고 이 조직을 중심으로 하여 전재민 원호 체제를 재편하기에 이르렀다.[157]

「구료부」는 본부를 후쿠오카(福岡)의 쇼후쿠지(聖福寺) 경내에 두고 센자키 · 사세보(佐世保) · 히로시마(廣島) · 마이즈루(舞鶴)에 각각 지부를 설치하여 귀환 선박에 의사와 간호사를 들여보내 원호와 검역을 담당하게 했

155) 竹島和雄, 1980, pp. 350-364.

156) 毎日新聞社,『在外父兄救出学生同盟』, 毎日新聞社, 1968; 植村尚,『戦後秘話在外父兄救出学生同盟: 北朝鮮の金日成主席にも直訴して復員者 · 引揚者を支えた学生ボランティアたち』, eブックランド社, 2007.

157) 泉靖一,『遥かな山やま』, 新潮社, 1971, pp. 218-219.

다.[158] 이것은 서울 세화회의 가장 중점적인 사업이었던 「이재민구제병원」과 「이동의료국」을 통합하여 일본으로 옮긴 것으로, 사실상 귀환자 원호 단체의 조직과 활동을 일본으로 확대 전개한 것이라고 할 수 있다.

1946년 봄 이즈미는 조선인 귀환자들의 선박에 잠입하여 다시 부산에 들어왔다. 그의 임무는 「재외동포원호회」를 보증으로 하여 남한에 남아있는 일본인들에게서 돈을 빌리기 위한 일이었고, 그 돈을 북한에 잔류하는 전재민을 위한 원호 자금으로 사용하게 하기 위해서였다. 그는 서울행 열차 안에서 옆에 앉았던 조선인이 들려준 이야기를 다음과 같이 회고했다.[159]

> 당신 일본사람이죠. 처음부터 알고 있었지요. 과거 일본의 한반도 통치는 심했던 것이 사실입니다. 경찰이 우리에게 난폭하게 대한 일이나 입으로는 '일시동인(一視同仁)'을 말하면서도 노골적으로 내보인 차별대우는 도저히 용서할 수가 없습니다. 그러나 힘이 강한 하느님이라도 나타나서 일본열도를 어디론가 멀리 떼어놓지 않는 한, 일본과 한반도는 가장 가까운 이웃이라는 사실을 부정할 수 없습니다. 이제 어쨌든 끝났습니다. 언젠가는 다시 한반도와 일본이 사이좋게 나아가야겠지요.

후루이치 회장의 편지

한편 서울 세화회에서는 1946년 3월이 되어 호즈미 회장이 일본으로 귀환해 감에 따라 그때까지 총무부장을 맡아 오던 후루이치 스스무가 그의 뒤를 이어 세화회 회장직을 맡았다. 후루이치는 회장이 되기 전 원호부장을 담당하면서부터 먼저 일본으로 귀환해 가 있던 모리타 요시오 · 시오타 마사히로(塩田正洪) · 야마나 미키오(山名酒喜男) 등에게 자주 편지를 보내, 38도선 이북지역 일본인의 귀환 상황, 서울 세화회의 재정 상황, 한반도 정세

158) 木村秀明, 1980, pp. 63-70.

159) 泉靖一, 1971, p. 221.

등에 관한 소식을 전달했다. 호즈미가 일본으로 귀환한 후에는 호즈미에게 미귀환 일본인 관련 정보를 알리기 위해 지속적으로 편지를 보내기도 했다.

60여 통에 이르는 그의 편지는 주로 일본인 귀환자를 통해 전달되었으며 비행기로 도쿄에 건너가는 미군 장교를 통해서 전달되기도 했다.[160] 그의 편지는 1960년대에 가서 한반도 일본인 귀환자의 단체 동화협회(同和協會)가 발간한 기관지에 14회에 걸쳐 연재되었다. 아래에 인용되는 편지는 그가 1946년 7월 11일에 도쿄의 호즈미에게 보낸 것으로, 당시 남하 일본인 귀환자가 급감하고 있는 상황과 서울 세화회 직원 수가 축소되고 있는 상황을 잘 묘사하고 있다.[161]

① 38도선 이북으로부터 남하하는 자

7월 5일, 평양 · 진남포 양 지역에서 남하이동을 금지당한 이후, 이남에 도착하는 자가 급격하게 감소했으며, 개성 · 서울 · 의정부에 체류하고 있는 전재자는 점차 인천으로부터 출항하여 요즘에는 서울에 6백 여명, 개성 4백 여명, 의정부 150여 명이 되고 있습니다. 남하 이동 중지 명령은 남한 미군의 항의에 따른 것으로 판명되었으며, 이 점에서 궁지에 몰린 북한 일본인 구조를 위해서는 미군에 실정을 호소하고 탄원하는 것 외에는 방법이 없다고 생각하여, 청원서를 작성하여 아처 러치(Archer L. Lerch) 장군에게 면접 알선을 요청한 바, 이는 받아들여지지 않고 군정청 외무처로부터 소련에 대해 일본인 귀환 수송을 요구하고 있다는 이야기를 들었습니다. 북한 잔류 일본인들이 현재 심각한 기아선상에 있는 까닭에 일본 정부에 대해서도 점령당국에 구원을 간청하도록 연락바랍니다.

그 후 이따금 남하해 오는 사람에게 북한 각지의 정황을 물어보니 일본 귀환을 위한 남하이동은 극히 곤란해진 듯하며 조선의 기관에서는 일본인 귀환이 식량사정 때문에 조선인에게도 도움이 되는 것이라고 여기고 5월

160) 森田芳夫 · 長田かな子(編), 『朝鮮終戦の記録: 資料篇第二巻』, 巌南堂書店, 1980, p. 408.
161) 『同和』 178号, 1962.10.1, p. 4.

이후 오히려 적극적인 태도를 보이고 있는데, 이번에는 소련이 명령을 통해 남하를 저지하고 있어, 이런 상황이 지속되는 한 도저히 대량 남하는 불가능합니다. 무엇보다 소련으로 하여금 정식으로 일본인 귀환을 승낙하게 하고 실현시키는 것 외에는 방법이 없습니다. 그리고 그 시기는 늦으면 늦을수록 일본인의 참상을 더욱 악화시킬 것입니다.

② 세화회의 상황

6월 말 세화회 직원을 반으로 줄여 30명으로 하라는 명령에 따라 이 상태가 계속되는 한 어쩔 수 없어 세화회를 일단 해산시킬 것을 가정하고, 잔류 희망을 신청하게 하고 반드시 필요한 직원은 각 과장이 교섭하여 희망자 속에 추가시켜 인선을 마쳤습니다. 한때 확장되었던 수용소도 축소했고, 「岸の寮」병원도 소수 직원으로서는 도저히 견디기 곤란하여 폐지했으며, 대신 현재 사무소의 3층을 병원으로 충당하기로 했고 부회장격인 안내소장(池田長市)도 요사이 귀환했으며 저는 최후까지 책임을 질 각오로 잔류하고 있습니다.

부산에서 온 응원 직원 일부가 이미 돌아갔으며, 잔류 직원은 개성 · 의정부 · 서울을 합하여 모두 14명이고, 내일 드디어 기차가 부산까지 개통된다고 하니 전원 귀환해야 합니다. 또한 이제까지의 서울 세화회 관계직원이 모두 107명에 이르며 이것은 각지 파견 직원을 제외한 숫자입니다. 따라서 30명으로 축소하라는 명령은 실로 근본적인 축소를 뜻합니다. 다만 남하 일본인이 많을 경우 그 중에서 임시직원을 채용하는 일에 대해서는 승낙을 받았습니다.

서울 세화회 업무 종결

1946년 9월 15일 당시 서울 세화회의 기구표를 보면, 회장과 비서 외에, 총무과장(石井晃)과 팀원 12명, 수송과장(寺戸丈夫)과 팀원 8명, 의료과장(山下雅義)과 팀원 10명, 개성 파견대장(三吉明)과 대원 15명, 의정부 파견

대장(植木敏夫)과 대원 5명, 주문진 파견대장(富安次雄)과 대원 3명 등, 총 61명의 이름이 남아있다.[162] 후루이치가 10월 30일 도쿄의 호즈미와 시오타에게 보낸 편지에 의하면 서울 세화회는 10월 25일 시점에 38도선 이북에 5천 명 정도의 민간 일본인이 남아있을 것으로 추정했다. 각 지역별 잔류 일본인 추정 숫자는 다음 〈표 3-6〉과 같다.[163]

〈표 3-6〉 38도선 이북의 일본인 잔류자(1946년 10월 25일)

지역		잔류자수	비고
합계		4,826	
평안북도	계	508	
	신의주(新義州)	80	기술자 및 가족
	의주(義州)	20	기술자 및 가족
	옥상(玉尙)	2	기술자
	고령삭동(高寧朔洞)	54	기술자 및 가족
	북중(北中)	8	기술자
	완풍(完豊)	21	-
	만포진(滿浦鎭)	9	기술자
	강계(江界)	24	기술자 및 부녀자
	수풍(水豊)	15	기술자
	청수(青水)	107	기술자 및 가족
	신연광산(新延鑛山)	20	기술자 및 가족
	벽동(碧潼)	4	목공 및 가족
	전천(前川)	7	환자 및 가족
	중암(中岩)	4	기술자
	후창(厚昌)	16	기술자
	조악(造岳)	8	기술자
	어궁동(御宮洞)	8	기술자
	철산(鐵山)	3	기술자

162) 森田芳夫・長田かな子, 1980, p. 382.

163) 『同和』 186号, 1963. 6. 1, p. 4.

	용등(龍登)	20	기술자
	용문동(龍門洞)	60	기술자 및 가족
	북신현(北新峴)	5	기술자
	은곡광산(銀谷鑛山)	5	기술자
	삼성광산(三成鑛山)	8	기술자
평안남도	계	1,130	
	평양(平壤)	84	기술자
	진남포(鎭南浦)	200	기술자 및 노무자
	삼신탄광(三神炭鑛)	4	기술자
	사동(寺洞)	5	기술자
	승호리(勝湖里)	100	기술자 및 가족
	신창탄광(新倉炭鑛)	19	기술자 및 가족
	안주(安州)	1	공산당
	조양(朝陽)	2	기술자
	안주입석(安州立石)	3	기술자
	증산(甑山)	6	기술자
	용강(龍岡)	70	남하중, 진남포 집결
	귀성(貴城)	100	남하중, 진남포 집결
	용강온천(龍岡溫泉)	150	남하중, 진남포 집결
	광량만(廣梁灣)	130	남하중, 진남포 집결
	강선(降仙)	50	기술자 및 가족
	평원용호(平原龍湖)	21	기술자 및 가족
	평원어파(平原漁波)	5	기술자 및 가족
	개천(价川)	30	기술자 및 가족
	성천장림(成川長林)	29	기술자 및 가족
	성흥광산(成興鑛山)	60	기술자 및 가족
	영원(寧遠)	57	기술자 및 가족
	대안리(大安里)	1	기술자
	순천(順川)	3	기술자
황해도	계	58	
	사리원(沙里院)	8	기술자
	해주(海州)	20	기술자
	겸이포(兼二浦)	30	기술자 및 가족

함경남도	계	1,760	
	흥남(興南)	1,500	기술자 및 가족
	원산(元山)	260	남하중, 속초 집결
	문평(文坪)	-	기술자
	천내리(川內里)	-	기술자
	함흥(咸興)	-	각지에서 집결중
	고장산(古藏山)	-	군인 5천명 사역중
함경북도	계	1,370	
	청진(淸津)	170	속초 집결중
	성진(成津)	300	고주파 기술자
	웅기(雄基	600	주문진 집결예정
	아오지(阿吾地)	150	광산노무자
	나진(羅津)	150	남하 항해중

1946년 12월에 들어서자 서울 세화회 기구는 사실상 폐쇄 직전 상태에 놓였다. 회장직 이외에는 모든 직책이 없어지고 세화회 잔류 멤버로 회장을 포함하여 19명이 이름만을 유지하고 있었다.[164] 이윽고 12월 18일 소련군의 양해 아래, 원산항에서 공식 귀환선(榮豊丸)이 북한 거주 일본인을 수송하기 시작하면서 사실상 서울 세화회의 업무는 끝이 났다.[165] 후루이지 회장과 서울 세화회 직원 일행은 12월 27일에 서울을 출발하여 부산항을 거쳐 이듬해 1월 1일 하카타항에 도착했다.[166]

5. 서울 세화회의 활동 경비

단체의 운영과 전재민 원호활동[167]을 위한 예산 충당을 위하여 세화회는

164) 森田芳夫・長田かな子, 1980, p. 382.

165) 이 책 부록의 주요일지를 참고할 것.

166) 『同和』 186号, 1963. 6. 1, p. 4.

167) 세화회는 설립 이후 전재민들에게 구제금으로 1인당 100원씩 지급했다. 그러나 시간이

설립 초기부터 모금을 실시했다. 8월과 9월에 걸쳐 초기에 총독부와 「종전사무처리본부」, 「용산해행사(偕行社)」,[168] 「조선총독부경무국장」, 「조선금융단」, 「조선식량협회」 등으로부터 1,700만 원 가량의 막대한 기금을 모았다.[169] 이러한 모금 행위는 미군정 당국이 군표를 사용하지 않고 당시 화폐를 그대로 통용하도록 했기 때문에 가능한 일이었다. 도쿄에 진주한 연합국군총사령부는 미군정을 통하여 남한 내의 인플레이션 예방과 경제적 혼란을 최소화하기 위하여 군표 발행을 정지시켰다.[170] 이러한 조치는 북한에 진주한 소련군이 처음에 루불화를 통용시키고 군표를 발행했던 것과 달리,[171] 남한 거주 일본인의 자금 유통을 비교적 원활하게 하는 배경이 되었다.

그러나 일본인의 과다한 기부금 징수 행위는 군정청이 이미 9월 25일에 발령한 전환 재산에 관한 명령 제2호와 9월 28일에 발령한 명령 제4호에서 규정한 공공단체의 현금 유용금지 규정을 위반한 것으로서, 결국 검찰당국의 조사를 받게 되었고, 그 결과 군정청의 지시에 따라 11월에 기부금 가운데 극히 일부분인 151,500원을 반환을 요청하는 단체에게 되돌려 주어야 했다.[172] 여기에 11월부터 군정청이 예산을 관리하게 되면서 세화회는 그때까지 풍부하게 사용해오던 예산을 아껴서 사용할 수밖에 없었으며 궁핍해진 재정상황을 타개하기 위해 갖가지 방책을 궁리하지 않을 수 없었다. 1945년 8월부터 12월까지 서울 세화회의 예산 규모는 〈표 3-7〉와 같다.[173]

갈수록 예산이 부족하여 구제금 액수를 줄여갔다. 竹島和雄, 1980, pp. 353-354.

168) 해행사는 패전을 전후하여 육군 장교들이 상조를 목적으로 하여 운영한 단체였다.

169) 森田芳夫, 1964, p. 315.

170) 『민주중보』, 1945. 9. 20, p. 1.

171) 北村光彦, 「戦後北朝鮮経済の展望」, 『比較経済研究』 47巻1号, 2010. 1, p. 28.

172) 森田芳夫, 1964, pp. 552-553.

173) 森田芳夫, 1964, pp. 556-557.

〈표 3-7〉 서울세화회의 예산 규모

(단위: 원)

수입

년월	기부금	불용품매각대금	부동산관리 신청수수료	차입금	계
45.8	1,500,000.00	-	-	-	1,500,000.00
9	15,386,488.27	-	-	-	15,386,488.27
10	39,151.10	8,161.72	-	-	47,312.82
11	-	1,720.00	11,800.00	-	13,520.00
12	7,357.41	3,600.00	10,770.00	271,312.56	293,039.97
계	16,932,996.78	13,481.72	22,570.00	271,312.56	17,240,361.06

지출

년월	수용소비	구제비	의료비	급여금	사무비	선대 여금	인천 세화회 경비	기부금 반납금	반환금	계
45.8	-	-	-	-	100	-	-	-	-	100
9	560,566	250,000	694,020	31,190	160,328	634,920	-	-	-	2,331,025
10	952,981	-	204,871	75,792	81,938	254,495	-	-	-	1,570,076
11	1,034,669	92,100	243,796	230,501	252,534	189,445	50,000	151,500	-	1,865,654
12	519,744	159,350	299,628	166,589	169,676	34,887	-	-	308,760	1,588,861
계	3,067,960	501,450	1,442,315	504,072	664,576	665,083	50,000	151,500	308,760	7,355,716

※ 지출금액은 전(錢) 부분을 반올림한 것임
※ 11월 군정청이 자금을 관리하게 됨에 따라 11월 28일 은행예금 · 우편저금 등 10,829,300원을 군정청 복지후생국 후생과에 이관했다.

서울 세화회의 자금 만들기

미군정 당국의 조치로 곤궁에 빠진 세화회는 재정 충당을 위해 몇 차례에 걸쳐 일본 정부에 탄원서를 보내 지원을 요청했다. 이에 따라 일본 정부는 12월 31일 점령당국에 대해 170만 원을 송금하게 해달라고 요청했다. 170만 원의 근거로는 12월 채무액 89만 원에다가 1월부터 4월까지의 4개월 분 세화회 경비라고 했다. 세화회 경비로서는 구제금 · 직원급여 · 인건비는 군정청 지출 항목으로서 제외하고, 매월 수용비 6만 9,900원, 의료비 7만 3,800원, 사무비 4만 7,440원으로 계산하여 대강의 금액으로 산정한 것이다. 하지만 이러한 일본 정부의 요청은 점령당국으로부터 단호하게 기각 처분을 받

았고,[174] 그 대신 남한의 군정청이 직접 세화회에 원호금과 구호물품을 지급했다.[175]

미군정과 점령당국 모두에게서 자금 충당 시도가 거절을 당하자 세화회는 나중에 일본에 귀환한 후에 갚겠다는 조건으로 잔류 일본인들로부터 현금을 차입하는 방식으로 자금을 모았다. 이미 12월부터 호즈미 회장과 후루이치 총무부장이 한반도 잔류 일본인 유지들을 찾아다니며 자금의 융통을 요청했다. 이듬해 4월부터는 북한 피난민 가운데 돈을 가지고 있는 사람들한테서도 돈을 빌린 결과 세화회는 5백만 원이 넘는 자금을 모을 수 있었다. 그러나 자금을 모으는 과정에서 인천 세화회 구성원들과 같이 이에 선뜻 응한 사람도 있지만, 일본에서 반환받기 어려울 것으로 예상하고 귀환할 때 부산에서 적당히 속여서 가지고 갈 수 있다고 하면서 부탁을 거절하는 사례도 있었다.[176] 1946년 9월 이후에는 마지막 수단으로 일본인에 대해 호의적인 조선인으로부터 차입하는 방법을 취하기도 했다.[177]

그런데 귀환 후 곧 바로 일본 정부로부터 변제받을 수 있을 것으로 믿었던 세화회 관계자나 귀환자들의 기대와는 달리 일본 정부는 세화회가 마음대로 결정한 일이고 정부로서는 알 바가 아니라고 하면서 이에 응하지 않았다. 호즈미가 1946년 4월 일본에 귀환하여 백방으로 호소했지만 일본 정부는 요지부동이었다. 후루이치가 1946년 12월에 서울 세화회 업무를 정리하고 귀환했을 때에도 일본 정부는 변제 불가 방침을 고수했다. 하지만 호즈미가 1947년 4월의 제1회 참의원 선거에서 당선된 후 차입금 변제를 위한 입법 활동에 주력하면서 일본 정부의 방침은 긍정적으로 바뀌어 갔다. 1949년 6

174) 森田芳夫, 1964, p. 559.
175) 森田芳夫, 1964, pp. 553-556.
176) 森田芳夫, 1964, pp. 973-977.
177) 森田芳夫・長田かな子, 1980, p. 346.

월 「재외공관 등 차입금 정리준비 심사회」 설비에 관한 법률이 공포되면서 변제의 길이 열렸고, 샌프란시스코 강화조약 발효 직후 1952년 3월에 변제 실시에 관한 법률이 공포되어 이를 시행하기에 이르렀다. 그 결과 증빙 자료를 심사한 후 통과된 것에 한하여 변제 상한액을 5만 엔으로 설정하고 조선은행권 1.5원을 일본은행권 1엔으로 환산하여 지급했다.[178] 점령 종결 직후 일본 정부는 이러한 차입금 변제 조치를 통해 한반도 개인재산 가운데 일부를 일본인 귀환자들에게 회복시키는 조치를 취한 셈이다.

178) 森田芳夫, 1964, pp. 981-983.

4장
부산 세화회의 결성과 활동

4장에서는 부산항의 일본인 귀환자들을 중심으로 하여 군정청의 귀환자 수송 상황과 세화회의 원호 상황, 그리고 부산항을 떠난 귀환자들의 회상 기록을 정리하고자 한다. 부산을 포함하는 경상남도 지역은 예로부터 한일관계에 있어서 정치적, 경제적 문화적인 교류의 접점이 되어 왔다. 근대에 들어 일본 본토에 가까운 대규모 항만과 경부선에 연결되는 수송 터미널을 가지고 있어 일본의 군사 수송에 중추적인 위치를 차지해왔다.[1] 또한 일본 열도와 대륙을 잇는 거점으로서 한반도의 다른 지역에 비해 일본인 상인들이 활동이 유독하게 활발했던 지역이다.[2] 식민지시기 내내 일본으로 건너가는 한국인들의 대부분이 부산항을 통과했으며 대륙으로 진출하는 일본인들의 대부분이 부산항을 통과했다. 마찬가지로 일본의 패전에 따른 한반도 거주 일본인의 귀환도 대부분 부산항을 통하여 이루어졌다. 패전 직후 일본인의 귀환문제에 있어서 부산항이 차지하는 역사적 의미와 비중에 대해서는 재론할 여지가 없다.

일본 열도에서 근접한 거리에 있는 부산은 지리적으로 일본에 귀환하기

---

1) 坂本悠一・木村健二,『近代植民地都市釜山』, 桜井書店, 2007, pp. 155-187.

2) 부산상공회의소,『부산상공회의소 백년사 1889-1989』, 부산상공회의소, 1989, p. 147; p. 185.

에 가장 편리한 위치에 있었기 때문에, 패전 이후 남북한 거류 일본인은 물론 중국에 거류하던 일본인들 가운데 일부까지도 부산항을 경유하여 일본 열도로 귀환해 갔다.[3] 일본 패전 직후에는 다른 지역에 비해 일찍이 개별적으로 선박을 수배하여 일본으로 건너간 일본인으로 인해 장기 거주자가 줄어드는 반면에 밀려오는 귀환자들로 인해 일시 체류하는 일본인들로 부산항 부두 주변이 북적거렸다. 여기에다가 일본에서 귀환해 오는 조선인들이 대부분 부산항을 통하여 입국했으며 거주자와 귀환자 가운데 항만에서 일자리를 찾기 위하여 부산항을 찾는 사람도 많았다. 이 때문에 1945년 하반기로부터 1946년 전반기에 걸쳐 부산항은 유동 인구로 넘쳐났다.

일본인 귀환자가 부산항으로 몰림에 따라 부산 세화회의 업무도 많아졌다. 부산 세화회에 대한 연구는 사실상 모리타의 저서 이외에는 없다고 해도 과언이 아니다. 게다가 모리타의 저서에서도 서울에 비하면 부산 세화회에 대한 언급은 상대적으로 적은 편이다. 이것은 기본적으로 부산 세화회 관련 자료 가운데 남아있는 것이 적은데다가, 부산 세화회에 직접 관여한 일이 없는 모리타로서도 관련 자료를 발굴하거나 입수하기가 쉽지 않았기 때문이다.

게다가 전반적으로 해방을 전후한 시기에 한반도에서 발행된 신문 자료가 오늘날 남아있지 않은 상황에서 부산의 경우에는 더욱 더 자료의 결여 상태가 심각하다. 해방을 전후한 부산 거주 일본인의 동향을 알기 위해서는 그 때 발행된 시기의 신문자료를 발굴하는 일이 절대적으로 중요하다.

패전 당시 부산에서 발행된 유일한 신문 『부산일보(釜山日報)』의 경우, 해방 직후 일본어판 신문이 정지되는 대신에, 조선인 종업원들이 독립적으로 한글판 신문의 발행을 준비하여 9월 1일 김형두(金炯斗)를 대표로 하여

3) 배석만, 「미군정기 부산항과 도시민 생활」, 『지역과 역사』 5호, 1999, 2, pp. 276-278; 최영호, 「한인 귀환자의 눈에 비친 해방직후 부산의 이미지」, 『한일민족문제연구』 20집, 2011, 6, pp. 105-110.,

『중보』를 찍어내기 시작했다.[4] 그런데 이 시기에 『부산일보』의 변형판으로서 일본인 기자들이 일본어로 된 『日本人世話會報』와 같은 뉴스레터를 발행하여 정보를 발신했다고 하는 기록이 있다.[5] 그러나 그 실물은 아직 발견되고 있지 않다.

이렇듯 부산 세화회 조직에 관련된 자료가 부족한 상황에서, 여기 제4장에서는 필자 나름대로 주변 자료들을 구사하여 부산 세화회의 결성 과정과 활동을 가능한 상세하게 언급하고자 한다. 여기서도 필자의 최대 연구 관심은 가능한 모리타 연구를 보완 검토하는 데 있다. 우선 부산 세화회의 결성 배경을 이해하기 위해 패전 직후 부산항의 일본인 귀환 상황과 미군정의 부산 진주 직후의 귀환자 원호활동에 관하여 살펴보고자 한다.

1. 부산항과 일본인 귀환

패전 직전 부산 거주 일본인의 직업별 특징

일본 패전 당시 부산에 일본인이 얼마나 있었는지에 관하여 정확한 인구 통계가 없기 때문에 7만 명에서 8만 명에 이를 것으로 추정할 수밖에 없다. 패전 당시 경상남도 도지사를 역임하고 있던 노부하라 기요시(信原聖)[6]가 부산에 8만 명의 일본인이 거주했다고 추정하고 있고,[7] 패전 직후 부산

4) 해방이 되자 당시 『釜山日報』 조사부에서 주간(主幹)을 담당하던 이갑기(李甲基) 등이 한글판 신문의 발행을 주도했다. 이들은 '민주'라고 하는 이름을 붙여 미군에게 환심을 얻고자 하여 9월 20일부터 신문명을 『민주중보』로 바꾸어 발행했다. 김대상, 『부산・경남 언론사 연구』, 대왕문화사, 1981, pp. 175-176.

5) 김대상, 1981, p. 166.

6) 노부하라는 10월 말까지 군정청 자문역을 담당하다가 부산을 거쳐 센자키로 귀환했다.

7) 信原聖, 「終戦以後の慶尚南道」, 『同和』 165号, 1961. 9. 1, p. 4.

세화회에서 안내소 업무를 맡았던 마루야마 헤이이치(丸山兵一)[8]는 패전 당시 부산에 7만 명의 일본인이 거주했다고 추정하고 있다.[9] 또한 부산상공회의소가 1944년 12월 말 시점에 집계했다고 하는 통계자료는 부산시 거주자 71,824명을 포함하여 경상남도에 106,098명의 일본인이 거주하고 있었던 것으로 되어있다.[10]

여기서는 패전일에 가장 근접한 인구 통계 가운데 가장 공신력이 높은 통계자료로 평가되고 있는 총독부의 1944년 인구 통계, 즉 1944년 5월의 인구조사 결과보고를 인용하고자 한다. 이때 총독부 조사에 따르면, 한반도 전역에 걸쳐 남성 345,561명, 여성 367,022명, 총 712,583명의 일본인이 거주한 가운데, 경상남도에 남성 45,487명, 여성 51,858명, 총 97,345명이 거주한 것으로 나타났다. 이 가운데 부산에는 남성 28,504명, 여성 32,577명, 총 61,081명이 거주한 것으로 통계에 잡히고 있다.[11]

앞서 이 책 제1장의 〈표 1-2〉에 제시된 바와 같이 한반도 전역에 걸쳐 712,583명의 일본인이 거주한 가운데 서울을 포함한 경기도(197,929명)에 이어 부산을 포함한 경상남도 지역에 많이 거주하고 있었다는 것을 알 수 있다. 또한 한반도 도시(府)의 거주자를 보면 서울시(京城府) 158,710명에 이어 부산시(釜山府) 61,081명, 그 다음이 평양시(平壤府) 31,804명 순으로 많은 일본인이 거주한 것을 확인할 수 있다. 여기에 교통요충지라고 하는 특성상 부산에 일시 체류하거나 부산을 통과해 지나가는 일본인을 포함하면 그

---

8) 후쿠오카시 종합도서관 소장 부산세화회 「직원명부」에 마루야마는 1945년 9월 1일부터 이듬해 9월 30일까지 부산세화회에서 일한 것으로 되어 있다. 그는 1945년 10월 30일에 부산을 떠나 센자키로 일단 건너갔다가 일본인 청년 25명을 데리고 다시 부산으로 돌아와 귀환자 원호 업무에 임했다. 부산 세화회에서 안내소장과 원호부장 등을 담당했다.

9) 丸山兵一, 「慶尚南道及び釜山に於ける引揚状況」, 加藤聖文(編), 『海外引揚関係史料集成(国外篇)第19巻』, 2002, pp. 300-302.

10) 丸山兵一, 「朝鮮に於ける日本人の引揚状況」, 加藤聖文(編), 『海外引揚関係史料集成(国外篇)第19巻』, 2002, p. 318.

11) 朝鮮総督府(編), 『昭和19年5月1日人口調査結果報告其ノ二』, 朝鮮総督府, 1945, p. 8.

수가 훨씬 더 많아질 것이 분명하다. 특히 부산의 일본인 비율은 매우 높은 편이었다. 1944년 5월 당시 부산시 거주 인구로는 총 329,213명이 조사된 것으로 나타났는데, 이 가운데 일본인 거주자가 차지하는 비율은 18.6%였다. 이것은 한반도 전역에 걸친 일본인 거주자의 비율 2.8%였던 것과 비교할 때 월등히 높은 비율이었다.

다음은 부산을 포함하여 경상남도에 거주하던 일본인의 직업 분포를 살펴보고자 한다. 조선총독부의 1942년도 통계를 통하여, 경상남도 지역 거주 일본인과 조선인의 직업 분포 상황을 살펴보면 다음 〈표 4-1〉과 같다.[12] 이것은 이 책의 1장에서 제시한 〈표 1-3〉과 〈표 1-4〉를 경상남도를 중심으로 하여 재구성한 것이다.

〈표 4-1〉 1942년 말 경상남도 거주자의 민족별 직업 구성

단위 : 인구 (명) , 비율 (%)

직업	합계		일본인		조선인		기타	
	인구	비율	인구	비율	인구	비율	인구	비율
계	2,470,353	100.0	98,974	100.0	2,370,933	100.0	446	100.0
농업	1,665,802	67.4	4,837	4.9	1,660,954	70.1	11	2.5
수산업	90,610	3.7	3,391	3.4	87,219	3.7	0	0.0
광업	8,963	0.4	771	0.8	8,192	0.3	0	0.0
공업	117,827	4.8	15,818	16.0	101,956	4.3	53	11.9
상업	177,533	7.2	22,222	22.5	154,973	6.5	338	75.8
교통업	31,285	1.3	6,795	6.9	24,490	1.0	0	00.0
공무자유업	113,167	4.6	33,634	34.0	79,501	3.4	32	7.2
기타	197,557	8.0	6,083	6.1	191,465	8.1	9	2.0
무직	67,609	2.7	5,423	5.5	62,183	2.6	3	0.7

경상남도에도 지배층을 형성하는 공무자유업에 지나치게 많은 일본인이

12) 朝鮮総督府(編),『昭和17年度朝鮮総督府統計年報』, 朝鮮総督府, 1944, pp. 28-35.

취업해 있었던 것이나 농업 종사자가 절대적으로나 상대적으로 적었다고 하는 점은 여타 지역과 크게 다를 바 없다. 또한 조선인의 경우 농업 종사자가 월등하게 높은 비중을 차지했던 것과 달리 일본인의 경우 공무자유업과 상업에 비중이 높았다고 하는 점에서도 여타 지역과 대동소이하다.

다만 한반도 전체 일본인의 직업 구성과 비교해볼 때, 경상남도 지역에는 농업, 광업, 공업, 교통업, 공무자유업 종사자가 상대적으로 적은 편이었고, 수산업이나 상업 종사자가 상대적으로 많은 편이었다. 이것은 경상남도의 자연조건과 어느 정도 관련이 있다고 생각된다. 농토나 지하자원이 풍부하지 않고 긴 해안을 끼고 있어 넓은 어장을 가지고 있었기 때문에 1차 산업에서 다른 지역과 약간 다른 직업 구성을 이루고 있었던 것이다. 여기에다가 다른 지역에 비해 비교적 상업 종사자가 많고 그 만큼 공무자유업 종사자가 적었던 것은 부산을 포함한 경상남도 지역이 상업적 지역으로서의 성격을 강하게 띠고 있었다는 것을 여실히 말해주고 있다.

패전 직후 부산항의 일본인 귀환자 쇄도

패전 당시 부산 부두의 총책임을 맡고 있던 모토야마 미노루(本山實)는 자신의 회고 기록을 통해 패전을 전후한 부산 부두의 동향을 남기고 있다. 그는 패전 당시 부산 거주 일본인을 둘러싼 치안상황은 일부 조선인에 의한 폭행과 같은 문제가 약간 있었기는 하지만 다른 지역에 비해서는 전반적으로 평온함을 유지했다고 회고했다. 반면에 그는 그때까지 조선인은 물론 한반도 일본인들에게도 위세를 보여왔던 일본군 장교들과 총독부 고관들이 막상 패전이 되자 서둘러 무책임하게 몰래 가재와 가족을 챙겨서 개별적으로 기범선(機帆船)으로 귀환시키는 일을 많았다고 비판했다.[13]

---

13) 本山実, 「終戦前後の釜山埠頭」, 1976, p. 276. 모토야마 미노루는 1945년 12월 일본으로 귀환했다.

마루야마 헤이이치는 부산의 일본인 세화회 활동과 함께 부산항을 경유하여 귀환하는 일본인의 동향을 시기별로 잘 정리했다. 패전 이후 9월 상순까지 부산 거류민들 가운데는 적극적인 귀환 의사가 없었고 결성된 지 얼마 안 되는 부산의 세화회도 거류민들에게 귀환 쇄도 억제를 지도하는 데 급급했다고 했다. 다만 그는 이 시기에 부산항에 쇄도하는 일본인 귀환자 가운데는 38도선 이북에서 도피해 오는 전재자들을 비롯하여 서울 경기도 방면 혹은 한반도 오지에서 서둘러 내려오는 사람들로 가득했기 때문에 부산 지역 거류자들이 선박 잡기가 오히려 곤란했다고 기록했다. 그리고 이때 대형 연락선 선박에는 철도 관계자 혹은 기타 특수한 업무 관계자 이외에는 승선할 수 없었다고 기록했다.[14)]

이어 9월 중순부터 10월 하순에 이르는 한 달 남짓 사이에는 귀환자들 가운데 연락선 선박에 승선하지 못하고 기범선을 이용하여 개별적으로 귀환하는 사례가 많았다고 한다. 이 시기 부산항에서 출발하는 기범선만 해도 하루에 3편씩 출항했고 한 편에 600명 정도의 일본인을 가득 싣고 다녔다. 기범선 승선 운임은 이 시기 부산 세화회가 통제하던 가격으로 부산에서 하카타 · 시모노세키 · 센자키 · 가라쓰까지 1인당 성인 150원, 어린이 100원 정도 되었으며, 오사카까지는 성인 200원, 어린이 150원이었다. 마루야마는 부산 세화회가 통제하기 이전의 9월에는 이 보다 100원 정도 더 비쌌을 것으로 보았다. 특히 10월 1일부터 8일 사이에 하루 평균 8천 명에 달하는 일본군을 귀환시켰기 때문에, 부산항으로 밀려드는 일반인들을 비롯한 귀환 대기자들이 매일 6천 명 정도에 달했다고 한다. 이러한 과다한 정체 상황이 기범선에 의한 개별적 도항을 증가시킨 요인이 되었다. 마루야마는 부산 거주 일본인 가운데 절반 정도가 기범선을 타고 귀환했을 것

14) 丸山兵一, 「釜山日本人世話会の活動」, 森田芳夫 · 長田かな子(編), 1979, p. 390.

으로 추정하고 있다.[15)]

군정 당국의 체제 정비에 따라 10월 20일 이후 부산항에서 일본으로 화물 수송과 기범선 운항이 전면 금지되었고 그 대신 대형 연락선에 의한 계획 집단 수송이 시작되었다. 이것은 남한 지역 일본인의 움직임이 정돈되었기 때문이기도 하다. 그런데 북한 지역을 탈출하여 부산항에 도착하여 귀환을 기다리는 일본인 전재자들이 1946년 1월까지 많이 있었다. 특히 1945년 11월에 부산항에서 귀환을 기다리는 전재자들이 가장 많았으며 2만 명을 넘기는 때도 있었다.

마루야마의 자료를 통하여 귀환항으로서 부산항이 얼마나 중요한 역할을 담당했는지 수치로 확인할 수 있다. 점령당국의 허가를 받아 일본인을 송출한 한반도 항구 가운데 부산항이 패전 이후 1948년 7월까지 총 674,406명을 송출한 것을 나타나, 귀환자 총수의 89.7%를 송출한 것으로 되어 있다. 반면에 군산항은 1946년 6월 한 달간 약 4,300명(0.5%)을, 그리고 인천항과 주문진항은 1946년 6월부터 7월까지 각각 약 4만 명(5%)과 1만 명(1%)을 송출한 것으로 나타났다.[16)] 요컨대 부산항은 귀환자 송출량에 있어서나 송출 기간에 있어서 한반도에서 귀환하는 일본인의 대부분을 송출했다고 해도 과언이 아니다.

2. 부산지역 미군정 부대의 활동

본문의 2장에서 언급한 바와 같이 9월 9일 서울에 진주한 미군은 9월 20일까지 총독부의 기구를 물려받는 형태로 군정청 중앙 조직을 정비했다. 아

15) 丸山兵一,「釜山日本人世話会の活動」, pp. 390-391.

16) 丸山兵一,「朝鮮に於ける日本人の引揚状況」, p. 323.

울러 지방에도 군정부대가 진주하여 총독부 지방조직을 물려받았다. 경상남도와 경상북도 지방의 일본군 무장해제와 함께 부산항 및 진해항을 통한 일본군 귀환 송출 업무는 미군 제40사단이 담당하게 되었다. 이 부대는 일본 패전 당시 필리핀에 주둔하고 있었다.

미군의 부산 진주

9월 19일에 존 켈리(John P. Kelly) 소령이 이끄는 선발대가 부산에 도착했으며, 나머지 사단 주력 부대는 23일에 인천에서 열차를 타고 부산에 진주해 들어 왔다. 군정부대는 부산에서 가장 먼저 부산시청 건물을 접수하고 그곳에 사단 지휘소를 마련했다.[17] 경상남도의 군정 도지사에는 찰스 해리스(Charles S. Harris) 준장이 임명되어 9월 28일에 부임했으며[18] 노부하라는 그의 자문역을 담당하게 되었다.[19] 마찬가지로 부산 군정 시장에는 켈리 소령이 임명되었고 그때까지 부산시장(府尹)을 역임해오던 도미야마 오사무(富山修)도 부산에 남아 자문역을 담당하게 되었다.[20] 11월 1일까지 부산에 주둔한 군정부대 상황은 다음 〈표 4-2〉와 같다.[21]

---

17) 『민주중보』 1945. 9. 23, p. 1; 경남대극동문제연구소(편), 1993, p. 28.

18) 해리스 준장에 이어 1946년 1월 25일부터 프랜시스 질레트(Fransis E. Gillette) 대령이 군정 도지사를 맡았다. 이 시기 미군 도지사와 함께 한국인 도지사도 임명되었는데, 초대 도지사로 내무부장 김병규가 승진되었다. 최해군, 『내사랑 부산바다: 부산항 변천사』, 부산광역시, 2001, p. 325.

19) 信原聖, 1961. p. 4. 노부하라는 11월 초에 일본으로 귀환했다.

20) 도미야마는 경남의 일본인 관리 중에서 가장 늦게까지 부산에 남아 있다가 12월 하순에 일본으로 귀환했다. 『민주중보』 1945. 12. 28, p. 2.

21) 국사편찬위원회(편), 『미군정기 군정단 군정부대 문서4: 한국현대사자료집성50』, 국사편찬위원회, 2000, p. 11; 신종대, 「해방직후 부산경남지방의 변혁운동」, 역사문제연구소, 『한국근현대지역운동사: 1. 영남편』, 여강, 1993, pp. 242-246.

〈표 4-2〉 부산의 군정부대 상황

군정부대명	주둔지	작전개시일
26군정부대	부산	1945. 10. 24.
98군정부대	부산	1945. 10. 30
50군정부대	부산	1945. 11. 1
57군정부대	부산	1945. 11. 1
58군정부대	부산	1945. 11. 1
62군정부대	부산	1945. 11. 1
70군정부대	부산	1945. 11. 1

부산항이 군정당국에 접수된 것은 9월 23일이다. 그때까지는 일본군 부산병참사령부가 부두에서 일본인들에 대한 승선 및 선박수송 업무를 담당해왔다. 그러나 군정당국의 접수에 따라 일본인의 부두 출입이 금지되고 화물 반출 반입도 금지되었다. 해리스 준장은 부산에 도착하자마자 9월 23일 오후에 무질서한 일본인의 개별적인 귀환을 중지하고 오직 정식 귀환선박을 통하여 질서 있는 귀환을 실시하라고 하는 내용의 다음과 같은 경고문을 발표했다.[22)]

현재 부산 재주 일본군인과 일본시민을 속히 본국으로 귀환시킬 계획을 세우고 있으며 9월 24일 오전 10시부터 부산항 제1부두에 집합을 개시하고 휴대품은 수하물로 한정한다. 속히 귀환 준비를 완료하기 바라며 현재 성행하고 있는 밀항선 이용은 절대로 금지한다. 금일부터 일본으로 도항할 선편은 연락선에 위탁할 뿐이며 그 승선권은 미군군정 당국에서 준비하고 있다. 밀항선에 대해서는 군정당국이 많은 감시선을 출동시켜 부산항 부근이나 연락선 항로 중간에 배치하여 엄하게 감시할 것이다. 감시대에 발각되는 밀항선은 군정당국을 무시하는 무리로 간주하고 선체는 물론 탑재 화물까지 폭파할 것이며 승무원 승객은 군정의 방침에 의거하여 엄중히 처단할 것이다.

22) 『민주중보』 1945. 9. 25, p. 2.

진주군에 의한 경고가 무질서한 귀환을 억제하는 데 어느 정도 효력을 발생했을 것으로 생각되지만, 그럼에도 불구하고 10월 말까지 소형선박에 의한 개별적인 일본인의 귀환은 계속되었다. 또한 진주군은 부산 시내의 치안을 확보하기 위해 미군 헌병을 부산 경찰서에 배치하여 일찍이 9월 25일부터 경비를 담당하게 했다. 관내 각 파출소에는 헌병 2명과 조선인 경찰관 2명을 배치시켜 해방 이후 이제까지 공권력을 상실했던 조선인 경찰관에게 힘을 실어주는 대신, 해방 이후 자연발생적으로 우후죽순처럼 각 지역에 만들어진 자치대의 무질서한 단체 행동은 금지시켰다.[23]

제40사단의 귀환자 송출

미군 제40사단 가운데서도 제160보병연대 인력이 부산항에서 일본인 군인이나 민간인 귀환자에 대한 통제를 담당했다. 제40사단은 진주 후 처음에는 이제까지 귀환자 원호 통제업무를 담당해 오던 「종전사무처리본부」의 부산 안내소에 원호 업무를 맡기고 이를 통제하다가 한 달 정도 후에는 부산 세화회로 원호 업무를 맡겼다. 원칙적으로 미군정 당국은 여타 지역의 점령지에서 실시한 바와 같이 무장 해제된 일본군 병사들을 최우선으로 하여 귀환시켰다. 이와 함께 경찰관 · 신관(神官) · 일본인 기생(芸者) 등 조선인들로부터 우선적으로 폭행 피해를 받을 소지가 많은 사람들을 우선순위로 하여 귀환시켰다.

제160보병연대는 부산에 진주하자마자 3교대 체제로 하여 정찰, 경비, 치안을 담당했다.[24] 이 부대는 부산항에서 군정부대가 활동한 실적을 「한국의 귀환자 송출과 접수(Evacuation and Repatriation in Korea)」라고 하는 제목

23) 『민주중보』 1945. 9. 26, p. 2.

24) 경남대극동문제연구소(편), 1993, p. 31.

으로 보고서를 제작했다. 여기서는 이 자료에 기초하여 해방직후 부산항에서 미군정 부대가 어떠한 활동을 했는지 살펴보고자 한다.

제160보병연대가 주축이 된 부산의 군정부대는 9월 25일부터 매일 부산호텔 식당에 선박 · 철도 · 세화회 · 일본군 관계자들을 소집하고 수송 및 승선에 관한 회의를 열었다.[25] 애초에는 일본군과 민간인을 하루에 4천 명 정도로 제1부두에서 귀환시킬 것이며, 일본군과 민간인은 공식적으로 회의를 통해 지시가 내려오기 전에는 부산항에 나오지 말고 현지에서 대기할 것을 당부했다. 그리고 승선하기 4일 전에는 미리 일정을 전달하겠다고 했다. 하지만 예견하지 못하는 사고가 발생하여 부두 집결지에 5천 명 정도가 대기하는 경우도 생겼다. 10월 17일이 되어서 서울 군정청의 난민과 장교가 이 회의에 가담하면서 계획수송이 보다 체계화되었다.[26]

서울의 외무처 난민과는 9월 24일에 철도에 의한 계획수송을 시작하여 이날 제1차 무장해제 군인 4천 명을 서울역에서 부산으로 내려보냈다.[27] 부산항 군정부대의 보고에 따르면 미군정의 계획 수송에 의한 최초의 선박으로 곤에이마루(今衛丸)가 9월 28일 아침 7시에 부산항을 떠난 것으로 되어 있다. 그 전날 27일 아침 8시경에 이 선박이 부산항 제1부두에 접안했고 이날 밤까지 일본인들을 승선시켰다. 이때 승선한 것으로 기록된 사람은 일본인 장교 130명과 사병 2,136명으로 총 2,266명이다.[28]

그리고 이어 두 번째 선박으로 고안마루(興安丸)가 27일 오후 1시경에 부산항 제1부두에 접안했고 곤에이마루와 마찬가지로 28일 아침 7시에 부산항을 떠났다. 이때 고안마루에 승선한 사람은 일본인 장교 27명과 사병

25) 田辺多聞, 1976, p. 255.

26) 경남대극동문제연구소(편), 1993, p. 34.

27) Gane. William J., 1947, p. 91.

28) 경남대극동문제연구소(편), 1993, pp. 444-445.

1,381명으로 총 1,408명이다.[29] 이렇게 하여 일본군 3,675명이 계획수송 첫 날 귀환 길에 오른 것이다. 일본군 장병과 함께 민간인 5,341명도 이날 두 배에 나누어 타고 귀환했다.[30] 곤에이마루는 하카타를 향하여, 고안마루는 센자키를 향하여 각각 출항한 것이다.

부산을 본부로 하는 제40사단은 10월 5일까지 위수담당 지역인 경상남도와 경상북도 지역으로부터 일본군을 거의 송출하고 그 후로는 다른 지역에서 들어오는 일본군들을 취급했다. 일본군 장병 송출 선박에 민간인들을 끼워 승선시켰는데 10월 19일까지는 군인들을 우선으로 하여 승선시켰다.[31]

〈그림 4-1〉 부산항 송출 상황(1945년 9월 28일~11월 15일)

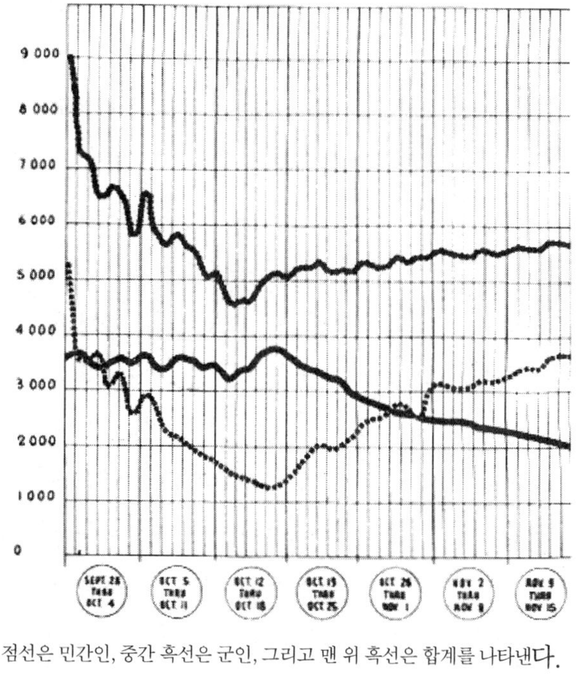

점선은 민간인, 중간 흑선은 군인, 그리고 맨 위 흑선은 합계를 나타낸다.

29) 경남대극동문제연구소(편), 1993, p. 445.

30) 경남대극동문제연구소(편), 1993, p. 37.

31) 경남대극동문제연구소(편), 1993, p. 37.

〈그림 4-1〉은 부산의 군정부대가 9월 28일부터 11월 15일까지 주간 단위로 부산항에서 송출한 군인과 민간인의 통계를 그래프로 묘사한 것이다. 점선은 민간인 수를 나타내며 검은 선은 일본군 수를, 그리고 맨 위의 선은 이들을 합계한 수를 나타낸다.[32] 이 그림을 통해 이 기간 동안 하루 평균 5천 명이 넘는 일본인 귀환자가 송출된 것과 9월말부터 10월말까지 한 달간 일본군 패잔병이 민간인들보다 더 많이 송출되었다는 것을 잘 알 수 있다. 그리고 10월 중순에 가장 많은 일본인 송출이 이루어졌다는 것을 알 수 있다.

귀환자 송출 과정

난민과장 게인 중위는 제40사단 제160보병연대 2대대 인력이 부산항에서 귀환 활동에 어떻게 임했는지 상세히 기록했다. 185명 정도로 구성된 3개 부대가 8시간 교대로 24시간 내내 활동하여 하루에 최고 2만 명에 달하는 군인과 만 명에 달하는 민간인을 처리해냈다고 매우 긍정적으로 평가했다.[33] 부산항 부두에서는 미군 장교와 조선인 혹은 일본인 민간인으로 구성된 안내팀, 설비팀, 위생팀이 3교대로 하루 종일 일본인 귀환 수속 업무를 담당했다. 안내팀은 통역관을 대동하고 부산역에서 부두까지 일본인 귀환자들을 안내했으며 이 과정에서 조선인들과 뒤엉키지 않도록 통제했고 귀환자들의 화물들을 장비로 날랐다. 그리고 부두에 도착하면 귀환자들의 소지품을 일일이 수색한 후 이들에게 한 사람 당 10일 분의 휴대식량(ration)을 제공했다. 아울러 설비팀은 귀환자들에게서 압수된 물품을 명부에 기록하고 창고로 실어 나르는 일을 담당했으며, 위생팀은 부두를 청결하게 하는 일을 담당했다. 이렇게 하여 귀환 수속을 마친 일본인들은 곧 바로 선박으로

32) 경남대극동문제연구소(편), 1993, p. 39.
33) Gane. William J., 1947, p. 46.

인도되거나 창고 등으로 인도되어 승선을 기다리게 했다.[34)]

〈그림 4-2〉는 군정부대가 묘사한 부산항 제1부두의 귀환자 관련 시설 그림이다. 여기에는 일본인 귀환자의 승선과 송출에 이르는 수속에 따라 Assembly Area(집결소), Delousing Station(DDT 분사실), Inoculation Station(주사실), Currency Exchange Station(환전소)가 묘사되어 있다.[35)]

〈그림 4-2〉 부산항 제1부두 시설

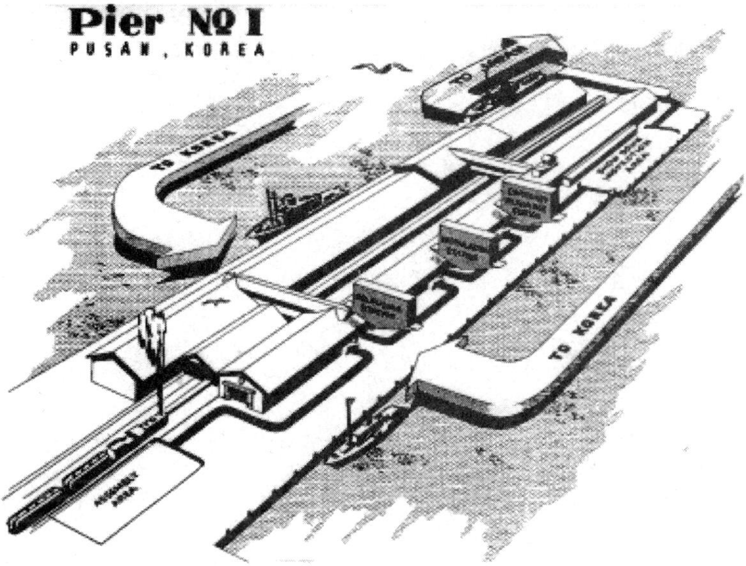

부산에 진주한 군정부대는 보고서를 통해 부산의 도시환경이 위생적으로 지극히 불결하다는 것을 지적했다.[36)] 이와 함께 조선인 주민들 가운데 미군의 치안 유지 업무를 방해하는 움직임이 많다는 것도 보고했다.[37)] 그런 반

34) Gane. William J., 1947, pp. 46-48.

35) 경남대극동문제연구소(편), 1993, p. 27.

36) 국사편찬위원회(편), 2000. p. 25.

37) 경남대극동문제연구소(편), 1993, pp. 65-70.

면에 귀환해 가는 일본인들에게서는 질서정연하고 미군의 보호에 감사하는 분위기가 강하다는 것을 전했다.[38] 마찬가지로 일본인 귀환자의 기록들을 보면, 계획송출 업무에 임하는 미군의 모습에 대해 남한 거주 일본인 귀환자는 물론 북한에서 남하한 전재민들도 전반적으로 호의적인 느낌을 받았던 것으로 묘사되고 있다. 예를 들어 1946년 2월 서울에서 마지막 귀환 열차를 타고 부산으로 이동해 간 세화회 멤버는 서울역에서 귀환 수송에 분주한 로스 중위의 모습을 아름답게 묘사했으며,[39] 부산 세화회에서 근무하는 일본인 사진작가는 미군들이 일본인 여성에게 친절했고 일본인 귀환자들에게 이따금 연민의 표정을 보였다고 호의적으로 기록했다.[40]

3. 부산 세화회의 원호 활동

부산 세화회 결성

부산의 세화회는 식민지 시기 수산 재벌로서 경남상공회의소 총재를 역임한 바 있는 가시이 겐타로(香椎源太郎, 1867-1946)[41]를 회장으로 하여 9월 1일 「부산내지인세화회」라는 명칭으로 출범했다. 그에 앞서 부산에서는 8월 20일 경부터 일본인 경제인들을 중심으로 자치단체 결성을 위한 사전 간담회가 몇 차례 열렸지만, 8월 28일이 되어서 세화회에 관한 준비위원회 첫 모임

38) 경남대극동문제연구소(편), 1993, pp. 64-65; 田辺多聞, 1976, p. 265.

39) 平和祈念事業特別基金(編), 1999, p 150; 金居三男, 「世話会残留記」, 鮮交会(編), 1976, pp. 36-39.

40) 武内慎一, 「釜山引揚業務の追憶」, 鮮交会(編), 1976, pp. 269-270; 奥村芳太郎, 『在外邦人引揚の記録』, 毎日新聞社, 1970, pp. 145-148.

41) 가시이는 1945년 9월 미군의 부산 진주 이전에 후쿠오카로 귀환했다. 귀환 당시 건강 상태가 좋지 않았으며 귀환 직후 12월에 과로로 쓰러졌고 이듬해 3월에 타계했다. http://nekonote.jp/korea/hito/jp/kashii.html

을 갖게 되었고 이윽고 9월 1일에 세화회를 정식으로 결성하게 되었다.[42)]

초대 회장 가시이는 후쿠오카 출신으로 일찍이 1881년에 부산에 이주해 와서 한반도에서 거대 자본가로 성장하여 1920년부터 1934년까지 부산상공회의소 총재를 역임하는 등 일제강점기에 부산의 3대 재벌로서 유명하다.[43)] 그는 패전 직후 가나자와(金沢)에 자본금 14만 엔 정도의 회사 주식 2,800주를 투입하여 부산에 있던 일본경질도기(日本硬質陶器) 회사를 옮기는 등, 미군정에 의한 적산처리 접수가 이루어지기 전에 한반도 재산을 일본으로 옮기는 데 주력한 것으로 알려지고 있다. 가시이는 가나자와에 투입한 2,800주 가운데 2,000주를 개인 소유로 하여 새로운 회사의 자본을 장악했고, 부산의 회사가 가나자와에 공장을 임대하는 형식을 취하면서 새로운 회사에 대한 경영을 담당했다.[44)]

「부산내지인세화회」가 태어난 장소는 경상남도 상공경제회 건물 안의 사무실이다. 상공경제회는 1944년 8월 18일자 조선총독부 제령(制令) 제30호 「조선상공경제회령」과 조선총독부령 제300호 「조선상공경제회령 시행령」에 의해 강제적으로 기존의 다양하게 분산되어있던 상공회의소들이 관료 주도의 통합적인 대정익찬(大政翼贊) 체제로 개편된 조직이다. 총독부는 그 해 10월 1일을 기하여 종래의 각 지방에 분산되어 있던 상공회의소들을 도(道)를 단위로 하여 통합했다. 경상남도 상공경제회의 경우, 도청 소재지인 부산의 상공회의소를 본부로 하고 마산 · 통영 · 진주의 상공회의소를 각각 지부로 개편하는 형식을 취했다. 그리고 경상남도 상공경제회의 총재로는 경상남도 도지사의 추천에 의해 조선총독이 요네쿠라 세이자부로(米倉

42) 森田芳夫, 1964, p. 141.

43) 부산상공회의소, 『부산상공회의소 백년사 1889-1989』, p. 167.

44) 배석만, 「일제시기 부산의 대자본가 香椎源太郎의 자본축적 활동: 日本硬質陶器의 인수와 경영을 중심으로」, 『지역과 역사』 25호, 2009. 10, pp. 121-123.

淸三郎)를 임명했다.[45)]

따라서 부산 세화회가 태어난 장소의 위치는 경상남도 상공경제회 건물임에 분명하며, 그렇다면 오늘날의 신창동(패전 당시 西町)에 위치해 있던 옛 부산상공회의소의 사무실이었다고 보아야 한다. 그런데 모리타 요시오는 경상남도 상공경제회 건물의 위치를 오늘날 동광동에 해당하는 혼마치(本町)에 있었다고 보고, 거기에서 부산 세화회가 만들어졌다고 했다.[46)] 나아가서 그는 9월 25일에 가서 신창동의 옛 부산상공회의소로 세화회 사무실을 옮겼다고 기술하고 있다.[47)] 세화회가 경상남도 상공경제회의 사무실에서 결성되었다고 보는 만큼, 모리타의 혼마치 관련 기술은 사실에 맞지 않으며 처음부터 오늘날 신창동의 옛 부산상공회의소 건물을 그대로 이어받은 경상남도 상공경제회 건물에서 결성된 것으로 보아야 한다.[48)]

〈사진 4-1〉 부산 세화회의 산실 경남상공경제회 건물

45) 부산상공회의소, 『釜山商議史: 1889年-1982年』, 부산상공회의소, 1982, pp. 298-307; 부산상공회의소, 『부산상공회의소 백년사 1889-1989』, 부산상공회의소, 1989, p. 156.

46) 森田芳夫, 1964, p. 141.

47) 森田芳夫, 1964, pp. 141-142.

48) 경남상공경제회, 즉 옛 부산상공회 건물은 1928년에 건립되었다가 1950년 12월 화재로 소실되었다. 부산상공회의소, 1982, p. 20.

부산 세화회 사무실은 한 달이 지난 후 10월에 세화회 안에 안내소가 설립되고 귀환자 원호 송출 업무를 전담하게 되면서 부산항 제1부두 입구에 위치한 일본군 연락반 사무소 건물로 옮겨 본격적으로 귀환자 원호 활동을 위한 거점으로 활용되었다.[49] 1945년 10월에 기록되었을 것으로 보이는 세화회 내부자료 「부산일본인세화회 업무강령」에는 다음과 같이 조직 결성의 취지와 열의가 담겨 있다.[50]

> 이번 시국의 급변에 즈음하여 부산에 있는 일본인 가운데 일본에 귀환하려는 사람, 또는 이 땅에 남아서 장래의 생업을 도모하려는 사람, 그 누구를 불문하고 그들에게 좋은 상담 상대가 되고, 업무의 크고 작고를 떠나 급무 해결에 협력하며 동포 사랑의 열의에 불타 함께 격려하고 함께 도우며 당면한 고난 타개를 목표로 하여 몸을 바칠 것을 이 세화회의 본령으로 한다.

부산 세화회 임원

부산은 일본으로의 귀환이 용이한 지역이었던 만큼 다른 지역에 비해서 세화회 조직 초기의 구성원 변동이 매우 심했다. 초대 회장 가시이가 일찍이 일본으로 귀환해 가면서 임원진이 대폭 바뀌었고, 조직 명칭도 곧 「부산내지인세화회」에서 「부산일본인세화회」로 바뀌었다. 부산 세화회 발족 당시에 아래와 같이 선임된 15명의 초기 상임위원 가운데는 13명이 실업가들로 구성되어 있는 것으로 보아, 패전 직후 부산의 일본인 단체 결성이 경제인들

---

49) 森田芳夫, 1964, p. 416.

50) 森田芳夫, 1964, p. 322. 원문은 다음과 같다. 今次時局の急転に際し, 釜山にある日本人中, あるいは日本に帰還するもの, あるいはこの地にとどまって将来に生業をはからんとするもの, そのいずれを問わず, これらのよき相談相手となり, 事の大小にかかわらず, その急務の解決に協力し, 同胞相愛の熱意にもえて共励共助, 当面の苦難打開の方途に挺身せんこと, これ世話会の本領とするところなり.

을 중심으로 이루어졌음을 쉽게 알 수 있다.[51)]

黑田吉夫(일본우선 사장)·小宮山(흑선기업 사장)·中村隆一(조선업 운영자)·坂田文吉(실업가)·小西恭介(부산부윤 역임)·横山惠正(입정상업학교 교장)·立石信吉(立石산업 사장)·福島源二郎(어망 판매업자)·南原嘉次郎(식량 판매업자)·井谷義一郎(미곡상)·松尾美之助(정미업자)·佐治豊作(석탄 판매업자)·時岡昇平 (조선방적 사장)·山下眞一(부산상공회의소 총재)·永延(부산일보 전무)

부산 세화회 조직의 성격 변화를 살펴보면, 총독부의 지시에 따라 결성되어 미약하게 출발한 세화회가 10월에 들어서 임원진을 보강하면서 조직이 강화되었고, 11월에 들어서는 안내소 조직과 활동을 강화하여 귀환자 원호 단체로서의 성격을 분명히 했다. 이윽고 12월 18일에는 세화회의 목적에 관한 규정(규약 제2조)을 개정하여, 종래의 "일본인 상호 간 연락협력 및 상호부조를 기한다"에서 "미군정에 협력하여 여러 사태에 대응하며 원활한 해결을 기하고 이로써 일본인의 지도와 나아가 전재자의 구제 및 귀환에 관한 사무를 원활하게 처리한다"라고 고쳤다. 이미 1945년 말에 들어서는 38도선 이남 지역에 거주하던 일본인들 대부분이 일본으로 귀환했고 미군정청의 귀환 수송 업무가 체계화 되어 있었다. 따라서 부산 세화회는 1946년에 들어서는 38도선 이북에서 남하해 오는 전재자들을 위하여 원호와 수송을 담당하는 단체가 되었다. 결성 이후 1945년 12월 말까지 부산 세화회의 임원 변동 상황은 다음과 같다.[52)]

---

51) 森田芳夫, 1964, p. 142.

52) 부산세화회 임원의 패전 당시 직책에 관하여, 모리타의 저서와 함께, 후쿠오카의 재야연구자 이시바시 가쓰미(石橋克美)가 운영하는 「釜山でお昼を」(http://nekonote.jp/pusan.html) 사이트의 콘텐츠를 주로 참고했다.

① 1945. 9. 1~ 회장 香椎源太郎(일본경질도기 사장), 사무국장 池田佐忠(부산축항 사장)

사무차장 上田耕一郎(부산상공회의소 이사), 사업부장 越智章介(부산상공회의소 업무부장),

서무부장 倉地哲(조선가스전기 서무과장), 조사부장 野入英樹(부산상공회의소 조사부장)

② 1945. 10. 2~ 회장 池田佐忠, 부회장 小西恭介(변호사)·黒田吉夫(서일본기선 사장)

상임간사 立石信吉(立石상사 사장)·高井春五郎(서일본기선 이사)

상담역 芥川浩(부산일보 사장)·山下真一(부산부윤 역임)·時岡昇平(조선방적 사장)

서무부장 上田耕一郎, 경리부장 겸 상공부장 越智章介, 섭외부장 芥川典(부산일보)

조사부장 野入英樹, 원호부장 清水雲治, 자금부장 倉地哲,

문화후생부장 横山恵正(日蓮宗 天晴地明 회장), 안내소장 青柳嵯峨治(부산고등법원 원장)

③ 1945. 11. 10~ 회장 겸 연락부장 芥川典, 서무부장 上田耕一郎, 경리부장 倉地哲

상담부장 野入英樹, 의료방역부장 宮下義正(구제병원 원장)

부산 안내소 소장 木村雪治, 부산 안내소 차장 丸山兵一

④ 1945. 12. 5~ 회장 鏡一以(대구지방법원장), 나머지 임원은 대체로 동일

후쿠오카시 종합도서관에 소장되어 있는 부산 세화회 내부자료 「직원명부」에는 1945년 12월 1일까지 부산 세화회에서 활동하고 있던 사람들의 이름 128명이 게재되어 있다.[53] 이 명부를 보면 그때까지 세화회 부장급 이상

53) 釜山日本人世話会,「職員名簿: 昭和20年12月1日以降」에 게재된 128명의 이름은 다음과 같다. 鏡一以, 丸山兵一, 宮成春夫, 加藤伊三二, 紀徹, 森田国政, 関口太郎, 清水覚, 庄司美知郎, 西嶋国造, 田口千衛, 本田克弥, 吉村庸三, 安楽親之, 西坂恒男, 三宅一郎, 石井嘉夫, 三宅一美, 松岡一郎, 箱島博, 長卿立身, 河原塚詮, 大西由男, 榮田富重, 川田政信, 佐藤芳吉, 宮下義正, 島

의 임원을 역임한 사람 가운데 부산 세화회에 남은 것으로 기록된 사람은 이케다 스케타다(池田佐忠)·구라치 사토시(倉地哲)·미야시타 요시마사(宮下義正)·마루야마 헤이이치(丸山兵一) 등 4명 뿐이다.

10월 중에 잠시 세화회 회장을 담당했던 이케다는 패전 직후 미리 가족과 회사원들을 귀환시키고 부산에 남아 있다가 10월 말에 귀환했다.[54] 패전 당시 교통국 항만과에서 공사(工事) 주무관을 담당하던 마치다 구스오(町田久壽男)는 이케다가 패전 직후 항만과로부터 울산항 항로 준설과 잔교 축조 대금으로 지급받은 자금 가운데 일부를 부산 세화회에 사용했다고 회고했다.[55] 이케다의 이름이 「직원명부」에 남아있는 것으로 보아서는, 부산 세화회 회장 때 뿐 아니라 야마구치에 귀환하고 나서도 얼마동안 부산의 세화회 조직을 재정적으로 지원한 것이 아닌가 생각된다. 아무튼 부산 세화회 초기 임원의 급격한 변동은 부산지역 거주 일본인들이 서울이나 다른 지역과는 달리 패전 직후 일찍 대거 귀환해 갔다고 하는 것을 잘 보여주고 있다.

貫清夫, 中林茂, 吉崎磨, 千田直人, 尾縣雄二, 宮内惠子, 上田重穂, 山本貞一郎, 箕浦 美春, 宮内久美子, 竹内義隆, 長井主税, 小野正典, 平山惠美子, 田口昭三, 高山四郎, 佐藤一政, 坂井百枝, 松井喜一郎, 山室力, 古米巖, 田口イク, 伊瀬礼之介, 樋口信博, 井上嚴三, 原田裕子, 熊定夫, 川鍋好春, 武田節子, 井上光丸, 日笠陽一郎, 馬場ミユキ, 河野俊夫, 関友良, 横手眞勝, 村田ヨシ, 渡辺小花, 村越元昌, 光島昭男, 大澤キノ, 籔下紀男, 毛利義雄, 古庄篤, 小宮富久, 近藤美雪, 桔梗利, 竹内貫一, 北川カズ, 高野美代志, 小田勝典, 葛坂進, 杉岡広亮, 丸山昭弘, 塚田晉, 伊瀬省介, 北川喜太郎, 渡辺健次, 多田岩男, 津曲兼行, 森田国五郎, 神農判介(조선인), 矢澤智雄, 中川進介, 山口九州男, 久田弘美, 藤井剛, 安部甚三, 越名角一, 宮崎芳子, 上サイ, 金谷義人, 川上武重, 池田佐忠, 佐々木宏, 下村福寿, 三木豊一, 小田島正蔵, 高砂利夫, 福原威, 小野辰雄, 堀川潤治, 楠見弘, 鍋島照男, 宮内, 片浦慶藏, 倉地哲, 野田昌之, 森本, 樋口重助, 東田裕子, 占部寿一, 熊本正男, 湯田ミチエ, 阿部満春, 角永稔, 佐々木清綱, 柴田七五三男, 山本寛, 斎藤鎌二郎, 安藤スミノ, 大木行夫.

54) 池田國司,『池田佐忠事業と人生』, 池田國司, 1999, p. 70; 배석만,「부산항 매축업자 이케다 스케타다(池田佐忠)의 기업 활동」,『한국민족문화』 42호, 2012. 2, p. 166.

55) 町田久寿男,「幻の沖縄移住」, 鮮交会(編), 1976, pp. 26-27.

부산 세화회의 원호 활동

모리타 요시오는 부산 세화회가 1945년 10월 7일 「부산일본인세화회회보」 제1호를 타블로이드판으로 인쇄 발행하기 시작했고 그 달 17일 제10호로 발행을 종결했다고 기록했다.[56] 그러나 그를 포함하여 아무도 아직 부산 세화회의 회보를 발견하지 못하고 있다. 다만 마루야마 헤이이치가 부산 세화회 안내소 업무를 담당하면서 부산세화회 초기의 활동과 함께 부산항을 거점으로 하는 한반도 전체의 귀환자 동향이나 경상남도 지방의 귀환자 동향에 관한 비교적 상세한 기록을 남겼다.[57] 여기서는 마루야마의 자료를 중심으로 하여 부산 세화회의 초기 활동 상황을 정리하고자 한다.

부산 세화회가 설립된 직후에는 38도선 이북지방 또는 남한의 타 지역에서 쇄도해 오는 귀환자들이 많은데다가 군정청 당국이 군인 수송을 우선으로 하여 대형 선박을 사용하도록 하고 있었기 때문에 부산이나 경상남도 지역의 일본인 민간인들까지 대형 선박을 이용하기에는 곤란했다. 여기에다가 지리적 조건에 따라 다른 지역에 비해서 기범선이나 소형 선박을 이용하기에 편리했기 때문에 부산 경남지역 주민들은 이러한 선박을 이용하여 귀환에 나서는 사람들이 많았다.[58] 이러한 이유로 미군이 진주한 이후인 10월 하순까지도 부산 세화회는 집단을 구성하여 주로 기범선과 소형 선박을 수배하고 선박 운임을 통제하여 폭리를 취하는 일이 없도록 조치함으로써 지역 주민의 원활한 개별 귀환을 돕는 데 주력했다.[59]

---

56) 森田芳夫, 1964, p. 322.

57) 丸山兵一, 「慶尚南道及び釜山の引揚」, 『同和』 165号, 1961. 9, p. 4; 丸山兵一, 「慶尚南道及び釜山の引揚(二)」, 『同和』 166号, 1961. 10, p. 4: 丸山兵一, 「釜山日本人世話会の活動」, 1980, pp. 390-399; 丸山兵一, 「朝鮮に於ける日本人の引揚状況」, 2002, pp. 300-353.

58) 마루야마는 9월 중순부터 10월 하순에 걸쳐 약 3만 3천 명이 기범선으로 귀환한 것으로 파악했다. 丸山兵一, 1961. 9, p. 4.

59) 丸山兵一, 「慶尚南道及び釜山に於ける引揚状況」, 加藤聖文(編), 『海外引揚関係史料集成(国外篇)第19巻』, 2002, pp. 306-310.

9월에 들어서부터 무리를 지어 38선을 넘어 남하해 온 피난민 집단의 처참한 모습이 부산에도 나타나기 시작했다. 이들은 대부분 헐벗고 굶주린 상태로 먹을 것, 가진 것도 없이 육체적, 정신적으로 지쳐 있는 모습들이었으며 응급 원호조치를 요하는 사람들이었다. 부산 세화회는 서울 세화회와 마찬가지로 이들을 위하여 의료지원 활동을 실시했다. 일본인 의사와 의대생들이 자원하여 전재민들을 중심으로 하여 귀환 대기자들에게 의료 봉사활동을 실시했으며 세화회는 조직을 들어 이들에 대해 의약품을 지원했다.[60)]

10월에 들어서부터 세화회는 전재민 원호 단체로서의 성격을 강하게 띠기 시작했다. 10월 2일 총독부「종전연락사무처리본부」부산 안내소의 전재민 원호 업무를 세화회가 맡게 되면서부터라고 생각된다.[61)] 그런데 이때 군정청에 의한 계획 수송이 오로지 군인에게만 쏠려있었고 민간인에 대한 계획 수송이 이루어지지 않고 있었음에도 불구하고, 북한에서 남하하는 전재민들을 중심으로 민간인 귀환 희망자들이 부산에 밀려오고 있었다. 때마침 10월 1일부터 8일까지 하루 평균 8천 명 정도의 군인을 수송하면서 이 시기 귀환을 대기하는 인원이 부산에 과포화 상태를 이루게 되었다. 마루야마는 10월 2일에 부산에서 일본인들을 수용하고 있던 시설과 인원의 현황으로 〈표 4-3〉과 같은 통계를 제시했다.[62)] 당시 부산에서 귀환 선박을 기다리는 일본인이 얼마나 많았는지 짐작하게 하는 통계이다.

60) 木村秀明, 1980, pp. 41-47.

61) 패전 직후 전재민 원호 업무는 부산병참사령부가 담당해 왔으나 9월 30일에「종전연락사무처리본부」부산 안내소로 인계되었고 이어 10월 2일에는 부산 세화회가 이 업무에 가담했으며 10월 22일에는 세화회로 완전히 이전되었다. 丸山兵一, 1961. 9, p. 4; 丸山兵一, 1961. 10, p. 4.

62) 丸山兵一,「朝鮮に於ける日本人の引揚状況」, 2002, pp. 325-326.

〈표 4-3〉 부산의 일본인 수용 상황(1945년 10월 2일)

수용시설	정원	최대수용력	수용인원	정원초과인원
西本願寺	1,000	2,000	2,500	1,500
東本願寺	1,000	2,000	2,500	1,500
金剛寺	300	500	700	400
智恩寺	300	500	700	400
妙覚寺	150	200	300	150
金光教	150	200	300	150
出雲大社	300	500	700	400
마스라오관	1,500	2,000	2,500	1,000
제7국민학교	2,000	4,000	4,700	2,700
식물검사소	700	1,000	1,500	800
세관창고	5,000	7,500	8,600	3,600
합계	12,400	20,500	25,000	12,600

부산에 모인 일본인 귀환자에 대한 진료에는 과거 부산에서 활동하던 일본인 의사들이 패전 직후 일본으로 귀환해 감으로써 강원도 원주병원의 원장이던 미야시타 기이치(宮下義一)가 중심이 되어 활동하게 되었다. 그는 부산 세화회 의료방역부장과 이동의료국 부산지부장을 겸임하면서 과거 부립병원을 「일본인전재자구제병원」으로 개칭하고 미군정 당국의 지원을 받아 초기부터 귀환자 진료에 진력했다.[63] 부산 세화회는 10월 22일 총독부의 부산 안내소 업무를 완전히 인수하고 군정당국에 의해 10월 25일부터 시작되는 민간인 계획수송 업무에도 관여하게 된다. 이에 따라 세화회는 다음과 같은 방침을 세워 민간인 귀환자들을 승선시켰다.[64]

① 계획수송에 의하여 서울 · 대전 · 대구 방면에서 들어와 부산항에서 승선하는

63) 木村秀明, 1980, pp. 26-33.

64) 丸山兵一, 1961. 10, p. 4.

자에게는 접수단체 번호 서열에 따라서 순서대로 승선시킨다.

② 계획수송에 의하지 않고 개별적으로 부산에 들어오는 자에게는 일정 기간 숙사에 수용하고 그룹을 형성하게 한 후 승선시킨다.

③ 부산이나 경상남도 거주자의 귀환에 대해서는 단독 승선을 금지시키고 250명 정도의 인원이 될 때까지 지은사(智恩寺)에 일괄 수용한 뒤 그룹을 이룬 후에 승선시킨다.

이렇게 하여 10월 20일 이후에는 부산 세화회의 통제를 받아 대형 선박으로 귀환한 일본인이 10월 중에 16개 그룹 11,100명, 11월 중에 39개 그룹 14,800명, 12월 중에 61개 그룹 9,600명으로, 도합 35,500명에 달한 것으로 마루야마는 파악했다. 그는 부산 세화회의 계획 수송 실적으로서 패전 직후 부산과 경상남도 지역 거주자 가운데 기범선을 통제한 3만 3천 명, 여기에 대형선박에 의한 계획 수송을 포함하여 1945년 말까지 총 6만 8,500명에 대해 수송을 도왔다고 기록하고 있다.[65]

부산항 부두 근처의 세화회 사무실

1946년 5월 상해(上海)에서 부산으로 상륙해 온 한국인 선원이 콜레라로 사망한 것을 계기로 하여, 군정당국은 5월 말부터 부산항 사용을 금지시키고 군산항과 인천항을 대체 항구로 지정했다. 그 후 콜레라가 수그러들자 8월부터 다시 부산항을 사용하게 했다.[66] 부산 세화회는 1946년에 들어서 부산항의 일본인 귀환자 수가 줄어들자 귀환자 수용 시설을 부산역 앞에 있던 마스라오관으로 단일화했다. 마스라오관은 패전 직전까지 산업장려관으로 사용되어 오던 건물이었는데 패전 직후에는 일본인 귀환자를 수용하는 시

---

65) 丸山兵一, 1961. 10, p. 4.

66) 森田芳夫, 1964, pp. 693-694.

설로 활용된 것이다. 이윽고 1946년 8월 미군이 마스라오관을 접수하여 사용하게 되면서 세화회는 일본인 귀환자 수용소로 제1부두 안의 창고를 개조하여 활용했다. 결국 세화회 사무소와 귀환자 수용소 건물이 매우 근접한 위치에 놓이게 된 것이다.[67]

마루야마는 1945년 8월부터 1947년 1월까지 부산항을 경유하여 귀환한 일본인 수를 〈표 4-4〉와 같이 제시하고 있다.[68] 이것은 부산항을 중심으로 하여 일본인 귀환자 수의 전모를 알게 하는 매우 귀중한 통계라고 생각된다. 특히 1945년 9월 이후의 통계는 부산항의 일본인 귀환자 수를 파악하는 데 매우 유용한 자료라고 평가할 수 있다. 다만 1945년 8월의 귀환자 수치는 그 근거가 희박할 뿐 아니라 무질서한 대규모 귀환 쇄도 상황을 무시한 너무 적은 수를 제시하고 있다는 문제점을 안고 있다.

〈표 4-4〉 부산항 경유 일본인 귀환자수

월	38도선 이남	38도선 이북	계
1945. 8.	4,895	-	4,895
9.	100,682	26,808	127,490
10.	169,263	-	169,263
11.	176,376	-	176,376
12.	27,740	5,168	32,908
1946. 1.	4,083	5,996	10,079
2.	5,379	1,732	7,111
3.	2,257	5,973	8,230
4.	625	28,404	29,029
5.	117	40,511	40,628
6.	53	3,091	3,144
7.	-	538	538
8.	-	19,289	19,289
9.	-	19,355	19,355
10.	-	13,453	13,453
11.	-	8,370	8,370
12.	-	4,040	4,040
1947. 1.	-	208	208
합계	491,470	182,936	674,406

67) 引揚げ港・博多を考える集い(監修), 『博多港引揚』, 図書出版のぶ工房, 2011, p. 56.

68) 丸山兵一, 「朝鮮に於ける日本人の引揚状況」, 2002, pp. 350-351.

일본인 유골 안치와 송환

부산 세화회는 귀환자 원호와 수송 이외에 일본인 유골을 수습하여 안치하고 송환하는 업무를 수행하기도 했다. 세화회는 1946년 7월에 부산 시내의 각 사찰에 흩어져 있는 유골을 모았다. 이때 수집된 유골의 규모에 대해 모리타는 부산 세화회 통계를 인용했다고 전제하고 다음 〈표 4-5〉와 같이 수치를 제시했다.[69] 유골 6,300주 정도 되는 유골 가운데 유가족 이름이 불분명한 소위 무연고 유골이었는데 세화회는 이 유골들을 오늘날의 아미동(당시 谷町)에 위치해 있던 공동묘지에 매장하고 묘지 앞에 「무연고 사망자 묘지(無緣諸佛之墓)」라고 새긴 비석을 세웠다. 이윽고 부산 세화회는 공동묘지에서 7월 23일 가가미 가즈이(鏡一以) 회장의 주재 아래 위령제를 거행했다.[70]

〈표 4-5〉 부산 세화회가 수집한 유골 수

사찰 소재지		사찰명	유골 총수 (개략)	유가족 판명 유골
1945년	오늘날		6,300정도	3,153
계				
西町	신창동	東本願寺	1,000	427
西町	신창동	妙覺寺	500	359
西町	신창동	天晴地明會	-	18
富平町	부평동	西本願寺	-	297
瀛仙町	영선동	本願寺	800	187
草梁	초량	西本願寺		187
東萊	동래	念佛庵		10
谷町	아미동	總泉寺	1,500	392
大廳町	대청동	智恩寺	500	416
大廳町	대청동	金剛寺	1,300	458

69) 森田芳夫, 1964, p. 709. 유골을 보관하던 사찰의 오늘날 소재지에 대해서는 「釜山でお昼を」 사이트 속의 '釜山の街角今昔'을 참고했다. http://nekonote.jp/korea/old/fukei/index.html.

70) 引揚げ港・博多を考える集い(監修), 『博多港引揚』, 図書出版のぶ工房, 2011, pp. 46-49.

汐見町	남항동	弘法寺	30	14
草場町	토성동	小林寺	200	112
草場町	토성동	延力寺	30	19
草場町	토성동	妙心寺	200	58
草場町	토성동	長裕寺	-	199
釜山鎭	부산진	金剛寺	200	-
釜山鎭	부산진	長松寺	100	-
釜山鎭	부산진	高野山	3	-

그리고 유가족의 이름이 판명된 유골 3,153주에 대해서는 사망자 이름을 기재한 헝겊에 조금씩 담아, 그 해 10월 18일 가가미 회장이 귀환할 때 명부와 함께 지참하고 일본에 건너갔다.[71] 이때는 6장에서 언급하는 바와 같이 일본에 귀환한 사람들에 의해 일본에서도 세화회 조직 활동이 활발했던 시기였다. 가가미 회장은 일본의 「동포세화회」 규슈상담소를 연락 창구로 하여 일단 유골을 후쿠오카의 쇼후쿠지(聖福寺)에 안치하고 유가족들이 인취해가도록 했다.[72]

〈사진 4-2〉 1946년 7월 23일 부산 세화회의 위령제

71) 森田芳夫, 1964, pp. 709-710.

72) 『朝鮮引揚同胞世話会特報』 8号. 1946. 11, p. 2.

부산 세화회 업무 종결

1946년 12월 시점에 한반도 거주 일본인이 거의 귀환해 감에 따라 서울 세화회가 문을 닫게 되었지만, 그러나 부산의 세화회는 한반도 유일의 일본인 원호단체로서 그 명맥을 유지해갔다. 다만 귀환 업무가 전반적으로 소강상태에 들어감에 따라 소수 인원만이 남아서 비교적 한가로운 나날을 보내는 일이 많았다.

1947년에 들어서자 세화회는 부산항 부근의 작은 일본인 수용소에서 귀환자에 대한 지도와 방역을 담당했다. 군정청 외무처가 일본인으로 인정하고 수용증명서를 발급하면 세화회는 그 대상자를 수용하여 승선 하루 전에 예방주사를 접종하고 DDT를 산포하는 등 검역을 도왔다. 일본인으로 위장하여 일본으로 건너가려는 조선인이 있었기 때문에 일본인인지 분명하지 않을 때는 본적지에 조회한 후 승선을 허가하기도 했다.[73] 이때에는 부산과 사세보 사이를 왕복하는 선박이 일본인과 조선인을 수송했다. 1947년 한 해에 부산에서 사세보로 총 23회 배가 운행되었고 일본인 총 2,599명을 귀환시켰다.[74]

1948년에 들어 부산 세화회에는 조선인과 결혼하여 남한에 거주하는 일본인 부인들이 이따금 방문해왔다. 이들에 대한 지도와 상담을 마지막 업무로서 수행해오던 부산 세화회는 대한민국 정부 수립을 한 달여 앞둔 7월 10일에 문을 닫았다. 부산에서 마지막까지 세화회에 남아 업무를 행한 인물은 미군정청으로부터 정규 직원으로 인정을 받았던 모리타 구니마사(森田國政, 소장)와 미야케 가즈미(三宅一美, 섭외담당),[75]그리고 임시 직원이었던

73) 森田芳夫, 1964, pp. 816-817.

74) 森田芳夫, 1964, p. 818.

75) 미야케 가즈미(1915~2009)는 서울 태생으로 「조선전업주식회사」에 근무하다가 패전을 맞았다. 패전 후 직원들의 귀환 원호를 계기로 하여 부산 세화회에 근무하게 되었다. 그는 사진 촬영에 열정을 쏟기도 하여, 미군으로부터 카메라 필름을 얻어 세화회의 활동과 귀환자들의 모습, 그리고 패전 직후 부산항에 관한 사진 자료를 다수 남겼다. 高杉志緒, 『日本に引揚げた人々』, 図書出版のぶ工房, 2011, p. 203.

오타 이와오(多田岩男, 서무담당)와 사카이 모모에다(坂井百枝, 식사 · 청소 담당) 등, 총 4명이다.[76)]

4. 부산 세화회의 활동 경비

미군정의 자금 지원

총독부의 「종전사무처리본부」는 발족 직후의 부산 세화회에 대해 활동 자금 50만 원을 지급했다.[77)] 애초에 부산 안내소 활동 예산으로 편성된 것을 부산 세화회에 지급한 것으로 보인다. 이어 부산 세화회는 미군정 당국으로부터도 서울 세화회에 비해 비교적 후한 지원을 받았다. 이것은 1946년 콜레라 발생으로 인하여 부산항이 다른 항구로 대체되기까지는 유일한 정식 귀환 항구로 지정된 것에 따른다. 일본에 귀환하려는 사람들에게 있어서 한반도의 터미널과 같은 지역으로서 이곳에서 귀환자 원호 활동을 담당하는 세화회의 역할이나 업무 내용도 다른 지역과 비교하여 보다 분명한 것으로 군정청이 인정했기 때문이다.

2012년 12월 현재 후쿠오카시가 운영하는 '引揚關係' 검색 사이트에 게재된 Japanese Relief Expenses 라는 제목의 문서를 통해서 부산 세화회가 매월 부산의 미군정 경상남도 지방당국에 지출상황을 보고했음을 알 수 있다.[78)] 군정청 업무 개시 이후 1946년 3월말까지 군정청이 부산 세화회에 대해서 42만 3천 원을 지급한 것으로 나타나 있다. 같은 기간에 군정청이 서울 세화회에 약 17만 원 정도를 지급한 것과 비교하면 서울보다 2.5배 더 지원을 받

76) 森田芳夫, 1964, pp. 816-817; 森田芳夫 · 長田かな子, 1980, p. 399.

77) 森田芳夫, 1964, p. 142.

78) http://hakatakou-hikiage.city.fukuoka.lg.jp/img/documents/3_3/365_1.jpg

은 것을 알 수 있다.

또한 군정청은 서울 세화회의 자체 자금을 동결했지만, 부산 세화회의 경우는 자체 자금을 융통하여 사용할 수 있도록 허용했다. 그 뿐 아니라 군정청은 부산 세화회에게 원호물자를 지원하기도 했다. 여기에다가 부산 세화회 직원이 수용소 안에서 생활할 수 있도록 조치했기 때문에 부산 세화회로서는 인건비를 줄이고 비교적 안정적으로 재정을 운용할 수 있었다. 1945년 9월부터 1946년 3월까지 부산 세화회의 수입과 지출 내역은 〈표 4-6〉와 같다.[79]

〈표 4-6〉 부산 세화회의 수입 지출 내역(1945년 9월~1946년 3월)

단위: 원

수입		지출	
항목	금액	항목	금액
		급식비	212,662
종전사무처리본부보조금	500,000	원호비	328,738
군정청교부금	423,000	의료비	33,045
기부금	350,150	원호잡비	73,083
의료수익금	4,090	사무비	61,358
환불금	7,125	인건비	330,177
		복지비	106,988
		시설비	102,007
		계	1,248,058
계	1,284,365		
		잔금	36,307

※ 전(錢) 부분을 반올림한 금액임

부산 세화회의 직원 충원

지출 항목에 나타나는 바와 같이 지출 내역 가운데 가장 큰 비중을 차지하는 것은 직원들의 인건비였다. 그러나 아무리 급료를 지불한다고 해도 부

79) 森田芳夫, 1964, pp. 564-565.

산 현지 거주자들을 직원으로 사용하기는 어려웠을 것을 보인다. 부산에서 정착하고 싶어도 그것이 보장되지 않은 조건 하에서 귀환자들이 바로 눈앞에서 승선하고 한반도를 떠나고 있는 상황은 부산 세화회 임직원 모두에게 여차하면 자신도 일본에 귀환하여 새로운 생활터전을 마련하겠다는 마음을 갖게 했을 것이다. 이러한 이유로 한반도 거주자들이 굳이 사회적으로 열악한 환경의 부산지역에 남아서 원호업무를 수행하기를 그다지 선호하지 않았다. 이러한 상황은 결과적으로 부산 세화회의 안정적인 원호 업무를 위협하기에 이르렀다. 그 결과 부산 세화회는 전재민 원호 업무 속행을 위해서 일본 본토에서 전문 인력을 끌어와야 했다.

1945년 10월 30일 부산의 세화회 회장 이케다(池田)와 안내소 차장 마루야마(丸山)가 몸소 일본으로 건너가 전문 인력을 모집하기에 이르렀다. 그 결과 이케다는 그대로 일본에 남았지만 마루야마는 25명의 인력을 이끌고 부산으로 다시 들어왔다. 여기에 규슈의 재외동포원호회에서 활동을 하던 일본인도 부산으로 건너와 세화회 직원이 되어 원호활동에 뛰어들기도 했다. 11월 10일 시점에 부산 세화회는 총 91명의 직원을 거느리고 있었으며 이 가운데 안내소 직원이 65명에 달했다.[80] 그 후로 귀환자 수의 감소에 따라 세화회 직원 수도 계속하여 점차 줄어들어갔다.

세화회 지출 예산 가운데 인건비 다음으로는 원호비가 큰 비중을 차지했다. 세화회 조직 가운데 가장 큰 안내소가 어떠한 업무를 수행했는가를 통해 원호비 지출 상황을 짐작할 수 있다. 1946년 1월 1일로 안내소 소장에 취임한 마루야마는 안내소가 세화회의 최전선 조직이었다고 평가하고 〈표 4-7〉과 같은 담당 부서가 각각의 업무를 수행했다고 기록했다.[81]

80) 森田芳夫, 1964, p. 416.

81) 丸山兵一, 「釜山日本人世話会の活動」, 1980, pp. 395-396.

〈표 4-7〉 부산 세화회 안내소의 업무

담당부서	업무 내용
서무계	안내소 전반에 관한 일반 서무, 근무자 배정, 일반 전재자 접수, 전재증명서 발급, 안내소 내부 청소
계획계	전재자에 대한 숙소 할당, 승선 할당, 도착열차 및 입항선박에 대한 연락, 요컨대 전재자의 접수에서 송출까지의 계획을 담당
유도계	계획계의 계획에 따라 전재자를 지정 숙사로 유도, 승선 유도, 요컨대 전재자에 대한 길 안내 담당
숙사계	전재자를 숙소에 맞아들이고 지도와 알선을 행함. 대외적으로 숙소 확보에 매진함. 요컨대 어머니 역할 담당
배식계	전재자에 대한 급식 계획의 수립과 실천
원호계	전재자에 대한 의료 및 금전 지급
보조검사계	부두 안을 근무 정위치로 하여 귀환자에 대한 금전 및 채권 보관의 보조. 요컨대 안내소의 부두 출장소와 같은 역할 담당
화물계	세화회 설립 당초의 사업으로 화물보관 사업이 있었음. 또한 부두 안의 화물도 세화회가 담당하고 있었음
급식계	배식계에 의한 계획에 따라 소요 배식 준비를 담당함. 요컨대 취사업무 담당

전재민 원호 비용 문제

그런데 1946년에 들어 남한 거주 일본인들이 거의 귀환해 감에 따라 부산 세화회는 재정적으로 미군정청의 지원 이외에는 다른 수입이 없는 가운데 남하 피난민을 원호해야 하는 어려움에 봉착하게 되었다. 부산 세화회 자료에 의하면 38도선 이북에서 동해안을 통해 남하한 일본인 피난민 가운데 부산 세화회 수용소에 입소한 인원의 규모가 나타나 있다. 즉 1945년 12월에 기범선 7척으로 남하한 886명, 이듬해 1월에는 기범선 10척에 468명, 2월에 기범선 5척에 354명, 3월에 기범선 5척에 389명, 이리하여 총 27척을 이용하여 남하한 합계 2,097명이 입소했다는 것이다.[82)]

이외에도 1946년 4월과 5월에 묵호항에서 부산항으로 전차양육함정(LST) 3척을 이용하여 총 4,158명이 남하했고, 또한 4월부터 12월 사이의 9

82) 加藤聖文(編), 『海外引揚関係史料集成(国外篇)第23巻: 朝鮮篇六』, p. 648.

개월간에 걸쳐서 주문진에서 부산으로 LST 등 총 27척의 선박으로 30,500명이 남하해 왔다고 한다. 이외에도 4월부터 6월까지 3개월간에 걸쳐 동해안을 따라 기범선으로 남한한 피난민이 총 908명이었다고 한다.[83)]

이에 따라 1946년 3월에 귀환한 호즈미는 지속적으로 일본 정부와 일본 여론에 대해 한반도 귀환 원호상황의 어려움을 호소하면서, 부산 세화회가 재정적인 어려움으로 탈북자들에게 충분한 식량을 제공하기 힘들다고 했다. 특히 4월 이후에 전재민이 급격하게 증가하면서 제대로 식량 지급을 할 수 없게 되었다고 호소했다. 그는 전재민들이 서울에서는 물론 부산에서 승선할 때까지도 식사다운 식사를 할 수 없을 뿐더러 선 내에서 조차 충분한 식사를 제공받을 수 없기 때문에 이들의 영양실조 상황을 더욱 악화시키고 있다고 하면서 연락선으로 충분한 식량을 운반해줄 것을 일본 정부에 청원하기도 했다.[84)]

5. 부산항을 떠나 일본으로

패전 직후 부산항을 떠나 일본에 상륙하는 일본인 귀환자들의 현실 인식이 어떠했는지 살펴보자. 다큐멘터리 작가 모리시타 겐(森下研)의 작품 속에서 1945년 9월 2일 부산항을 출항하는 고안마루 선박에 관한 언급이 있다. 그는 이 배를 타고 센자키로 떠나는 일본인 귀환자들의 모습을 다음과 같이 묘사하고 있다.[85)]

부산에서 고안마루를 맞은 일본인들의 반응은 크게 두 부류로 나뉘었다. "기다

83)加藤聖文(編),『海外引揚関係史料集成(国外篇)第23巻: 朝鮮篇六』, p. 649.
84) 穂積真六郎,「在鮮邦人の引揚状況」,『引揚同胞』3 · 4号, 1946. 7, p. 31.
85) 森下研, 1987, pp. 119-120.

렸다. 이제야 돌아갈 수 있게 됐다" 부두에 모여서 기뻐한 것은 귀국하려다가 패전을 맞은 사람이나 북한 지방에서 피난해 온 사람들이었다. 또한 남한 지방도시에서 모여든 사람도 많았다. 그들은 소련 참전과 동시에 군대의 지시로 임전태세를 갖추기는 했지만 적군이 남하하지 않은 상태에서 패전을 맞았다. 대신 현지인들의 불온한 움직임에 위협을 당하자 부산으로 도망쳐 왔다고 한다.

그러나 부산에 주거지를 둔 일본인 가운데는 사태를 순순히 받아들일 수 없어 움직이려고 하지 않는 사람도 많았다. 한반도가 일본에 병합된 지 3분의 1 세기가 지나면서 초기에 건너온 사람들은 세대도 바뀌고 새로운 고향으로써 정착하게 된 것이다. 해외 거주자에 대한 일본 정부의 태도도 이때에는 아직 분명하지 않았다. (중략)

승선이 시작되자 승무원도 귀환자도 모두 패전이라는 현실의 의미를 피부로 느끼게 되었다. 남한에서는 일찍이 국가 독립을 목표로 하는 자치조직이 생겨났다. 승선자들은 그 단체에 의한 검사를 받아야 했는데 그것은 매우 엄중한 것이었다. 일정 금액 이상의 화폐 소지는 금지되었고 한반도에 속하는 재산으로 간주되는 것은 모두 몰수당했다. 비록 그것이 정당한 노력의 결과라는 증거가 있더라도 절대 용납되지 않았다. 검사원에게 몸 구석구석까지 수색 당했으며 약간의 위반에 대해서도 격한 욕설을 들어야 했다. 그리고 그 굴욕은 바로 반 달 전까지 의식적으로 혹은 무의식적으로 자신들이 한반도 사람들에 대해 취했던 태도를 뒤집어놓은 것이었다.

9월 2일 아침 고안마루는 부산에 올 때와 마찬가지로 가득 채운 상태가 되었다. 그러나 배 안의 공기는 전혀 달랐다. 마침내 고국에 돌아갈 수 있다는 생각으로 갑판 손잡이를 부여잡고 동쪽 바다를 바라보는 사람들이 있었다. 캐빈 구석에 허탈한 표정으로 아무 생각 없이 앉아 있는 사람도 있었다. 대화하는 사람들은 그다지 보이지 않았으며 이따금 입을 열어 작은 소리로 쏘곤거리듯이 말했다. 그런 가운데 모두가 주위에 각각 자욱한 회색빛 침울한 분위기를 자아냈다. 모든 것을 잃은 슬픔, 내일부터의 생활에 대한 두려움…

귀환자를 태운 선박의 내부 상황은 선박별 혹은 시기별로 다르기 때문에 일률적으로 이러했다고 단정하기는 곤란하다. 여객선의 경우는 LST보다는 청결한 편이었고 통풍이나 설비 등 내부 환경도 나은 편이었지만 귀환자가 많을 경우에는 운신할 수 있는 공간이 좁아서 불편했기 때문이다. 선박에서는 건빵이 주로 배급되었고 식량 저장고 설비가 부족하여 전반적으로 충분한 급식이 이루어지기 어려웠다고 본다.[86)]

일본에 상륙하기 전

부산에서 발행된 『민주중보』의 기자는 1945년 9월 14일부터 열흘 동안 경상남도 「귀환조선인원호본부 조사단」(단장 李興培) 단원들과 함께 시모노세키와 하카타 등을 돌면서 현지 조선인 귀환자의 실태를 조사하고 귀국해서 기사화 한 일이 있다. 그런데 이 신문기사 가운데 부산에서 센자키로 이동하는 일본인 귀환자의 경로를 사실적으로 묘사한 기사가 발견된다. 이것은 이들의 출발 일자와 동일하다는 점에서 조사단과 기자가 직접 대형 선박을 타고 센자키에 가면서 목격한 바를 기록한 것으로 보여 사실감을 더하고 있다. 이 기사에는 9월 14일 오전 7시에 부산항을 출항한 고안마루 선박이 오후 2시 반 경에 센자키에서 떨어진 해상에 정박했고, 5척의 선박이 고안마루에 접근하여 50명 정도씩을 태우고 30분 정도 걸려서 센자키 항으로 입항했다고 되어 있다.[87)]

패전 직후 간호사로서 귀환자들에게 의료서비스를 실시한 바 있는 무라이시 마사코(村石正子)는 하카타항에서 자신이 실시했던 경험을 회고하며, 귀환자들이 일본에 상륙하기 전에 선박 위에서 어떠한 검역 절차를 밟았는지 비교적 상세하게 전하고 있다.[88)] 그녀의 기록에 의하면, 간호사들과 의과대 자원봉사 학생들이 한 팀을 이루어 바다 위에 정박 중인 선박에 올라가서 가설 검역소에서 귀환자들을 남녀로 나누어 전원으로부터 대변 검사를 실

86) 萩原晋太郎, 『さらば仙崎引揚港』, マルジュ社, 1985, pp. 82-83.

87) 『민주중보』 1945. 9. 24, p. 1.

88) 高杉志緒, 『日本に引揚げた人々』, 図書出版のぶ工房, 2011, p. 158.

시했다고 한다. 한 명씩 번호표를 배포하고 번호표와 같은 번호의 시험관에 펩톤수(peptone water)를 넣어두고 간호사가 유리 막대기로 승선자 한명 한 명의 항문에서 대변을 채취하여 시험관에 넣어 보건소로 운반한 후 질병의 감염 여부를 확인했다고 한다. 유리 막대기가 부족할 경우 나무 막대기도 사용하는 때도 있어 이로 인한 심한 통증을 기억하는 귀환자도 있었다. 이처럼 승선자 전원에 대한 검역이 끝나면 이어 나환자 반응도 마이너스로 확인되어야 비로소 이들의 상륙을 시작했다.

일본인 귀환자의 상륙 항구

다음 〈표 4-8〉은 1945년 9월부터 1949년 9월까지 일본 전국의 12개 지방 인양원호국에서 보고된 월별 상륙자 통계를 인양원호청이 집계하여 정리한 것이다.[89)]

〈표 4-8〉 귀환항별 일본인 상륙자 수

귀환항	1일평균 수용정원	1945년				1949년 9월까지 합계
		9월	10월	11월	12월	
博多	7,500	53,071	100,733	119,883	47,487	1,392,429
仙崎	5,000	78,134	73,359	65,573	7,685	413,961
佐世保	5,000	-	41,093	59,581	72,229	1,391,343
舞鶴	2,500	-	10,571	2,217	-	582,272
浦賀	10,000	-	13,750	48,356	70,248	564,625
鹿児島	3,000	-	806	18,566	25,325	360,924
宇品	8,000	-	4,791	1,512	3,770	169,386
田邊(大竹)	3,000	-	-	-	-	631,115
名古屋	5,000	-	-	-	-	259,589
函館	2,500	-	-	-	-	311,172
横浜	100	-	-	-	-	1,572
計	51,600	131,205	245,103	317,847	247,582	6,078,388

89) 引揚援護庁長官官房総務課記録係(編), 『引揚援護の記録』, 引揚援護庁, 1950 [資料], p. 83; pp. 86-87,

일본 점령당국에 의해 귀환항으로 지정된 12개 항구 가운데, 한반도에서 귀환해 오는 일본인들이 주로 입항한 곳은 하카타 · 센자키 · 사세보(佐世保) · 마이즈루(舞鶴) 항구였다. 특히 부산과 센자키 사이의 항로는 과거 부산과 시모노세키 사이의 연락선 항로를 대체한 것으로 역사성이 풍부하다. 특히 전쟁 졸경 초기에 한반도 일본인이나 재일조선인 귀환자들에게 집중적으로 많이 이용된 항로이기도 하다.[90] 여기에다가 과거 히로시마 철도회사가 부산과 시모노세키 사이에 정기연락선으로 투입했던 고안마루 선박이 패전 직후에 이 항로에 투입되어 귀환자들을 실어 날랐다.

센자키 항구는 다른 항구에 비해 수용 시설이 지극히 열악하여 항구 주변의 사찰이나 학교 강당 등을 활용하여 귀환자들의 숙식 · 진료 · 환전 · 피복 지급 등을 실시해야 했다.[91] 그럼에도 불구하고 점령당국의 허가 아래 공식적인 귀환 원호업무가 시작되는 9월에는 센자키 항구가 전국의 항구 가운데 가장 많은 수의 귀환자를 수용한 것으로 기록되고 있다. 한반도에서 귀환해 오는 일본인들이 다른 지역에 비해 비교적 이른 시기에 대거 귀환했던 것에 비추어볼 때, 센자키항은 한일관계사에서 매우 중요한 의미를 갖는다고 할 수 있다.

센자키 상륙자

여기서는 한반도와 역사적인 관련성이 깊은 센자키항에 초점을 맞추어, 귀환자들의 상륙 상황을 살펴보기로 한다. 센자키 인양원호국은 활동결과를 후생성에 보고하기 위하여 작성한 자료에서, 1945년 9월부터 이듬해 10월까지 14개월간에 걸쳐서 총 258,425명의 무장 해제 군인과 민간인 귀환자

90) 최영호 외, 『부관연락선과 부산』, 논형, 2007, pp. 117-123.

91) 厚生省仙崎引揚援護局, 『仙崎引揚援護局史』, 厚生省仙崎引揚援護局, 1946, pp. 32-47.

를 입항시킨 것으로 집계했다. 상륙자 가운데에는 군인이 29,153명이었고 민간인 귀환자가 229,272명이었다. 다음 〈표 4-9〉는 센자키항의 일본인 상륙자 수를 월별로 정리한 것이다.[92)]

〈표 4-9〉 센자키항의 일본인 상륙자 수

년월	입항선박 수 (척)	복원 군인			민간인 귀환자			상륙자 합계
		육군	해군	계	남	여	계	
45. 9	17	10,146	-	10,146	28,954	39,034	67,988	78,134
10	21	16,046	-	16,046	27,914	29,399	57,313	73,359
11	35	1,641	-	1,641	34,715	29,217	63,932	65,573
12	13	-	-	-	3,991	3,694	7,685	7,685
46. 1	7	-	-	-	1,154	1,094	2,248	2,248
2	18	-	-	-	1,825	1,509	3,334	3,334
3	9	4	-	4	671	649	1,320	1,324
4	15	329	25	354	3,474	3,984	7,458	7,812
5	14	542	20	562	4,241	5,334	9,575	10,137
6	6	334	14	348	2,901	3,747	6,648	6,996
7	2	52	-	52	728	1,033	1,761	1,813
8	-	-	-	-	-	-	-	-
9	2	-	-	-	4	3	7	7
10	1	-	-	-	1	2	3	3
합계	160	20,094	59	29,153	110,573	118,699	229,272	258,425

이곳에 귀환자들이 많이 들어온 시기는 1945년 9월부터 11월까지로, 매달 7만 명에 달했다. 이곳은 패전 직전에 공습을 받지 않은데다가 한반도와 가까운 지리적 조건을 가지고 있었기 때문에, 계획송환이 시작되는 시기, 즉 일본에서 인양원호국에 의한 체제가 정비되기 이전에, 이곳으로 귀환자들

92) 厚生省仙崎引揚援護局, 1946, pp. 21-23.

을 집중시킨 것이다. 그러다가 점령당국에 의한 원호체제가 정비되고 여타 항구들이 수용시설을 정비하면서 상대적으로 교통이 불편한 센자키항은 귀환 항구로서의 중요성을 상실하게 되었다.

작은 어촌 마을인 센자키는 1954년에 주변 마을과 합병하여 오늘날의 나가토시(長門市) 일부가 되어있다. 나가토시는 1995년 9월 2일, 이 날 고안마루가 귀환선으로서 처음으로 일본인 귀환자들을 입항시켰다고 하여, 「해외인양 50주년 기념식」을 개최했다. 그리고 기념사업의 일환으로 귀환자들의 체험 수기, 회고 등을 일본 전국으로부터 모집하여, 『역사의 증언』이라는 제목의 증언 자료집을 발간했다.[93] 이 책자에 문장을 기고한 사람 가운데 부산항을 떠나 센자키항으로 귀환했던 사람들을 표본으로 하여 그들이 훗날 귀환 당시의 상황을 어떻게 기억하고 있는지 살펴보기로 한다.

귀환원호에 감사

귀환원호사업을 기념하여 수기를 모집한 까닭인지 많은 수의 귀환자들이 센자키에 상륙하여 원호를 받은 것에 대해 감사하는 글을 남기고 있다. 반면에 식민지 지배나 귀환하지 않을 수밖에 없었던 상황에 관한 자신의 견해나 느낌에 대해서는 언급을 회피하고 있다. 이러한 성향의 수기로는 다음과 같은 것이 있다.

① 성명: 作宮 諄, 일본 거주지: 茨城縣
대전→ 부산→ 仙崎 경로로 45년 9월에 귀환, 당시 13세
패전 당시 부친이 충청남도 도청의 학무과에 근무하고 있어서 부친과 함께 귀환하지 못하고 모친과 둘이서 귀환했다. 센자키항에 도착해서 고안마루로부터 사다리를 타고 소형 선박으로 내려올 때 무서웠던 기억을 기록했다. 귀환 당시 따뜻

93) 長門市(編), 『歷史の證言: 海外引揚50周年記念手記集』, 海外引揚50周年記念事業實行委員會. 1995, 서문.

한 손길을 내밀어 준 사람들에게 감사하고 있다.[94)]

② 성명: 金子堅太郎, 일본 거주지: 群馬縣

군산→ 부산→ 仙崎 경로로 45년 중에 귀환, 당시 7세

패전 당시 8인 가족으로 군산에 거주하면서 150정보의 쌀 농장을 가지고 유복한 생활을 영위했다. 센자키에 무일푼으로 귀국해서 당시 어린 가슴에 깊이 각인된 것은 나가토 시민들이 하룻밤 묵을 수 있도록 흔쾌히 맞아준 것과 당시에 대접받은 주먹밥을 평생 잊을 수 없다.[95)]

③ 성명: 梅田朝雄, 일본 거주지: 岐阜縣

부산→ 仙崎 경로로 45년 10월 말에 귀환, 당시 군인이었음

패전 후 2개월간의 고된 생활 후 고안마루 귀환선을 보고 눈물을 흘렸다. 아름다운 센자키 해안선은 귀국의 안도감과 함께 고국의 따스함을 안겨주었다. 상륙시키기 위해 소형 선박을 조종해 준 여성이 아니었더라면 이렇게 오래 살지 못했을 것이다. 센자키 사람들, 특히 패전 당시의 국방부인회 여성들에게 감사한다.[96)]

④ 성명: 永岡綾子, 일본 거주지: 島根縣

서울→ 부산→ 仙崎 경로로 45년 11월에 귀환, 당시 나이 불명

귀환에 관한 회상을 단가로 표현했다. 부산에서의 피난민 행렬과 화차들 풍경, 끝없이 펼쳐지는 현해탄 풍경, 기울어진 채 정박한 고안마루, 야간 불빛에 빛나는 센자키항구 등을 묘사했다. 따뜻한 인정을 느끼며 밤중에 항구에서 주먹밥을 받아먹었다.[97)]

⑤ 성명: 濱治朝子, 일본 거주지: 岡山縣

부산→ 仙崎 경로로 45년 11월 귀환, 당시 23세

---

94) 長門市(編), 1995, pp. 43-45.

95) 長門市(編), 1995, p. 48.

96) 長門市(編), 1995, pp. 200-201.

97) 長門市(編), 1995, pp. 256-257.

고안마루 귀환선에서 센자키항에 상륙하여 따뜻하게 환영을 받았다. 물자가 부족한 시대에 커다란 주먹밥을 받아들고 일본에 도착했다는 안도감을 느꼈고, 많은 사람들의 인정에 용기를 얻었다. 귀환 당시 따뜻한 원호를 해 준 센자키항의 부인회 여러분에게 감사한다.[98]

귀환의 기쁨

많은 수의 귀환자들이 부산항을 떠나 센자키항에 상륙하는 과정에서 무사히 일본에 귀환한 것을 마냥 기뻐하는 글을 남기고 있다. 반면에 식민지 지배나 귀환하지 않을 수밖에 없었던 상황에 관한 자신의 견해나 느낌에 대해서는 언급을 하지 않고 있다. 아무튼 이러한 성향의 수기로는 다음과 같은 것이 있다.

① 성명 : 石田寿恵子, 일본 거주지 : 千葉縣
서울→ 부산→ 仙崎 경로로 45년 11월 귀환, 당시 12세
조부가 일찍이 조선에서 살기 시작하여 그녀는 서울에서 출생했다. 여학교에 들어간 지 얼마 되지 않아 패전을 맞았다. 용산역에서 가족들과 함께 화물차를 타고 귀환하려는데 친하게 지내던 조선인 한 사람이 떡과 달걀로 도시락을 만들어 건네주었다. 센자키항에 내려서도 상륙하자마자 말린 살구가 들어있는 주먹밥을 받았다. 상륙 이튿날에는 여관에서 숙식하면서 온천욕을 즐겼다. 아무것도 모르는 채 마냥 즐거웠다.[99]

② 성명 : 西村杢美, 일본 거주지 : 大阪府
서울→ 부산→ 仙崎 경로로 귀환 (귀환 시기 불명), 귀환 당시 초등학생
부친과 오빠를 서울에 남겨두고 할머니, 모친, 누이와 함께 여성들만 패전 직후 먼저 일본으로 귀환했다. 서울의 치안이 나쁘지 않아 여행을 떠나는 기분으로 기

98) 長門市(編), 1995, pp. 257-258.
99) 長門市(編), 1995, pp. 76-80.

빠하며 집을 나섰다. 고안마루로 센자키에 왔는데 태풍 때문에 며칠간 하선을 하지 못했다. 가족들이 어디로 가야할지 모르는 가운데 패전 직후 야마구치현에서 따뜻하게 맞아주어 안착했다. 센자키 귀환 때 신세를 진 여러분께 감사한다.[100)]

③ 성명 : 並河淳子, 일본 거주지 : 鳥取縣
서울→ 부산→ 仙崎 경로로 45년 9월 귀환, 당시 12세
서울 출생으로 패전 당시 三坂소학교를 다녔다. 귀환선으로 센자키에 도착했을 때, 그리워하던 조국에 돌아온 것에 감격하여 선실에서 갑판으로 뛰어 올라갔다.(귀환선을 도쿠쥬마루라고 잘못 인식하고 있다) 작은 배에 갈아타고 대망의 조국에 상륙했다.[101)]

④ 성명 : 菊本德吉, 일본 거주지 : 広島縣
부산→ 仙崎 경로로 45년 11월에 귀환, 당시 나이 불명
부산을 떠나 드디어 섬들이 보였을 때 꿈에 그리던 일본에 돌아왔다고 느꼈다. 겨울의 긴 밤이 지나가고 새벽이 밝았다. 이제 상륙할 수 있다, 부모님이 계신 곳으로 갈 수 있다라고 생각하며 감격의 눈물을 흘렸다.[102)]

⑤ 성명 : 時宗房子, 일본 거주지 : 広島縣
서울→ 부산→ 仙崎 경로로 45년 10월에 귀환, 당시 6세
철도원이었던 부친은 열차 수송업무 때문에 서울에 남고 모친과 누나 3명과 함께 여성들만 귀환 길에 올랐다. 부산에서 고안마루에 올라 선실에 앉았을 때 이제까지 보지 못한 일본에 돌아간다는 생각에 기뻤다. 센자키에 상륙했을 때 밤이었는데도 부인회 여러분들이 따뜻한 차를 타 주었다. 약간 소금기가 나는 그 따뜻한 차의 맛을 지금도 잊을 수 없다.[103)]

---

100) 長門市(編), 1995, pp. 240-241.
101) 長門市(編), 1995, pp. 245-248.
102) 長門市(編), 1995, pp. 258-259.
103) 長門市(編), 1995, pp. 263-266.

귀환의 고통과 억울함

대부분의 귀환자들이 귀환과정에서 어려움을 겪었다. 따라서 장문으로 쓰인 귀환에 관한 회고록을 보면 이구동성으로 귀환과정에서 겪은 곤란을 언급하지 않은 것이 없다. 다만 여기서 대상으로 하는 수기집에는 200자 원고지 10장 내외의 짧은 수기들이 들어있고 각각의 수기들은 귀환 경험자들이 반드시 후세에 전달하고자 하는 내용을 담고 있다고 해도 과언이 아니다. 짧은 회상 기록 가운데서 유독 귀환과정에서 겪은 고통을 강조하여 후세에 전하고 있는 수기로는 다음과 같은 것이 있다.

① 성명: 小暮久仁子, 일본 거주지: 群馬縣
군산→ 부산→ 仙崎 경로로 45년 10월 귀환, 당시 11세
군산에서 쌀 농장을 경영한 부친이나 온 가족에게 있어서 패전의 고통은 컸다. 태어나고 성장한 고향에서 돌 던지기로 쫓겨나듯 나와 화물열차에 실려서 아직 보지도 못한 조국을 향해 귀환 길에 올랐다. 배낭에 소지품을 채운 채 목숨만 부지하면서 귀환했다. 귀환선 고안마루 안에서는 승객들의 배멀미가 심하여 구토물에 의한 악취가 심했다.[104)]

② 성명: 佐藤正子, 일본 거주지: 千葉縣
서울→ 부산→ 仙崎 경로로 45년 10월 귀환, 당시 10대 여학생
서울의 여학교 교실에서 패전을 알리는 라디오 방송을 들었다. 쇠약한 부친을 모시고 언니와 조카와 함께 상륙하여 나가사키(長崎)로 향했다. 고안마루에서 내려서 배급 받은 주먹밥이 찰밥이 아니라 수수였던 것을 보고 일본의 식량난을 실감했다. 서울에서는 아무런 부자유함 없이 지내왔는데, 귀환 후에는 생활을 위한 투쟁이 시작되었다. 귀환 후의 일은 별로 떠올리고 싶지 않다.[105)]

---

104) 長門市(編), 1995, p. 46.

105) 長門市(編), 1995, pp. 68-72.

③ 성명: 生田砂男, 일본 거주지: 愛知縣

서울→ 부산→ 仙崎 경로로 귀환 (귀환시기 불명), 당시 29세

부친이 한일합방 전에 시멘트 기술자로 한반도에 이주한 까닭에 서울에서 출생하고 성장했다. 패전과 함께 서울의 정세가 급변하자 가족회의를 통해 조기 귀환을 결정했다. 부모를 서울에 남기고 무거운 몸의 부인과 어린 아이 3명을 데리고 30년간이나 살아온 생가를 떠났다. 서울역에서 귀환 열차를 타기 위해 심야에 인적 드문 길을 걸었던 씁쓸한 기억은 아직도 결코 잊을 수가 없다.[106)]

④ 성명: 奥村茂, 일본 거주지: 京都府

북한→ 서울→ 부산→ 仙崎 경로로 46년 6월에 귀환, 당시 26세

본인과 부모 그리고 여동생은 원산의 일본인 단체 지원으로 북한에서 집단 탈출했다. 머나먼 고국으로 가는 길은 언제나 위험에 노출되어 있었고 산과 들을 방황했으며 밤에도 한 잠도 자지 못하고 공포에 떨면서 비참한 도피 여행을 계속했다. 현재 보존하고 있는 센자키 인양원호국 발행의 귀환증명서나 귀환 때에 이용한 철도승차권 등은 귀환 때의 고통을 잘 말해 주고 있다. 귀환 50주년을 맞아 달랑 옷만 걸치고 기아선상에서 헤맨 고난의 날들을 생각하게 된다.[107)]

식민지 지배에 대한 비판

극히 일부분의 귀환자 기록 가운데는 귀환 당시의 곤란을 회상하면서도 부분적으로 식민지 지배의 잘못을 비판하고 지적하는 문장이 보이기도 한다. 이 자료에서는 부산항에서 센자키로 귀환한 귀환자 가운데 유일하게 마쓰나가 이쿠오(松永育男) 씨가 이러한 성향의 기록을 남기고 있는 것으로 파악된다. 그는 원산을 떠나 산길을 넘어 남하하는 과정에서 겪은 어려움과 센자키 상륙 때에 감격을 회고하면서도 귀환 과정에서 도와준 조선인에 대

106) 長門市(編), 1995, pp. 224-226.

107) 長門市(編), 1995, pp. 230-231.

한 감사와 식민지 지배에 대한 비판 의식을 기록을 통해 남겼다.

① 성명: 松永育男, 일본 거주지: 静岡縣

북한→ 서울→ 부산→ 仙崎 경로로 46년 5월에 귀환, 당시 8세

원산에서 38도선을 넘을 때까지 대부분 도보로 이동했다. 그때 조선인으로부터 때때로 친절한 대접을 받았고 위험한 경우를 당한 일은 없었다. 서울에서 부산, 부산에서 센자키로 이동하는 기간에 식량을 확보하는 일이 곤란하기는 했지만 굶는 일은 없다. 지금 생각해보면 조선인들은 8.15 이후에 건국준비위원회를 만들어 미국과 소련의 대립 사이에서 놀라운 통치 능력을 보였다. 일본은 조선 사람들에게 동화정책을 강요했으며 말로 할 수 없는 민족차별과 냉혹한 조치로 견딜 수 없는 굴욕을 안겼다. 고준석의 저서에는 건국준비위원회가 일본인의 생명과 재산을 보호하는 데 전력을 다했으며, 일본인 식민자들이 여전히 조선사람들에 대해 적대적인 행위를 계속하고 있었는데도 불구하고 해방된 조선인들은 일본인 귀환자들의 사정에 동정했으며 귀환에 협력했다고 기록되어 있는데,[108] 본인의 체험은 그것을 증명하고 있다. 다만 어른들은 도망치듯 귀환한 것이 사실이며, 38도선을 넘은 후 해방감에 안도한 것도 사실이다.[109]

이상, 부산에서 센자키로 정규 귀환선을 타고 귀환한 일부 일본인에 한정된 것이기는 하지만, 그들의 훗날 회상 기록에서 전반적으로 귀환과정에서 주로 안전하게 일본에 당도한 것을 감사하게 여기는 안도감이 많이 나타나고 있으며, 일부 소수 귀환자 가운데서 식민 지배에 대한 인식으로 "식민지 상실이 분하다"라는 기술을 남기기도 했으며 극히 일부 귀환자 가운데 "식민지 지배가 잘못되었다"라는 기술을 남기기도 했다는 것을 확인할 수 있다.

108) 高峻石, 『朝鮮1945-1950: 革命史への証言』, 社会評論社, 1985, pp. 44-46의 내용을 언급하고 있는 것으로 보인다.

109) 長門市(編), 1995, pp. 206-210.

다만 일본인 귀환자 가운데는 앞에서 언급한 바와 같이 귀환자 수송을 위한 대형 선박을 이용한 사람 이외에도, 패전 직후에 개별적으로 중소형 선박을 이용하여 귀환해 간 사람들도 있다는 것을 간과해서는 안 될 것이다. 특히 한반도 남부에 거주하던 일본인의 경우 조선총독부와 미군정의 통제를 받지 않고 패전 직후 일찍이 일본으로 건너간 사람들이 많았다. 이것은 한반도로 귀환해 오는 조선인의 경우도 마찬가지였다.

또한 일본인 귀환자 수송을 위한 정규 대형선박에도 한반도와 대륙에서 일본 열도로 이동하는 귀환자 이외에 다양한 형태의 일본인들과 경우에 따라서는 조선인들이 편승하고 있었음을 간과할 수 없다. 예를 들면, 1946년에 들어 극히 일부분의 사람들이 활동한 것이기는 하지만, 일본인 가운데 「재외부형구출 학생동맹」과 같은 단체의 멤버들이 일반 일본인 귀환자들과는 정반대 방향으로 한반도로 이동해 와서 잔류 일본인의 구출을 위해 활동한 사례가 있다.[110] 마찬가지로 해방 직후부터 한반도에서 재일조선인 귀환자 원호를 위해 일본에 건너가 활동하는 조선인들도 있었다.[111]

또한 「이동의료국(MRU)」이나 각종 구호회 의료지원팀들이 귀환자들에 대한 의료 활동을 위해 해협을 넘나들며 활동하는 사람도 있었고,[112] 의료반의 완장을 차고 의료진으로 위장하여 감시자들의 눈을 피하여 암약하는 사람들도 있었다.[113] 일단 일본에 귀환했던 일본인이 미귀환 가족들을 무사 귀

---

110) 每日新聞社, 1968, pp. 120-150.

111) 최영호, 1995, pp. 106-109.

112) 木村秀明, 1980, pp. 25-40; pp. 71-81. 오늘날 후쿠오카시가 운영하는 '引揚關係' 검색 사이트에는 MRU 부산지부의 '출납부' 일부가 게재되어 있다. 1946년 1월 24일부터 같은 해 8월 4일까지 MRU 부산지부는 MRU자금과 획득자금을 수입원으로 하여 원호활동을 펼치고 있으며 이 기간 동안 총 113,689원 40전을 사용하여 1,197원 64전의 자금이 부족하다고 했다. 이 자료는 MRU가 부산세화회와 경남 군정당국에 보고한 것으로 생각된다. 「引揚港・博多: 苦難と平和への願い」 http://hakatakou-hikiage.city.fukuoka.lg.jp/documents/3_3/364.html

113) 每日新聞社, 1968, p. 100; 泉靖一, 1971, p. 220.

환시키기 위해 다시 한반도에 들어와서 활동하는 일이 있었다.114)

이렇듯 한반도와 일본열도를 왕래하며 어느 정도 자유롭게 활동할 수 있었던 사람은 조선인 일본인에 한정되지 않고 양국 사이에 충분한 네트워크를 가지고 있거나 조선어와 일본어를 동시에 소화해낼 수 있는 사람들이었다. 특히 한반도에서 오랫동안 거주해온 까닭에 지리 정보에 익숙해 있던 일본인들에게 있어서, 조선어를 유창하게 구사할 수 있거나 조선인으로부터 적극적인 협력을 받을 수 있는 사람의 경우에는, 비록 패전 직후에 위태로운 상황이 전개되었음에도 불구하고 그러한 '자유로운' 왕래가 어느 정도 가능했던 것이다.

114) 예를 들어 해군소위로 패전을 맞은 波多江興輔는 1945년 9월 하순 일본에서 서울로 들어와 가족들을 데리고 진해로 가서 거기서 10월에 귀환했다. 高杉志緒, 『日本に引揚げた人々』, 図書出版のぶ工房, 2011, pp. 35-38. 森田秀夫는 육군 상등병으로 제주도에서 소집해제되어 10월 하순 일단 하카타로 귀환했다가 일반인의 신분으로 조선인 귀환자 무리에 끼어 부산에 들어왔다가 12월에 군산의 잔류 가족들을 데리고 부산항에서 귀환 선박에 올랐다. 森田秀夫, 『朝鮮渡航と引揚の記錄』, 秀巧社印刷株式会社, 1980, pp. 78-102.

5장
일본인 귀환자들의 인식문제

5장에서는 한반도에 거류하고 있던 일본인들이 패전 직후 일본으로 귀환하기 전에 한반도에서 현실인식과 식민지 지배에 관한 역사인식을 어떻게 표현하고 있었는지 살펴보고자 한다. 한반도에 거류하며 귀환할 날을 기다리고 있는 상황에서 자연스럽게도 그들의 현실인식은 역사인식과 밀접한 관련성을 가지지 않을 수 없었다.

여기서는 일반인 귀환자의 인식에 앞서 먼저 일본 정부와 조선총독부 지도자들이 한반도 거류 일본인에 대해 어떻게 인식하고 있었는지를 일차적 자료를 통해서 살펴보기로 한다. 그리고 마지막으로 일반 일본인 귀환자의 인식에 대해서 이들이 귀환 과정에서 남긴 자료를 분석함으로써 그들의 당시 생각을 밝히고자 한다.

메이지(明治) 이래 식민지와 점령지를 계속 확대해온 일본제국은 1945년의 패전에 의해 일본 본토만을 남기고 해외 영토를 모두 상실했다. 이에 따라 광대해진 제국의 국민으로서 세계적으로 자긍심을 높여 온 일본인은 패전과 함께 하루아침에 열등 국민으로 전락하고 말았다. 이렇듯 국민적 차원에서 보면 일본국민 모두가 패전의 굴욕을 겪어야 했지만, 개별적 차원에서 보면 일본국민이라고 해서 일률적으로 피해를 겪은 것이 아니다. 패전을 맞이하는 일본인의 피해 양상은 어느 지역에 거주하느냐에 따라 다르게 나타난 것이다. 단적으로 일본 본토의 일본인들이 패전과 함께 일제히 새로운 시대 '전후(戰後)'를 맞이한 반면, 식민지와 점령지에 거주하던 일본인은 대부분 현지 지역민과 깊은 관계를 가지고 있었기 때문에 국제정치의 변동에 따른 현지 정세의 변화를 목격하는 가운데 복합적으로 '전후'를 맞이하게 되었다.[1)]

일본제국의 해외 영토에 거주해온 일본인들은 일본 본토로 귀환할 때까지 대체로 과거 일본제국이 행한 침략전쟁과 식민정책의 대가를 현지에서 몸소 치러야 했다. 그렇다고 해서 일본제국의 국책에 의한 세뇌의 결과 몸에 배인 황국신민의 충성된 국민으로서의 정체성을 하루아침에 불식하기는 어려웠다. 한편으로는 패전 이후 현지 체험을 통한 국제정치의 급격한 변화를 몸소 체험하면서도, 또 한편으로는 식민자 혹은 정복자로서의 아이덴티티를 완전히 벗어내지는 못하는, 그야말로 복합적인 정체성을 띠게 된 것이다.

여기서는 귀환 전 한반도 일본인을 대상으로 하여 이러한 복합적인 정체성이 자료에 어떻게 나타나는지 검토하고자 한다. 이때 이들의 인식 내용으로는 과거 식민통치에 관한 인식에 한정하고자 한다. 이들의 인식을 살펴보기에 앞서, 귀환자들의 인식 문제를 대상으로 한 주요 연구 성과를 먼저 소개하고자 한다.

1. 일본인 귀환자들의 인식 유형

선행 연구

근래에 들어 일본인 귀환자들의 인식에 관한 연구가 활발하다. 그 가운데에서도 다카사키 소지(高崎宗司)의 연구는 귀환 일본인의 식민지 지배 인식

1) 阿部安成 · 加藤聖文, 「引揚げという歴史の問い方(上)」, 『彦根論叢』 348号, 2004. 5, pp. 138-139.

을 유형화하려고 시도했다는 점에서 높이 평가할 수 있고, 따라서 관련 연구계에서 널리 인용되고 있다. 그는 저서에서 한반도 거주 일본인의 식민지 인식을 3가지 유형으로 나누고, 식민지 지배의 옹호, 식민지 지배의 반성, 그리고 그 어느 쪽도 아니고 단지 식민지 시기를 그리워하는 인식에 관하여 각각 사례를 들어가면서 논증했다.[2)]

또한 나리타 류이치(成田龍一)의 연구는 일본인 귀환자들의 회고록을 시기별로 나누어 인식의 특징을 논하고 있는 점에서 주목할 만하다. 그는 전반적으로 귀환자들의 회고록에서 '식민지주의 의식의 결여'를 지적하는 가운데, 먼저 1950년 전후에 쓰인 회고록을 '체험'의 기록으로 보고, 이때의 수기에 식민지 조선인의 모습이 거의 나오지 않는다는 점을 지적했다.[3)] 그리고 1970년을 전후하여 출간된 '식민 2세'에 의한 수기들은 식민지 지배에 대해 '가해자 의식'이 많이 표출되었음을 지적했다.[4)] 1980년대 이후에는 종래에 다루어지지 않았던 '미귀환자' 문제가 전후보상 문제와 함께 다루어져 오고 있음을 지적했다.[5)]

한편 필자는 본문 4장에서 언급한 바와 같이 식민지 시기 부관(釜關) 항로에 해당하는 부산과 시모노세키 혹은 센자키(仙崎) 사이의 항로를 이동하는 일본인의 흐름에 주목하면서, 일본의 패전 직후 이 항로를 이용하여 귀환한 일본인들이 남긴 회고 기록들을 토대로 하여 그들의 당시 인식을 조사한 바 있다. 지난 2006년에 발표된 논문에서 필자는 부관 항로 귀환자의 인식을 분석하다보니 조선인과 일본인을 대상으로 하여 서로 비교 연구하는 방

2) 高崎宗司, 2002, pp. 201-207.

3) 成田龍一, 「引揚げと抑留」, 『帝国の戦争経験』(岩波講座: アジア太平洋戦争 4), 岩波書店, 2006, pp. 183-185.

4) 成田龍一, 2006, pp. 197-201.

5) 成田龍一, 2006, pp. 203-207.

법을 취했다.[6] 그러나 이 책에서는 일본인 귀환자에게만 초점을 맞추어 재구성하게 되었다.

필자의 조사에 따르면 비록 훗날에 기록된 것이어서 패전 직후의 인식을 그대로 전달하고 있다고 보기는 어려운 측면이 있지만, 회상 기록에서 대부분의 일본인 귀환자들은 분명한 기억을 되살리며 주로 안전하게 귀환한 것을 감사하게 여기는 안도감이 많이 나타나고 있다. 그리고 일부 소수 귀환자 가운데 과거 식민지 지배에 대한 인식으로 "식민지 상실이 분했다"라고 회상하는 사람도 있었고, "식민지 지배는 잘못된 것이었다"라고 반성하는 사람도 있었다.[7]

이상과 같은 선행연구들은 기본적으로 일본인들이 본국에 귀환한 이후 어느 정도의 기간이 지나고 나서 기록한 수기와 인터뷰 기록 내용을 분석한 것으로서, 전후 현대사에 있어서 일본인들의 식민지 인식이 어떻게 변화해 오고 있는지를 이해하는 데 큰 도움이 되고 있다. 다만 이들 자료에 나타나는 귀환자들의 인식은 본국에 돌아가서 사회적으로 혹은 개인적으로 학습 과정을 거치는 가운데 과거 식민지 인식을 정립하거나 수정한 것일 가능성이 높다고 하는 한계를 갖는다. 즉 당사자들이 비록 식민지 지배의 과거를 회고하고 있기는 하지만, '훗날의 수정된 인식'을 나타내고 있고 그것을 연구 대상으로 하고 있다는 점을 지적하지 않을 수 없다는 것이다.

따라서 5장에서는 이러한 종래의 연구의 한계를 극복하고자 하는 시도로, 가능한 패전 직후의 일차적인 자료들을 활용하여 귀환해 가는 일본인들이 '귀환 당시'에 어떻게 식민지 지배를 인식했었는지를 규명하는 데 역점을 두고자 한다. 이 점에서 나카네 다카유키(中根隆行) 연구자가 일찍이 2004

6) 최영호, 「일본의 패전과 부관연락선: 부관항로의 귀환자들」, 『한일민족문제연구』 11호. 2006. 12, pp. 262-270.

7) 이 책 제4장 5절의 내용.

년에 세화회 자료를 이용하여 한반도 일본인의 현실인식 문제를 간략하게 논한 것은 필자와 맥락을 같이 하는 연구관심을 피력한 선행연구라고 할 수 있다.[8] 여기서는 관련 선행연구들을 토대로 하면서도 가능한 패전 직후의 일차적 자료들을 널리 찾아 인용하고 또한 일본인들의 표현 가운데 가능한 다양한 인식 양상을 도출하고자 한다.

변화해가는 인식

일본 패전 직후부터 오늘날에 이르기까지 일본인 귀환자들이 본국에 귀환하고 나서 기억을 기록하고 정리한 글들이 계속 발표되고 있다. 이들 가운데 비교적 귀환 직후에 일찍 발표한 대표적인 체험 기록으로, 후지와라 데이(藤原てい)의 수기 『흐르는 별은 살아있다』를 들 수 있다. 후지와라는 일찍이 1949년에 자신의 생생한 체험들을 책으로 출판했다. 이 책은 일본인 귀환자 수기의 대표적인 작품이 되고 있으며 한국어로도 번역되어 출간되었다.[9]

다만 후지와라의 책에는 과거 식민지 지배나 해방 후 조선인의 모습이 그다지 그려져 있지 않을 뿐 아니라 북한에서 귀환할 때 체험한 성적(性的)인 긴장에 대해서도 다른 사람들이 겪은 것을 간접적으로 전달하는 형태로 '점잖게' 묘사하고 있다. 나리타 류이치(成田龍一)가 평가하고 있는 바와 같이, 이 수기는 전반적으로 자신이 체험한 것을 그대로 기록한 것이라기보다는 무사히 가족을 데리고 귀환할 수 있었던 상황에서 결국 일본에 돌아와서 자

8) 中根隆行은 한반도 일본인의 패전에 대한 인식을 서울 세화회 기록에서 찾아내어 '회한의 역설(悔恨の逆説)'과 '정겨운 조선(懐かしき朝鮮)'이라는 키워드로 간단히 정리했다. 中根隆行, 「敗戦の記憶: 在朝鮮日本人の心性の軌跡」, 『日本學報』(경상대학교 일본문화연구센터) 9号, 2004. 2, pp. 87-91.

9) 후지와라 데이, 『흐르는 별은 살아있다』, 청미래, 2003.

신의 귀환 체험을 재구성한 작품이라고 할 수 있다.[10)]

또한 1953년에 후지서원(富士書苑)에서 발행한 회고록집『비록대동아전사(秘錄大東亞戰史), 조선편』에는 한반도에서 전개된 전쟁종결과정에 대한 설명과 함께 북한지역을 중심으로 하여 38도선을 넘기까지의 고난 체험들이 다양하게 묘사되어 있다. 총 16편의 회고록 가운데 맨 앞부분 6편은 모리타 요시오(森田芳夫)가 채우고 있으며 이 기록들이 나중에 1964년에 출간되는 그의 저서『조선종전의 기록』일부분이 되었다.

모리타를 제외한 나머지 수기들은 대체로 북한 지역을 대상으로 하여 패전 후 '천국에서 지옥으로' 전락해버린 일본인들의 신변을 둘러싼 환경 변화에 대해 그 과정과 결과를 상세하게 기록하고 있다. 이 책은 전반적으로 북한 지역 일본인의 고난의 귀환 역사를 서술하고 있다고 해도 과언이 아니다. 그러면서도 이 자료 전반에 걸쳐 식민지 시기 조선인의 '지옥'에 관한 기록이 거의 없는 것은 앞에서 소개한 후지와라의 수기와 크게 다르지 않다.

모리타 요시오의 역사인식

필자가 조사한 바에 따르면, 후지서원의 회고록 자료집에 수록된 모리타 요시오의 수기 가운데에서 유일하게 과거 식민지에 대한 그의 인식을 찾아볼 수 있다. 그는 1946년 3월 말 일본으로 귀환하기 전날 조선인 친구와 서울 거리를 거닐면서 나눈 대화를 인용하는 가운데서 식민지 역사를 돌이켜 생각하며 그의 생각을 기록했다. 그의 친구 한(韓) 씨는 그에게 "일본인은 패전으로 정말 불쌍하게 되었지만 조선은 둘로 나뉘었습니다. 앞으로 10년만 지나면 반드시 일본이 다시 일어나서 다시 조선을 침략해 올 것입니다"[11)]라고 말했다

---

10) 成田龍一, 2006, pp. 184-186.

11) 日本人は敗戦でほんとうにお気毒です. しかし, 朝鮮は二つに分れてどうにもなりません. もう十年もすると, かならず日本の方がたち上って, そしてまた朝鮮を侵略にやってきま

고 한다. 이것은 당시 조선인 가운데 일본인에 대하여 비교적 넓은 이해심을 가지고 있었던 사람조차도 일본에 대한 경계를 늦출 수 없었을 정도로 식민지 지배를 통해 겪은 가혹함을 나타낸 표현이었다고 이해할 수 있다.

이러한 조선인 친구의 말에 대해, 모리타는 "또 다시 일본인이 조선에 오겠지만, 그때에는 지금까지처럼 지배자로서가 아니라 정말 평화를 추구하고 화해를 원하는 민족으로서 올 것"[12)]이라고 했다. 그리고 그는 과거 양국의 역사에 있어서 한반도에서 일본인이 본국으로 귀환(引揚)한 것을 세 차례라고 하고, 첫째, 신라의 민족통일 시기 한반도를 포기한 것, 둘째, 임진왜란 시기 명나라의 출격과 조선인 저항으로 한반도를 떠난 것, 그리고 셋째, 2차 대전 패배 이후의 귀환이라고 했다. 그리고 현대의 일본인 귀환에 대해, "조선지배의 슬픈 종언의 역사다. 우리 일본인 귀환자 한 사람 한 사람은 귀환의 고투로 그 한 페이지를 장식했다"[13)]라고 기록했다.

모리타는 또한 "과거 세 차례에 걸친 덧없는 진출과 패퇴의 역사를 되돌아보면서 앞으로의 일본민족의 의지가 어떻게 동아시아에 묘사되어야 하는지, 이런 과제를 귀환의 역사 안에서 길어 올려야 한다"[14)]라고 하며 대화를 끝맺고 있다. 비교적 짧은 언급 가운데 나타난 그의 식민지 지배에 인식을 살펴보면, 식민지 지배의 '침략성'이나 '억압성'의 뉘앙스는 찾아볼 수 없고 결과적으로 덧없는 지배였다는 것이다. 따라서 패퇴로 인한 귀환으로 식민지 지배가 슬프게 끝나고 있다는 인식이다. 그가 한반도에서 태어나 계속하

すね. 森田芳夫,「待ちわびる心: 朝鮮引揚史その六」, 田村吉雄(編), 1953, p. 121.

12) また日本人が朝鮮に来る時がかならずあると思う. しかしその時は, 今までのような支配者としての日本人としてでなく, ほんとうに平和を求めて協和する民族として来ると思う. 森田芳夫,「待ちわびる心」, p. 121.

13) 朝鮮引揚の記録は, 日本の朝鮮支配のかなしき終焉史である. 私たち引揚者一人一人は, 引揚の苦闘をもって, その一頁をつづった. 森田芳夫,「待ちわびる心」, p. 121.

14) 過去の三度のあえなき進出と敗退の歴史をかえりみつつ, これからの日本民族の意思はいかに東亜に描かるべきか, この課題を, 私達は引揚史の中にくみとらねばならぬと思う. 森田芳夫,「待ちわびる心」, p. 121.

여 한반도에서 성장했음에도 불구하고, 그는 조선지배 인식이나 평화 인식에서 피식민지 조선인이 겪은 억압과 슬픔에 대한 인식은 보이지 않았고, 오로지 지배자로서의 일본인을 정당화하거나 패전을 아쉬워하는 인식을 내보인 것이다.

모리타는 식민지 말기에 녹기연맹(綠旗聯盟)이나 국민총력 조선연맹 등에서 발간하는 간행물을 통해 천황을 정점으로 하는 민족 통합과 내선일체(內鮮一體)를 강조해왔다. 그의 이데올로기를 강조하기 위해 민족 차별의 현실을 비판하는 일은 있었지만 어디까지나 제국(帝國) 국체론에 입각한 피상적인 비판에 그쳤고 민족을 상대화하여 조선인의 입장을 이해하는 가운데서 민족 차별의 현실을 정면으로 비판하는 일은 없었다.[15] 이제 갑자기 찾아온 패전으로 인하여 정든 고향 한반도를 떠나야 하는 입장에 놓이게 되었음에도 불구하고 그는 여전히 민족 차별에 대한 철저한 반성에는 이르지 못하고 제국 지배의 종결에 대한 아쉬움만을 토로한 것이다.

후지서원의 자료집에 실린 기록은 한반도 일본인의 귀환이 완료된 지 10년이 채 되지 않은 비교적 이른 시기에 출간된 것이다. 그 이후 일일이 거론하기 어려울 만큼 수많은 귀환자들의 수기들이 쏟아져 나오고 있는데, 귀환 후 오랜 세월이 지난 다음에 작성된 기록에는 일본 사회의 변화와 그에 따른 기록자의 학습으로 귀환 당시와는 다른 식민지 지배 인식이 표출될 수 있는 여지가 많다. 앞서 소개한 나라타의 연구에서 나타나는 바와 같이, 전후 귀환자 수기의 흐름도 하나의 연구대상이 되겠지만, 가능한 귀환 당시 일본인의 인식을 살펴보고자 하는 견지에서 볼 때, 나중에 발표되는 수기나 회고록

15) 우치다 쥰, 「총력전 시기 재조선 일본인의 '내선일체' 정책에 대한 협력」, 『아세아연구』 51권 1호, 2008. 3, pp. 36-47; 황선익, 「해방 전후 재한일본인의 패전 경험과 한국 인식: 모리타 요시오를 중심으로」, 『한국학논총』(국민대학교 학국한연구소) 34호, 2010. 8, pp. 1091-1099; 기유정, 「민족국가중심론 비판과 제국연구를 위한 시론적 고찰: '綠旗'(錄人) 속 모리타 요시오의 국체론과 정체성 분석을 중심으로」, 『재조일본인의 사회사』(동국대학교 문화학술원 일본학연구소 제46회 국제학술심포지엄), 2012. 6. 30, pp. 85-101.

에 대해서는 주의 깊게 읽어나가야 할 필요가 있다는 것을 강조하고 싶다.

요코 이야기

문제가 많은 귀환 기록 가운데 대표적인 사례로, 한 때 한국과 일본 그리고 미국에서 큰 화제를 모았던 가와시마 요코 (Yoko Kawashima Watkins)가 1986년에 쓴 재조일본인 귀환 관련 소설『요코 이야기』를 들 수 있다. 이 수기 소설이 미국 중학교의 교과과정 필독 도서로 선정된 것과 관련하여, 미국의 교포사회 뿐 아니라 한국과 일본에서 널리 구설수에 올랐다. 1990년대부터 여러 학교에서 영어 수업의 문장(literature) 과목 필독서로 사용해오던 이 책을 보스턴의 한 중학교가 사용하게 되면서 이를 알게 된 일부 재미 한국인들이 책의 내용에 문제가 있다고 하여 이의를 제기한 것이 계기가 되어, 한국의 언론이 뒤늦게 이 문제를 한국사회에 널리 알리게 되었다.

이 책은 일제 강점기 함경북도에서 살던 만주국 고위 관료의 딸 요코가 전쟁 말기 북한을 빠져나와 서울과 부산을 거쳐 일본으로 가는 과정을 그려낸 소설이다. 저자는 자신의 어린 시절 체험에 관한 실화라고 전제하면서, 나이 어린 소녀가 전쟁으로 인한 역사의 소용돌이에 휘말려 가족(모친과 언니)과 함께 일본으로 귀환하면서 겪게 되는 갖은 역경과 가족애를 감동적으로 그리고 있다. 전반적으로 전쟁의 비참함과 인간승리 혹은 휴머니즘의 중대함을 교훈으로 담고 있다. 매사추세츠 주에 거주하는 가와시마는 이 책이 필독서로 채택되면서 각 학교를 다니면서 특강과 토론회를 통하여「평화」의 메신저로 활동했다.

그러나 이 책은 널리 알려진 대로 지나칠 정도로 전쟁 말기 혹은 해방 직후 조선인에 의한 일본인의 성적(性的) 피해에 관한 기록이 많기 때문에 중학생의 필독서로 채택되기에는 부적절했다고 할 수 있다. 이 책을 읽어야 하는 학생들의 연령에 비추어볼 때 폭력의 성격이 매우 강렬한 가운데, 치안이 확보되지 않을 때 발생할 수 있는 폭력적 사태에 관한 구조적인 이해가 없이 이 책을 읽는다면, 자칫 조선인은 성적 가해자, 일본인은 그 피해자라는 이분법 논리에 빠지기 쉽기 때문이다. 저자의 의도와는 상관없이 이 책은 조선인에 대한 부정적인 인식을 조장하고 인종차별적 사고를 유발하기 쉽다는 것이다. 실제로 이러한 부정적인 영향은 혐한(嫌韓)을 부추기는 일부 일본인들이 이 책의 내용을 들어 오늘날 한국사회의 외국인에 대한 반인권적 실상에 대한 보도와 연관시키고 있는 것에서 이미 잘 나타나고 있다.

『요코 이야기』의 저자는 이 책이 실화에 근거를 두고 있다고 하지만 그렇다고 해서 역사서라고 말하기는 어렵다. 또한 근본적으로 작가의 기억이라는 것에는 주관적 체험을 재현하는 데 그치지 않고 시간이 갈수록 가족과 주변 사람, 나아가 읽을거리 등으로부터 다양한 정보를 얻어 재구성하는 것으로 결국 '만들어지는' 측면이 많다. 앞서 몇 가지 제시한 자료들에 비해서도 20년 전의 체험을 기록한 『요코 이야기』는 '만들어진' 이야기로서의 속성을 보다 더 많이 가지고 있다고 평가할 수 있다.

시기적으로 볼 때 『요코 이야기』의 저자가 귀환하는 시기에는 한반도에 있어서 일본의 통치권이 사실상 종결되는 시점으로 사회적으로 질서가 극도로 흐트러진 상태에서 많은 일본인들이 피해를 당해야 했다. 특히 1945년 7월부터 북한 지역에 대한 미군의 공습이 시작되면서 이곳의 일본인과 조선인의 피난 이동이 빈번해졌으며, 8월 9일에 소련이 일본에 대해 선전포고와 함께 한반도에 진격해온 이후로는 접전 지역에 거류하던 일본인들이 악몽과 같은 나날을 보내야 했다. 점령체제가 정비되기 이전에 자행된 소련군과 조선인 보안대의 성적 만행은 일본인 귀환자들의 체험 수기에서 공통적으로 지적되고 있다.

한편 38도선 이북 지역에 비하면 이남 지역의 일본인들은 상대적으로 보다 안전한 상황 가운데 귀환할 수 있었다. 일본인 귀환자들의 수기에서 대체로 남한 지역에서는 북한 지역과 비교할 수 없을 정도로 일본인에 대해 폭력이 적었던 것으로 나타나고 있다. 어린 요코가 목격했다고 하는 서울과 부산에서의 성폭행 장면은 어쩌면 다른 지역에서의 체험에 의한 트라우마(trauma)의 전이에 따른 것이 아닐까 생각된다. 다만 요코가 기억하는 1945년 8월말 9월초의 서울과 부산에는 일본군의 치안통제력이 미약했고, 일본인 세화회도 조직 활동이 활발하지 못했기 때문에, 몰지각한 조선인이 해방감에 사로잡혀 나약한 일본인 여성에 대해 무자비하게 폭력을 행사했을 가능성도 전혀 없었다고 보기는 어렵다고 말할 수 있다.

아울러 『요코 이야기』 내용의 문제점으로서 일부 문장에서 미국사회에 대해 저자 스스로를 변호하고자 하는 의도가 강하게 나타나는 것을 발견할 수 있다. 요코의 부모가 일본의 진주만 공격 결정을 비판했다는 것이나, 아들의 학도병 지원에 분노하면서 "아들을 잃는 것보다 일본이 패배하는 것을 보는 편이 낫다"고 외쳤다[16]는 내용은 당시 정황에 맞지 않는 내용이다. 전시체제 하의 군국주의 일본에서 관료의 가족으로서 도저히 취할 수 있는 행동이 아니기 때문이다. 또한 저자가 한국어 번역자 윤현주 씨에게 보낸 편지에서 저자의 부친이 총독 초청의 만찬에서 창씨개명에 반대하는 주장을 했다가 6개월 동안 도쿄(東京)의 감옥에서 징역을 살았다고 했다[17]는 내용도 현실적으로 납득하기 어렵다. 또한 식민지 고관 가족이 귀환 열차로 귀향하다가 자녀의 교육만을 위해 전혀 인연도 없는 교토(京都)에 도중하차 하여 거지와 같은 생활을 했다는 설정은 수기 기록으로서의 신빙성을 현저하게 떨어뜨리고 있다.

---

16) 요코 가와시마 왓킨스, 『요코 이야기』, 문학동네, 2005, p. 40.
17) 요코 가와시마 왓킨스, 2005, p. 293.

2. 패전 직후 일본 정부의 인식

패전 직후 점령군이 일본에 진주하기 이전 시기, 일본 정부의 식민지 지배 인식에서 나타나는 특징으로, 식민지 조선인이 일본제국의 신민으로 동화되었다는 인식을 토대로 하여, 과거 식민지 지배를 '성과'로 보고 있었다는 점과 해방된 식민지인과 일본인이 공존할 수 있을 것으로 전망하고 있었다는 점을 들 수 있다. 이러한 인식 아래서 지난 식민지로부터 일본인을 귀환시키는 일은 그다지 급한 일로 여기지 않았고 부차적인 일로 간주하게 되었다.[18)]

일본 정부는 지난날 일본제국이 자행한 차별적인 식민 지배와 침략적인 대외 전쟁의 결과가 초래할 피해를 어느 정도 예상했지만, 현지의 일본인들이 패전 후 겪을 고통에 대해서는 국가적 대책에서 미흡함을 보였다. 한반도의 경우에도 과거 민족 차별을 통한 식민통치가 패전 후 잔류 일본인에게 미칠 악영향에 대해 애초 그다지 심각하게 여기지 않다가 사회적 변동이 급격해진 후에 뒤늦게 대책을 서두르게 되었다. 결과적으로 패전정국에 있어서 일본 정부는 식민통치에 대한 반성 부족으로 인하여 한반도 일본인들을 급격한 국제정세 변동에 방치하고 말았다. 따라서 이때 일본 정부는 해외 식민지 거류 일본인에 대해 「기민(disposal people)」정책을 취했다는 비판을 면하기 어렵다.[19)]

---

18) 패전 직후 일본 정부가 식민지 조선인을 동화된 것으로 인식했던 것은 일본에서 한반도로 귀환하는 조선인 귀환자들에 대한 중앙정부의 무대책에서도 잘 드러난다. 9월 20일에도 지방관공서에 「인양민사무소」를 개설하게 하여 중앙정부가 적극 관여하지 않다가 점령군의 지시에 따라 11월에 가서야 정부기구로서 「인양원호국」을 개설하게 된다. 일본 정부가 차관회의에서 「인양민사무소」 개설을 결정할 때에도 조선인의 「해방」을 정확히 이해하지 못하고 일본에서 한반도로 귀환할 사람을 239,320명으로 예상하는 안이한 인식을 보였다. 「引揚民事務所設置ニ関スル件」(1945年9月20日次官會議). 加藤聖文, 『海外引揚関係史料集成, 国外編, 第17巻』, ゆまに書房, 2002, pp. 73-77.

19) Lori Watt, *When Empire Comes Home: Repatriation and Reintegration in Postwar Japan*, Harvard University Press, 2009, pp. 61-65.

일왕과 일본 정부의 인식

전후 일본인의 식민 지배에 관한 인식은 일왕(天皇)이 방송과 신문을 통하여 발표한 포츠담선언 수락에 관한 조서(詔書)에서 찾아볼 수 있다.[20] 조서 가운데 일왕이 패전에 즈음하여 유감으로 여긴 국가로서는 '일본제국과 함께 동아시아 해방에 협력한 우방국가'에 그쳤으며, 식민통치에 순응하여 전쟁의 피해를 입은 타민족에 대해서 일왕은 아예 언급을 하지 않았다. 또한 일본제국의 백성으로서 안타깝게 여긴 사례에서도 전쟁터에서 사망한 자와 그의 가족 그리고 부상자만을 언급했을 뿐, 국책에 의해 해외 식민으로 나간 제국의 백성에 대해서는 일체 언급을 하지 않았다. 그러면서 전쟁에 대한 스스로의 책임은 언급하지 않고 국민들에 대해 일본제국이 패전을 통해 겪어야 할 고난에 대해서 견디기 어려운 것을 견디어내야 한다고 포괄적이면서도 애매한 문구를 사용했다.[21]

〈사진 5-1〉 1945년 8월 15일자 『매일신보』의 일왕 조서

平和再建에大詔渙發

詔書

每日新報

20) 한반도에서 한글을 사용하여 발행되어오던 『매일신보』는 1945년 8월 15일자와 16일자에서 일왕의 조서를 이 책 2장 앞머리의 사진과 같이 일본어 원문 그대로 게재했다. 조서의 한국어 번역으로, 김성회 등, 『1면으로 보는 근현대사 1884부터 1945까지』, 서해문집, 2009, pp. 221-223을 볼 것.

21) 조서 가운데 관련 부분을 원문 그대로 인용하면 다음과 같다. 朕ハ帝国ト共ニ終始東亜ノ解放ニ協力セル諸盟邦ニ對シ遺憾ノ意ヲ表セサルヲ得ス,帝國臣民ニシテ戰陣ニ死シ職域ニ殉シ非命ニ斃レタル者及其ノ遺族ニ想ヲ致セハ五内為ニ裂ク且戦傷ヲ負ヒ災禍ヲ蒙リ家業ヲ失ヒタル者ノ厚生ニ至リテハ朕ノ深ク軫念スル所ナリ惟フニ今後帝国ノ受クヘキ苦難ハ固ヨリ尋常ニアラス,爾臣民ノ衷情モ朕善ク之ヲ知ル然レトモ朕ハ時運ノ趨ク所堪ヘ難キヲ堪ヘ忍ヒ難キヲ忍ヒ以テ萬世ノ為ニ太平ヲ開カムト欲ス.

일본 정부(각료회의)가 포츠담선언 수락을 결정하고 나서 8월 14일부로 도고 시게노리(東郷茂徳) 외무대신 명의로 해외 공관에 보낸 전문(電文)에는 일본 정부의 해외 거류민에 대한 대책 방향이 분명히 나타나 있다. 그 전문 내용을 보면, 해외 거류민에 대한 조치로서, "거류민은 가능한 현지에 정착하도록 한다"고 되어 있다.[22] 그리고 부득이 귀환하게 될 거류민의 잔류 재산에 대해서는 지방관헌에 의뢰하여 보호하도록 조치한다고 했으며, 한반도 거류민에 대해서는 패전 후의 구체적인 대책을 제시하기보다는 가능한 종래의 정책을 유지하고 학대를 당하는 사태가 없도록 하라는 공허한 지시를 내리는 데 그쳤다.[23]

8월 19일자로 대동아성(大東亜省)이 관할 지역(만주국, 중화민국, 태국, 버마 등)에 대한 조치사항을 정리한 문서를 보면, 만주국의 황제 일족에 대해 패전 후 만주에 그대로 머물러 있기 어려우면 일본 본토나 한반도에 옮기도록 조치했다고 했으며, 그 외의 국가의 요인(要人)에 대해서도 가능한 일본 본토에 옮기도록 하거나 현지의 군부와 협의하여 적당히 조치하도록 해당국 외교공

22) 전보문 가운데 '거류민에 대한 조치'로서 일반방침(一般方針)이 제시되었는데, 그 원문은 다음과 같다. (イ)帝国か今次措置を探るの已むなきに至りたる事情に付周到懇切に説示すると共に大御心に従ひ冷静沈着皇請国民として恥するなき態度をもって時難に善処する如く指導する, (ロ)居留民は出来得る限り定着の方針を執る, (ハ)居留民の生命財産の保護に付ては万全の措置を講す.「三ヶ国宣言条項受諾に関する在外現地機関に対する訓令」(暗合第715号, 緊急, 發電1945年8月14日). 加藤聖文,『海外引揚関係史料集成, 国外編, 第17巻』. 2002, pp. 9-10.

23) 전보문 가운데 '거류민에 대한 조치' 가운데 구체적 조치가 제시되었는데, 그 원문은 다음과 같다. (イ)大使より御詔勅を奉戴し全居留民に対し論告を発し新局面に即応する心構を徹底せしむ, (ロ)僻地の居留民は適当の地に集結す, (ハ)必要に応し我方利益代表国又は赤十字社等に対し保護を依頼する等の措置に付研究す, 尚時に支那に在りては帝国民間人, 地方官憲等の協力活用を考慮す, (ニ)公共企業(鉄道電気, 水道等)公共施設機関(同仁会診療班, 中国側統制団体等)の従業邦人は状況許す限り職場に在りて運営の継続に当るものとす, (ホ)顧問ならびに海関, 郵政, 塩政及市政府その他中国側被雇用邦人の措置に付ては追て何分の指示あるまで状況許す限り従来通り従事せしむ, (ヘ)居留民食糧準備及生計救済に付ては特に遺憾なきを期するものとし現地軍と連絡の上相当期間の食糧を確保し生計に付ては共同計算をも研究せしめ貧困者に付ては民団, 民会において応急救済せしむ, (ト)居留民の財産に付ては出来得る限り保護の措置を講す, 引揚地の残留財産に付ては地方官憲に依頼し保護方を依頼す, (チ)本島人及半島人に対する措置としては追て何等の指示あるまでは従来通りとし虐待等の処置なき様留意す. 加藤聖文,『海外引揚関係史料集成, 国外編, 第17巻』. 2002, pp. 10-11.

관에 훈령을 내렸다고 했다.[24] 이 자료는 패전 당시 일본 정부가 한반도를 일본 본토에 버금가는 안전한 지대로 간주했다는 것을 잘 보여주고 있다.

또한 같은 문서에는 관할 지역 거류민에 대한 대책으로서 가능한 냉정하게 침착을 유지하도록 외교공관에 지도하라고 했으며, "거류민의 생명·신체·재산의 보호와 금후 생활유지에 대해서 현지의 일본 군부와 민간단체, 그리고 현지 정부·지방관헌·일본인 이익단체·적십자사 등의 협력과 원조를 얻어 만전의 조치를 취하도록 훈령을 보냈다"고 했다.[25] 그리고 한반도 거류민에 대한 조치로서는 앞의 외무대신 전문과 같이 어떠한 지시가 있을 때까지 종래와 같이 하고 학대 등의 피해를 입지 않도록 유의하라는 훈령을 내렸다고 했다. 패전에 즈음하여 일본 정부가 한반도를 비롯한 해외의 교민을 둘러싸고 벌어지는 상황 변동에 대해 전반적으로 안이하게 예측하고 따라서 대책 수립에 방만한 마음가짐으로 임했다는 것을 잘 알 수 있다.

식민지 거류 일본인 문제

다음은 일본 정부가 어떠한 과정을 거쳐 식민지 거류 일본인을 위한 대책을 마련하는지 살펴보자. 포츠담선언을 수락한 지 9일이 지난 8월 24일, 내무성 관리국은 식민지 조선과 대만 그리고 사할린에 거주하는 일본인 문제에 관하여 다음과 같은 방침과 요령을 마련했다.[26]

---

24)「ポッダム宣言ノ条項受諾ニ件ヒ大東亜地域ニ関シ大東亜省及我方出先各機関ノ執リタル措置並ニ現地ノ状況」(1945年8月19日), 加藤聖文,『海外引揚関係史料集成, 国外編, 第17巻』. 2002, pp. 15-16.

25) 加藤聖文,『海外引揚関係史料集成, 国外編, 第17巻』, pp. 18-20. 인용된 부분의 원문은 다음과 같다. 居留民ノ生命, 身体, 財産ノ保護及今後ノ生活維持ニ付テハ現地ノ我軍側及民間団体並ニ任国政府及地方官憲, 我方利益代表団, 赤十字社等ノ協力援助ヲ得テ万全ノ措置ヲ講ズベキコト等ヲ訓電セリ.

26) 内務省管理局.「戦争終結ニ件フ朝鮮台湾及樺太在住内地人ニ関スル善後措置要領(案)」(1945. 8. 24) [일본외교문서 제16회 공개분, Reel no. K'0003,「太平洋戰爭終結による在外邦人保護引揚関係雑件: 国内受入体制の整備関係, 輸送関係」]

一. 방침[27]

전쟁종결을 맞아 조선 및 대만에 재주하는 내지인은 대조(大詔)를 받들어 침착 냉정 대국민의 금도(襟度)를 가지고 사태에 대처하고 과거 통치의 성과를 돌이켜보고 장래를 생각하여 가능한 현지에서 공존 친화의 결실을 맺고자 인고(忍苦) 노력할 것을 제1 목표로 하고 어쩔 수 없이 귀환하는 자에 대해서 충분한 편의를 제공할 수 있도록 속히 그리고 원활하게 귀환시킬 방도를 강구하기로 한다.

二. 요령[28]

① 조선과 대만에 거주하는 내지인은 현지 산업경제의 발전에 기여할 것을 안목으로 하고 이와 함께 귀환에 따른 선박, 직업, 식량, 주택사정 등을 고려하여 가능한 현지에 머물러 공존공영의 생활 계속에 매진할 것. 잔류 내지인에 대해서는 거주, 영업 등에 자유롭게 임하는 데 충분한 보장을 얻을 수 있도록 할 것. 또한 내지인 자본에 기초한 농업, 상업, 공업 등 기업에 대해서는 가능한 현상유지를 할 수 없을 경우 합병 등의 형식을 취하여 존속시키고, 존속 불가능할 경우에도 기술진 등에서 내지인을 활용하도록 할 것.

② 조선과 대만에 거주하는 내지인 가운데 치안, 직업 등의 사정에 따라 부득이 귀환하는 자에 대해서는 속히 연합국측과 절충하여 선박, 철도, 수송, 휴대금품 등에

---

27) 원문은 다음과 같다. 戦争終結ニ当リ朝鮮及台湾ニ在住スル内地人ハ大詔ヲ奉体シ沈着冷静大国民ノ襟度ヲ以テ事ニ處シ過去統治ノ成果ニ顧ミ将来ニ稽ヘ出来得ル限リ現地ニ於テ共存親和ノ実ヲ挙グベク忍苦努力スルヲ以テ第一義タラシムルモノトシ止ムヲ得ズ引揚グル者ニ対シテ充分ナル便宜ヲ与ヘ成ル可ク速カニ且円滑ニ引揚ゲシムル方途ヲ講ズルモノトス. 內務省管理局.「戦争終結ニ件フ朝鮮台湾及樺太在住内地人ニ関スル善後措置要領(案)」(1945. 8. 24) [일본외교문서 제16회 공개분, Reel no. K'0003,「太平洋戰爭終結による在外邦人保護引揚関係雑件: 国内受入体制の整備関係, 輸送関係」]

28) 원문은 다음과 같다. ① 在鮮及台内地人ハ現地ニ於ケル産業経済ノ発展ニ寄与スルコとヲ眼目トシ旁々引揚ニ件フ船腹, 職業, 食糧並ニ住宅事情ヲ考慮シ出来得ル限リ現地ニ踏ミ止マリ共存共栄ノ生活ノ継続ニ邁進スルコと. 右残留内地人ニ対シテは居住, 営業其ノ他ノ自由ニ付充分ナル保障ヲ得シムルコト尚内地人資本ニ基ク農業, 商業, 工業其ノ他ノ企業ニ付テハ出来得ル限リ現状ノ儘, 止ムヲ得ザレバ合弁其ノ他ノ形式ヲ以テ存続セシメ存続不能ノ場合ニ於テモ技術其ノ他ノ陣容ニ付内地人ヲ活用セシムルコト. ② 在鮮及台内地人ニシテ治安, 職業等ノ事情ニ因リ止ムヲ得ズ引揚ゲル者ニ対シテは速カニ連合国側ト折衝ノ上船舶, 鉄道, 輸送, 携行金品其ノ他ニ付充分ナル便宜ヲ得シメ敏速且円滑ニ引揚ゲシムルコト. 引揚ノ順位ニ付テハ老幼婦女子ヲ優先セシムルコト. 引揚同胞ノ受入ニ関シテハ輸送, 居住, 衣食, 就学, 就職, 就業等各般ニ互リ官民協力ノ上万全ノ措置ヲ講ズルコト. 右ノ為引揚民対策委員会及引揚民援護会(仮称)ヲ設置スルコと.

대해 충분한 편의를 얻게 하고 신속하고 원활하게 귀환시킬 것. 귀환의 순서는 노인, 어린이, 부녀자를 우선으로 할 것. 귀환동포의 접수에 대해서는 수송, 거주, 의식(衣食), 취학, 취직, 취업 등 제반에 걸쳐 관민협력을 통해 만전의 조치를 강구할 것. 이를 위해 귀환자대책위원회 또는 귀환자원호회(가칭)을 설치할 것.

이렇듯 일본 정부는 패전으로 인하여 식민지 거류민에게 다가올 정세변화를 안이하게 예상했다. 일본 정부가 패전 직후에 보인 시대착오적인 식민지 인식은 「일억총참회」 주장에서도 그대로 드러나고 있다. 8월 28일 히가시쿠니노미야(東久邇宮) 수상은 기자회견을 통해, 일본국민 전체가 철저하게 반성하고 참회해야 하며, 전 국민의 총참회가 일본재건의 첫걸음이자 일본단결의 첫걸음이라고 하며 「일억총참회」를 강조했다.[29] 그는 9월 5일에 시정방침에 관한 의회 연설에서도 또 다시 「총참회」를 강조했다.[30]

새로운 일본 수상이 강조한 「일억총참회」는 식민지인을 포함하여 일본제국 신민 모두가 패전에 임하여 참회해야 한다는 것을 의미했다. 전쟁이 한창이던 1940년의 일본제국 인구 상황을 보면 일본인이 대략 7,300만 명, 식민지 조선인이 약 2,400만 명, 그리고 식민지 대만인이 약 600만 명으로 모두 합하면 대략 일억명이 되었다. 일본 정부가 침략전쟁에 몰입하여 일본국민을 향해 전쟁협력을 고취시킬 때 일본 본토와 식민지에서 자주 사용하던 「일억일심」, 「일억총무장」, 「일억옥쇄」 등의 구호 속에 등장한 「일억」이라는 숫자를 이와 같이 전쟁이 끝난 후에도 변함없이 사용한 것이다.[31]

내무성 관리국은 8월 24일의 방침에 맞추어 이틀 후에 보다 구체적인 방책안을 작성했으며, 8월 30일에는 방침을 확정하여 발표했다. 여기서 제시

---

29) 『讀賣報知』 1945. 8. 29, p. 1.

30) 「ウィキペディア」, http://ja.wikipedia.org, 「東久邇宮稔彦王」

31) 최영호, 「현대 일본의 민족주의 논의 전개양상에 대한 하나의 고찰」, 『21세기정치학회보』 9집 1호, 1999. 6, pp. 292-293.

한 두 번째 방책이 해외 거류민에 관한 것으로, 일본 정부는 "공연히 조속하게 또는 무질서하게 귀환을 결정하지 말고 당분간 냉정한 태도를 가지도록 철저하게 지도할 것, 그리고 생활이 불안한 자에 대해서는 상당 기간 생활보장을 제공할 방도를 강구할 것"을 들었다.[32] 같은 날 내무성 관리국이 결정한 식민지 거류 일본인에 대한 방침에서도, 제방 사정을 고려하여 가능한 현지에 머물러 공존공영의 생활을 계속할 것을 강조했다.[33]

8월 31일 일본 정부의 최고 결정기관인 내각회의에서도「종전처리회의 결정」이라는 형태로 내무성 관리국의 방침이 그대로 통과되었다.[34] 이어 9월 1일부로 내무성 차관은 조선총독부 정무총감에게 보낸 전보를 통하여, 내각회의 결정 방침을 그대로 전달하고 해외 일본인의 냉정 침착한 태도와 가능한 잔류할 것을 강조했다. 덧붙여 내무성 차관은 "오늘까지 미군측과 절충한 바에 의하면 적어도 남조선 지대는 소련군 진주 지역과는 약간 다르며 현지 실정에 입각한 우리의 요망을 참작하여 제반 조치를 결정할 것으로 판단됨으로 공연히 들떠서 안정을 잃지 말고 될 수 있는 대로 정부 방침에 따르도록 재류민들을 지도하라"고 지시했다.[35]

---

32)「外地在住内地人ニ対スル当面ノ人心安定方策」(1945年8月30日). 加藤聖文,『海外引揚関係史料集成, 国外編, 第17巻』. 2002, p. 62. 두 번째 방책은 다음과 같다. 在留内地人ニ対シテは徒ニ早期且無秩序ニ引揚ヲ決定セシムルコトナク当分冷静ノ態度ヲ持セシムル様徹底指導スルト共ニ生活不安ナル者ニ対シテは相当期間生活ノ保障ヲ与フル如ク方途ヲ講ズルコト.

33) 在鮮在台内地人ハ現地ニ於ケル産業経済ノ発展ニ寄与スルコトヲ眼目トシ旁々引揚ニ伴フ船舶, 職業, 食糧並ニ住宅事情ヲ考慮シ出来得ル限リ現地ニ踏ミ止マリ共存共栄ノ生活ノ継続ニ邁進スルコと. 内務省管理局,「戦争終結ニ伴フ朝鮮台湾及樺太在住内地人ニ関スル善後措置要領(案)」(1945年8月24日) [일본외교문서 제16회 공개분, Reel no. K'0003,「太平洋戰爭終結による在外邦人保護引揚関係雑件: 国内受入体制の整備関係, 輸送関係」]

34) 終戦処理会議決定,「戦争終結ニ伴フ在外邦人ニ関スル善後措置ニ関スル件」(1945年8月31日) [일본외교문서 제16회 공개분, Reel no. K'0003,「太平洋戰爭終結による在外邦人保護引揚関係雑件: 国内受入体制の整備関係, 輸送関係」]

35) 今日迄ノ米側トノ折衝ノ経緯ヲ鑑ミ尠々トモ南鮮地帯ハ「ソ」軍進駐区域ト異リ現地ノ実情ニ立脚セル我方ノ要望ヲモ相当勘酌ノ上各般ノ措置, 決定セラルルモノト判断セラルルニ徒ニ浮足立タシムルコトナク出来得ル限リ本方針ニ即応スル如ク在留民ノ指導啓発ニ付特般ノ御配意相煩度. 内務次官, 朝鮮政務總監宛電報「案ノ一」(1945年9月1日) [일본외교문서 제16회 공개분, Reel no. K'0003,「太平洋戰爭終結による在外邦人保護引揚関係雑件: 国内受入体

그러나 9월에 들어 해외 일본인 귀환 쇄도의 실태가 본국 정부에 알려지게 되고 일본인의 잔류를 허용하지 않는 남한 사회와 미군정 당국의 태도를 확인하면서 일본 정부의 이러한 초기 인식은 바뀌지 않을 수 없었다. 이와 함께 일본 정부의 해외 일본인에 대한 정책 기조도 현지 '잔류'를 강조하던 것으로부터 귀환자 '받아들이기' 쪽으로 점차 바뀌게 된다.

3. 패전 직후 조선총독부의 인식

일본 정부는 물론 일본군과 조선총독부가 패전에 따라 문서 자료들을 대량으로 파기했기 때문에 패전 직후의 상황을 자료를 통해 이해하는 데에는 어려움이 있다. 그런 가운데 오늘날까지 남아 전해지고 있는 일부 자료를 통해서, 미군이 진주하기 이전에 조선총독부가 과거 식민지 지배를 어떻게 인식했는지 살펴보고자 한다.

1945년 8월 15일 총독부 직원들은 일제히 정오에 일왕에 의한 포츠담선언 수락 방송을 청취했으나, 그 전에 고위 관리들은 이미 패전 사실을 인지하고 있었다. 전반적인 총독부의 분위기에서 보면, 패전에 임하여 조선총독부 관리들은 대체로 일본 본국정부의 관리보다는 더욱 민감하게 한반도를 둘러싼 정세변화를 받아들였음을 알 수 있다. 다만 이들은 과거 식민지 지배에 대한 깊은 반성이 없었기 때문에, 한반도에서 전개되는 민족해방의 움직임, 즉 민족적 차원에서의 식민지 지배 종결이라는 사태변화를 심각하게 받아들이지 않았다고 말할 수 있다.

制の整備関係, 輸送関係」]

총독의 담화

포츠담선언 수락에 임하는 총독부의 식민지 인식 상황은 8월 15일부로 조선총독 명의로 발표한 담화문(諭告)에 잘 나타나 있다. 8월 15일자 『매일신보』에는 일왕의 조서가 일본어 그대로 실린 것과는 달리 총독의 담화문은 한글과 한자의 혼용체로 되어 있었다. 다음 인용하는 문장은 신문에 실린 문자체를 오늘날의 문자체로 바꾸고 띄어쓰기를 한 것이다.[36]

> …우리 반도에 있어서도 이제까지 군관민 협동일치 내선일체 철통같은 단결 아래 전력을 증강하여 전선에 있어서는 허다한 특공 용사들을 배출하고 또 다수의 지원 응소에 의하여 황군(皇軍)의 유력한 일익을 형성하고 후방에 있어서는 매년 계속되는 기상 불순에도 불구하고 식량의 증산 공출에 국책(國策)을 봉행하고 공장, 광산, 운수, 통신 등 각 부문이 모두 사명으로 하는 직능을 발휘하여 전력증강에 기여하고…
>
> …그런데 황국 관민의 4년간에 가까운 필사 감투에도 불구하고 마침내 적측으로부터 미증유의 파괴력을 가지고 인류를 멸망시키고 문화를 소멸시키는 기능을 가진 새로운 폭탄을 봄에 이르러 이에 신민의 안녕과 세계의 평화를 바라시는 성상(聖上) 폐하의 크신 마음에 따라 조서(詔書)를 발표하시기에 이르렀다. 일억 신민 넘치는 뜨거운 눈물을 머금고 이국 땅 유골들은 이 때문에 통곡하는 일이 있을 것이다. 개전 이래 국민들을 전쟁 완승의 한 길에, 생활의 노력을 집

---

36) 『매일신보』 1945. 8. 15. 인용한 부분의 일본어 문장은 다음과 같다. 我ガ半島ニ於テモ此ノ間軍官民協同一致内鮮一体鉄桶ノ団結下ニ戦力ヲ増強シ戦線ニ在リテハ幾多ノ特攻勇士ヲ輩出シ, 又多数ノ志願応召ニ依リ皇軍ノ有力ナル一翼ヲ形成シ, 銃後ニ在リテハ連年ノ気象不順ニ拘ラズ食糧ノ増産供出ニ国策ヲ奉行シ, 工場, 鉱山, 将又, 運輸, 通信ノ各部門何レモ其ノ使命トスル職能ヲ発揮シテ戦力増強ニ寄与シ… 皇国官民四カ年ニ近キ必死敢闘ニ拘ラズ竟ニ敵側ヨリ未曾有ノ破壊力ヲ有シ人類ヲ亡滅セシメ, 文化ヲ減尽スルノ作用ヲ備フル新爆弾ノ使用ヲ見ルに及ビ, 玆ニ, 臣民ノ康寧ト, 世界ノ平和ヲ冀ハセ給フ聖上陛下ノ大御心ニ依リ詔書煥発アラセラルルニ至レリ, 一億臣民万斛ノ熱涙ニ咽ビ異郷ノ万骨為ニ哭スルモノアラム. 開戦以来国民ハ戦争完勝ノ一途ニ生活ノ努力ヲ集結シ来リタルガ今ヤ其ノ目的消失シ民生之ガ為ニ, 秩序ヲ弛緩セシメ国民ノ志気亦, 退喪セムコトヲ懼ル… 我等臣子肇ノ神勅ニ徴シ神州不滅ノ確信ノ下, 子々孫々万古天皇ヲ仰ギテ将来ノ文化建設ト, 道義確定ニ依リ世界ニ示範スベキ精神的理想国家完成ノ一途ニ堂々邁進スルノ決意アルヲ要ス. 「終戦に際して発せられた朝鮮総督諭告」(1945年8月15日), 山名酒喜男, 1956, pp. 別3-別4.

결해왔는데 이제 그 목적을 소실하고 민생은 이 때문에 질서 이완시키고 국민의 의기가 또한 손상시키는 일이 우려된다…

…우리 신하들은 거룩한 국가의 규율을 철저히 하고 신주(神州) 불멸의 확신 아래 자자손손 만고 천황을 우러러 받들어 장래의 문화건설과 도의(道義)확립에 의하여 세계에 모범이 될 정신적 이상국가 완성의 길에 당당히 매진하고자 하는 결의가 있기를 바란다.

〈사진 5-2〉 1945년 8월 15일자 『매일신보』의 총독 유고

輕擧를嚴戒하야

冷靜沈着하라

阿部總督 諭告發表

총독의 담화문 내용을 크게 나누어 보면, 대체로 이제까지 분투했으나 패전에 이르게 된 비통함, 일왕의 전쟁종결 결단의 위대함, 질서문란 행위에 대한 사전 경고 등으로 이루어져 있다. 그런데 이러한 논조는 전시체제에서

사용해 오던 논조에 비하여 달라진 것이 없었고, 식민통치의 종결을 의미하는 문구는 전혀 내비치지 않았다. 이때 총독이 받아들인 새로운 국면이라는 것은 전쟁의 종결 즉 패전에 한정된 것이었고, 그것이 일본제국에 미칠 영향에 관하여 언급하면서도 총독지배의 종결 즉 민족해방이라는 새로운 사태에 대해서는 아무런 언급을 하지 않았다. 오히려 종래의 황민화 정책에 기초하여 황국신민으로서 자중하고 단결하자는 구태의연한 내용으로 일관했을 따름이다.

그러나 이러한 총독의 원칙적인 견해와는 달리 현실적으로 총독부 고위 간부들은 패전으로 인한 한반도 해방 움직임을 예감하고 일본인 거류민의 안전 침해에 대한 우려를 품지 않을 수 없었다. 8월 15일 이른 아침에 총독부 정무총감은 여운형과 대담하는 자리에서, "소련군이 남한을 향해 진격해 오고 있는 상황에서 조선의 민중들이 폭동을 일으켜 일본인들을 해치지 않을까" 우려하는 발언을 했다.[37] 이어 그 이튿날 정무총감은 형무소에 수감 중인 사상범 정치범을 석방시키는 한편, 여운형, 안재홍 등과 회합을 갖고 총독부의 치안유지에 협력해달라고 적극 요청했다.

건국준비위원회 부위원장 안재홍은 이날 오후 서울 중앙방송국의 마이크를 통하여 위원회의 존재를 알리고 조선 인민들에게 "냉정한 지성과 판단을 가지고 행동을 신중하게 하자"고 하는 담화를 발표했다. 이것은 조선인에 의한 새로운 국가의 탄생을 예고하는 행위이면서 총독부의 치안유지에 협력하자고 하는 발언이기도 했다.[38] 반면에 이날 조선군관구 사령관은 「관내 일반 민중에게 고함」이라는 포고를 발하고, 인심교란과 치안문란 행위에 대해서는 군이 단호한 조치를 취할 것이라고 경고하고 나섰다.[39]

---

37) 李景珉, 「朝鮮總督府終焉期の政策」, 『思想』 734号. 1985. 8, pp. 100-101.

38) 李景珉, 1985. 8, pp. 104-105.

39) 김천영, 『연표 한국현대사』,한울림, 1984, pp. 3-5.

정무총감의 담화

그런데 일본군과 조선총독부가 예상하던 것 이상으로 해방정국에서 한반도의 사회적 변화는 급격히 전개되었다. 식민지 동화정책의 상징이던 신사(神社)들이 일본인 스스로에 의해 혹은 조선인들에 의해 하나하나 파괴되어갔다. 조선인의 손에 의해 파괴된 신사는 8월 15일 밤 평양을 필두로 하여 9월 초에 이르기까지 한반도 전체 지역에 이르렀다.[40] 이러한 비상사태에 직면하여 총독부 정무총감은 8월 20일 다음과 같이 담화를 발표하고, 총독부에 의한 시정이 당분간 지속될 것이라는 것을 알리고 불온한 행동을 자중할 것을 촉구했다.[41]

> … 조선의 사태는 금후 일본과 공동선언의 상대국이 상호 대화를 통해 얻을 합의에 의해서 비로소 통치권 수수가 이루어질 것이며 또한 국가의 시정 등에 있어서도 정당한 권한을 가지는 바에 따라 쌍방의 의사가 합치된 범위에 관하여 정연하고 공정한 접수가 이루어질 것입니다. 그때까지는 조선에 대한 일본제국

---

40) 森田芳夫, 1964, pp. 111-113.

41) 『朝鮮總督府官報』 5564號, 1945. 8. 22. 원문은 다음과 같다. 朝鮮ノ事態ハ今後日本ト共同宣言ノ相手国トノ間ノ話合ヒニ依ル双方ノ合意ニ依ッテ始メテ統治権ノ授受ガ行ハレ且ッ国ノ施設等ニ就テモ正当ナル権限ヲ有スルモノニヨリ双方ノ意思ガ合致シタ範囲ニモノニッキ整然ト公ノ接収ガ行ハレルノデアリマスソレ迄ノ間ハ朝鮮ニ於ル帝国ノ統治権ハ厳トシテ存シ, 其ノ間総督府ハ統治ノ全責任ヲ負ヒ常ニ朝鮮ノ康福ニッキ考慮シ治安ノ確保, 民生ノ安定等ニッキ各般ノ行政施策ヲ行ッテヰルノデアリマス, 全鮮官民諸君ハ此ノコトヲ銘記シ風説ニ惑ハサレルコトナク冷静沈着, 職域ニ精励サレタイノデアリマス. 要スルニ事態ハ直接戦闘行為ガ停止サレタニ過ギマセン, 朝鮮ノ問題モ今後ノ条約乃至法制的手続ガ進行シテノ上ノコトデアリマス, 何人ガ朝鮮ノ統治ノ責任ノ地位ニ立ッカハ決定シテヲリマセン, 朝鮮統治ノ責任ト其ノ統治ノ為ノ施設一切ハ現在ナホ総督府自体ノ手中ニアリマス, 官公吏ハ朝鮮民衆ノ康福ノタメ最後マデ敢闘スベキデアリ, 職務ヲ放棄スルコトハ許スベカラザル処デアリマス. 官公吏諸君, 其ノ他職域ニ在ル人達ニ怠業的気分ガ見エトイフコトハ全ク一時的ノコトデアリ, 事ノ意想外ニ聊か冷静サヲ欠イダ結果ト存ジマスガ此ノ冷静ヲ失フコト自体朝鮮ノ将来ニ暗翳ヲ投ゲルコトデアリマスカラ, 爾今斯ルコトナキヤウ充分ノ注意ガ必要デアリマス, 冷静ニ考ヘマスナラバ内鮮人ノ間ニ摩擦ヲ生ズル筋ハ毫末モナイノデアリマシテ此際内鮮人共軽挙妄動却テ他ノ乗ズル所トナラザルヤウ厳ニ戒ムベキデアルト存ジマス若シ為ニ治安ヲ紊ルガ如キコトアラバ総督府ハ其責任トシテ断乎タル措置ニ出デナケレバナラナイコトハ勿論デアリマス, 私ハ斯ル不祥事ヲ生ズルコトニ依テ将来アル半島民衆ノ国民的威信ニ汚点ヲ遺スコトナカランコトヲ望ンデ已マナイ次第デアリマス.

> 의 통치권은 엄연히 존재하며 그 사이 총독부는 통치에 관한 모든 책임을 지고 언제나 조선의 행복을 고려하고 치안 확보, 민생 안정 등에 관하여 제반 행정 시책을 행하고 있습니다. 조선의 모든 관민 여러분은 이러한 점을 명심하고 뜬소문에 현혹되지 말고 냉정 침착을 유지하고 맡은 일에 전념하시기를 바랍니다. 요컨대 현 사태는 직접적인 전투행위가 정지된 것에 불과합니다. 조선의 문제도 앞으로 조약 내지 법제적 절차를 거친 후에 정해지는 것입니다. 누가 조선 통치의 책임을 지는 지위에 오를 것인지는 아직 정해지지 않았습니다. 조선통치의 책임과 통치를 위한 모든 시설은 현재 여전히 총독부 자체의 손 안에 있습니다. 관공서 직원은 조선민중의 행복을 위하여 최후까지 분투해야 하며 직무를 포기하는 일은 허용할 수 없습니다. 관공서 직원 여러분, 일부 직무에서 직원들의 업무 태만 분위기가 보였다고 하는 것은 극히 일시적인 일이며 예상 밖의 냉정함이 결여된 결과라고 여겨지는데, 냉정함을 상실하는 일 자체가 조선의 장래에 암울함을 던지는 일이므로 관여하지 않도록 충분한 주의가 필요합니다. 냉정하게 생각하면서 내선인(內鮮人) 사이에 마찰이 일어날 일은 전혀 없으므로 요즈음 내선인 모두 경거망동에 편승하지 않도록 엄중히 경고하는 바입니다. 만약 치안을 문란하게 하는 일이 있으면 총독부는 그 책임으로써 당연하게 단호한 조치에 나서지 않을 수 없습니다. 나는 이러한 불상사를 발생시킴으로써 반도(半島) 민중의 국민적 위신에 오점을 남기는 일이 없도록 요망하는 바입니다.

한편으로 일본 정부나 조선총독부가 예상한 것 이상으로 패전 직후 한반도 일본인들의 귀환쇄도가 급박하게 전개되었다. 이에 따라 조선총독부는 중앙정부에 대해 해외거류 일본인을 둘러싼 급박한 사태변화에 관하여 정확한 이해를 촉구하고 신속하고 적절한 수송 대책을 요청하는 서한을 보냈다. 일본에서 공개된 외교문서 자료에 따르면, 9월 6일 내무성 관리국이 총독부 교통국장으로부터 전보문을 통해 일본인의 귀환 쇄도 상황에 관한 긴급 보고를 받은 것으로 되어 있다. 교통국장이 보낸 전보 내용은 다음과 같다.[42]

---

42) 원문은 다음과 같다. 鮮滿支在住邦人ニシテ尚引揚ゲントスル者ノ鮮內ニ於ケル実情概ネ左ノ通トス ① 各地点ヘノ引揚殺到者, 釜山約一万人, 大邱約四千人, 大田約四千人, 京城約

조선 · 만주 · 중국 재주 일본인 가운데 귀환하고자 하는 자의 조선 내 실정은 대체로 다음과 같다(8월 29일 현재).

① 각 지점으로 귀환 쇄도한 자, 부산 약 1만 명, 대구 약 4천명, 대전 약 4천 명, 서울 약 1만 5천 명, 평양과 그 부근 약 4만 명, 신의주 약 3만 명, 계 10만 3천 명.

② 밤낮으로 내려오는 귀환자의 대부분이 만주, 북중국, 북조선의 전재자들이며 맨몸의 상태이기 때문에 가급적 속히 일본 본토로 송환되기를 바란다.

③ 북위 38도 이북은 소련군 진주에 따라 치안상황이 악화되었기 때문에 이 지방 재류자 등은 계속하여 도보로 남쪽으로 피난해 오고 있는 현황임으로 이 역시 속히 일본 본토로 송환되기를 바란다.

일본군 지휘관의 인식

2장에서 언급한 바와 같이 9월 8일 미군이 인천 월미도에 상륙하고 그 이튿날 아침 서울에 진주했다. 조선인들의 대대적인 환영을 받으면서 진주한 미군은 용산에 있던 일본군 육군부대를 접수하는 한편 일본군의 무장 해제에 나섰다. 다만 미군정청은 미군이 진주하지 않은 지역에서는 일본군 25% 정도가 자체 경비와 치안 유지를 위해 무기를 휴대할 수 있도록 하여, 남한 거류 일본인들에게 마지막 보루를 허용했다.[43] 그러나 일본군 장병의 송환 계획에 따라 10월부터 미군정청이 이들을 모두 일본 본토로 귀환시켰고, 이에 따라 50년 이상 한반도에서 일본인 민간인과 총독부 통치자들을 비호해 오던 세력이 사라지게 되었다.

패전 직후 당시의 자료 가운데서 한반도를 떠나는 일본군의 심정이 적

一万五千人, 平壌及其ノ附近約四万人, 新義州約三万人, 計十万三千人 ② 昼夜引揚者ノ大半ハ満州, 北支, 北鮮ヨリノ戦災者ニシテ着ノミ着ノママニ付可及的速ニ内地送還ヲ要ス ③ 北緯三十八度以北ハソ連軍進駐ニヨリ治安状況悪化ノ為同地方在留者等続々徒歩ニヨリ南方ニ避難シ来リッツアル現況ナルヲ以テ之亦速ニ内地送還ヲ要ス. 朝鮮交通局長, 「管理局長殿電報譯文」(1945. 9. 6) [일본외교문서 제16회 공개분, Reel no. K'0003, 「太平洋戰爭終結による在外邦人保護引揚関係雑件: 国内受入体制の整備関係, 輸送関係」]

43) 古野直也, 『朝鮮軍司令部 1904~1945』, 国書刊行会, 1990, p. 269,

나라하게 표현되어 있는 것은 드물다. 다만 조선군관구 사령부 참모장이었던 이하라 준지로(井原潤次郎, 1895-1971)[44]가 서울 세화회 회장 호즈미에게 보낸 편지 내용 가운데서 군부의 인식을 엿볼 수 있다. 그는 "남기를 염원하지만 우선 떠나야 하는 운명이 지극히 탄식할 일이며, 귀하와 함께 하지 못함을 양해 바라며 차가운 한강물을 바라보며 남산을 뒤돌아보면서 떠나는 비통함, 50년 만에 단 한 차례 겪는 한탄스런 일입니다"라고 하며 애석하고 비통한 심경을 드러냈다.[45]

4. 세화회『회보』에 나타난 인식

일반 일본인들이 귀환하는 과정에서 어떤 인식을 가지고 있었는지 살펴볼 수 있는 당시 자료로서는, 서울 세화회의 기관지가 가장 잘 정리된 자료라고 할 수 있다. 세화회 명칭의 변화에 따라 기관지 명칭도 변화하는데 여기서는 본문이나 각주에서 모두『회보』로 통일하여 약칭하고자 한다. 이 자료는 귀환자 혹은 잔류자를 위한 다양한 정보와 함께 기자들의 귀환하기 전의 생각들을 담고 있기 때문에, 한반도 일본인의 귀환 전 인식을 연구하는 데 있어서 최적의 일차 자료가 되고 있는 것이다.

1999년 히야마 사치오(檜山幸夫) 교수는『회보』의 내용을 분석하고 나서, "예전에 식민지에 거주하고 있던 일본인 가운데는 거류민으로서 식민지

44) 井原는 1936년부터 조선군사령부에 근무하기 시작했으며 패전 당시 중장으로서 조선군 참모장을 역임하고 있었다. 1945년 12월 10일부로 예편하여 佐賀縣에서 金光教 포교와 청소년 교육 지원 활동으로 평생을 보냈다. 그는 충효와 전통을 강조하는 어록을 남겼다. 加茂治作,『井原将軍言行録』, 新人物往来社, 1975, pp. 201-232.

45) 森田芳夫, 1964, p. 275. 원문은 다음과 같다. "残らんと念願せしもの, まず去るべからざる運命, 詠嘆の至りにして, かつまた, 貴下御一統に相すまぬ次第, 何とぞ御了承下されたく, 漢水ひややかなるを眺めつつ南山をふり返りつつ去る悲痛, 五十年ただ一回の恨事に御座候."

가 되기 이전부터 한반도에서 생활하고 있던 사람들도 있어서, 식민지 조선과 전쟁한 것도 아니라고 여기는 등 식민지 통치자였던 일본인이라는 의식이 결여되어 있기도 했다"라고 하며 온건하게 일본인 귀환자들의 인식을 비판하는 논평을 발표한 바 있다.[46)]

히야마가 전체를 조망하는 입장에서 『회보』 내용을 구조적으로 분석하고 있는데 반하여, 여기서는 귀환에 이르는 시기를 좀 더 세분화 하고 그 기사 내용의 논조가 어떻게 바뀌어 가는지 다이내믹하게 분석해보고자 한다. 이러한 작업을 통하여 세화회 임원이나 기자들을 중심으로 하는 일본인들이 귀환 전에 식민지 인식에서 어떠한 변화를 보여가는지에 대해서 어느 정도 설명해낼 수 있을 것으로 본다.

다만 『회보』 속에 나타나는 인식의 문제에서 그 한계를 지적해둘 필요가 있다. 이 시기 한반도 거류 일본인들이 놓인 상황을 이해한다면, 이들은 갑작스런 패전이 가져온 급격한 정세변화로 인하여 매우 불안하고 초조한 가운데 공포심과 허탈감에 빠져있었다. 이러한 상황에서 해방감에 들떠있는 조선인 사회에서 『회보』와 같은 공식적인 자료를 통해 조선인들의 행태와 과거 식민지에 대해서 그들이 하고 싶은 말을 모두 적나라하게 표현할 수 있는 처지가 아니었다. 따라서 조선인들의 감정을 격화시킬 수 있는 문구를 피하고 지극히 조심스러운 논조로 기사들이 작성되었다는 점을 전제로 하는 가운데 그 내용을 분석하는 자세가 필요하다.

---

46) 平和祈念事業特別基金(編), 1999, p. 3. 현대 일본인 지식인 가운데 많은 사람들이 이러한 식민지 반성 인식을 나타내고 있는 가운데, 자칫 일본 본토의 일본인과 구별하여 식민지 거주 일본인의 잘못으로 파악하는 경향에 대해서는 재고할 필요가 있다. 서울 세화회 회장을 역임한 호즈미는 1970년을 전후하여 현대 일본 본토 일본인의 인식 가운데 이러한 문제점을 비판한 일이 있다. 그는 과거를 회고하는 가운데 조선총독부나 재조일본인을 차별화하여 생각하는 문제점이 있다고 지적하면서, 패전 이전은 물론 패전 직후에도 모든 일본인은 민족적 우월감에 사로잡혀 식민지 조선인에게 민족적 열등감을 느끼게 하는 데 무감각했다고 비판했다. 穂積真六郎, 1974, pp. 248-258.

'잔류' 희망

우선 『회보』의 기사 내용의 중심적인 방향이 '잔류'에서 '귀환'으로 바뀌어 가는 과정을 살펴보자. 결성 당시 세화회의 조직적 성격과 마찬가지로 『회보』는 애초 '잔류'하고자 하는 사람들을 우선으로 하여 만들어진 기관지였다고 할 수 있다.

식민지에서 민족적 우월감을 보호받으며 지내온 일본인들이 식민지 해방 이후에도 한반도에 '잔류'하여 조선인과 우정을 나누면서 살 수 있을 것으로 생각했다는 것은, 그들의 굳이 식민지 지배가 훌륭했다는 것을 정당화 하는 표현을 직접 사용하지는 않았다고 하더라고, 과거 식민지 지배로 인한 조선인의 콤플렉스를 이해하지 못하는 역사인식의 한계를 드러내는 것이었다고 이해할 수 있다.

1945년 9월 2일 창간된 『회보』 제1호는 조선인과 협력하자는 논조로 지면을 채웠다. 발행인 야스이 도시오(安井俊雄, 1901-1983)[47]는 「발간사」에서 일본인들이 냉정침착하고 질서정연하게 조선의 신질서에 협력하자고 했고, 다른 기사에서도 이와 같은 견해가 반복되었다. 기사 가운데 "구체적으로 반성해보면 전쟁에 패배한 것은 결코 우연이 아니었다. 우리 안에는 비판해야 할 것이 많다는 것을 알아야 한다"고 하는 지적이 보인다. 그러나 그가 지적하고 있는 것은 식민통치의 성격과 같은 것이 아니라 패전 이후 개별적인 안위를 위해 투매가 이루어지고 있는 현실을 말하는 것이었다.[48] 과거 식

47) 安井俊雄은 제1호부터 제63호(1945. 11. 17)까지 『회보』 발행인을 역임했으며 嶺乾一에게 뒤를 넘겼다. 따라서 그가 11월 중에 일본으로 귀환했을 것으로 보인다. 그는 1947년 9월부터 早稲田대학에서 교편을 잡았으며 일본 매스컴학회 회장을 역임했다. 1951년 4월에는 武蔵野市 시장 선거에 입후보했으나 낙선했다. 岩倉誠一, 「追悼安井俊雄先生」, 『マス・コミュニケーション研究』 33号, 1984. 6, pp. 304-305.

48) 인용 부분은 다음과 같다. "つぶさに反省するとき戦に敗れたことは決して偶然ではなかった. 我らは自らの中に多くの批判すべきもののあることを知らねばならぬ." 「沈着冷静たれ」, 『會報』 1号, 1945. 9. 2.

민통치에 대한 비판이 전혀 보이지 않는 가운데 『회보』는 한반도 일본인의 '잔류'를 위한 방편으로 조선인과의 협력을 강조하고 나선 것이다.

『회보』 제2호부터는 한반도 일본인의 '잔류'를 강조하는 문장이 얼마간 계속 등장하는데, 이하 간략하게 관련 문장들을 정리해본다.

제2호 "세화회는 조선에 남아서 동포끼리 고난의 길을 걸으면서 우리 친구 조선의 발전에 협력하고자 하는 일본인을 위하여 여러모로 도움을 주고 있다."[49]

제3호 "세화회는 서울 기독교청년회와 공동 주최로 금후 조선에 남아서 신조선에 협력할 사람들을 위하여 조선어 강습회를 열기로 했다."[50] "남을 수 있게 되면 한 명이라도 많이 남자."[51]

제4호 "일본에 돌아가면 외지에 있는 것과 달리 마음이 편해질 것이라고 말하는 안이한 사고방식으로 일본으로 돌아가자는 사람들이 재조일본인 가운데 많은 것 같은데, 일본도 미군에게 점령되어 있다고 하는 것을 잘 알아야 한다."[52]

제5호 "이제부터 우리는 수많은 고난을 넘어가야 하지만, 조선에 재주하고 있는 사람은 특히 요즈음 변화해가고 있는 일본인의 입장을 철저하게 반성하고 새로운 생활을 위해 다시 발족해야 한다… 세화회는 장래에 조선에

49) "世話会は朝鮮にふみ止って同胞相ともに苦難の道を歩みつつ, われらの友朝鮮の進展に協力しようとする内地人のために, いろいろのお世話をすることである," 「捨売りはよそう, 世話会の仕事」, 『會報』 2号, 1945. 9. 3.

50) "本会では京城基督教青年会と共同主催で今後朝鮮に居残って新朝鮮に協力する人達のために朝鮮語講習会を開くこととなった." 「世話会からのお知らせ, 朝鮮語講習会」, 『會報』 3号, 1945. 9. 4.

51) "とどまることが出来るやうになつたら一人でも多く留らう." 「引揚げはしかり落着いて順番を待たう」, 『會報』 3号, 1945. 9. 4.

52) "内地にかへれば, 外地にゐるのとちがつて心が安らかであらうなどといふ安易な考へから, 内地へという人々がこの朝鮮在住の日本人の中にも多いやうに見るが, 内地も米軍に占領されてゐるということをとくと知るべきである." 「私達は満州へ帰ります, 三万の満鐵社員家族」, 『會報』 4号, 1945. 9. 5.

재류할 일본인을 위하여 남을 조직이다."[53] 이 기사는 일본인 가운데 귀환하는 자들이 증가하는 것을 반성하고 세화회에 결집하자는 호소문 가운데 나온 것이다.

제8호 "7천 만 동포와 같이 언제나 '신생 조선'에 협력하여 이 정든 조선을 위해 한 팔을 걷고 적극 동양평화의 일익을 담당하기에 노력하지 않겠는가."[54]

제11호 "조국의 패전과 조선의 독립에 따라 초래된 현재 상황은 보기에 괴롭고 거주하기 어려운 땅이라고 생각될지 모르겠지만…망연자실 불안과 후회로 지내는 것보다 우리는 조선어를 배워서 신조선에 새롭게 협력해야 한다."[55] 이 기사는 세화회의 사무차장이 YMCA 조선어강습회에서 행한 인사말을 인용하여 보도한 것이다.

'귀환'해야 하는 현실

그런데 제12호가 발행되는 1945년 9월 14일 기사에서부터 '잔류'를 촉구하는 기사가 나타나지 않고 있다. 아무래도 이 시기에 '귀환' 쪽으로 몰리는 일본인 동향의 현실을 『회보』 기자들도 받아들이게 된 것이 아닌가 생각된다.

제16호의 일부 기사에서 "아무래도 귀국해야만 한다면 일본인다운 출발을 하여…"[56]라고 하고 있어, 아직도 귀환하지 않아도 되지 않는가 하는 여

53) "これから先, 我々は幾多の苦難を乗り越えて行かねばならぬが, 朝鮮に在住してゐる者は, 特のこの際変化しつつある日本人の立場を徹底的に反省し, 新らしい生活のために再発足しなければならない…内地人世話会は, 将来在留日本人のために残る組織である."「新らしい日本人の立場, 自治精神の体得が肝要」,『會報』5号, 1945. 9. 7.

54) "あくまで「新生朝鮮」に協力してこの馴染深い朝鮮のために一肌脱いで東洋平和の一翼を担ふべく頑張らうではないか."「新生朝鮮のため頑張れ」,『會報』8号, 1945. 9. 10.

55) "祖国の敗戦と朝鮮の独立によつて来した現在の様相は見るにつらく, 住するに難き土地とは思われるかも知れないが…呆然自失, 不安と悔悟に暮れるよりも我らは朝鮮語を習って新朝鮮の新たなる協力をなすべきである. "「朝鮮語講習会開講」,『會報』11号, 1945. 9. 13.

56) "どうしても帰国しなければならないとしたら, 日本人らしい出発の仕方をして,"「清楚端麗の日本人たれ」,『會報』16号, 1945. 9. 18.

운을 남기고 있으며, 제19호에서 일본인이 지켜야 할 주의 사항에서 "우리가 이제까지 손을 잡고 왔던 조선인 제군은 독립이라고 하는 빛나는 한 걸음을 내딛고 있다. 이것을 우선 경축하고 적극적으로 협력하라. 건설적 의견과 기술을 제공하라"[57]라고 함으로써 '잔류'의 뉘앙스를 여전히 약간이나마 보이고 있다.

하지만 이 기사 이후에는 '잔류'를 권하거나 희망하는 기사는 나오지 않으며, 오로지 '귀환'을 위한 정보만을 발신하게 된다. 결과적으로 세화회 임원이나 『회보』 기자들이 모두 9월 하순에 이르러서 '잔류'에 대한 희망을 단념하게 되었다는 것을 기사 내용을 통해 확인할 수 있다.

1945년이 거의 끝나갈 무렵, 귀환해 가기를 주저하는 일부 일본인을 향해, 『회보』는 발행 초기에 내세웠던 논리와는 달리, 다음과 같이 '잔류'를 비난하고 '귀환'을 촉구하는 주장을 강하게 제기했다. "어떻게 해서든 남아있고 싶다고 하는 사정이 있는 사람도 있을 것이다. 하지만 지금은 개인적인 모든 사정을 버리고 국제적인 큰 흐름에 순응하여 귀환해 가야 한다. 조선의 건국을 위해서는 이제 어쨌든 귀환하기를 바란다는 의향을 깊이 이해한다면 조선의 새로운 출발을 축복하기 위해 일본인은 당연히 귀환해야 한다. 무언가 이유를 붙여 잔류하려고 하려고 하는 것은 사내답지 못하다. 일본인답지 않다."[58]

그리고 1946년 1월 하순의 『회보』는 더 나아가 일본인임을 속이고 몰래

57) "我等がこの間まで手を握って来た朝鮮人諸君は, 独立といふ燦しい一歩を踏み出してゐる. これを先づ慶祝して, 積極的に協力せよ, 建設的意見を, 技術を提供せよ."「日本人の心得」,『會報』19号, 1945. 9. 25.

58) "どうしても居留したいといふ事情のある人もゐよう. しかし, 今は個人的な一切の事情を棄てて国際的な大きい流れに乗つて, 引揚げて行くべきである. 朝鮮の建国のためには, この際日本人はともかく引揚げて欲しい. との意向が窺知されるならば, 朝鮮の新しい出発を祝福するため, 日本人は当然引揚げねばならない. それを何かと事情づけて残留しようといふことは, 男らしくない. 日本人らしくない."「日本人よ, 帰れ祖国に!」,『會報』93号, 1945. 12. 24.

한반도에 '잔류'하고자 하는 일부 사람이 있다는 것을 비난하고, "일본인 동포여, 자신의 국적을 밝히자. 숨어서는 안 된다. 일본인이라면 당당하게 일본인의 국적을 가지고 국제적 요청에 따라 대응해야 하지 않겠는가" 하며 귀환을 촉구했다.[59]

식민지 지배에 관한 인식

미군 진주와 일본군 철수에 따라 점차 남한사회에서도 일본인에 대한 배척 움직임이 강해지면서 이러한 사회적 분위기를 받아들여 미군정 당국은 모든 일본인의 귀환을 촉구하게 된다. 이처럼 반일 움직임이 강렬한 상황에서, 세화회 구성원들로서는 자신들의 안위와 여타 잔류 일본인들을 생각해서 함부로 식민지 인식에 관한 솔직한 감정이나 생각을 표현하기는 어려웠을 것이다. 하지만 이러한 표현의 한계에도 불구하고 부분적으로 일본인의 식민지 인식을 엿볼 수 있는 문구가 전혀 없는 것은 아니다. 다음은 『회보』 기사 내용 가운데 식민지 과거와 '해방'의 현실에 대한 인식이 드러나는 문구들을 그 성격별로 구분하여 발췌해 보기로 한다.

첫째는 과거 식민지 시기 조선인과 일본인이 함께 동고동락을 했다는 형태의 표현으로, 마치 정치적 경제적 조건을 함께 하며 생활해왔다는 인식이다. 예를 들면 패전 한 달이 지난 시기에 발행된 제30호에서 "30여년 같은 집에서 살며 생활해오다보니 서로 적응이 되어 서로의 결점도 가득 눈에 들어오고 지나침과 모자람 그대로 행동해 온 것이 사실이다. 그러나 그것은 어차피 30여 년간 한 솥밥을 같이 먹은 동포인 것이다. 그런 동포가 이제 분가(分家)를 하게 되었다. 이런 새로운 출발에 대해 서로 모든 구실을 빼고 우정을

---

59) "日本人同胞よ, その国籍を明らかにしよう. もぐりはいけない. 日本人ならば, 堂々と日本人たる国籍において, 国際的要請に応へようではないか."「国籍を明らかにして国際的要請に応へん」,『會報』117号, 1946. 1. 25.

가장 높은 신조로 하여 모든 장애물을 제거하고 발을 내딛는 것이 바람직하다"라고 언급된 것이 그것이다.[60] 이러한 인식은 『회보』의 마지막호(제123호)에서도 나타나고 있다. 해방 후 조선인들의 국가건설 움직임에 대하여, 기자는 "지금까지 함께 걸어온 자로서 어쨌든 축하하고자 하는 생각을 멈출 수 없으며 건국을 축복한다…"라고 표현하고 있다.[61]

둘째는 식민지 시기의 시절과 산하(山河)를 아름답게 추억하는 것으로, 정치적, 경제적 상황을 도외시하거나 아름다운 자연을 빌어 덮어두고자 하는 인식이다. 예를 들어, "이리하여 길게는 40년간 또는 50년간 적응하며 살아온 떠나가는 최후의 항구(부산)에 대한 기억을 좋은 추억으로 하고 싶다"와 같은 표현이 그것이다.[62] 그리고 "귀국을 서두르는 마음에 한번쯤 조선 가을의 아름다움을 생각해보자. 일선(日鮮)의 국제적 사색은 이러한 점에서도 시작된다. 이윽고 덕수궁 국화들도 향기를 품으며 피어날 것이다"라고 하는 기사 내용도 있다.[63]

셋째는 식민지 시기가 어떠했든 간에 이제는 서로 다른 외국인이 되었다는 과거와 결별하고자 하는 인식이다. "여전히 종래의 관념에 사로잡혀 있어서는 여러 가지 지장이 생긴다. 이제 조선은 더 이상 일본이 아니다. 우리

---

60) "三十幾年, 同じ家に住んで暮して来ると, お互ひの馴れ合ひから, お互ひの欠点も人一倍眼につき, 我儘や不足がそのまま言動されて来たわけである. しかしそれらは所詮同じ釜の飯を三十幾年食つてきた 'はらから' なのである. その 'はらから' が, いま分家することになつたのだ. この新なる門出にあたつて, お互ひは, すべての理屈を抜いた友情を何より高い信条として, 一切の行きがかりを一擲して踏み出すことが望まれるのである."「理屈抜きの友情」,『會報』13号, 1945. 9. 15.

61) "これまで共に歩いて来たものとして, そぞろ慶祝の念に堪えないと, その建国を祝福し…,"「さらばここにペンを擱かん」,『會報』123号, 1946. 2. 1.

62) "かくて, 長きは四十年, 五十年と住み慣れた朝鮮を去る最後の港の思ひ出を, 切角よき思ひ出にしたいものである."「歸國斡旋は公正親切たれ」,『會報』32号, 1945. 10. 11.

63) "帰国を急ぐ心の中に, いま一度朝鮮の秋のよさを想ひ返してみよう. 日鮮の国際的な思索はさうしたところにもスタートがある. やがて徳寿宮の菊も香り高く咲くであらう."「誠実な情熱と努力は消えない」,『會報』40号, 1945. 10. 19. 제123호에서도 조선의 가을을 찬양하는 문구를 반복하여 사용하고 있다.

는 외국에 있는 것이다. 이제 조선과 일본은 국제적 관계로 바뀌고 있다는 것을 알아야 한다."[64] 또한 본국으로 귀환하는 자에게 과거에 좋은 대우를 받았던 것에 대한 미련을 버리고 실업을 면하라고 권고하는 기사에서도, 식민지 시기 일본인에게 월등하게 유리했던 조건들과 이제는 결별해야 한다는 표현이 보인다.[65]

넷째는 식민지 기간 동안에 일본인은 훌륭한 경영자였다는 인식이다. 이러한 식민지 지배에 관한 적극적인 평가는 일본에 일단 귀환한 총독부 직원이나 지식인들이 작성한 자료에서 널리 나타나고 있지만,[66] 아직 귀환을 마치지 않은 일본인으로서는 조선인의 반일감정을 의식하여 공개적으로 표현하지 않았던 견해다. 그런데 『회보』 기사 가운데에서도 "세상의 폭풍우가 과수원, 농장, 광산, 공장에 불었다고 해도, 경영자들이여, 그대들이 '훌륭한 경영자'였다고 하는 자신을 갖고 있다면 그대들이 뿌린 씨앗들이 필시 비바람이나 눈에도 굴하지 않고 다시 싹을 피울 것이다"라고 하는 우회적인 표현이 발견된다.[67]

다섯째는 미약하게라도 식민지 지배를 비판하는 인식이다. 예를 들어 "가난해도 아름다운 인정의 교류가 행하여지는 것. 이제 와서 느끼는 것이지만 왜 과거 36년간 이런 기회가 없었을까. 1년에 봄과 가을 두 차례에라도 양 민족이 연중행사의 하나로 이런 기회를 가질 수 있었더라면 양 민족은 헤

---

64) "未だ在来の観念をもつてすることから, いろんな支障が起る. 率直にいへば, 朝鮮は日本ではなくなつてゐるのだ. 我々は外国にゐるのだ. いまは日本と朝鮮とは, 国際的関係に変つてゐることを承知すべきである."「考へを新たにすべきである」, 『會報』 36号, 1945. 10. 15.

65)「世界一の勤勉な国民となろう」, 『會報』 68号, 1945. 11. 24.

66) 최영호, 「현대 일본인의 한국과 한국인에 대한 인식」, 한일관계사학회, 『한일 양국의 상호 인식』, 국학자료원, 1998, pp. 242-244.

67) "世の暴風雨は, よし果樹園にも, 農場にも, また鉱山にも, 工場にも吹いたとしても, 経営者達よ, あなたが'よき経営者'であつたと, 自信が持てるならば, あなたの蒔いた種は, きつと雨にもめげず, 風にもめげず, 雪にも屈せず, 再び芽を吹く."「誠実な情熱と努力は消えない」, 『會報』 40号, 1945. 10. 19.

어지더라도 얼마나 좋은 실적과 추억을 함께 가질 수 있었을까"라고 하는 표현에서 발견할 수 있다.[68] 그 외에 이러한 미약한 비판이나 반성의 표현조차 발견할 수 없는 가운데, 비록 조선 민족을 향한 반성은 아니지만, 일본인 가운데 책임을 져야 하는 연령에 속한 부형(父兄) 계층이 승전에 대한 확신도 없는 가운데 일본인 젊은이들을 전쟁터로 몰아넣었던 것을 비판하는 기사가 보인다.[69]

전반적으로 『회보』는 신중한 표현들로 가득한 가운데 과거 식민지 지배를 적극적으로 찬양하는 기사는 드물다. 한편 식민지 지배를 적극 반성하는 표현은 전혀 찾아볼 수 없다. 전반적으로 가능한 조선인들을 자극하지 않으려는 의도가 분명히 나타나고 있지만 해방된 조선인들의 마음을 적극 이해하고자 하는 의도는 찾아 볼 수가 없는 것이다. 다음 일부 인용하는 바와 같이, 1945년 12월 31일에 발행된 제98호에는 1945년 한 해에 관한 세화회 기자의 소감이 잘 나타나 있다.[70] 과거 식민지 지배에 대한 반성이나 비판은

---

68) "如何ばかりいみじくも麗はしい人情の交流が行はれることであろう. 今更ながら, どうして過去三十六年において, かかる機会が設けられなかつたのであろうか. 一年に春秋二回でも, 両民族が年中行事の一つとして, かかる機会を持つてゐたなら, 両者は別れることの上においても, どんなにいい実績と思い出とを持つことができたであらう."「同居の歴史的一頁を生かせ」,『會報』53号, 1945. 11. 6.

69)「若返って蒔いた種を刈らねばならぬ」,『會報』86号, 1945. 12. 15.

70) 원문은 다음과 같다. 祖国二千六百有余年の歴史をかけて破れたる昭和二十年よ, いま過去の一頁として消え去らんとす. 日本人たるもの, 一人としてこの年に血涙を絞らざるものがあらうか. この年を送らんとするに当り, おもむろに『大東亜地図』を仰ぐ. あれ程に広く戦ひを展開した皇軍は, その剣を, 銃を, 飛行機を, 戦ふ一切のものを投げた. 海ゆかば水漬く, 山ゆかば草むす, 空ゆかば雲染むと歌ひつつ戦ひつづけて来た幾星霜が, 全く空しく敗北に終った. それが昭和二十年といふ年なのだ. 痛恨やるかたなき昭和二十年よ, 今ぞ吹ッ飛んでしまえ.

この日, 更に『朝鮮地図』に対す. いまはこの地は, 三十六年の古へに帰った. 愛情はある. しかし, それはうしなったなどといふケチな感情のものではないのだ. この国の山, この国の川, この国の平野, この国の街々のよさを讃むる誠実の知性なのだ. さては, この国の人々の顔, わけても共に語り, 共に働き, 共に笑ひ, 共に悲しみ, 共に寝た幾多の友人の顔がまざまざと浮ぶ. なつかしいそれらの殆どが, 建国の仕事に寝食を忘れて, その若々しい力を打ち注いでゐる. 立派な建国が, それらの友人によって造成されることを, いま朝鮮の『地図』に対し祝福して已まない.

思えば敗れて朝鮮と別れ, 台湾と別れ, 樺太と別れた. それは淋しいことだ. しかし日本

없는 가운데, 패전의 원통함, 조선에 대한 애정이 묘사되어 있고, 과거 전쟁에서 열심히 싸웠다고 하는 자의식이 잘 나타나 있다.

> 조국 2천 6백여 년의 역사에 걸쳐 패배한 쇼와(昭和) 20년이여, 이제 과거의 한 페이지로 사라져가려 한다. 일본인 한 사람으로서 이 해에 피눈물을 흘리지 않은 사람이 있을까. 이 해를 보내면서 천천히 '대동아지도'를 펴본다. 그만큼 광대하게 전투를 전개했던 황군(皇軍)이 검과 총, 그리고 비행기와 무기들을 모두 내던져 버렸다. 한스럽고 볼품없는 쇼와 20년이여, 이제 사라져 버려라.
> 이날 또한 '조선지도'에 대면한다. 지금 이 땅은 36년전 과거로 돌아갔다. 애정이 있다. 그러나 그것은 잃었던 것이기 때문이라는 인색한 감정이 아니다. 이 나라의 산과 강, 평야, 거리의 아름다움을 찬양하는 성실한 지성에서다. 그리고 이 나라 사람들의 얼굴, 그 중에서도 함께 이야기하고 일하며, 웃고 슬퍼하며 함께 잠을 잤던 수많은 친구들의 얼굴이 떠오른다. 그리운 그들 대부분이 건국 사업에 침식을 잃고 그 젊은 힘을 발휘하고 있다. 훌륭한 건국이 그들 친구들에 의해 조성되기를 지금 '조선지도'에 대해 축복을 빌어마지 않는다.
> 생각해보면 패배하여 조선, 대만, 사할린과 헤어지게 되었다. 그것은 쓸쓸한 일이다. 그러나 일본이여, 일본인이여, 세계를 상대로 하여 학생도, 여성도, 어린이도 모두 앞서 열심히 싸웠던 일을 생각하면 쓸데없이 한탄해서는 안 된다. 대동아에 그처럼 전선을 깔았던 역사적 체험을 탄식으로 바꾸어 민족의 추억으로 하자.

이러한 기사 내용을 통해 패전 직후 한반도 거류 일본인 가운데 식민지 지배에 대한 비판은커녕 전시체제의 굴레에서도 벗어나지 못한 사람들이 많았음을 잘 알 수 있다. 이들은 조선과 일본의 어느 쪽에도 발을 붙이지 않은 존재로서, 점령 직후 급격하게 민주화 되어가는 일본 본토의 시대변화를 읽어내지 못하고, 다만 한반도의 혼란 가운데 귀환을 앞두고 잃어버린 과거

よ, 日本人よ, 世界を相手に, 学徒も, をんなも, 子供も, 精一ぱいに戦ったことを思へば, 徒らに嘆いてはいけない. 大東亜にあれ程に戦線をしいた歴史的体験を嘆きにかへて, 民族の思ひ出としよう.

지위에 대한 환상을 간직한 채 미래에 대해서는 새로운 비전을 갖지 못했다.

그들은 오히려 일본 본토의 일본인보다도 과거의 향수에 젖어 시대의 변화를 파악하지 못한 채 귀환을 기다렸다. 한반도 거류 일본인의 시대 변화에 대한 몰이해 현상은 본국에서 일황이 '인간선언'을 하고난 직후에 발행한 『회보』에서도 그대로 나타났다. "황공하옵게도 천황께옵서는 이제까지 '신민'으로 불러주신 것을 이제는 '국민'으로 불러주신다. 그 은혜 간직하고 옥음(玉音)에 담아주시는 마음이 욕되지 않도록 떠받드는…" 운운 하는 구태의연한 기사들이 지면을 장식한 것이다.[71)]

5. 한반도 일본인의 역사인식

이상으로 조선총독부, 일본군, 일반귀환자에 이르기까지 한반도 거주 일본인이 패전 직후 과거 식민지 지배에 대해 어떻게 인식하고 있었는지를 사료를 통해 살펴보았다. 이들이 대체로 황민화 정책과 내선일체(內鮮一體) 이데올로기가 허구였다는 점을 극복하지 못하고 식민지 통치 내내 민족차별의 현실이 민족 간 균열의 징후를 키워왔다고 하는 사실을 인정하지 않으려고 했다는 점을 강조했다.

다만 한반도 일본인 모두가 이처럼 민족 차별을 실천적으로 비판하거나 반성하지 않았다고 보는 견해에는 문제가 있다. 패전을 겪은 일본인 가운데 죠코 요네타로(上甲米太郎, 1902-1987)나 이소가야 스에지(磯谷季次, 1907-1998)와 같이 한반도에서 식민지 통치에 저항하고 사회주의적 운동을 실천

71) "畏くも, 天皇におかせられては, これまで爾臣民とよばせ給ひしを, いまなんじら '国民' と宣はせ給ふ. そのおんしたはしき玉音にふくませ給ふ大御心の辱じけなき拜する…", 「新らしき日本のよき國民たらん」, 『會報』 100号. 1946. 1. 4.

한 일본인이 있으며,[72] 소다 가이치(曽田嘉伊智, 1867-1962)나 다우치 지즈코(田内千鶴子, 1912-1968)와 같이 종교심과 인류애로 봉사활동을 한 이유로 조선인들로부터 무한한 존경을 받고 있는 한반도 거주 일본인이 있기 때문이다.[73]

그러나 적어도 세화회와 관련하여 패전 직후에 발행된 자료를 통해 대규모 집단 귀환이 이루어지기 이전의 시점으로 돌아가보면, 한반도 특히 남한에 거주하는 일본인 대부분이 일본과 식민지 조선이 서로 전쟁을 경험한 일이 없었다고 하는 조건 아래에서 '해방'이라는 상황을 심각하게 받아들이지 않았으며, 방송이나 신문을 통해서도 일본 본토의 점령당국에 의한 민주화 실상을 정확히 파악하지 못하는 가운데 구태의연한 황국사관에서 벗어나지 못했고, 자신들이 과거 이 땅에서 지배 민족으로서 군림해왔다는 의식을 상대화 하는 여유를 갖고 있지 않았던 것으로 요약할 수 있다.

인식 유형

패전 직후 일본 정부와 조선총독부가 시대 변화를 안일하게 인식하는 가운데, 가능한 식민지에서 거주해온 일본인을 그대로 현지에 잔류시키려고 했던 것이 당시 관련 자료를 통해 확인된다. 다만 조선총독부의 경우에는 일본인의 귀환쇄도 상황을 목격하는 가운데 일본 정부와는 달리 신속한 귀환 대책에 고심하는 모습이 보였고, 한반도에서 패퇴해가는 일본군의 인식에서는 '해외영토 상실'의 비통함이 역력히 드러났다.

한반도 거주 일반 일본인의 식민지 지배에 관한 인식과 관련하여 세화회

---

72) 新藤東洋男,『在朝日本人教師: 反植民地教育運動の記録』, 白石書店, 1981; 磯谷季次,『植民地の獄 革命家の経験的記録』, 郷土書房, 1949.

73) 三宅一美,「曽田嘉伊智氏」,『友邦』39巻8号, 1986. 8, pp. 5-6; 다테노 아키라(편),『그때 그 일본인들』, 한길사, 2006, pp. 415-420.

의 자료를 통해 시대 변화에 대한 그들의 안일한 인식을 재확인할 수 있다. 그리고 일본인 귀환자들이 체험 기억이 생생한 가운데 기록한 귀환 직후의 회고록에서도 귀환 과정에서 일본인들이 겪은 고통을 중점적으로 전달하고 있으며, 과거 식민지 통치 하에서 피지배 조선 민족이 입은 상처에 대해서는 이해와 공감을 거의 내보이지 않았음을 알 수 있다.

조선인의 해방 후 움직임을 목격하는 가운데 작성된 세화회 『회보』 기사에서도 한반도 일본인들은 패전 직후 '잔류' 지향의 성향을 보이다가 뒤늦게 '귀환' 지향으로 의식을 바꾸어갔다고 하는 것을 확인할 수 있다. 그리고 『회보』 기사를 통해 일반 일본인 귀환자들이 패전 직후 과거 식민지 지배에 관하여 전반적으로 안일하게 인식하고 있었다는 것을 확인할 수 있다.

비록 세화회 임원이나 『회보』 작성자의 표현이라고 하는 한정된 '렌즈'를 통해서 확인한 것임에도 불구하고, 여기서 패전 직후 한반도 일본인의 식민지 인식을, (1) 식민자와 피식민자가 정치적, 경제적 조건을 같이 했다고 보는 인식, (2) 아름다운 자연을 빌어 정치적, 경제적 조건을 도외시하거나 덮어두고자 하는 인식, (3) 과거가 어떠했던 간에 이제는 서로 외국인이 되었다는 인식, (4) 식민지 시기에 일본인이 훌륭한 경영을 했다는 인식, (5) 보다 나은 통치를 왜 하지 못했나 하는 반성 인식 등, 5가지 형태로 파악할 수 있다. 이러한 인식 유형은 패전 직후 뿐 아니라 오늘날에 이르기까지 모든 시기에 걸쳐서도 일본인의 식민지 지배 인식을 바라보는 틀로서 어느 정도 유용할 것으로 생각한다.

세화회 지도자의 경우

다만 총체적인 식민통치 반성의 결여가 나타나는 가운데 아주 미미한 형태의 반성 의식이 있었다는 점에도 주목해야 한다고 생각한다. 일본군의 철수와 함께 분출하는 조선인들의 반일 감정을 목격한 일본인들 가운데는 미미하게나마 과거 식민지 지배가 무언가 잘못되었다는 반성의 의식을 갖게 되었다는 점도 세화회 자료를 통해 일부 확인할 수 있기 때문이다. 이러한 미미한 반성 의식으로의 변화 조짐은 식민지 시기 경성제대 교수로서 총독부 지배를 적극 옹호한 것으로 유명한 스즈키 다케오(鈴木武雄)의 귀환 직후 인식에서도 엿볼 수 있다. 그는 서울 세화회의 결성과 초기 활동에서 가장 중요한 역할을 수행한 인물이다. 그가 20년간에 걸친 한반도 생활을 접고 일본에 귀환하자 일본 외무성은 그에게 생활 체험과 학문적 연구를 토대로 하여 식민지 지배의 성격에 관한 총체적 평가를 내리도록 의뢰했다.[74)]

스즈키는 전반적으로 과거 조선총독부 통치가 시종 제국주의적 식민지 지배로 일관한 것은 아니라는 점을 주장했다는 점에서 총체적인 인식의 한계를 내보였다. 그는 총독부 통치의 '실패와 과오'로서는 참정권 등 정치적 차별이 계속된 점,[75)] 경찰 통제를 통해 조선인을 지나치게 감시했다는 점[76)] 등을 지적하면서도 이에 대해 일본 본토나 일본인에 대한 비민주적 정책과 약간의 차이가 있었을 뿐이라는 대응 논리를 펼쳤다. 다만 그는 이렇듯 식민지 통치를 일일이 정당화 하면서도, 결론에서 '군국주의와 결부된 일본인의 독선과 민족적 우월감'이 과거 식민지 통치에 대한 평가를 완전히 밑바닥으로 떨어뜨리는 요인이 되었다는 점을 인정하기도 했다.[77)]

마지막으로 비교적 온후한 인품과 유연한 사고의 소유자로 알려지고 있는 서울 세화회 초대 회장 호즈미의 인식을 살펴보자. 그는 우방협회(友邦協會) 이사장을 역임하면서 1958년부터 「조선근대사료연구회」 연구자들과 수차례 대담하는 가운데, 식민통치를 통해 조선민족에게까지 황민화 교육

---

74) 外務省調查局第三課, 『朝鮮統治の性格と実績』, 外務省調查局, 1946, はしがき.

75) 外務省調查局第三課, 1946, p. 9.

76) 外務省調查局第三課, 1946, p. 10.

77) 外務省調查局第三課, 1946, pp. 169-170.

을 시킨 것에 대한 평소의 비판 의식을 토로했고,[78] 1970년대에 간행된 그의 저술에서도 비판의식의 연장선상에서 조선민족의 민족성을 무시한 식민통치를 강하게 비판했다.[79]

그럼, 그가 패전 직후 서울에서 세화회 회장을 담당하고 있을 때는 어떠한 식민지 인식을 가지고 있었을까. 이 물음에 대답하기 위해서는 귀환한 지 얼마 되지 않는 시기인 1946년 11월에 그가 작성한 수기를 참조하는 것이 좋을 것 같다. 그는 수기에서 패전 다음 날 "36년간의 긴 기간 동안. 특히 마지막 10년 동안에는 조선인도 전쟁의 부담을 위하여 상당히 힘들었겠지만, 그래도 통치 방침으로 조선을 문화적으로 개선해가자고 하는 친절한 마음이 있었기 때문에, 비록 수백 수천의 불만이 있더라도 그 마음을 이해받을 수 있지 않을까"라고 생각하면서 총독부에 출두했다고 회고했다.[80] 그런데 그는 길거리에서 칼을 차고 치안 유지에 나선 서슬 퍼런 일본군 장교의 모습을 보고나서는, "저렇게 종래와 같이 밀어붙여서 되겠는가"하는 생각을 갖게 되었다고 회고했다.[81]

패전 직후 그의 인식에서는 기본적으로 종래의 식민 지배가 선의에 의해 이루어졌다는 점과 해방 이후 일본군의 존재가 조선인을 자극하고 있다는 점이 발견된다. 하지만 그의 수기에서 지난 식민통치의 문제점에 대한 그의 반성은 찾아볼 수가 없다. 적어도 세화회 단체의 지도자로서 활동하던 시기에 그는 민족차별을 기반으로 했던 내선일체(内鮮一體) 이데올로기를 벗어나지 못하고 지난 식민통치의 오류에 대해 여전히 안일하게 인식하고 있었으며, 해방에 따른 한일 간 민족의 갈등 문제를 일본군의 무력 지배에만 전가하는 인식의 한계를 보인 것이다.

78) 미야타 세쓰코, 『식민통치의 허상과 실상』, 혜안, 2002, pp. 17-18.

79) 穂積真六郎, 『わが生涯を朝鮮に: 穂積真六郎先生遺筆』, 友邦協会, 1974, pp. 245-246.

80) 穂積真六郎, 「京城日本人世話会長として」, 森田芳夫 · 長田かな子(編), 1980, p. 312.

81) 穂積真六郎, 「京城日本人世話会長として」, 1980, pp. 312-313.

6장

귀환 후 일본의 동포세화회

한반도 거주 일본인들은 귀환하는 과정에서 세화회를 조직하여 원호를 지원하는 데 머무르지 않고 일본으로 귀환한 후에도 세화회 조직을 지속적으로 운영하였고 일본사회에 정착하는 과정에서 귀환자들의 권익을 옹호하는 활동을 전개했다. 일본으로 귀환한 사람들이 일찍이 1946년 3월에 「조선인양동포세화회(朝鮮引揚同胞世話會)」를 결성하고 단체 활동을 통해 일본정부에 대해 재산권 보상 운동 등을 전개하기 시작한 것이다. 패전 직후 한반도에서 결성된 일본인 세화회와 구별하기 위해서 이 책에서는 「조선인양동포세화회」를 편의상 동포세화회라고 약칭하고자 한다.

동포세화회는 한반도 세화회의 연장선에서 결성된 단체로 한반도에서 귀환한 일본인의 패전 직후 움직임에서 커다란 역할을 담당했다. 따라서 6장에서는 한반도 거주 일본인들이 일본으로 귀환한 직후에 일본에서 어떻게 세화회 조직을 재편하면서 동포세화회 결성에 이르렀고 동포세화회를 통하여 어떠한 활동들을 전개했는지 정리하고자 한다. 이와 함께 동포세화회의 다양한 활동 가운데서 귀환자들의 권익 문제 특히 한반도 재산 문제에 집중하여 재산권 보상 요구 활동을 살펴보고자 한다.

한반도에 두고 온 재산의 보상 문제는 패전 후 피점령 아래의 일본에 있어서 귀환자들이 품고 있던 가장 큰 현실적 관심사였으며 나아가 점령 종료 직후 한일 국교정상화를 위한 1차 회담을 결렬시킨 일본 정부의 '역청구권' 주장으로 이어지는 국제적 문제가 되었다.[1] 귀환자들의 한반도 재산에 관한 청구권 주장은 현대 한일 양국에 있어서 과거사 처리의 발단이 되었다는 점에서, 이 문제가 귀환자들의 관심사를 대변하는 단체로부터 어떻게 전개되었는지를 밝히는 작업은 한일관계의 현대사 연구에서 그 원점을 실증해 내는 중요한 의미를 지니고 있다.

단체명을 달리해 가면서 일관성 있게 지속된 일본인 귀환자 단체의 재산권 보상 운동은 동포세화회 해체 이후 1950년대에 들어 한일회담에서의 청구권 협정 교섭과 일본 정부의 자국민 전후처리 정책에 커다란 영향을 끼쳤다. 이 문제에 대해서는 이 책의 후기에 개략적으로 정리하고자 한다. 한반도 거주 일본인을 포함하여 점령기에 일어난 다양한 재산권 옹호 운동은 결과적으로 일본 정부에 의한 지원 정책으로 귀결되지만 전후처리 정책 결정 과정에 대해서는 차후의 연구과제로 하고 싶다.

1. 일본의 귀환자 단체에 관한 연구

한반도에서 귀환한 일본인들이 귀환 후에 어떻게 활동했는지에 대해서는 그들의 인식 문제와 단체 활동을 중심으로 연구가 이루어져 왔다. 1970년대 이후 귀환자 회고록이 대거 출판된 것에 힘입어 한반도 거주 일본인들의 귀환 후 인식에 관한 선행 연구도 일일이 열거하기 곤란할 만큼 많이 생산되었다. 이것을 다카사키 소지(高崎宗治)를 비롯한 연구자들이 과거 식민지 지배에 관한 인식을 유형화 하고자 시도한 연구와 나리타 류이치(成田龍

1) 이원덕, 『한일 과거사 처리의 원점: 일본의 전후처리 외교와 한일회담』, 서울대학교출판부, 1996, pp. 51-58.

一)를 비롯한 연구자들이 전후 귀환자 회고록을 시기별로 나누어 특징화 하려고 시도한 연구로 나누어 분류할 수 있다.[2)]

그러나 이들의 귀환 후 단체 활동에 대해서는 연구가 상대적으로 많지 않으며 비교적 최근에 새로운 연구 과제 대상이 되고 있다. 흥미롭게도 이와 관련한 연구가 2000년대 이후 한국과 일본에서 젊은 연구가들의 작업에 의해 이루어지고 있다. 한국에서는 한반도 거주 일본인의 귀환 후 활동에 대한 연구가 활발한 반면, 일본에서는 해외 전반에 걸친 일본인의 귀환 후 활동에 대한 연구가 활발한 편이다. 한국의 연구자 가운데 정병욱은 일찍이 2005년의 연구 논문을 통하여 한반도에서 돌아간 구 조선총독부 관료와 경제계 인사의 행적을 조사하고 귀환자 단체인「동화협회」와「중앙일한협회」활동을 일부 언급했다.[3)] 조선총독부 관료의 귀환과 한일회담에 대한 영향력 행사에 관하여 현대 한일관계사 연구계에 선구적인 문제 제기를 했다는 점에서 그의 연구는 높이 평가되어야 한다.

아울러 역사학적인 검증 작업을 통해 높은 완성도를 보인 연구로는 한국의 연구자 노기영이 2006년에 발표한 논문을 들 수 있다. 그녀는 관련 단체 내부 자료를 조사하여 한반도에서 활동한 세화회가 귀환 후 일본에서 동포세화회로 재편되고「중앙일한협회」로 발전해가는 과정을 그려냈다. 즉「조선중앙협회」·「조선사업자회」·동포세화회·「구우클럽(舊友俱樂部)」·「동화협회」·「중앙일한협회」에 이르는 일련의 전개과정을 정리한 것이다. 그 가운데 동포세화회의 기관지 내용을 부분적으로 인용하며 귀환단체의

2) 최영호,「해방직후의 일본인 귀환: 세화회 활동을 중심으로」, 이창훈 · 이원덕 편,『한국 근현대 정치와 일본 II』, 선인, 2010, pp. 62-63.

3) 정병욱,「조선총독부관료의 일본 귀환 후 활동과 한일교섭: 1950, 60년대 동화협회 · 중앙일한협회를 중심으로」,『역사문제연구』14호, pp. 77-104, 2005. 6. 이형식은 우방협회 자료를 활용하여 조선총독부 관료들의 귀환 후 일본정계 진출상황을 보다 더 구체적으로 밝혀 발표했다. 이형식,「패전 후 귀환한 조선총독부 관료들의 식민지 지배 인식과 그 영향」,『한국사연구』153호, 2011. 6, pp. 239-280.

활동을 언급했다.[4] 또한 최근에는 이형식 연구자가 조선총독부 관료들의 귀환 후 활동에 관한 연구 논문을 발표했다. 그의 논문에서는 총독부 관료들의 일본 중앙부처 재취업 실태를 정리한 것이 괄목할 만하다.[5]

한편 일본에서는 2008년에 고바야시 히데오(小林英夫)를 중심으로 하는 연구진이 귀환 후 단체 활동에 관한 연구 성과를 단행본으로 내놓았다. 고바야시는 종래의 귀환 연구가 대부분 포스트모던 성향을 띠고 있어 귀환자 개인과 귀환 단체의 의도와 행위를 분석하는 데 집중했다는 점을 지적하고, 의도와 정책적 결과 사이에 개재하는 정치 · 경제 · 사회적 환경과의 관련성을 분석할 필요성을 역설했다. 이러한 연구 과제에 따라 고바야시 자신은 전후 일본 기업의 해외 진출과의 연관성 속에서 귀환 단체를 언급했으며,[6] 그의 편저 가운데 시바타 요시마사(柴田善雅)는 일본 정부의 전후처리 정책과의 연관성 속에서 귀환자 기업 단체의 활동을 소개했다.[7]

한국의 연구자 이연식은 2009년에 서울시립대학에 박사학위 청구논문을 제출하여 일본인 귀환에 관하여 폭넓은 담론을 소개했고,[8] 이어 2010년에는 귀환자 원호를 위한 일본 정부의 정책과 귀환자 단체의 자구 노력에 관한 연구를 발표했다. 그는 2010년 논문에서 일본 1947년과 1948년의 참의원 회의록 속에 나타난 정책 논의 과정을 소개했으며, 일본신문과 선행연구들

---

4) 노기영, 「해방후 일본인의 귀환과 중앙일한협회」, 『한일민족문제연구』 10호, 2006. 6, pp. 134-154.

5) 이형식, 「패전 후 귀환한 조선총독부 관료들의 식민지 지배 인식과 그 영향」, 『한국사연구』 153호, 2011. 6, pp. 239-247.

6) 小林英夫, 2008, pp. 14-43. 그는 4년 후 이 연구를 심화 확대하여 일본인과 일본기업의 아시아 인식 변화를 주된 주제로 하는 연구서를 발간했다. 小林英夫, 『日本人のアジア観の変遷: 滿鉄調査部から海外進出企業まで』, 勉誠出版, 2012.

7) 柴田善雅, 「引揚者経済団体の活動と在外財産補償要求」, 小林英夫 · 柴田善雅 · 吉田千之輔, 2008, pp. 133-148.

8) 이연식, 『해방 후 한반도 거주 일본인 귀환에 관한 연구』(서울시립대학교 박사학위청구논문), 2009.

을 인용하여 귀환자 단체의 활동에 관하여 다양한 논의를 전개했다.[9] 아울러 2012년에는 일본인 귀환자들의 회고록에서 귀환 당시 이들의 현실 인식과 행동을 규명해냄으로써 일본인 귀환 문제를 한국사회에 널리 알렸다.[10]

점령기 일본인 귀환자들의 권익 옹호 활동 가운데 해외재산 문제에 관한 활동에 대해서는 그다지 연구가 활발하지 않은 편이다. 관련 자료가 산재하거나 부족한 가운데 수많은 단체들이 각지에서 전개한 다양한 활동들을 일목요연하게 정리하기가 어렵기 때문이다. 이러한 상황에서 앞서 언급한 시바타 요시마사는 해외재산 문제를 둘러싼 다양한 귀환자 단체의 이합집산 과정을 정리하고자 시도한 것으로 괄목할 만한 연구 업적을 남겼다.[11]

한편 선재원은 이들 단체 가운데 연합단체 움직임의 사례로써 1945년 11월 30일에 결성된 귀환자 기업의 연합체「해외사업전후대책중앙협의회」에 주목하고 내부 자료를 활용하여 이 단체의 보상요구 활동을 규명했다.[12] 또한 노기영은 1945년 11월 1일에 결성된「조선사업자회」에 주목하고 이 단체가 전개한 재산규모 조사활동과 재산권 보상 요구활동을 정리했다.[13]

이 책에서는 위에서 언급된 선행연구들을 참고하는 가운데 가능한 동포세화회 단체에 집중하고 이 단체의 결성 과정과 활동을 세부적으로 살펴보고자 한다. 선행연구와 차별성을 나타내기 위해서 이 책에서는 가능한 동포세화회 관련 일차적 자료를 분석하는 방법을 취하고자 한다. 무엇보다도 동포세화회의 조직화 과정과 활동에 관한 연구 방법으로서는 이 단체가 발행

---

9) 이연식,「전후 해외 귀환자에 대한 한일 양국의 지원법 비교연구: 입법의 역사적 배경과 성격을 중심으로」, 김인호 등,『근현대 한일관계의 제 문제』, 동북아역사재단, 2010, pp. 136-144.

10) 이연식,『조선을 떠나며: 1945년 패전을 맞은 일본인들의 최후』, 역사비평사, 2012.

11) 柴田善雅, 2008, pp. 133-135.

12) 宣在源,「引揚企業団体の活動: 戦前期海外進出企業の国内経済復帰過程」, 原朗(編),『復興期の日本経済』, 東京大学出版会, 2002, pp. 481-492.

13) 노기영, 2006. 6, pp. 141-144.

한 기관지 『인양동포』[14]와 뉴스레터 『조선인양동포세화회특보』[15](이하, 『특보』로 약칭함)의 내용을 관련 자료와 대조하면서 분석해 가는 방법을 택하고자 한다. 동포세화회 사무소는 『인양동포』의 경우 15,000부 정도를 인쇄하여 유로로 하여 배포했으며, 『특보』는 1,000부 정도를 인쇄하여 무료로 배포했다고 했다.[16]

기관지와 뉴스레터는 동포세화회의 조직과 활동을 비교적 상세하게 전달하고 있는 일차적인 자료로서, 오늘날 일본 국회도서관 헌정자료실의 Prange collection과 가쿠슈인(學習院)대학 동양문화연구소의 우방문고(友邦文庫)에서 열람할 수 있다. Prange collection 속의 『인양동포』 자료는 부분적으로 마이크로필름 상태가 양호하지 않아서 판독하기 어려운 부분이 있으나, 발행 이전의 원고 상태와 점령당국의 검열 결과를 확인할 수 있는 중요한 일차적 자료가 되고 있다. 한편 뉴스레터는 비교적 양호한 형태로 가토 기요후미(加藤聖文)가 편집한 귀환관계 자료집에 모두 수록되어 있다.[17]

선행 연구들이 넓은 시야를 가지고 귀환 후 단체들의 흐름을 전반적으로 정리했다고 하면, 여기서는 동포세화회 활동을 미시적으로 파악하여 한반

14) 기관지 『引揚同胞』는 1호(1946년 4월)부터 12~13호(1947년 5월)까지 총 7차례에 걸쳐 발행되었다. 애초 매월 발행하기로 했으나 인쇄 종이 구입난과 점령당국의 검열 등으로 제2호만을 제외하고 2~3개월에 한 차례 원고를 모아서 발행했다.

15) 동포세화회는 『引揚同胞』가 2~3개월에 걸쳐 발행됨에 따라 놓치기 쉬운 중요한 긴급 소식을 전달하기 위한 목적으로 뉴스레터 『특보』를 발행하겠다고 했다. 『朝鮮引揚同胞世話會特報』 1号, p. 1. 『특보』는 제1호부터 제3호까지 발행일이 명기되어 있지 않으며, 제4호(1946년 9월 25일 발행)를 제외하면 제16호(1947년 3월 20일 발행)까지 매월 10일과 20일에 발행된 것으로 기재되어 있다. 그리고 제17호의 경우 1947년 3월 25일과 4월 15일에 두 차례에 걸쳐 발행되었고, 제18호는 5월 10일에, 제19호는 5월 20일에, 제20호는 6월 20일에 각각 발행되었다.

16) 朝鮮引揚同胞世話會. 『事業概況』, 朝鮮引揚同胞世話會, 1946, p. 4. 『引揚同胞』의 가격은 물가 변동에 따라 1엔 50전에서 3엔으로 인상되어 갔다. 배송료는 별도로 책정되었다. 뒤의 〈표 6-3〉에 제시한 바와 같이, 동포세화회는 1946년 10월 시점에 특보의 인쇄비용으로 월 16,000엔, 발송비용으로 월 4,000엔이 든다고 했다.

17) 加藤聖文(編), 『海外引揚関係史料集成(国外篇)第24巻: 朝鮮篇七「終戦前後に於ける朝鮮事情概要」/「朝鮮引揚同胞世話会特報」他』, ゆまに書房, 2002, pp. 365-452.

도의 세화회 단체가 어떻게 일본에서 귀환자 단체로 이어가는지 연결고리를 더욱 분명히 하고, 기관지 내용을 집중 분석하여 세화회 단체가 일본 귀환 직후 한반도 재산에 관하여 어떠한 움직임을 보였는지 밝히고자 한다. 동포세화회 결성의 배경을 이해하기 위해서는 우선 이 단체가 어디서 결성되었는지, 결성 장소의 역사성부터 파악하고자 한다.

2. 동포세화회의 결성

1946년 3월 1일 한반도에서 귀환한 일본인들만의 이익단체 조선인양동포세화회가 도쿄에서 결성되었다. 이때는 한반도에서도 세화회가 북한에서 남하해 오는 전재민들을 원호하기 위해 활동하고 있던 시기다. 따라서 동포세화회 결성에 따라 서울과 부산, 그리고 도쿄에서 세화회 단체가 유기적인 관계를 유지하면서 전재민 원호와 권익 옹호활동을 전개하게 되었다. 동포세화회가 결성된 장소는 조선총독부 도쿄출장소 건물, 즉 「조선회관」 건물이다. 그리고 조선총독부 관료를 역임한 자들과 한반도에서 지도자로서 활동하던 인물들이 동포세화회의 설립과 운영에 관여했다.

〈사진 6-1〉 동포세화회의 산실 조선회관 건물

조선총독부 도쿄출장소

패전 이후 한반도에서 귀환해 간 일본인들은 동포세화회를 비롯하여 각종 단체들을 조선총독부 도쿄출장소 건물에서 결성하고 조직적인 활동을 전개했다. 이 건물의 위치는 패전 당시는 물론 오늘날에 이르기까지 도쿄의 중심부에 해당하며, 교통의 요지인 신바시(新橋) 역에서 500미터 정도 밖에 되지 않고, 일본 국회의사당에도 자동차로 10분 이내에 접근할 수 있는 곳이다.[18] 1936년에 조선총독부는 내부 관료들에게 도쿄 출장 때 숙소와 사무실로 사용하게 하고 한반도에서 생산된 상품을 전시 홍보할 목적으로 출장소 건물을 새로 건립했으며, 그때 새로 건축된 빌딩을 「조선회관」이라고 명명하고 패전 이후까지 계속 사용해왔다.[19]

전쟁말기 연합군에 의한 대규모 공습에도 이 건물은 전혀 손상을 당하지 않은 채 패전을 맞았다. 패전 직후 이 건물을 먼저 접수하기 위하여 재일조선인 단체들이 서로 알력 다툼을 벌이면서 소위 좌우대립의 전초전 양상을 보인 일이 있기도 하다.[20] 점령군 헌병이 감시하는 가운데 한반도에서 귀환한 조선총독부 관료들을 중심으로 하여 일본인들이 이 건물 내부의 사무실을 본거지로 하여 일본 중앙관청이나 관련기관과 식민지 조선 통치 '잔무정

---

18) 패전 당시 주소는 芝区 田村町 1丁目 3番地(가옥번호 3番-9)였고, 오늘날의 주소는 港区 新橋 1丁目 3番地(가옥번호 103番-9-3)이다. 東京住宅協会,『東京都全住宅案内図帳: 港区北部』, 東京住宅協会, 版年不明, p. 1; 港区立港郷土資料館(編),『増補港区近代沿革図集: 新橋・愛宕・虎ノ門・芝公園・芝大門・浜松町・海岸』, 昭和株式会社, 2009, pp. 10-20; 東京法務局港出張所,『閉鎖登記簿』(新橋1丁目103番9の1).

19) 1934년 7월에 공사를 시작하여 총 공사비 37만 원을 들여 1년 3개월 만에 준공했다. 조선총독부 회계과 영선계(營繕係)가 설계를 맡고 多田工務店이 건축을 담당했다. 전체 45실의 사무실을 가지고 있었고, 철근 콘크리트 구조의 4층 건물이었으며, 지하 224평, 1층 207평, 2층 190평, 3층 178평, 4층 154평, 옥상 건물 10평으로 총 건물의 면적이 963평에 달했다. 진공 증기난방 설비에다가 수세식 화장실, 그리고 1대의 엘리베이터를 갖추어 건립 당시로서는 매우 호화로운 건물이었다.『朝鮮と建築』15集10号, 1936. 10, pp. 21-28;「역사를찾아」, http://blog.ohmynews.com/historyseek/275755.

20) 1945년 11월 하순「재일조선인연맹」의 청년 조직과 결성된 지 얼마 되지 않는「재일본조선건국촉진청년동맹」조직이 이 건물을 둘러싸고 무력 충돌을 일으켰다. 權逸,『權逸回顧錄』, 育英出版社, 1987, pp. 103-104.

리' 문제를 협의했다.[21)]

이러한 상황에서 점차 좌파적 성향을 띠어가는 재일조선인 단체「재일본조선인연맹」과「민중신문사」는 1946년 1월부터 1년 7개월 동안 이 건물의 1층과 2층의 일부분을 본부 사무실로 사용하기 시작했다.[22)] 해방과 패전 직후 혼란스러운 시기에 재일조선인과 한반도에서 귀환한 일본인은 이처럼 같은 건물에 출입하면서 각자 전혀 다른 꿈을 꾸고 있었던 것이다.

전후에「조선회관」이 어떻게 변화해가는지, 일본에 있는 조선의 재산이 어떠한 과정을 겪으며 '세탁'되어 가는지 간략히 살펴보자. 이 건물이 1947년 8월 연합국군총사령부의 경제과학국(ESS)에 의해 접수되면서, 이 건물 안에 있던 일본인 단체와 재일조선인 단체가 모두 철수해야 했고, 그 후 이 건물의 소유권에 관한 문제는 재일조선인 단체의 관심 사항으로부터 완전히 벗어났다.[23)]

샌프란시스코 강화회의가 열리기 6개월 전인 1951년 3월 6일 일본 정부는「조선총독부 교통국 공제조합의 일본에 있는 재산의 정리에 관한 정령(政令)」을 발표했다. 이 정령에는 대장성(大藏省) 대신은 자신의 감독 아래 자신이 임명하는 특수정리인에게 이 재산의 처분을 맡긴다고 규정되어 있었다.[24)] 그리고 같은 날짜에 대장성은 특수정리인을 임명하여 발표했다. 이

---

21) 小林利一,「私の終戦記」, 鮮交会(編), 1976, p. 11.

22) 재일본조선인연맹은 점령군에 의해「조선회관」이 접수된 후 교통이 매우 불편한 쓰키시마(月島)의 일본 정부 건물을 임대해 쓰다가 도쿄역전의 관광회사 건물을 매입하여 1948년 8월부터 안정적으로 사무를 볼 수 있게 되었다. 呉圭祥,『ドキュメント在日本朝鮮人連盟 1945~1949』, 岩波書店, 2009, pp. 317-318; 朝鮮民衆新聞社(編), 水野直樹(訳),『写真集朝鮮解放1年』, 新幹社, 1994, p. 26.

23) 재일조선인 단체가「조선회관」의 불하를 점령당국에게 요청한 사례는 발견되지 않는다. 다만 점령이 거의 끝나가는 시점에 가서 신생 한국정부가 이 문제를 제기한 것은 발견된다. 즉 1950년 6월 한국전쟁이 일어나기 직전에 주일한국대표부 대표로 발령을 받아 일본에 부임한 김용주(金龍周) 공사가 당시 대표부 사무실이 긴자(銀座)의 와코(和光) 빌딩 안에서 좁은 공간을 사용하고 있었기 때문에「조선회관」의 불하를 점령당국에게 요청했다고 한다. 그러나 그의 요청은 실현되지 않았다. 小山健一,『私だけが知っている昭和秘史: GHQ[連合国軍司令部]異聞』, 光人社, 2005, pp. 84-85.

24)「朝鮮総督府交通局共済組合の本邦内にある財産の整理に関する政令」(政令第40号, 1951. 3. 6), 第二条; 第三条.

때 패전 직후부터 운수성 해운총국에서 점령당국과의 연락관을 담당해오던 고야마 겐이치(小山健一)가 특수정리인으로 선임되었다.[25]

고야마는 자신의 회고록을 통해 특수정리인으로 임명되기 전에 이미 사전 조사를 통해 이 건물이 조선총독부 교통국 직원 공제조합의 소유이며 조선총독부가 99년간 공제조합과 임대계약을 맺고 사용해왔다는 것을 밝혔다고 했다.[26] 그리고 특수정리인이 되고나서는 이 건물을 매도하여 얻은 돈으로 귀환해온 교통국 공제조합 직원 약 3,200명의 가족에게 근무 기간에 따라 3단계로 나누어 배당금을 지급했다고 했다.[27]

오늘날 이 건물의 부지에 관한 등기를 관할하는 미나토구(港區) 등기소에서 「폐쇄등기부」를 통해 샌프란시스코 강화조약 체결 직후에 이 건물의 소유가 「교에이(共榮)화재해상보험상호회사」로 넘어간 것을 확인할 수 있다. 1951년 11월 14일부로 이 건물에 관한 매입계약이 이루어졌고, 이듬해 6월 16일부로 소유권이 설정되었다.[28]

오늘날 해당 부지에 본사 건물을 두고 있는 보험회사는 사사(社史)에 간략하게 이 건물의 연혁을 기록했다. 매입하기 전의 건물은 조선총독부 철도국 공제조합의 자금으로 건축된 것이고, 공제조합이 폐쇄기관으로 지정됨에 따라 종업원들에 대해 퇴직금을 지불하기 위해서 이 건물을 불하함에 따라 보험회사가 5,414만 엔에 매입했다고 밝히고 있다. 또한 1957년 대대적인 건물 개보수 · 증축과 함께 건물 명칭도 「퍼식픽 빌딩(Pacific Building)」으로 변경했다고 전하고 있다.[29]

---

25) 특수정리인 선임 결과는 「総理府告示第43号」(1951. 3. 39)에 의해 알려졌다. 小山健一, 2005, pp. 83-84.

26) 小山健一, 2005, pp. 75-78.

27) 小山健一, 2005, pp. 88-89.

28) 東京法務局港出張所, 『閉鎖登記簿』(新橋1丁目103番9の1).

29) 四十周年社史編纂室(編), 『共栄火災とその活動: 創立四十年のあゆみ』, 共栄火災海上保険相互会社, 1983, p. 86. 이 건물은 1976년에 헐렸고 이듬해 5월 주변 부지를 합한 넓은 부지에

고야마의 진술대로 이 건물의 매각을 통해 생성된 자금이 공제조합 직원 약 3,200명의 가족에게만 배분되었다고 하면, 배분을 받지 못한 일본인 직원 그리고 한반도에 있는 조선인 직원에게는 당연하게도 배당금을 둘러싼 개인 청구권 문제가 발생하게 된다. 또한 이처럼 특수정리인을 통해 한일회담 이전에 「조선회관」을 '정리'했다고 하는 것은 한반도로 귀환해가는 조선인 노무자의 미수금 문제에 대해 일본 정부가 한국정부가 수립되기 전에 각 일본 기업체에 대한 재일조선인 단체의 개입을 억제하고 등기소 공탁을 통하여 '정리'한 것과 유사한 사례라고 할 수 있다.[30)]

조선관계잔무정리사무소

조선총독부 도교출장소 사무소 건물은 패전 직후 한반도에서 귀환해간 일본인들을 다시 일본에서 규합하게 하는 데 중요한 역할을 담당했다. 구체적인 날짜는 분명하지 않으나 미군이 한반도에 진주하기 전으로 보이는 이른 시기에 서울의 조선총독부에서 열린 국장급 회의에서, 국장이나 과장은 사정이 허락하는 한 일본으로 귀환하면 도쿄출장소를 거점으로 하여 일본 정부에 대해 총독부 직원의 급여에 관하여 절충을 행하기로 했고, 나아가 직원들에 대한 직업 알선에 노력할 것으로 우선 과제로서 설정했으며, 이어 귀환자의 재산 보전책을 강구하기로 논의한 일이 있다.[31)]

지하 2층, 지상 9층짜리 대형 빌딩이 들어서 오늘에 이르고 있다. 東京法務局港出張所, 『閉鎖登記簿』(新橋1丁目103番9の2).

30) 패전 직후 조선인 노무자 미수금에 대한 일본 정부와 일본기업의 대응에 대해서는, 古庄正의 연구가 괄목할 만하다. 古庄正, 「強制連行・未払金はどのように没収されたか: 個人の財産権と国家・企業」, 古庄正・田中宏・佐藤健生他, 『日本企業の戦争犯罪: 強制連行の企業責任 3』, 創史社, 2000, pp. 54-70. 또한 이 문제에 대한 점령당국의 대응에 대해서는 Augustine의 연구가 괄목할 만하다. Augustine, Matthew R. Restitution for Reconciliation: The US, Japan, and the Unpaid Assets of Asian Forced Mobilization Victim, *The Journal of Northeast Asian History*, Volume 8, Number 1, Summer 2011, pp. 17-28.

31) 朝鮮関係残務整理事務所, 『事務所の沿革と事務概要』, 朝鮮関係残務整理事務所, 1950, p. 5. 이 자료는 加藤聖文(編), 『海外引揚関係史料集成(国外篇)第24巻: 朝鮮篇七「終戦前後に於

1945년 11월이 되자 당시 도쿄 출장소 소장직을 담당해오던 기타무라 데루오(北村輝雄) 사무관을 중심으로 하여 일찍부터 귀환해간 관료들이 도쿄 출장소 사무실에 모여 총독부 직원들의 급여 지급문제와 귀환자 · 전재자 원호 비용문제 등을 둘러싸고 관계 관청을 방문하면서 교섭을 전개하기 시작했다.[32] 11월 말에 한반도를 떠나 일본에 들어온 미즈타 재무국장이 12월이 되어 도쿄 출장소 사무실에 출근하면서부터 사무소의 대외 교섭업무에 탄력을 받기 시작했다.[33] 조선총독부 도쿄출장소가 「조선관계잔무정리사무소」로 명칭을 변경하기 이전인 12월 15일의 시점에, 다음 〈표 6-1〉과 같이 125명에 달하는 인원이 이미 이 건물 안 사무실에 배치되어 근무하고 있었다.[34]

〈표 6-1〉 조선총독부 도쿄출장소 배치인원(1945년 12월 15일)

소속	칙임관	주임관	판임관	촉탁이하	계
계	7	45	53	20	125
국장	3	-	-	-	3
인사부	1	-	5	-	6
예산부	1	4	-	1	6
서무회계부	-	4	9	11	24
법령조사부	-	2	-	-	2
금융부	-	3	-	-	3
경제권익부	1	11	10	-	22
원호부	1	1	1	2	5
학무부	-	2	2	-	4
경찰부	-	7	7	-	14
법무부	-	1	2	-	3
체신부	-	5	7	2	14
교통부	-	5	10	4	19

ける朝鮮事情概要」/「朝鮮引揚同胞世話会特報」他』, ゆまに書房, 2002에 들어 있다.

32) 朝鮮関係残務整理事務所, 1950, p. 5.

33) 水田直昌, 『落葉籠』, 水田直昌, 1980, p. 148.

34) 朝鮮関係残務整理事務所, 1950, p. 61.

1946년 1월 29일에는 과거에 총독부 정무총감을 역임한 엔도 류사쿠 · 다나카 다케오(田中武雄, 1891-1966) · 오노 로쿠이치로(大野綠一郎, 1887-1985)가 한 자리에 모여 총독부 도쿄출장소 기구 명칭을 「조선관계잔무정리사무소」로 바꾸기로 결정하고 더욱 증강된 인원으로 임원진을 구성했다. 출장소 명칭을 정리사무소로 바꾼 것은 무엇보다도 연합국군총사령부가 1945년 12월 26일자 각서를 통해 '조선총독부'라고 하는 용어를 사용하지 말도록 지시했기 때문이다.[35)]

이때 패전 때까지 조선총독부 광공국장을 담당했던 시오타 마사히로(塩田正洪)가 소장을 맡았으며 하부조직으로 총무부, 경제부, 원호부를 두고 업무를 수행했다.[36)] 그리고 엔도와 다나카 정무총감 역임자가 새로운 조직의 고문(顧問)을 담당하기로 했고 나머지 국장 역임자는 그 상담역을 담당하기로 했다.[37)] 계속하여 한반도의 일본인 관료들이 귀환하면서 인원이 늘어나자 「조선관계잔무정리사무소」 임원진은 더욱 확대되어갔으며 1946년 3월 15일 첫 번째로 대대적인 조직 개편이 이루어졌다.[38)]

점령당국으로부터 「조선회관」 건물을 접수하겠다는 통보가 내려오자,

---

35) 朝鮮関係残務整理事務所, 1950, pp. 6-8.

36) 朝鮮関係残務整理事務所, 1950, p. 62. 정리사무소 결성 초기에 선정된 임원진은 다음과 같다. 소장 겸 경제부장 塩田正洪, 총무부장 겸 인사반장, 吉田喜重, 총무반장 北村輝雄, 경리반장 奥村重正, 지방반장 本多武夫, 광공반장 角永清, 농상반장 一杉藤平, 금융반장 岡村峻, 교통반장 田中保太郎, 원호부장 겸 연락반장 織田智, 일반원호반장 豊島陞, 학생원호반장 梶川裕.

37) 朝鮮関係残務整理事務所, 1950, p. 62.

38) 1946년 3월 15일부로 「조선관계잔무정리사무소」 임원진이 재편되었으며 1947년 6월 15일까지의 임원진은 다음과 같다. 소장 겸 경제부장 塩田正洪, 경제부 광공반장 角永清 · 牧山正彦, 농상반장 一杉藤平 · 松永幹, 금융반장 岡村峻 · 池田佳吉 · 日賀野溫 · 교통반장 田中保太郎, 총무부장 겸 인사과장 吉良喜重, 서무과장 北村輝雄,, 경제과장 奥村重正 · 永尾福藏, 지방과장 本多武夫, 원호부장 겸 연락반장 織田智, 일반원호반장 豊島陞 · 秋山昌平, 학생원호반장 梶川裕 · 近藤英男, 서무부장 北村輝雄, 인사부장 법무계장 佐藤諮, 경무계장 磯崎廣行, 체신계장 山城德治, 전매계장 鈴木高麗雄, 지방반장 本多武夫, 서무반장 北村輝雄, 경리반장 永尾福藏, 광공반장 細見正義, 농상반장 一杉藤平, 금융반장 池田清吉, 교통반장 田中保太郎, 일반원호반장 秋山昌平, 학생원호반장 梶川裕, 연락반장 織田智. 朝鮮関係残務整理事務所, 1950, p. 78.

1947년 7월에 재일조선인 단체와 함께 「조선관계잔무정리사무소」 등의 일본인 귀환자 단체들도 모두 이 건물에서 쫓겨나가야 했다. 정리사무소의 경우에는 「조선회관」 근처의 아카몽(赤門) 빌딩, 마루노우치(丸の内)의 미쓰비시나카(三菱仲) 제12호관 6호실, 외무성 1층 101호실로 분산되어 이전하고 종래의 업무를 계속하게 되었다.[39]

외무성 건물에서는 애초에 관료들의 퇴직금 관련 업무만을 취급하다가, 이듬해 1948년 1월부터는 외무성 건물 안에서 통합되면서 일본 정부의 지원 아래 안정적으로 업무를 볼 수 있게 되었다.[40] 「조선관계잔무정리사무소」는 패전 이후 1950년까지 총독부 관료로서 판임관 5호봉 이상으로 퇴관한 사람 가운데 재직 경력 10년 이상인 사람에 한하여 일본 정부로부터 승격, 포상, 서위, 서훈을 받게 했고,[41] 이들의 퇴직금과 부조료를 청구하여 지급받도록 조치했다.[42]

조선인양동포세화회의 설립

1946년 3월 1일 도쿄 「조선회관」에서 조선인양동포세화회가 설립되었다. 일찍이 한반도로부터 귀환해온 일본인들 사이에서 한반도 세화회의 연장선에서 그들만의 이익단체를 결성하자고 하는 목소리가 있었다. 그러나 귀환자들이 입항하는 항구에서는 「재외동포원호회」가, 귀환 후 정착을 위해 찾아가는 귀향지에서는 「전재원호회」가 각각 결성되어, 해외에서 귀환하는 사람들을 위하여 원호와 안내 등의 업무를 담당하고 있었다.

---

39) 『朝鮮引揚同胞世話会特報』 20号, 1947. 6, p. 3.

40) 朝鮮関係残務整理事務所, 1950, p. 6.

41) 1946년부터 1950년까지 승격 2,910명, 포상 1,729명, 서위 1,916명, 서훈 459명을 실현시켰다. 朝鮮関係残務整理事務所, 1950, p. 93.

42) 같은 기간에 보통퇴직금 31,507명, 부조료 6,480명, 일시퇴직금 16,445명, 일시부조료 1,543명의 청구에 대해 이를 처리했다. 朝鮮関係残務整理事務所, 1950, pp. 94-95.

한반도에서 귀환한 사람들은 만약 자신들만을 위한 단체가 결성되어 지역성 독립성을 내세우게 되면 이러한 원호 단체들과 마찰하기 쉬운데다가, 귀환 전의 거주 지역에 따른 편협한 행동이라는 오해를 받을 소지가 있다는 이유 등으로 쉽게 이익단체를 결성하지 못했다. 다만 과도기적으로 한반도 일본인을 위한 이익단체로서의 역할을 담당한 곳은 30년의 역사를 가지고 있던 「조선중앙협회」였다. 「조선중앙협회」는 1926년에 결성되어 조선총독부 관료와 조선재계 유력자들을 회원으로 하여 친목 활동과 각종 정보교환 활동을 해왔다. 1946년 2월 1일에 「조선중앙협회」는 해산되었고 이 단체의 활동과 예산은 새로 결성되는 「구우클럽」으로 넘어갔다.[43]

그러다가 남한의 일본인이 거의 귀환한 1946년 3월 1일이 되어서, 「재외동포원호회」와 「전재원호회」의 양해를 얻은 가운데 한반도 귀환자들만의 독립적인 단체로 동포세화회가 탄생되었다. 동포세화회가 한반도에서 귀환한 자들을 위한 독립된 단체로서의 의미를 가지고 있었다는 견해는 이 단체의 기관지에 실린 아키야마 쇼헤이(秋山昌平)의 설명에 잘 나타나 있다.[44]

정리사무소 소장 시오타는 난립된 한반도 귀환자 단체를 규합하는 과정에서 도쿄에서 동포세화회가 결성되었다고 회고하고 있다. 정리사무소 업무 가운데 하나로 총독부 관료 귀환자들을 중심으로 하여 난립되어 있던 「조선중앙협회」, 「구우(舊友)클럽」 등과 같은 한반도 일본인 관련 단체들을 통합하고자 했다는 것이다.[45] 이것은 폭 넓은 통합 단체로서의 동포세화회 성격을 강조한 것으로 생각된다.

---

43) 노기영, 2006. 6, pp. 136-137.

44) 秋山昌平, 「朝鮮引揚同胞世話会: どんな団体で, 何をするか」, 『引揚同胞』 1巻 1号, 1946. 4, p. 22. 秋山昌平은 조선총독부 총무국 서기관을 지내다가 패전 후 귀환하여 「조선관계잔무정리사무소」 원호부 임원이 되었다. 그 후 会計検査院에 재취업하여 제1국장이 되었다. 이형식, 2011. 6, p. 244.

45) 塩田正洪, 「終戦後の鉱工局関係の事情」, 森田芳夫 · 長田かな子(編), 1979, p. 145.

시오타는 세키야 데이자부로(関屋貞三郎, 1875-1950)[46]를 설득하여 초대 회장직에 추대했고 1946년 3월에 동포세화회 조직을 발족시켰으며 본부 사무실은 정리사무소 건물 안에 두었다고 했다.[47] 초대 회장 세키야는 새로 발행되는 기관지의 권두언에 「귀환동포에게 호소한다」라고 하는 제목의 글을 싣고 자신의 포부를 밝혔다. 그는 동포세화회의 당면한 활동으로서, 귀환자들의 각종 상담에 응하는 일과 당국과 귀환자 상호 간 연락을 긴밀히 하는 일에 중점을 두겠다고 했으며, 이를 실현하기 위하여 서둘러 기관지를 발행하게 되었다고 했다.[48]

동포세화회는 아직 귀환하지 못한 한반도 북부와 만주 지방의 귀환 실상을 전달하고 일본의 귀환자 모임이나 일본 정부의 귀환자 대책에 관한 정보를 발신했다. 또한 발족 직후 동포세화회는 오사카와 후쿠오카 등에 상담소를 개설하고 방문과 서신을 통해 문의해오는 귀환자들의 질의 상담에 응했다. 귀환자들의 문의 가운데는 압도적으로 재산문제에 관한 문의가 많았다.[49]

다만 귀환자 원호 업무에 대해서는 기존 단체와 경합하거나 마찰하는 일이 없도록 독립적인 원호 활동을 전개하지는 않았으며 보조적인 역할을 수행하는 데 그쳤다. 또한 활동 자금이 넉넉하지 않은 이유도 있어 적극적으로 독립적인 원호 활동에 나서기도 곤란했다. 따라서 동포세화회의 주된 활동으로는 기관지를 만들어 귀환자들의 연락, 정보, 안내 등의 역할을 담당하거나, 상담소를 직접 방문하거나 서신으로 문의해오는 일에 대해 상담에 응하는 것으로 한정했다.[50]

---

46) 세키야는 1910년대 조선총독부 학무국장을 역임하였으며 1939년에 중앙협화회 이사장이 되었다. 패전 직후 1946년 3월에는 추밀고문관에 임명되었다. 일본 wikipedia, 「関屋貞三郎」.

47) 塩田正洪, 「終戦後の鉱工局関係の事情」, 1979, p. 145.

48) 関屋貞三郎, 「引揚同胞にうつたふ」, 『引揚同胞』 1巻 1号, p. 2.

49) 朝鮮引揚同胞世話會, 1946, pp. 5-6.

50) 秋山昌平, 1946. 4, p. 22.

총독부 관료의 참여

서울과 부산에서 활동하고 있는 세화회가 조선총독부의 지시로 이루어지기는 했지만 민간인들로 임직원을 구성했던 것은 이미 앞에서 언급했다. 그런데 한반도의 세화회와는 달리 도쿄의 동포세화회는 조선총독부 관료들을 포함하여 과거 한반도에서 활동하던 일본인 유지들이 대거 참여했다. 총독부 관료 역임자들이 조직을 주도했다고 해도 과언이 아니다.

조선총독부 관료의 동포세화회 참여 상황은 이 단체의 초기 임원진 구성을 살펴보면 잘 알 수 있다. 『인양동포』 제1호에는 발족 당시 임원 명단이 나와 있다.[51] 고문 8명, 회장 1명, 이사 13명, 감사 37명으로 총 59명으로 되어 있다. 이들의 면면을 살펴보면 초대 회장 세키야를 비롯하여 총독부 임원들을 중심으로 하여 이루어져 있었다.

우선 고문으로 추대된 8명 가운데 6명은 조선총독부 고관 경력을 가진 사람들이다.[52] 나머지 2명은 1939년부터 1940년까지 만주국 경제부 차장을 지낸 마쓰다 레이스케(松田令輔)[53]와 전전 기독교 사회 사업가로 유명해진 가가와 도요히코(賀川豊彦)[54]였다. 이들 2명은 조선총독부와 직접적인 관련이 희박한 인물이었지만 패전 직후 귀환자 원호 활동에 적극 관여하고 있던 인

51) 『引揚同胞』 1巻 1号, pp. 23-24.

52) ① 丸山鶴吉: 1919년부터 1924년까지 조선총독부 경무국장 역임. ② 田中武雄: 1942년부터 1944년까지 조선총독부 정무총감 역임. ③ 大野緑一郎: 1936년부터 1942년까지 조선총독부 정무총감 역임. ④ 遠藤柳作: 1944년부터 1945년까지 조선총독부 정무총감 역임. ⑤ 池田清: 1931년부터 1936년까지 조선총독부 경무국장 역임. ⑥ 池田秀雄: 1924년부터 1928년까지 조선총독부 식산국장 역임.

53) 松田令輔는 패전 직후 외무성 외곽단체인 在外同胞援護会의 초대 이사장을 담당하고 있어 귀환자 원호와 일본 정착 문제 해결 지원을 위하여 고문으로 추대된 것으로 보인다.

54) 賀川豊彦는 東久邇稔彦 内閣의 참여가 되어 '일억총참회' 운동을 제창했으며 귀족원 의원으로 선임되었고 恩賜財團 同胞援護會의 이사를 담당했다. 加藤聖文(編), 『海外引揚関係史料集成(国内篇)第13巻: 「恩賜財団同胞援護会会史」(上)』, ゆまに書房, 2002, pp. 10-11. 그는 8월 15일 일기에 패전에 즈음한 심경으로 "봉황은 잿더미 속에서 부활한다. 근심을 떨치고 일본이여 일어나라(鳳凰は灰燼よりぞ甦る憂を払ひ日本よ起て)"라고 하는 기록을 남겼다. 永六輔, 『八月十五日の日記』, 講談社, 1995, p. 262.

물로서 동포세화회의 고문에 추대된 것으로 보인다.

이사로 선임된 13명의 경력을 보아도 조선총독부 관료를 비롯하여 한반도에서 명성을 쌓은 사람들임을 알 수 있다. 渡辺忍(전라북도와 경기도지사 및 식산국장과 농림국장), 久保田豊(압록강수력발전 상무이사), 上滝基(경상북도지사 및 조선총독부 내무국장과 식산국장), 小林采男(조선 小林광업주식회사 사장), 丹下郁太郎(경기도지사 및 경무국장), 鹽田正洪(조선총독부 농림국장 농상국장 광공국장), 織田智(조선총독부 전매국 이사), 中保與作(京城일보 주필), 弓削幸太郎(조선총독부 철도국장), 原田大六(조선총독부 관방기획과장), 高尾甚造(강원도 및 경상북도지사, 조선미곡창고 사장), 白石宗城(일본질소흥남공장 상무이사), 그리고 野附勤一郎(조선광업회사 사장) 등이다.

또한 감사로 선임된 37명 가운데, 조선총독부 고관 경력자로는 新貝肇(전라남도지사), 橋孝一郎(경무국장), 江口親憲(총무국장 및 광공국장), 瀬戸道一(함경남도 및 경기도 도지사), 山澤和三郎(농림국장), 下飯坂元(평안남도지사), 大野謙一(학무국장), 水田直昌(재무국장), 早田福藏(법무국장), 小林利一(교통국장), 西廣忠雄(경무국장), 矢島杉造(전라남도지사 및 농림국장), 生田淸三郎(평안북도지사 및 내무국장), 美座流石(평안북도지사), 塩原時三郎(학무국장), 中村寅之助(식산국장), 松本誠(전매국장) 등이다.

그 밖에 한반도에서 높은 직위에 있었던 사람으로, 賀田直治(조선산업투자소 소장), 服部岱三(조선은행 이사), 横構光暉(京城일보 사장), 芥川浩(부산일보 사장 및 부산세화회 부회장), 山家信次(京城帝大 총장), 鈴木武雄(경성제대 교수), 廣瀬博(조선운송 이사), 有賀光豊(식산은행 총재), 伊藤憲郎(조선고등법원 판사), 星野喜代治(조선은행 부총재), 伊藤憲郎(고등법원 판사) 등이 선임되었다.

이렇듯 조선총독부 관리들이 귀환 후에도 원호단체 조직에 관여한 것을 통하여 동포세화회 조직이 한반도 세화회 조직보다도 훨씬 관료 주도의 성격을 띠고 있었다는 것을 쉽게 알 수 있다. 한반도의 세화회가 진주군이나 조선인으로부터 표적이 되거나 혐의를 불러일으키는 일이 없도록 하기 위하여 전략적으로 총독부 관료들이 직접 참여하지 않았던 것에 반하여 일본으로 귀환한 이후에는 이제 당당하게 단체 활동에 직접 관여하게 된 것이다.

그럼에도 불구하고 동포세화회는 한반도 세화회의 연장선에서 단체가 조직되고 활동을 이어나간 것이 분명하다. 동포세화회 임원 가운데 38도 이남지역에서 세화회 임원으로 활동하다가 비교적 일찍 일본으로 귀환한 사람들도 많았던 것은 이러한 성격을 더욱 더 명확하게 하고 있다. 예를 들어 세키야의 뒤를 이어 1946년 7월에 제2대 회장이 되는 호즈미 신로쿠로(穗積眞六郎)는 귀환할 때까지 서울 세화회 회장을 역임했으며, 이사 가운데 渡辺忍, 久保田豊, 上滝基, 小林采男, 中保與作, 高尾甚造 등이, 그리고 감사 가운데 芥川浩, 山家信次, 鈴木武雄, 星野喜代治, 伊藤憲郎 등이 패전 직후에 결성된 서울과 부산의 세화회에서 임원을 담당했던 사람들이다.[55)]

각 지역의 귀환자 단체

동포세화회는 발족 당시부터 오사카와 규슈 2곳에 상담소를 설치하여 운영했다. 오사카 상담소 소장에는 고다키 모토이(上滝基), 규슈 상담소 소장에는 다카오 진조(高尾甚造)가 담당했다.[56)] 또한 『인양동포』 제1호에는 1946년 3월 말까지 일본에 설치된 귀환자 단체를 소개하고 있는데, 그 가운데 다음 19개 단체는 명칭에서부터 한반도에서 거주해온 귀환자들의 단체

55) 1945년 8월과 9월에 결성되는 한반도 각지 세화회의 임원 명단은, 森田芳夫, 1964, pp. 132-146에 상세하게 기록되어 있다.

56) 『引揚同胞』 1巻 1号, p. 24. 1946년 7월 시점에는 四國상담소(소장 森秀雄)와 中國상담소(소장 堀正一)가 추가로 설치되었다. 『引揚同胞』 1巻 3~4号, p. 41.

라는 점을 쉽게 알 수 있고, 이들 단체들이 농촌보다는 대도시에서 보다 많이 설립되었음을 알 수 있다.[57] 괄호 안은 각 단체의 대표자 이름과 소재 지역이다.

조선사업자회(白石宗城, 도쿄麹町区)
조선귀환법조연맹(伊藤憲郎, 도쿄芝区)
조선인양자연맹(鈴木三郎, 도쿄衫並區)
在鮮전재동포원호회(古屋佐吉郎, 도쿄衫並區)
鮮鐵유종회(河内楠男, 도쿄大森區)
경성일보동인회(中保興作, 도쿄世田谷區)
조선전재인양자京都府공조회(竹中新太郎, 교토中京區)
元濱조선인양자연락회(川島清一, 교토東舞鶴)
조선삼척군내공장광산종업원인양연맹(森山延治, 新潟県)
논산세화회구호부(藤本忠太, 奈良縣)
조선해주인양연락부(原田敏雄, 愛知縣)
조선인양자郡山지부(福島縣)
高岡재주조선인양동맹(久保成章, 富山縣)
조선인양자久松會(土屋周一, 廣島縣)
전남吳服소매상조합(宮道喜久夫, 愛媛縣)
순천회(豊田漸, 愛媛縣)
조선인양자협력회(公文秀雄, 愛媛縣)
조선인양자세화회(長濱俊彦, 福岡縣)
조선인양자세화회(坂本由藏, 大分縣)

시간이 흐를수록 한반도에서 귀환해온 사람들이 각 지방에서 더욱 더 많은 단체를 형성했다. 『인양동포』에 나타난 바에 따르면 1946년 7월 시점에

57) 『引揚同胞』 1巻 1号, pp. 27-29.

는, 조선금융조합관계 인양자회 조직준비회(松本誠, 도쿄), 조선인양자 互助會(佐藤勝三, 도쿄), 北鮮전재위원회(伊藤大吉, 도쿄), 조선항공공업주식회사사원 互助會(內藤松吉, 靜岡縣), 경남吳服 소매상조합(田村綠朗, 岡山縣), 조선인양자 互助會(川端榮三郎, 德島縣) 등이 추가로 설립되어 있었다.[58] 직능별 지역별로 구성된 귀환자 단체들은 중앙의 연합조직 기관지에 단체의 존재를 알리는가 하면, 『연락선(聯絡船)』(1947년 3월 창간) 등의 동호회 잡지를 발간하여 구성원 사이에 정보를 교환했다.

3. 동포세화회의 주된 활동

동포세화회는 일본 정부와 일본사회를 상대로 하여 1년 4개월 동안 일본인 귀환자들의 권익을 옹호하는 각종 활동을 전개했다. 단체를 방문하거나 서면으로 문의해오는 귀환자에 대해 상담하고 대응하는 것이 주된 업무였다. 동포세화회가 결성 후 6개월간에 걸쳐서 실시한 활동을 정리한 보고서에 따르면, 이 기간 동안 귀환자들로부터 총 723건의 서면 문의가 왔는데, 그 중에서 한반도 재산에 관한 문의가 97건으로 가장 많았고, 그 뒤를 이어 우편저금에 관한 문의가 91건, 금융기관 예금 관련 문의가 84건, 귀환시 탁송한 짐에 관한 문의가 54건 등으로 많았다고 한다.[59] 이처럼 귀환자들의 관심사는 한반도에 두고 온 재산에 쏠려 있었다고 해도 과언이 아니다.

한반도 재산 문제에 대해서는 다음 절에서 언급하기로 하고, 여기서는 동포세화회가 그 외에 어떠한 활동을 전개했는지, 기관지 『인양동포』에 게재된 기사들을 분석하고, 비교적 중요하다고 생각되는 단체 활동을 소개하고

58) 『引揚同胞』 1巻 3~4号, pp. 40-44.

59) 朝鮮引揚同胞世話會, 『事業概況』, 朝鮮引揚同胞世話會, 1946, pp. 5-6

자 한다.

북한 지역에 남은 미귀환자와의 연락 문제

귀환자 가운데는 한반도 38도선 이북 지역에 가족과 친지를 남겨두고 먼저 귀환한 사람들이 많았다. 이들은 점령당국과 일본 정부에 대해 기회 있을 때마다 미귀환 일본인의 안부를 묻는 한편 신속한 귀환 추진을 촉구했다. 동포세화회 기관지는 점령당국의 검열을 받아 북한 지역 미귀환자의 참상을 그대로 전하지 못하고, 남한 지역의 세화회가 파악하고 있는 북한 지역 잔류 일본인 수와 일본인 단체에 관한 통계를 담담하게 보도했다.[60] 그러나 기관지는 매호마다 귀환자 단체 운동의 동향과 정책 담당자와의 간담회 등을 전하면서 간접적으로 북한 지역 일본인들의 참상을 알렸다.

그리고 귀환자 중에는 동포세화회에 대해 북한 지역 미귀환자와 통신을 하고 싶어 하는 사람이 많았다. 일본 정부와 점령당국의 외교교섭 결과에 따라 1946년 8월 16일부터 일본과 북한 지역 간의 우편물 교류가 가능하게 되었다. 다만 우송할 수 있는 우편물로는 일반인의 경우 엽서에 한정되었고 그 내용도 우편검열을 받게 되어 개인적인 안부를 묻는 것에 국한되었다. 동포세화회는 받는 사람의 현주소를 모를 경우 받는 사람 주소를 원래 거주지의 「일본인회」로 표기하고 원래 주소를 부기(附記)할 것을 권했다.[61]

귀환자 취업 및 귀농 알선

동포세화회는 패전 직후 혼란 상황에서 귀환자들이 안고 있는 생활의 어려움 가운데, 경제적, 법률적 문제에 관한 상담에 응답하는 일을 우선적인

60) 『引揚同胞』 1巻 1号, pp. 13-15.

61) 『引揚同胞』 1巻 5~6号, 1946. 10, p. 7.

과제로 삼았다. 이 과제를 위하여 동포세화회는 기관지에 「귀환동포상담실」이라고 하는 칼럼을 마련하고 귀환자들이 갖고 있는 중요한 관심사에 대해 지도에 임했다. 상담실에서 가장 많이 대응해야 하는 문제는 귀환자들의 일본 정착과 생활 터전 마련을 위한 방책이었다. 1946년 8월에 동포세화회는 아래와 같은 탄원서 「해외 귀환자에게 직업을 부여하는 건 요망」을 작성하여 일본 중앙정부와 지방정부에 대해 귀환자들의 경제적 곤궁을 알리고 취업 알선을 요청했다.[62)]

> 해외 귀환자의 대부분은 일본 본토에 생활기반 없이 지내며 집도 없이 잠시 친척, 친지에게 의존하여 일시적으로 거처를 삼고 있다. 게다가 귀환 사정에 따라 근소한 돈만을 가지고 와서 생활상 여력이 없으며 불안과 초조로 고민하고 있는 실정에 비추어 지금 적당한 직업을 갖게 하여 생활 자금을 얻도록 하지 않으면 그 궁상은 더욱 심각해져 마침내 중대한 사태를 야기할 수 있다. 따라서 귀환자들이 희망하고 있고 비교적 쉽게 실현할 수 있는 다음 사항에 대해 정부 당국의 특별한 고려가 이루어지고 실현을 위한 강력하고 적절한 조치가 있기를 간곡하게 요망한다.

여기서 비교적 쉽게 실현할 수 있는 사항으로서 동포세화회가 제시한 것은 농지조정법 개정에 따라 농촌 거주 해외 귀환자에게 우선적으로 경지를 배분할 것과 해외 귀환자에 대한 소상공업 영업 허가에서 지방관청이 특별히 배려할 것을 요청한 것이다. 농지조정법 관련 사항은 1946년 10월에 제

---

62) 인용하는 「海外引揚者ニ職業ヲ與フル件御願」의 원문은 다음과 같다. 海外引揚者ノ多クハ本土ニ生活上ノ基盤ヲ有セズ棲ムニ家無ク漸ク親戚旧知ヲ頼リテ一時的間借ニ雨露ヲ凌ギ居リ加フルニ其ノ引揚ノ事情ヨリシテ僅少ノ財貨ヲ持帰リタルノミニシテ生活上ノ余力乏シク不安焦燥ニ苦悶シツツアル実情ニシテ今ニシテ適当ノ職業ニ就カシメテ生活ノ資ヲ得セシムルニアラザレバ其ノ窮状ハ並々深刻ヲ加ヘ遂ニハ由々敷事態ヲ惹起スルノ虞無キニアラズ就テハ引揚者ノ一般ニ希望シ又比較的容易ニ実現シ得ベシト認メラルル左記ノ件ニ付此ノ際政府御当局ニ於テ特ニ御考慮ヲ払ハレ之ガ実現ニ関シ強力適切ニ御施措アラムコトヲ切望スル次第ナリ. 『朝鮮引揚同胞世話会特報』3号, 1946. 9, p. 1.

정되고 그 해 12월에 시행에 들어간 「자작농 창설 특별조치법」을 우선적으로 귀환자에게 적용하여 이들이 농지에 안주할 수 있도록 하라는 것이었다. 또한 소상공업 허가 관련 사항은 지방관청이 현실적으로 소자본에 의한 신규 개업을 허용하지 않는 것을 내규로 하고 있고 사회적으로도 신규 참여에 각종 규제가 이루어지고 있는 상황에 비추어 허가 관청의 특별한 고려를 요망하는 내용이었다.[63)]

특히 동포세화회는 귀농을 희망하는 귀환자들에게 일본 정부가 토지, 염전, 산림, 밭, 목축, 식림 등에서 특별한 취급을 해줄 것인가 하는 문제를 중요하게 다루었다. 따라서 기관지를 통하여 농림성 개척국이 식량 증산을 위하여 일본 전국에 걸쳐 귀농 개간을 적극적으로 장려하고 있다고 하는 정보를 귀환자들에게 전달함과 동시에 귀농을 위한 수속을 비교적 상세하게 안내했다. 1946년 7월에 발행한 기관지에는 동포세화회가 알선한 귀농 가족이 순조롭게 일본에 정착하고 있다고 하는 홍보성 기사를 싣기도 했다.[64)]

이와 관련하여 농림성은 1946년부터 5년간에 걸쳐 일본 본토에 85만 정보, 홋카이도에 70만 정보의 농지를 개간하고 여기에 귀환자 가족 100만호(80만호와 20만호)를 입식(入植)하겠다고 했다. 우선 군사용지부터 개간을 시작하여 점차 국유림, 황실 토지, 민간 토지 가운데 적당한 토지를 선정하여 개간하기로 했다. 개간지 선정이나 농민 입식자 전형은 각 지방 정부에 일임하기로 했다. 대체로 농민 입식자로서는 기존 소유자, 부근 과소지 경작 농가, 해당 지방에 거주하는 복원 군인, 군수공장 공원, 전재자 또는 외지 귀환자들을 우선적으로 취급하고, 여유가 있으면 다른 지방의 신청자에

---

63) 『朝鮮引揚同胞世話会特報』 3号, 1946. 9, pp. 1-2.

64) 세화회가 알선한 귀환자 귀농 가족 가운데 茨城県 下館비행장 부지에 7가족이 정착했고 東京都 小平町 육군경리학교 부지에 6가족이 정착했다고 했다. 『引揚同胞』 1巻 3~4号, p. 10.

게 혜택을 주기로 했다. 따라서 동포세화회는 한반도에서 귀환한 귀농 개간 희망자는 각각 거소지의 관공서 농무과 혹은 농정과에 가서 상담을 받도록 권했다.[65)]

그러나 일본 정부의 귀농계획은 지나치게 높은 목표가 설정되었으며, 실제로 실현된 결과는 형편없이 낮았다. 1950년 4월 제7회 국회에서 참의원 의원 다나카 도시카쓰(田中利勝) 의원이 제출한 질의서에 의하면 개간 실적은 당초 목표의 3분 1에도 미치지 못했다.[66)] 패전 당시 귀환자 가운데는 농업에 경험이 없는 사람들이 많았기 때문이다. 특히 기후조건이나 입지조건이 열악했던 홋카이도의 경우 입식 직후부터 농지를 떠나는 가족이 속출했다. 1950년대 전쟁특수와 경제개발은 귀환자들을 포함하여 농촌 거주자들의 이농을 가속화 했다.

관공서 직원의 처우 문제

정리사무소 자료에 의하면 일본 패전 당시 조선총독부 일본인 직원은 총 89,766명이었고, 그 가운데 38도선 이남의 근무자는 54,920명이었다. 남한 근무자 대부분이 일찍이 1945년 11월 말 시점에 일본으로 귀환을 마쳤으며 1946년 3월 시점에는 일반인들도 거의 모두 귀환한 상태였다.[67)] 자연스럽게 한반도에서 관공서에 근무한 자들은 귀환한 후에 자신의 신분이 어떻게 유지되거나 바뀌는지에 관하여 깊은 관심을 가지고 있었고, 이 문제에 관하여 주로 「조선관계잔무정리사무소」에 문의하고 대응 방법을 지도받았다.[68)]

---

65) 『引揚同胞』 1巻 1号, pp. 16-17; 『引揚同胞』 1巻 3~4号, pp. 20-22.

66) 第7回國會(常會), 質問主意書質問 第55号, 「開拓農業に関する質問主意書」(1950. 4. 4).

67) 노기영, 2006. 6, pp. 135-136.

68) 동포세화회는 1946년 6월 말 현재 귀환신고서를 제출한 한반도 관리가 57,302명인데, 이 가운데 7.3%에 해당하는 4,193명만이 귀환 후에 취업했다고 전했다. 『引揚同胞』 1巻 3~4号, p. 16.

설립 초기 동포세화회는 기관지를 통해 신분 보장 방침에 대해서 아직 결정된 바가 없고 다만 퇴직금은 나올 것이기 때문에 서둘러 관련 수속을 밟으라는 안내를 내보냈다. 귀환하여 관청 이외에 취직한 자에게는 퇴직원을 제출할 것을 종용했으며, 아직 취직하지 못한 귀환자에게는 취직 희망서, 이력서, 퇴직원, 귀국신고서를 정리사무소에 제출하도록 안내했다. 귀환자가 일본에서 임관하기를 희망하는 경우에 대하여 가능한 정리사무소가 적극 알선하고 있지만 희망자 모두를 취직시키기에는 어려울 것이라고 전제하고 알선에만 의존하지 말고 각자가 가능한 적극적으로 취직하기에 노력하라고 권고했다.[69]

해외 관공서 직원의 처우 문제는 1946년 5월 28일자로 공포된 칙령 제287호에 의해 일단락되었다. 이 칙령은 외무대신이 특별히 지정한 자를 제외하고는 5월 31일부로 별도의 사령(辭令) 없이 자연 퇴관 혹은 퇴직시키는 것을 골자로 했다. 다만 5월 31일 현재 귀환한 지 1개월이 되지 않은 자나 그 이후에 귀환하는 자는 1개월이 되는 시점에서 퇴관 혹은 퇴직하도록 했다. 이때 퇴관 퇴직까지의 미불임금과 퇴직수당을 지급하도록 했다.[70] 칙령 공포 후 동포세화회는 퇴관 퇴직자에게 퇴직금 수령을 위해 관련 증빙 서류를 갖추어 「조선관계자무정리사무소」에 제출하도록 안내했다.[71]

이밖에 관공리를 역임하고 연금을 수령하고 있는 자들이 귀환하고 나서도 계속하여 연금을 받을 수 있는지에 관하여 관심을 갖고 있었다. 이에 대해 동포세화회는 관리의 경우 종래와 같이 연금 지급이 가능하다고 전제하면서 연금 지급 수령을 위한 수속을 안내했다. 다만 지방 단위에서 연금을

69)『引揚同胞』1巻 1号, p. 6.

70) 鮮交會,『朝鮮交通史』, 三信圖書, 1986, p. 1114;『引揚同胞』1巻 3~4号, p. 9.

71)『朝鮮引揚同胞世話会特報』3号, 1946. 9, p. 3.

받아 온 자들의 경우에는 이제 지불 재원이 없어 지급을 받지 못하고 있는 점을 상기하고 장래에 중앙정부로부터 지급 받을 수 있도록 교섭 중이라고 했다. 또한 관리와 달리 공리(公吏)의 경우에는 연금 지급 방침이 정해져 있지 않다고 했다.[72]

1950년에 정리된 자체 보고서 자료에 따르면, 「조선관계잔무정리사무소」는 총독부 직원 가운데 1945년부터 1950년까지 총 29,651명이 일본에서 재취업을 했다고 했다. 재취업된 결과를 관계 관청별로 보면, 관방 관계 212명, 재무 · 전매 관계 835명, 광공 관계 558명, 농상 관계 1,285명, 법무 관계 1,487명, 학무 관계 3,346명, 경무 관계 8,397명, 통신 관계 1,135명, 교통 관계 10,353명, 지방 관계 2,043명으로 나타났다.[73]

총독부 부서 가운데 일본인 직원이 3만 5천 명으로 가장 큰 규모를 이루었던 교통국은 재취업자 수에서도 가장 많은 수를 나타냈고 1950년까지 30.0%에 달하는 재취업 비율을 보였다. 교통국 고위 간부가 직원들의 일본 재취업을 위해 활약한 상황에 대해서는 선교회(鮮交會) 자료에 비교적 상세하게 기록되어 있다.[74] 패전 발표 일주일 만에 교통국 총무과장이 비행기로 도쿄에 출장하여 직원들의 귀환 후 재취업 문제를 운수성에 간청하는 등 일찍부터 발 빠른 움직임을 보인 것을 알 수 있다.[75]

또한 해방 후 조선인들이 철도관계 기술을 익힐 때까지 미군정이 일본인

---

72) 『引揚同胞』 1巻 1号, pp. 17-21.

73) 1950년 9월까지 관방관계기관에 212명, 재무전매기관에 835명, 광공업기관에 558명, 농상업기관에 1,285명, 법무기관에 1,487명, 교육기관에 3,346명, 경찰기관에 8,397명, 통신기관에 1,135명, 교통기관에 10,353명, 지방기관에 2,043명을 재취업시켰다. 이밖에도 총독부 관리 가운데 이 사무소를 거치지 않고 재취업한 사람이 많을 것으로 추정된다. 朝鮮関係残務整理事務所, 1950, p. 98.

74) 1946년에 설립된 鮮交會가 생성한 자료를 한국의 국가기록원이 수집하고 해제했다. 국가기록원(편), 『해외수집기록물해제: 日本篇 II』, 행정안전부 국가기록원 기록편찬문화과 2011, pp. 374-384.

75) 田中保太郎, 「終戦時の本局」, 鮮交会(編), 1976, pp. 2-3.

관계자의 귀환을 허용하지 않는 상황에서, 국장을 비롯한 고위 간부들은 교통국 직원의 조속한 귀환 허가를 미군정청에 간청하기도 했다.[76] 12월 30일에 부산을 떠나 하카타로 귀환한 교통국장 고바야시 도시카즈(小林利一)는 귀환하자마자 만주철도·대만철도 관계자들과 일본 정부를 돌아다니며 직원들의 채용을 의뢰하고 다녔다. 그는 패전 직후 도쿄와 오사와 같은 대도시에서는 일손 부족으로 재취업이 그리 힘들지 않았는데, 한반도 근무 경험자 가운데는 규슈지역이나 야마구치현 출신자가 많았기 때문에 그들의 희망대로 고향 근처에 취직시키기가 어려웠다고 회고했다.[77]

일본 국회도서관 헌정자료실에 소장되어 있는 Prange collection에는 발행일자가 명기되어 있지 않고 선교원호회(鮮交援護會)가 발행한 것으로 되어 있는 등사판 잡지『선교인(鮮交人)』제2호가 들어있다. 이 자료는 회원들에게 운수성이 재취업을 받아들이고자 하는 움직임이 있지만 어디까지나 회원들이 재취업의 길을 열어가야 한다고 하면서 취업 활동을 적극 권장하고 격려했다. 아울러 1946년 8월 27일까지 일본 전국의 철도회사에 한반도 철도 관계자 8,957명이 이력서를 제출하고 재취업을 기다리고 있다고 전했다.[78]

금융 문제

패전 직후 일본의 악성 인플레를 억제하기 위해 시부사와 게이조(渋沢敬三) 대장성 대신은 1946년 2월 16일 라디오 방송을 통하여 종합적인 경제위기 긴급대책을 발표했다. 긴급대책은 '금융긴급조치령', '일본은행권 예입

76) 이러한 교통국 간부의 요청으로 미군정청은 10월 27일 취업 후 3년이 되지 않는 직원과 여성 직원 등 6,500명에 대해 해직 발령과 함께 일본 귀환을 허용했다. 田中保太郎, 1976, pp. 5-6.

77) 小林利一, 1976, pp. 11-12.

78)『鮮交人』第2号, pp. 4-5.

령', '임시재산조사령', '식량긴급조치령', '은익물자긴급조치령'의 5개 긴급칙령과 '전후물가대책기본요령', '긴급취업대책요령', '광공업생산증강대책', '국민생활용품통제조치'를 포함하고 있었다.[79] 이 가운데 2월 17일부터 실시된 금융긴급조치령[80]은 사실상 현금 보유를 제한할 목적으로 예금 인출을 봉쇄하고 종래의 지폐를 강제적으로 은행에 예금하도록 하는 한편, 3월 3일부터 종래의 지폐를 사용하지 못하도록 하고, 한 세대 당 매월 인출액을 새로운 화폐로 500엔까지로 제한했다. 이러한 금융제한 조치는 귀환하기 전에 가지고 있던 금융자산에 대한 취급과 관련하여 귀환자들에게 있어서 초미의 관심사가 되었다. 금융긴급조치령에 의해 현금 인출을 제한하고 있는 관계로 세대주 포함 가족 1인 당 매월 500엔까지 밖에 현금 인출이 불가능하게 되었기 때문이다.

1946년 4월 당시 일본에서 이불 한 세트 가격이 1천 엔을 넘었던 것에 비추어 귀환자들의 정착과 갱생에 별로 도움이 되지 않는다는 비판이 강하게 제기되었다. 전국 각지에서 열리는 귀환자 대회에서는 이구동성으로 동결 예금 조치를 즉시 해제하라고 하는 원성이 자자했다.[81] 따라서 동포세화회 내부에서도 4월 15일 평의원 회의를 열고 귀환자들의 실정을 조사함과 동시에 중앙정부 각 부처에 금융제한을 완화하도록 요청하는 움직임을 보

---

79) 飛田紀男, 「終戦直後の金融・銀行」, 『豊橋創造大学紀要』 8号, 2004. pp. 71-84.

80) 금융긴급조치령은 모든 금융기관의 예금을 봉쇄하고 일정한 생활자금을 제외하고 원칙적으로 예금인출을 금지했다. 그리고 일본은행권 예입령에 의해 5엔 이상의 일본은행권을 모두 금융기관에 예입하도록 했다. 또한 1946년 3월 3일 이후에는 종래의 화폐를 무효화 하고 세대원 1명당 100엔에 한하여 새로운 화폐로 교환하도록 했다. 이러한 긴급조치는 패전 직후 물자부족에 따른 악성 인플레와 예금 인출 폭주에 따른 금융 불안 등에 따라 1945년 10월부터 비밀리에 검토해왔다. 긴급조치 결과 1946년 3월 이후 반 년 만에 물가가 안정 국면에 들어섰고 일본은행권 발행고도 일시적으로 감소했다. 그러나 긴급조치 실시 후 반 년이 지나지 않아 1946년 9월에 새로운 화폐의 발행고가 종래의 화폐 발행고를 뛰어넘었고 또 다시 인플레가 급등하기 시작했다. 歴史學硏究會, 『日本同時代史1 : 敗戰と占領』, 青木書店, 1990, pp. 184-185.

81) 『引揚同胞』 1巻 2号, pp. 13-18.

였다.[82)]

귀환자 단체의 요청에 따라, 2월 17일자 대장성 고지 제24호와 제27호에 의해 1946년 1월 말 이전에 한반도 등에서 귀환한 자의 경우에는 귀환증명서 등을 제시하게 되면, 민간인 귀환자의 경우 1인당 1개월 1,000엔까지 추가 인출이 가능하게 되었다.[83)] 또한 주택 구입, 건축, 개조 등에 필요한 자금으로 가족 당 5,000엔의 한도에서 예금을 인출할 수 있게 했다.[84)] 그리고 한반도에서 1945년 9월 30일 이전에 예입한 우편저금의 경우에도, 대장성 고시에 따라, 통장을 가지고 있을 때에는 군사우편을 제외하고는 한 가족 당 1개월 500엔까지 인출할 수 있게 했다.[85)] 또한 1945년 9월 23일 이전까지 일본에 도착한 송금 수표의 경우, 금액의 다소에 관계없이 수표 한 장 당 1,000엔까지 1회에 한하여 지불받을 수 있었다. 이때 2명 이상이 합하여 수표로 송금했을 경우에는 그 사실을 입증하게 되면 개별 해당자가 1,000엔까지 지불받을 수 있었다.[86)]

또한 우편저금통장을 분실했을 경우에는 통장번호 등을 기입하여 체신원 저금업무국 저금업무과에 분실 신고를 하면 재발급을 받을 수 있었다. 한반도 우체국에 보관하면서 받은 국공채 보관증을 분실한 귀환자의 경우에는, 보관증이나 국공채 번호를 알면 그 번호 추적을 통해 재발행이 가능했으며, 번호를 모르더라고 우편저금통장이 있거나 예치한 우체국 위치를 알면 이를 통해 보관증 재발행을 신청할 수 있었다.[87)]

그러나 한반도에서 지참하고 온 조선은행권 화폐는 일본은행권으로 교

---

82) 『引揚同胞』 1巻 2号, p. 11.

83) 『引揚同胞』 1巻 1号, pp. 7-8.

84) 『引揚同胞』 1巻 1号, pp. 7-8; 『引揚同胞』1巻 2号, pp. 7-9.

85) 『引揚同胞』 1巻 3~4号, p. 6.

86) 『引揚同胞』 1巻 1号, pp. 7-8.

87) 『引揚同胞』 1巻 1号, p. 12; 『引揚同胞』 1巻 2号, pp. 5-6.

환할 수 없게 되었고, 한반도 소재 은행이나 일본 내 은행의 해외 지점, 금융조합, 상호신용금고(無盡會社), 신탁회사 등에 예치한 경우에도 환불이 불가능하게 되었다. 그 밖에 부산항 등 귀환항에서 미군에게 기탁한 현금이나 저금통장을 되찾을 수 있는가에 관한 질문에 대해, 동포세화회는 외무성이 점령당국과 교섭 중이라는 원칙적인 대답만을 내놓았고, 한반도에서 은행이나 우체국에 맡겨 놓은 통장이 어떻게 되는지에 대해서는 장래에 일본으로 반송될 것이라는 전망과 함께 현재는 통신이 두절되어 있어 확인하기 곤란하다고 답했다.[88] 이 가운데 우편저금통장의 경우는 귀환항에서 미군정당국에 기탁되었거나 서울과 부산 세화회에 기탁되었던 것이 1947년 1월 시점에 일본으로 전달되었고 그 후 통장 주인에게 돌아갔다.[89]

또한 한반도에서 일본인 거주자들이 가입한 간이생명보험의 경우에는, 대물(對物) 보험인 전쟁재해보험은 조선총독부 특별회계의 부담이 되어 재외재산이 된 이상 지급 받기가 불가능해졌다. 다만 대인(對人) 보험인 전쟁상해보험의 경우에는 일반회계 부담이 되어 지급을 받을 수 있었다. 이때 사망 확인은 외무성 관리국 재외방인부 대륙과가 담당했다.[90]

호적 및 국적 문제

일본의 패전으로 한반도가 사실상 외국이 된 까닭에 조선인과 가족관계를 가지고 있던 일본인 귀환자들은 자연스럽게 국적 문제에 관심을 갖지 않을 수 없었다. 동포세화회는 1945년 9월 8일 이후 한반도에서 태어난 어린이의 국적은 어떻게 되는가 하는 질문을 접수하고 다음과 같이 응답했다. 국

---

88) 『引揚同胞』 1巻 1号, p. 11. 다만 일본의 귀환항 세관에 기탁한 증서나 예금통장 등은 1946년 6월 21일부터 귀환자 본인에게 되돌려주기로 했다. 『引揚同胞』 1巻 3~4号, p. 7.

89) 『朝鮮引揚同胞世話会特報』 12号, 1947. 1, p. 1; 『朝鮮引揚同胞世話会特報』 13号, 1947. 2, p. 1.

90) 『引揚同胞』 1巻 1号, pp. 7-8; 『引揚同胞』 1巻 2号, p. 5.

적은 출생 장소보다는 부모의 국적에 의한 것이기 때문에 부친이 일본인인가 조선인가가 중요하며 부친이 누군지 모를 경우에는 모친에 따라 국적이 결정된다. 또한 종래부터 일본의 호적은 조선의 호적과 분리되어 있기 때문에 부모의 호적이 어디에 있는지에 따라 그 자녀의 국적이 결정된다는 해설을 덧붙였다.[91)]

또한 조선인과 결혼했지만 1945년 9월 8일까지 혼인신고를 하지 않은 경우 어떻게 하면 합법적인 부부가 될 수 있는지에 관한 질문도 접수되었다. 이에 대해 세화회는 조선인과 일본인의 결혼이 이제 국제결혼이 되었다고 전제하고, 국제법상 국제결혼은 국내결혼과 동일하게 취급되지만, 아직 조선에 외국인과의 혼인에 관한 법률이 정비되어 있지 않은 까닭에 일본인이 조선에 혼인신고를 제출할 수 있는 법적 근거가 명확하지 않다고 했다. 일본 민법상 타민족과의 혼인도 국내 혼인과 동등하게 취급하게 되어 있어 일본에서 혼인신고는 가능할 것으로 보이지만, 행정상 과연 조선 호적과의 정리가 가능할지 불투명하여 아마도 혼인신고를 수리하는 데는 어려움이 있을 것이라고 응답했다.[92)]

동포세화회는 출생, 사망, 혼인, 이혼 등 신분관계의 변동이 있는 귀환자는 반드시 본적지 관청에 호적 변동 확인 조치를 취할 것을 권유했다. 비록 한반도 등 해외에서 관공서를 통해 호적 내용 변경 신청을 했다고 하더라도 본적지 관청에 신고되지 않거나 누락되는 경우가 있기 때문에 귀환자들은 반드시 이를 확인할 것을 강조했다.[93)]

91) 『引揚同胞』 1巻 1号, p. 5.

92) 『引揚同胞』 1巻 1号, pp. 5~6.

93) 『引揚同胞』 1巻 3~4号, p. 11.

자격증과 학력 인정 문제

한반도에서 취득한 의사자격증이나 교원자격증이 일본에서도 인정받을 수 있는지에 대하여 관련 귀환자들의 관심이 높았다. 1945년 8월 15일 이전에 한반도에서 의사면허 또는 치과의사 면허를 취득한 자는 의사시험위원 또는 치과의사시험위원의 전형을 거친 후 면허를 인정받을 수 있었다. 면허 인정을 받고자 하는 자는 주소지 지방장관을 경유하여 후생대신에게 면허 신청을 해야 했다. 이때 조선총독의 면허를 입증하는 서류로는 면허증 사본뿐 아니라 관보 내용이나 의사회 회원 명부로도 충분했다.[94]

한반도에서 취득한 변호사 자격증으로 일본에서 개업할 수 있는지, 1936년에 제정된 조선변호사령에 의해 변호사 자격을 획득한 귀환자들에게는 관심의 대상이 되었다. 이들은 1946년 8월에 제정된 특례법[95]에 의해 전형위원회에 의한 시험을 조건으로 하여 자격을 인정받게 되었다. 특례법에 의한 첫 번째 시험은 1946년 12월에 실시되었다.[96]

교원자격증의 경우, 국민학교 교원자격자는 이를 증명하는 서류를 첨부하여 각 지방의 교원자격검정위원회에 신청하면 면허를 재교부 받을 수 있었다.[97] 중고등학교 교원의 경우에는 해당 출신학교와 지방관청을 경유하게 되어 있는데, 한반도에 소재한 대학이나 전문학교 졸업자의 경우에는 「조선관계잔무정리사무소」를 경유하도록 했다. 실제로 동포세화회 기관지에 여러 차례에 걸쳐 귀환자 중에서 중고등학교 교사를 모집하는 광고가 게재되

---

94) 『引揚同胞』 1巻 2号, p. 6.

95) 「弁護士及び弁護士試補の資格の特例に. 関する法律」(法律第11号, 1946. 8. 27)

96) 『朝鮮引揚同胞世話会特報』 14号, 1947. 2, p. 3.

97) 문부성 학교교육국은 1945년 12월 26일 지방장관에 대한 통첩(官學18호)을 통해 한반도에서 국민학교 교원을 역임한 자에 대한 무시험 검정 방침을 전달했다. 『引揚同胞』 1巻 3~4号, p. 11.

기도 했다.[98]

고등학교 이상의 고등과정 재학생이 일본에서 전학하고자 하는 경우에는 1945년 12월에 실시한 제1차 조치에 이어 제2차 조치로 1946년 3월부터 4월까지 전학 신청을 제출하면 4월 15일 이후 해당 학교의 전형 심사 결과에 따라 전학 여부가 결정되도록 했다. 이때 가능한 같은 계열의 학과와 학교로 전학할 것을 권유하면서도 원칙적으로 다른 계열 학교로 전학하는 것도 가능하게 했다. 중학교나 여학교와 같은 중등학교 과정의 경우에도 정원에 관계없이 일본의 학교에 전학이 가능하게 되었다.[99]

이어 제3차 조치로 1946년 8월 1일부터 9월 10일까지, 제4차 조치로 1947년 2월부터 4월까지 전학 원서를 제출하게 했다.[100] 제2차 조치로 대학과 고등전문학교 과정에 약 3,700명의 귀환자 학생이 전학했고 제3차 조치로 총 6,000명 정도가 일본의 교육기관에서 학업을 계속할 수 있게 되었다.[101] 남한에서 귀환한 학생의 경우, 제3차 조치에 의해 거의 혜택을 받았을 것으로 보인다. 동포세화회는 학생들의 전학을 돕기 위해 기관지를 통해 출신 전문학교별로 또는 한반도 각 도별 학적 관계에 관한 연락처를 공지하고 개별적으로 문의하도록 했다.[102]

치료와 요양 문제

일본 전국의 육해군 병원이 1945년 12월부터 국립병원으로 후생성으로 이관되면서 군인 군속뿐만 아니라 일반 귀환자들에게도 개방되었다. 이들

---

98) 『引揚同胞』 1巻 1号, p. 12; 『引揚同胞』1巻 2号, p. 9.

99) 『引揚同胞』 1巻 1号, pp. 10-11.

100) 『引揚同胞』 1巻 3~4号, p. 36.

101) 『朝鮮引揚同胞世話会特報』 13号, 1947. 2, p. 2.

102) 『引揚同胞』 1巻 5~6号, pp. 7-8.

병원에서는 인양원호국의 증명서와 같이 귀환자들이 일본 상륙 당시에 질병에 걸려 있었다는 것을 입증하는 서류를 제시하면 무료로 치료를 받을 수 있었다. 귀환 후에 질병에 걸린 사람의 경우는 귀환증명서와 같은 관련 서류를 제출하기만 하면 반값 정도의 할인된 비용으로 치료를 받을 수 있었다.[103)]

점차 일본에 해외 귀환자 수가 많아지면서 귀환자들을 주로 치료하는 병원이 설립되었다. 예를 들어 「전재자구원회」가 도쿄 우에노(上野)에 세운 갱생병원, 도쿄 고다히라(小平)의 옛 육군 통신학교 자리에 세워진 후생성 지정 병원, 후쿠오카의 쇼후쿠(聖福) 병원 등이 그것이다. 이들 병원에는 의사나 간호사 그리고 직원에 이르기까지 귀환자들이 많이 근무하고 있었기 때문에 귀환자들에게는 병원 이상의 의미를 갖기도 했다. 동포세화회는 기관지를 통해 이들 병원의 설립 상황을 소개하고 귀환자들이 마음 편하게 치료와 요양을 받을 수 있도록 안내했다.[104)]

또한 귀환과정에서 겪은 고통과 질병으로 인하여 요양을 필요로 하는 귀환자를 위하여 요양시설을 개방하는 사례도 있었다. 예를 들어 재외동포원호회 도쿄지부에서는 1946년 5월에 이즈(伊豆)에 있는 온천 시설을 귀환자들에게 개방했다. 숙박료를 무료로 했을 뿐 아니라 주식(主食)을 지참하기만 하면 부식은 제공받을 수 있었고 자취도 가능했다. 하지만 이처럼 전국적으로 홍보된 시설치고는 수용 가능 인원이 30명밖에 되지 않았기 때문에 장기간 요양하기는 어려웠다.[105)]

103) 『引揚同胞』 1巻 3~4号, pp. 45-46.

104) 『引揚同胞』 10~11号, 1947. 3, pp. 21-22.

105) 『引揚同胞』 1巻 3-4号, p. 46.

4. 한반도 재산에 대한 보상 요구

여기서는 동포세화회 자료를 중심으로 하여 귀환자 단체의 재산권 보상 요구 활동을 살펴보고자 한다. 당시 일본인 귀환자들은 예외 없이 재외재산을 자신들의 경제활동의 결과로 인식하고 있었던 까닭에 일찍부터 『일본인의 해외활동에 관한 역사적 조사』[106] 등의 집필 작업을 통해 재외재산에 관한 대차대조표를 작성하는 한편, 기회가 생기는 대로 단체행동을 통해 재외재산의 보상을 요구했다.

일본 점령당국은 동포세화회가 기관지를 발행하는 데 있어서 국제법에 의한 개인재산권 보장 주장이나, 귀환자와 미귀환자의 열악한 귀환 환경에 대한 과도한 비판, 한반도 치안 상황에 대한 부정적 보도 등에 대해 검열을 통해 삭제(delete) 혹은 게재금지(suppress) 등의 명령을 내렸다. 이처럼 발행 전의 초고에 대한 점령당국의 검열 결과는 미국의 메릴랜드(Maryland) 대학 도서관과 일본 국회도서관 헌정자료실에 소장되어 있는 Prange collection 자료에서 확인할 수 있다.

이러한 외압을 감안하여 동포세화회는 귀환자들의 개인 재산을 보장하지 않는 점령당국에 대해 완곡하고 우회적인 표현으로 비판하는 기사를 내보냈다. 예를 들어 지난날 서울의 세화회가 권유하여 귀환 직전에 탁송하물 보관업자에게 맡긴 짐이 1945년 12월 6일 공포된 미군정청 법령 제313호에 따라 미군정청에 몰수되었다고 하는 점을 공지하면서, 동포세화회는 기관

106) 総論・朝鮮篇・台湾篇・樺太篇・南洋群島篇・満州篇・北支篇・中南支篇・海南島篇・南方篇・その他地域篇으로 구성된 총 37권의 『日本人の海外活動に関する歴史的調査』는 각 지역의 전문가들에 의해 귀환 직후 개별적으로 집필해오던 것을 大蔵省 산하의 「재외재산조사회」가 정리하여 1947년 12월에 완성했다. 이 가운데 朝鮮篇은 경성제대 교수였던 鈴木武雄이 감수했다. 그가 朝鮮篇 마지막 부분(通巻第十一册, 朝鮮篇第十分册)에 실은 글 「朝鮮統治の性格と実績」은 外務省調査局第三課 요청으로 이미 1946년 3월에 등사판 보고서로 제출된 것이 활자화되어 실렸다. 이것은 「재외재산조사회」가 만들어지는 1946년 9월 이전에도 각 지역 전문가에 의한 집필 작업이 이루어지고 있었다는 것을 말해주고 있다.

지에 "우리의 힘이 부족했던 점을 깊이 사죄한다"고 썼다.[107)]

재산보상의 당위성 주장

하지만 동포세화회는 일본 정부에 대해서는 집요하게 그리고 강력하게 해외재산에 대한 보상을 요구했다. 이 단체의 개인재산권 보상 요구 논리는 1946년 7월에 대만, 사할린, 만주, 남양군도 지역의 귀환자 대표들과 함께 연명으로 제출한 진정서에 잘 나타나 있다. 이들은 자신들이 국제법상 인정받는 합법적인 일본의 해외영토에 거주했다는 점,[108)] 일본국민으로서 최전선을 지키다가 생환해온 귀환자들을 냉대하거나 차별하는 것은 부조리하다는 점,[109)] 어렵사리 귀환했으나 계속되는 곤궁한 생활로 고통을 당하고 있다는 점,[110)] 일반적인 군수(軍需)보상이나 전재(戰災)보험 수준을 넘어선 재산권 보상이 절실하다는 점,[111)] 국가가 사유재산권을 존중해야 한다는 점,[112)] 미귀환자에 대한 정부의 조기귀환 정책이 절실하다는 점[113)] 등을 거론하며 재산권 보상을 요구했다.

또한 동포세화회 기관지에서 많이 보이는 재산권 보호를 위한 단체 활동 동향을 통해 실제로 귀환 단체가 이 문제에 대해 얼마나 큰 관심을 갖고 있었는지 미루어 짐작할 수 있다. 기관지는 1946년 3월에 후쿠오카(福岡)에서 결성된 「외지 인양자 서일본연맹」이 4월 17일에 벳푸(別府)에서 개최한 대

107) 『引揚同胞』 1巻 3~4号, pp. 14-16.
108) 穗積眞六郎外, 「在外個人財産報償に關する陳情」, 1946. 7, pp. 1-2.
109) 穗積眞六郎外, 1946. 7, pp. 2-3.
110) 穗積眞六郎外, 1946. 7, pp. 3-7.
111) 穗積眞六郎外, 1946. 7, pp. 7-8.
112) 穗積眞六郎外, 1946. 7, pp. 8-11.
113) 穗積眞六郎外, 1946. 7, pp. 11-13.

회에서 재외재산에 대한 보상을 요구한 것이나,[114] 7월 15일 도쿄에서 열린 '해외인양자전국대회'에서도 "재외 재산의 대가로 귀환자 최저생활을 보장하라"고 결의했던 것을 보도했다.[115] 이윽고 8월 7일에는 동포세화회 주최로 각 지역의 귀환자 단체 대표와 신문사 관계자들을 불러 모아 보상 문제에 관한 좌담회를 개최하기도 했다.[116]

이 밖에 1946년 9월 15일 히로시마에서 열린 귀환자 대회,[117] 1946년 9월 19일 도쿄에서 열린 귀환자 전국대회,[118] 1946년 12월 15일 나가사키에서 열린 귀환자 규슈 연합대회[119] 등의 귀환자 단체 주최 대중 집회에서 동일하게 해외 재산을 보상하라는 요구와 함께 시위가 전개되었음을 확인할 수 있다.[120] 1947년 2월 6일에 개최된 남방(南方)지역 귀환촉진 대회에서 재산권 문제는 거론되지 않고 오로지 미귀환자에 대한 조속한 귀환조치를 요청하는 결의만이 이루어졌던 것[121]과는 대조를 이루고 있다. 생사가 불분명한 미귀환자의 가족에게 있어서는 해외재산에 대한 보상 요구에 앞서 미귀환자의 조속한 송환이 급선무였기 때문이다.

---

114) 『引揚同胞』 1巻 1号, p. 26; 『引揚同胞』 1巻 2号, 1946. 5, pp. 13-15.

115) 『引揚同胞』 1巻 3~4号, pp. 37~38.

116) 『引揚同胞』 1巻 5~6号, pp. 14~20. 좌담회 기록 가운데 호즈미 회장이 주장한 국제법적으로 정당한 일본영토에 거주했다는 점과 일본 점령지 거주자가 마치 침략의 첨병과 같이 취급되고 있다는 비판, 남북한 귀환자 등이 생필품을 약탈당했다고 한 발언 등은 점령당국의 검열에 의해 '일부삭제'(delete) 명령을 받았다.

117) 『引揚同胞』 1巻 7~9号, 1947. 1, p. 15.

118) 『引揚同胞』 1巻 7~9号, pp. 15-16. 동포세화회는 1946년 9월에 열린 귀환자단체 전국대회 결의 내용을 전달하면서 『引揚同胞』 10월호에 「재외 개인재산의 보상 청원」이라는 글을 실으려고 했다가 점령당국으로부터 '게재금지' (suppress) 처분을 받았다.

119) 『引揚同胞』 1巻 10~11号, 1947. 3, p. 16.

120) 뉴스레터 『특보』에서는 재산권 보상 관련 기사가 보이지 않는다. 1946년 12월 26일의 愛媛縣 귀환자 대회 결과와 이듬해 1월 5일의 西日本 귀환자 대회 예고를 알렸지만, 귀환자의 생활을 위한 금융문제가 주된 관심사라고 전했다. 『朝鮮引揚同胞世話會特報』 11号, 1947. 1, p. 1.

121) 『朝鮮引揚同胞世話會特報』 14号, 1947. 2, pp. 3-4.

한반도 재산의 규모

그럼 동포세화회는 한반도에 남겨놓은 재산의 규모를 얼마나 되는 것으로 파악했는지 알아보자. 점령당국의 지시에 따라 일본 정부는 1945년 11월 8일자 대장성 명령을 통해 귀환자들의 해외 재산을 보고하도록 했다. 대장성 명령은 보고 대상 재산으로 (1) 해외에 있는 모든 재산, (2) 해외 거주자의 부담이 되는 모든 채권, 청구권, 예금과 신용거래, (3) 출자금, (4) 모든 유가증권, 수표, 어음, 수령증, 보험증권, 채권증서, (5) 해외 저작권, 특허권, 상표권, (6) 일본은행권, 임시보조통화 이외의 모든 통화, (7) 앞의 사항에 준하는 것 등을 규정했다.[122] 대장성의 지시에 따라 동포세화회는 귀환자 개인과 법인에 대해 귀환 후 1개월 이내에 일본은행 본점이나 지점 창구에 보고서를 제출하도록 했다.[123]

한반도에서 귀환한 일본인 가운데 기업인들로 조직된「조선사업자회」는 1946년 6월 시점에 자산 규모 50만 엔 이상 회원 법인만으로 한반도 재산을 산정하면 300억 엔이 될 것으로 추산한 일이 있다.[124] 이와 함께 동포세화회는 1944년판『조사월보(調查月報)』등의 자료를 조사하여 다음 〈표 6-2〉와 같이 1947년 3월에 패전 당시 한반도의 개인 재산 총액이 257억 엔에 달하는 것으로 발표했다.[125] 이것은 1944년 당시의 법인 재산을 포함한 일본인 재산 가운데 개인 재산이 차지하는 비율로, 밭 8할, 논 6할, 택지 7할, 수산업 소득 3할, 오락흥행업 소득 3할, 금융업 소득 3할, 주식 2할, 부채 5%를 상정한 것이며, 나머지 항목은 개인 재산 100% 비율로 상정한 결과 나온 추정치

122) 大藏省令第95号,「在外財産等ノ報告ニ關スル大藏省令」(大藏省外資局), 1945. 11. 8.

123)『引揚同胞』1巻 1号, p. 9.

124)『引揚同胞』1巻 3~4号, p. 12.

125) 朝鮮引揚同胞世話會,『在朝鮮日本人個人財産額調』, 朝鮮引揚同胞世話會, 1947, pp. 1-2. 동포세화회는 이 자료를 대외비로 취급했다.

이다.[126)]

〈표 6-2〉 일본인 귀환자의 한반도 개인 재산

종류	금액(천 엔)	비율(%)	적요
1. 토지	6,780,250	26.1	1. 경지 및 택지 4,694,400천 엔 밭 108,800정보* 1,050=1,142,000천 엔 논 166,800정보* 1,500=2,502,000천 엔 택지 7,000정보* 15,000=1,050,000천 엔 2. 임야 2,085,850천 엔 임야(땅) 807,000정보* 150=121,050천 엔 축적재 98, 240천석* 20=1,964,800천 엔
2. 가옥	2,823,750	10.8	125,500동 * 22,500엔
3. 가구 의류	3,586,980	13.8	179,349세대 * 20,000엔
4. 기타 기업수익자산	7, 112,070	27.3	1. 상공 기타 기업 6,437,880천 엔 2. 광업 기타 잡업 645,628천 엔 3. 금융업 28,562천엔
5. 개인소득세 과세 외의 기업수익자산	1,890,000	7.3	과세 외 세대 45,000 * 42,000엔
6. 미수확 농작물 등의 손해	2,000,000	7.7	1. 미수확 논 1,357,690천 엔 자작 6,000정보* 쌀 1석 8두 소작 160,800정보* 쌀 9두쌀 총량 1,555,200석* 1,508,544천 엔 여기서 관리비 공과금 공제 150,854천 엔 2. 밭, 과수원 기타 미수확 과실 642,310천 엔
7. 예저금	1,331,012	5.1	예저금 현재 금액 2,181,988천 엔 패전 후 지불받은 금액 공제 850,976천 엔
8. 주식	499,800	1.9	불입 주식 금액
합계	26,023,862		
9. 부채	252,710		
10. 자산총액	25,771,152		약 17억 2천만 달러(1달러=15엔)

한편 일본 정부는 1946년 2월 17일 칙령 제85호로 「임시재산조사령」을 공포하고 1946년 3월 3일 시점의 국내 재산을 일제히 조사하도록 했다. 이것은 조사 결과를 토대로 하여 25%에서 90%에 달하는 재산세를 부과할 것

126) 朝鮮引揚同胞世話會, 1947, pp. 3-6.

을 주된 내용으로 하고 있어 귀환자들의 해외 재산과는 무관한 것이었다. 하지만 귀환자들은 동포세화회에 자신들의 해외 재산이 조사령의 대상이 되는지에 관하여 문의했다. 이것은 귀환자들이 재산권 보상에 얼마나 깊은 관심을 가지고 있었는지를 잘 말해주고 있다. 이러한 문의에 대해 동포세화회는 앞으로 별도의 해외재산 보고서를 제출하기로 되어 있기 때문에 해외 재산이나 귀환할 때 가지고 온 한반도에 본사를 둔 금융기관의 증권과 통장 등은 재산조사령에 해당되지 않는다고 하며 정부측 설명을 전달했다.[127)]

일본 정부는 귀환자들로부터 계속되는 해외재산 보상요구 압박을 받았다. 이에 따라 1946년 9월 대장성(大蔵省) 안에 「재외재산조사회」를 설치하고,[128)] 귀환자 단체의 해외재산 조사결과를 모니터링 하는 한편 해외재산 평가추정 작업에 들어갔다. 조사회에서 조선부장(朝鮮部長) 직책을 담당했던 미즈타 나오마사(水田直昌)는 자신이 발행한 회고록에서 점령당국도 승인할 수 있는 권위 있는 조사결과를 내놓기 위해 1946년 9월부터 1년 반 동안 거의 매일 조사회 사무소에 나가 해외재산 조사와 정리에 주력했다고 기록했다.[129)]

이때 법인재산(약 300억 엔)에 대해서는 점령당국도 어느 정도 수긍을 하기는 했지만 기본적으로 개인재산에 대해서 조사회의 추산 결과를 인정하지 않았다고 했다. 조사회는 한반도의 개인재산으로 250억 엔이 될 것으로 보았고 점령당국은 90억 엔 정도로 추산했다고 하며, 결국 개인재산 규모에 관하여 양쪽의 의견이 일치되지 않는 가운데 조사회 업무가 끝났다고 했다.[130)] 이를 통해 1947년 3월 시점에 동포세화회와 「재외재산조사회」는 공

127) 『引揚同胞』 1巻 1号, pp. 8-9.

128) 在外財産調査會는 각 지역별로 분회를 설치했는데 朝鮮지역은 水田直昌이 담당했다. 이형식, 2011. 6, pp. 245-247.

129) 水田直昌, 1980, pp. 150-151.

130) 水田直昌, 1980, p. 151.

통적으로 한반도의 개인재산 규모를 약 250억 엔 정도로 추산하고 있었다는 것을 알 수 있다.

한편 일본 정부는 패전 직후의 피폐해진 일본 경제 상황과 일본 사회에 팽배한 귀환자에 대한 곱지 않은 시선, 강화조약에서 부과될 일본 정부 배상 문제의 불투명 등, 현실적인 이유로 인하여 귀환자들의 재산권 보상 문제에 신중한 태도를 보였다. 일찍이 1946년 10월 26일, 이시바시 단잔(石橋湛山) 대장성 대신은 나고야의 경제클럽 강연회에서 가진 기자회견에서 해외재산 보상에 관한 정부 측 의견을 밝혔다. 그는 "일본국민 전체가 배상을 부담해야 한다는 견지에서는 당연히 보상해야 하지만, 한편으로 군수보상이 전면적으로 중단된 상황에서 배상분만을 보상한다고 하는 것은 형평에 맞지 않는다. 현실적인 문제로 전체 보상은 어렵기 때문에 이 점을 연구하여 가혹하지도 않고 무리하지도 않은 조치를 취할 생각"이라고 말했다.[131)]

5. 동포세화회의 재정과 활동 종결

여기서는 동포세화회의 활동 경비가 어떻게 충당되고 어떻게 지출되었는지 관련 자료를 통해 살펴보고자 한다. 그리고 6장을 정리하는 의미에서 이 단체가 어떠한 성격을 갖고 있었는지, 어떠한 과정을 거쳐서 활동을 마감했는지 간략하게 정리하고자 한다.

동포세화회의 활동경비

동포세화회는 1946년 10월 15일부터 16일까지 이틀 간 도쿄 마루노우치

131) 『引揚同胞』 1巻 7~9号, pp. 13-14.

(丸の内)의 「구우클럽」 사무실에서 전국 상담소장 회의를 열었다. 전국에 흩어져 활동하는 이사급 임원들을 도쿄로 모아서 단체의 현황과 과제에 관하여 토의하는 모임이었다.[132] 둘째 날 회의에서 조선총독부 관방기획과장을 지낸 하라다 다이로쿠(原田大六)는 1946년도 실행예산을 배포하고 동포세화회의 재정상황과 활동경비 등에 관하여 설명했다. 다음 〈표 6-3〉은 이 자리에서 배포된 실행예산안의 내용으로, 1946년 10월부터 이듬해 3월까지의 기간을 대상으로 한 것이다.[133]

〈표 6-3〉 1946년도 동포세화회 실행예산안

구분		금액(엔)	내용
수입	1. 보조금	200,000	在外同胞援護会로부터 보조 200,000
	2. 기부금	1,300,000	互助会로부터 기부 600,000 新生会로부터 기부 300,000 기타 사업체로부터 기부 400,000
	3. 사업수입	700,000	1946년 8월 대중연예사업 300,000 각종 흥업관계로부터 발생하는 수입 200,000 기타 사업으로부터 발생하는 수입 200,000
	계	2,200,000	
지출	1. 회의비	3,000	회의 6회, 1회당 500
	2. 봉금	61,800	이사 5명 연봉의 절반 24,000 참사 9명 연봉의 절반 37,800
	3. 촉탁 급여	36,000	촉탁 10명, 1인당 월 600 × 6개월
	4. 고용원 급여	9,000	고용원 5명, 1인당 월 300 × 6개월
	5. 인부 급여	5,400	급사 2명, 1인당 월 150 × 6개월 소사 2명, 1인당 월 300 × 6개월
	6. 가족 수당	34,800	직원 29명, 1인당 평균가족 4명, 1인당 50 1개월 지급액 5,800 × 6개월
	7. 수당	45,000	직원 30명, 1인 평균 월 250 1개월 지급액 7,500 × 6개월
	8. 처우개선비	50,000	직원 30명, 봉급 급여 증액 1회 25,000 × 2회

132) 상담소장 회의에는 중앙 조직에서는 회장 · 소장과 이사들이 참석했고, 지방에서는 大阪(上瀧基) · 中国(堀正一) · 九州(高尾甚造) · 四国(山澤和三郎) · 東北(湯村辰二郎) · 名古屋(白石宗城) · 熊本(信原聖) 등의 상담소장이 참석했다. 『引揚同胞』 1巻 7~9号, pp. 7-9; 『朝鮮引揚同胞世話會特報』 6号, 1946. 10, pp. 1-3.

133) 朝鮮引揚同胞世話會. 『昭和二十一年度実行予算案』, 朝鮮引揚同胞世話會, 1946, pp. 1-8.

	9. 교통비	30,000	여비 17,000 통신비 13,000
	10. 사무비	99,000	문구비 6,000 비품비 26,000 소모품비 12,500 운반비 3,500 임대료 3,000 수선비 8,000 기타잡비 40,000
	11. 구휼비	60,000	귀환자에 대한 지급금, 여비, 의약품, 급식비, 기타 구호용 물품 구입비
	12. 상담소 비용	246,000	大阪상담소 36,000 (월 6,000) 下関상담소 36,000 博多상담소 36,000 松山상담소 36,000 東北상담소 42,000 (월 7,000) 名古屋상담소 42,000 熊本상담소 18,000 (월 3,000)
	13. 회보 발행비	120,000	인쇄비용 96,000 (월 16,000) 발송비용 24,000 (월 4,000)
	14. 사업비	500,000	
	15. 귀환 응급비	500,000	
	16. 기금 조성비	200,000	
	17. 예비비	200,000	
계		2,200,000	

이 예산안은 1946년도 후반부 6개월에 대한 것인데다가 어디까지 예산안에 불과하기 때문에 동포세화회의 활동경비 가운데 일부만을 들여다 볼 수 있게 한다고 하는 한계를 가지고 있다. 그러나 동포세화회 경비의 전모를 알게 하는 자료가 밝혀지지 않고 있는 상황에서, 이 자료는 이 단체 예산의 전반적인 성격을 이해하는 데 중요한 근거가 되고 있다.

예산안의 수입 부분을 보면, 기부금이 절반 이상을 차지하고 있다. 이것은 이 단체가 귀환자들의 회비로 운영되는 협의체가 아니라, 일부 명망가의 섭외 노력에 의해 기부를 받아 운영된 단체였다는 것을 보여주고 있다. 또한 일본 외무성의 외곽단체인 「재외동포원호회」로부터 정규적으로 보조금을 받고 있었다고 하는 것은 일본 정부와의 부단한 관련성을 보여주고 있다. 사업수입이 70만 엔으로 책정되어 있었지만, 사업비 50만 엔을 제외하면 순수입은 20만 엔에 지나지 않으며 정부 보조금과 같은 규모가 된다. 게다가 이 단체가 일본의 중앙 및 지방정부로부터 세금 면제를 받아가며 사업을 전개했던 것으로 보아, 일본 정부로부터의 지원이 이 단체의 존립에 중대한 영향을 끼치고 있었다는 것을 쉽게 알 수 있다.

또한 예산안의 지출 부분을 보면, 예비비 혹은 비상자금과 같은 성격을 갖는 귀환 응급비, 기금 조성비, 예비비가 도합 90만 엔으로, 총 지출의 40.9%를 차지하고 있다. 이것은 활동비와 같은 성격을 갖는 교통비, 사무비, 구휼비, 상담소 비용, 회보 발행비, 사업비, 도합 105만 5천 엔(전체의 48.0%)보다 약간 적은 비율이다. 또한 구휼비 항목은 귀환원호 단체로서의 조직적 성격을 상징하는 것이었음에도 불구하고, 그리고 38도선 이북 지역의 일본인 미귀환자가 4만 명 정도로 파악되고 있었음에도 불구하고,[134] 이 항목으로 책정된 지출 예산은 6만 엔에 지나지 않았다. 6만 엔은 전체 예산의 2.7%에 불과하며 이사와 참사의 봉급에도 미치지 못하는 수준이었다. 그것은 이 단체가 예산에 있어서 귀환자 권익 옹호라고 하는 과제를 수행하기 위한 활동에 상대적으로 큰 비중을 두지 않았다는 것을 의미한다. 당장에 필요한 귀환자 구호 활동보다는 장기적인 조직력 강화에 역점을 두었기 때문이 아닌가 생각된다.

동포세화회 조직의 특징

이상으로 살펴본 바와 같이 동포세화회의 조직에 있어서는 임원들의 경력을 통하여 조선총독부 관료 역임자들이 대거 참여하고 있었으며, 귀환자

---

134) 전국 상담소장 회의 첫 날에 호즈미 회장은 인사말에서 아직 38도선 이북에 4만 명 정도의 일본인 미귀환자가 남아있다고 했다. 『朝鮮引揚同胞世話會特報』 6号, 1946. 10, p. 1.

들이 일본 귀환 직후에 가지고 있던 주된 관심은 한반도에 남겨놓고 온 재산에 대한 보상 문제, 한반도에 남아있는 미귀환자의 조속한 귀환 개시 문제, 그리고 귀환자들이 일본에서 정착하기 위한 권익 보호 문제 등이었음을 확인할 수 있다. 아울러 기관지 내용에서는 한반도 재산에 대한 집착이 강하게 표출되었던 것에 비해 과거 식민지 지배에 관한 인식은 전혀 나타나지 않았던 것을 확인할 수 있다.

아울러 동포세화회의 조직적 성격에서 한반도 안의 세화회 조직과는 일부 같은 점과 다른 점을 확인할 수 있다. 이것은 전후 일본인 귀환자들의 '귀환'과 새로운 '정착'이라는 서로 연결된 행동패턴에서 비롯되는 성격이었다. 구성원과 귀환자 원호 활동에서 볼 때는, 한반도 세화회의 연장선에서 조직된 단체였다.

세화회라고 하는 단체명에서 보이는 것처럼 한반도 귀환자를 위한 원호 단체로서의 성격을 분명히 했다. 조직 결성 방식에 있어서도 한반도 세화회와 동일한 방식을 취했다. 패전 직후 서울에서 조선총독부가 알선하여 일본인 유지들을 앞세워 세화회를 결성했던 것과 같이, 일본에서도 동일한 방식으로 동포세화회가 조직되었다. 서울과 부산의 세화회와 연동하여 북한 지역에 남은 미귀환자들에 대한 원호와 귀환을 촉구한 동포세화회 활동도 한반도에서 일본으로 세화회 조직이 확대되었음을 잘 말해주고 있다.[135)]

그러나 일본 정부를 상대로 하는 권익보호 활동에서 보면, 한반도 세화회와는 달리 전후 새로운 형태의 이익단체였다고 볼 수도 있다. 이제 동포세화회가 일본 정부의 전후처리 정책과 깊이 관련을 갖는 단체로 한반도 귀환자

---

135) 1946년 4월 호즈미가 귀국하자 그에 이어 서울의 세화회 회장을 담당한 후루이치 스스무(古市進)는 호즈미와 시오타 「조선관계잔무정리사무소」 소장 등에게 서신을 보내어 북한 잔류 일본인의 상황을 알리고 귀환자 원호지원을 요청했다. 『同和』 172号, 1962. 4. 1 ~ 186号, 1963. 6. 1까지 참고.

들의 전후처리 문제를 본격적으로 요구하는 단체가 된 것이다. 다만 귀환자 권익 보호 활동은 한반도뿐만 아니라 중국 지역 등의 귀환자 단체와 연합하는 움직임으로 나타났다. 1946년 11월에 「인양자단체전국연합회」가 발족하면서 동포세화회는 이 단체의 중추적인 산하 기관이 되었다. 이때 동포세화회 회장인 호즈미는 「인양자단체전국연합회」의 부위원장이 되었고 이듬해에 이 단체의 위원장이 되었다.

동포세화회의 종결

그 해 12월 북한 지역에서 일본인 귀환이 시작되자 동포세화회는 귀환자 원호단체로서의 활동을 마치게 되고 이제는 오로지 귀환을 마친 일본인의 권익을 위해 활동하는 단체가 되었다. 1947년 4월에 실시된 선거에서 호즈미 회장 등 귀환자 단체 관련자 3명이 참의원에 당선되면서 귀환자들의 권익옹호를 위한 조직력이 강화되고 관련된 정치적 움직임도 활발해졌다.[136] 이윽고 1947년 4월에 북한 지역에서도 귀환이 거의 마무리 되자, 동포세화회의 명칭에서 사용되어 오던 '조선인양'이라는 용어가 이제 더 이상 필요 없게 되었다.

여기에다가 현실적으로 점령당국에 의해 「조선회관」 사무실이 접수되면서 동포세화회는 새로운 사무실을 물색해야 했고, 사무실 임대의 비용을 절감하고 업무의 효율성을 확보할 목적으로 도쿄 마루노우치의 「구우클럽」 사무실을 함께 사용하기로 했다. 이렇게 하여 1947년 7월 1일 마루노우치에서 「구우클럽」과 동포세화회의 조직 · 사업 · 재정을 인수 통합하는 형식으

---

136) 호즈미 이외에도 만주철도 근무자로서 귀환 후 引揚者団体全国連合会 사무국 차장을 맡고 있던 北条秀一, 그리고 중국대륙에 체재하다가 上海에서 귀환한 후 海外同胞引揚者同盟 위원장을 맡고 있던 浅岡信夫가 귀환자 관계자로서 1947년에 참의원에 당선되었다. 『朝鮮引揚同胞世話会特報』 18号, 1947. 5, pp. 1-2.

로 새로운 단체 「동화협회(同和協會)」가 발족하게 되었다.[137] 결과적으로 조선총독부 도쿄사무실에서 1년 4개월 동안 연명해오던 '세화회'는 최종적으로 그 간판을 내리게 된 것이다.

「동화협회」는 설립 취지문(趣意書)에서 비록 동포세화회가 문을 닫았지만, 동포세화회 업무를 이어받아 북한 · 소련 지구의 미귀환 일본인을 위한 귀환 촉진운동, 귀환자들의 재외재산 문제 등 정부에 대한 권익옹호 운동, 한반도에서 귀환한 80만이 넘는 일본인들을 위한 생활안정과 상호부조, 한반도 관계자의 기술과 지식에 의한 한일 양국의 문화교류 등을 지속할 것이라고 밝혔다.[138]

137) 「同和協会」는 田中武雄을 회장으로 하고, 도쿄 마루노우치 미쓰비시나카 12호관 6호를 사무실 주소로 하여 출범했다.

138) 『同和會報』 1号, 1947. 11. 30, p. 1.

후기
일본인의 한반도 재산문제와 한일회담

후기에서는 한일국교정상화 과정에서 한반도 일본인의 재산문제가 어떻게 처리되었는지 언급하고자 한다. 일본인 귀환자에 대한 일본 정부의 전후 처리 과정을 간단히 언급하고, 일본인 귀환자들이 보상 받기를 희망했던 한반도 재산 문제가 한일회담 과정에서 어떻게 논의되고 귀결되었는지 간략하게 논하고자 한다.

최근 한국과 일본에서 공개된 한일회담 자료를 해제하고 자료를 분석한 연구결과가 나오고 있다. 양국에서 일련의 자료 해제집이 출판되고 있는 가운데 2010년 한일 양국에서 청구권 교섭에 관한 자료와 해제가 출간되었다.[1] 여기서는 비교적 최근의 연구를 통해 일본인 귀환자들의 한반도 재산문제와 관련하여 한일 양국이 청구권 교섭에서 이 문제를 어떻게 다루어 왔는지를 중심으로 하여 간략하게 정리해본다.

대한민국 정부수립 직후, 일본 정부는 과거 1945년 11월부터 1948년 9월까지 접수된 475,000건에 달하는 일본인 해외재산 보고결과를 토대로 하여 해외 일본인 재산의 전체 규모를 추산하고 이를 점령당국에 보고한 일이 있

---

1) 국민대학교일본학연구소 · 동북아역사재단 편, 『한일회담 일본외교문서 목록집』, 선인, 2010; 浅野豊美 · 吉澤文寿(編), 『日韓国交正常化問題資料: 第1期1945~1953年〈請求権問題〉』, 現代史料出版, 2010.

다.[2] 그 중에 패전 당시 한반도에 있던 재산으로서, 남한에 341억 엔(22억 7,554만 달러), 북한에 446억 엔(29억 7,096만 달러)으로, 총 787억 엔(52억 4,649만 달러) 상당의 일본인 재산이 있었다고 파악했으며, 이 가운데 개인 재산으로는 남한에 74억 엔(4억 9,294만 달러), 북한에 32억 엔(2억 1,126만 달러) 정도를 남겨 놓은 것으로 보고했다.[3] 이것은 1947년 3월 동포세화회와 조사회가 추산했던 개인 재산 총액 250억 엔에서 그 절반 이하로 낮추어 책정한 금액이다.

일본 정부의 귀환자 재산권 보상

일본 정부는 샌프란시스코 강화조약에 따라 연합국에 대해 배상을 하지 않는 대신,[4] 해외재산에 대한 연합국의 처분권을 인정하게 되었다.[5] 강화조약 체결로 인하여 해외 개인 재산의 상실이 분명해진 귀환자로서는 단체 행동을 통하여 점령상태에서 주권을 회복한 일본 정부에 대해 이제 공공연하게 재산권 보상을 요구하고 나섰다.[6]

2) 한국학중앙연구원, 『해방직후 한국소재 일본인 자산 관련자료』, 선인, 2005, p. viii.

3) GHQ SCAP(Civil Property Custodian, External Assets Division), 1948.9.30. Japanese External Assets as of August 1945(Excluding Military and Naval Material) Summary Statement of Distribution by Areas. North and South of Parallel 38° North Latitude, According to Classification by Ownership. 한국학중앙연구원, 2005, p. 67.

4) 일본국과의 평화조약 제14조 (b)에는 "이 조약에 별도의 규정이 있는 경우를 제외하고 연합국은 연합국의 모든 배상청구권, 전쟁 수행 중에 일본국 및 일본국민이 행한 행동으로 인해 발생한 연합국 및 연합국민의 여타 청구권 그리고 점령의 직접 군사비에 관한 연합국의 청구권을 포기한다"고 규정되어 있다.

5) 일본국과의 평화조약 제4조 (b)에는 "일본국은 합중국 정부에 의해 또는 그 지령에 따라 행하여진 일본국 및 그 국민의 재산 처리의 효력을 승인한다"고 규정되어 있다. 이 조항은 한국 정부가 미국에 요구하여 조약에 삽입 명기된 것이다.

6) 일본인 귀환자의 재산보상을 요구하는 인양자단체전국연합회는 샌프란시스코 강화조약 체결에 즈음하여 도쿄 사무소에 조기를 내걸고 트럭에 '사적재산의 혼령(私有財産之靈位)'이라고 적힌 위패를 싣고 돌아다니며 개인재산권이 소멸된 것을 알리며, 점령종결에 의한 축제 분위기에 찬물을 끼얹었다. 아사노 도요미, 「식민지의 물리적 청산과 심리적 청산: 청구권의 법적 문맥과 정치적 해결」, 국민대학교일본학연구소(편), 『한일회담과 국제사회』, 선인, 2010, pp. 295-296.

강화조약 발효 직후 1952년 11월 귀환자 단체들은 '재외자산 보상획득 기성동맹'을 결성하였으며 이듬해 1월에 총궐기대회를 열고 수상관저에서 대대적인 농성을 전개했다. 이러한 재산보상 요구 움직임에 대해 일본 정부는 뒤늦게 1953년 11월에 자문기구 '재외재산문제조사회'를 설치하고 실태 조사와 함께 보상 대책을 세우기 시작했다. 이것은 국내적으로 일본이 강화조약에 의해 대한 청구권 등 해외 재산에 관한 청구권이 없어졌다는 것을 전제로 하는 정책이었다.

일본 정부는 1957년 3월 각료회의를 통해 '귀환자 등에 대한 급부금 지급에 조치 요강'을 결정하고, 이어 5월에는 '귀환자 급부금 등 지급법'을 제정했다. 아울러 한일 수교가 이루어지고 난 직후 1967년에는 지난 1957년의 법률을 보완하여 '귀환자 등에 대한 특별교부금 지급에 관한 법률'을 제정하고 귀환자 약 350만 명에게 공채 형식으로 총 2,100억 엔 가량의 금액을 지급했다.[7]

일본 정부는 오늘날에 이르기까지 일관되게 귀환자의 개인청구권을 인정하고 있지 않으며 따라서 국가가 귀환자들의 해외 개인재산에 대하여 법률적으로 보상해야 할 의무가 없다고 주장해오고 있다. 1950년대부터 오늘날에 이르기까지 귀환자들에 대하여 실질적인 보상에 해당하는 조치를 행하면서도 '급부금' 또는 '특별교부금'이라는 용어를 사용하고 보상이라는 용어를 사용하지 않는 것은 이러한 원칙적인 입장 때문이다. 일본 정부가 한일청구권 협정을 근거로 하여 한국인에 대한 개인청구권이 소멸되었다고 보고 있는 것

7) 1957년 지급법의 주된 내용으로는, 귀환자의 패전 당시 연령을 기준으로 하여, 18세 미만 7,000엔, 18~29세 15,000엔, 30~49세 20,000엔, 50세 이상 28,000엔을 기명채권으로 지급하는 것이었다. 1967년 4월에 제정된 지급법은 교부금을 20세 미만 2만 엔, 20~24세 3만 엔, 25~34세 5만 엔, 35~49세 10만 엔, 50세 이상 16만 엔으로 올리고, 해외에 8년 이상 거주한 자에 대해서는 1만 엔을 추가 지급하며, 사망자 유가족에 대해서는 해당 금액의 70%를 지급하는 것이었다. 内閣総理大臣官房管理室, 『在外財産問題の処理記録: 引揚者特別交付金の支給』, 内閣総理大臣官房管理室, 1973, p. 14; pp. 70-71.

처럼, 샌프란시스코 강화조약을 근거로 하여 일본인 귀환자에 대해서도 개인 청구권이 연합국의 조치에 의해 소멸되었다고 보고 있는 것이다.

한일회담 속의 한반도 재산문제

샌프란시스코 강화조약 제4조 (b)항에 따라 한반도에서 미군정이 일본인 재산을 처리한 효과에 대해 일본이 승인하기로 했다는 것은 앞에서 언급한 바와 같다. 그런데 이 강화조약 제4조 (a)항에는 "일본국 및 일본국민의 재산으로 제2조에 언급된 지역(한반도 등)에 있는 것, 나아가 일본국 및 일본국민의 청구권으로 이들 지역의 시정을 행하고 있는 당국(한국정부 등) 및 그 주민에 대한 처리, 그리고 일본국 및 일본국에 있는 이들 지역 당국 및 주민의 재산, 나아가 일본국 및 일본주민에 대한 이들 지역 당국 및 주민의 청구권 처리는, 일본국과 이들 지역 당국과의 사이의 특별 협의 주제로 한다"라고 되어 있었다. 바로 이 제4조 (a)항을 둘러싸고 한국과 일본이 서로 다른 견해를 취하면서 한일 청구권 교섭 나아가 국교정상화 회담 교섭은 1950년대 난항에 난항을 거듭했다. 간단히 말하면 일본인의 한반도 재산을 둘러싸고 한국 측은 청구권 교섭에서 양국이 협의할 대상이 아니라고 보았고 일본 측은 양국 간 협의 대상이라고 본 것이다.

1952년 2월 제1차 한일회담이 시작되자마자 이러한 양국의 상이한 견해는 곧 바로 충돌을 일으켰다. 일본 측이 점령군의 적국 사유재산의 보호를 규정한 '헤이그 육전 법규 제46조' 등을 거론하며 미군정이 처분한 일본인 개인재산에 대하여 청구권을 주장한데 대해, 한국 측은 이것을 '한국의 민족정신을 무시한 극언'이라고 비판하고 나섰다.[8] 한국 측으로서는 일본측 논리를 인정할 경우, 한국은 식민지로부터 실질적으로 해방된 것이 아니라

---

8) 한일회담 외교문서, 분류번호 723.1 JA 청1952(마이크로 필름 Re-0002) 속의 『제1차 한일회담 청구권분과위원회회의록 제1~8차(1952년 2월 20일~4월 1일)』, p. 364.

형식에 지나지 않는 독립일 뿐이며, 한일회담을 통해 기대했던 대일청구권 요구가 물거품이 될 것이 분명하다고 판단했기 때문이다.[9] 이에 따라 한국 정부는 곧 바로 미국정부에 대해 강화조약 제4조에 관한 유권해석을 의뢰했다.

그 해 4월 29일부로[10] 미 국무성은 양유찬 주미대사에게 보낸 편지를 통해 미국측 입장을 전달했다. 그런데 여기에 나타난 미국 측의 견해는 해석하기가 애매하여 한일 양국의 견해 차이를 좁히기는커녕 오히려 더욱 확대시키는 결과를 낳았다. 미국 측 견해의 요지는 강화조약 제4조 (b)항에 의해 한국 내 일본인의 재산이 소멸되었다고 하면서도 이 문제가 제4조 (a)항에 규정된 '특별 협의'와 관련이 있다(relevant)고 하는 것이었다. 이것은 한국이 대일청구권을 요구할 때 일본인의 개인재산 문제를 고려해야 한다는 견해였다. 일본에 대한 관대한 조치를 희망하는 미국으로서는 한일 양국이 청구권을 상호 철회하고 정치적 타결을 모색하기를 기대하면서도, 가능한 이 문제에 대한 직접적인 개입을 피하려는 의도로 이러한 견해를 제시한 것이다.

한국은 미국 측 견해를 받고 한편으로 한일 양국의 '청구권 상쇄' 가능성을 우려하면서 일본과의 회담과정에서 한반도 일본인 재산에 관한 청구권을 단호하게 부정해갔다.[11] 반면에 일본 측은 미국의 relevant 견해를 자국에 유리한 것으로 해석하고, 한국 측으로부터 예상되는 '과다한' 청구권 요구를 미리 방어하기 위해서, 또는 국내 일본인 귀환자로부터 예상되는 재산보상 요구에 휘말리지 않기 위해서, 한반도 일본인 재산에 관한 청구권을 계속 주장해갔다.

1953년 10월 제3차 한일회담에서 나온 구보타 간이치로(久保田貫一郎)

---

9) 이동준, 「한일청구권교섭과 '미국해석': 회담 '공백기'를 중심으로」, 국민대학교일본학연구소(편), 2010, p. 42.

10) 대일 강화조약이 발효된 4월 28일의 다음 날이다.

11) 이동준, 2010, pp. 43-45.

발언은 바로 일본의 청구권 주장을 둘러싸고 한일 양국 대표가 옥신각신 하는 가운데 분출된 것이다. 한국 측 대표가 일본에 대해 청구권 주장 철회를 요구하는 가운데 구보타는 대한민국이 한반도 유일한 합법정부라면 휴전선 북쪽의 공화국 소재 일본인 재산에 대한 청구권도 지급해야 한다고 주장하기도 했고, 나아가 일본이 한반도 식민지 통치로 끼친 손해를 배상할 테니 대신 한국은 일본인의 합법적인 재산에 대한 청구권을 인정하라고 요구하기도 했다.[12)]

1954년 12월에 출범한 하토야마 이치로(鳩山一郎) 내각은 적극적이지는 않았지만 구보타 발언을 계기로 중단된 한일회담을 재개하고자 하는 움직임을 보였다. 청구권 문제에 관하여 한국에 대해서는 여전히 청구권을 주장하면서도 일본 정부 내부에서는 한국과 대립하는 것보다는 현실적인 타협점을 모색하고 있었다.

1955년 2월 일본 외무성과 대장성(大蔵省)은 '청구권 문제처리 요령안'을 마련하고, 한국 측이 재일(在日) 재산에 대한 청구권을 요구할 경우에 일본은 재한(在韓) 재산 청구권으로 이를 상쇄하자고 하는 방침을 세웠다.[13)] 이것은 조선총독부의 일본 재산 문제는 물론 한반도 출신 피징용자의 미수금(공탁금) 문제와 관련된 것으로, 그 상쇄(相殺) 대상 재산의 내용과 규모는 분명하지 않지만, 한반도의 일본인 재산과 재일 한국인 재산과의 상쇄 방침이 이때 일본에서 한일 청구권 타결을 위한 전략으로 굳어진 것으로 보인다.[14)]

---

12) 박진희, 『한일회담: 제1공화국의 대일정책과 한일회담 전개과정』, 선인, 2008, pp. 178-187.

13) 이동준, 2010, pp. 52~53. '상쇄' 전략에 대해서는 이미 1952년 2월부터 외무성과 대장성 사이에 논의되기 시작했는데, '상쇄'의 내용을 둘러싸고는 강경한 주장과 온건한 주장이 제기되었다. 아사노 도요미, 2010, pp. 311-314.

14) 1961년 12월의 제6차 한일회담 청구권 교섭에서, 한국 측이 피징용자 미수금으로, 기업의 공탁금 2억 5천만 원, 세관 예치금 10,510,200원, 재일본조선인연맹에 기탁한 것으로 일본 정부에 압수된 금액 54,550,000원을 제시한 일이 있다. 그러나 이러한 수치는 청구권 금액 타결에 별다른 영향을 끼치지 않았다. 외무부정무국아주과 『제6차 한일회담 일반청구권소위원회 제7차회의회의록(1961년 12월 15일)』, pp. 218-248.

1956년 1월 일본 정부는 미국에 대해 강화조약 제4조에 관한 해석을 요청했고, 한반도 소재 일본인 재산이 한일 청구권 교섭과 관련이 있다고 하는, 종래의 relevant 조항에 관한 변함없는 미국의 입장을 재확인했다. 즉 미국은 강화조약 제4조 (b)항에 의거하여 일본의 대한 청구권을 분명하게 부인하면서도 한국의 대일 청구권에 대해서는 한국의 일본인 재산 취득에 의해 '어느 정도' 소멸 또는 충족되었다고 하며, 청구권 상쇄론을 전개했다.[15]

이처럼 한국의 대일청구권 삭감을 강하게 시사하는 미국의 견해에 힘입어, 일본 정부는 이미 과거 점령당국에 의해 '폐쇄기관'으로 지정된 바 있는 기관 가운데 한국이 청구권을 주장할 소지가 있는 재일 재산에 대해 실질적인 몰수 조치를 서둘러 강행했다.[16] 그 대표적인 사례가 조선은행 일본지점이다. 조선은행 일본지점의 경우 일찍이 1945년 9월 30일 점령당국에 의해 전쟁협력을 이유로 '폐쇄기관'으로 지정되었다.[17] 샌프란시스코 조약 발효 이후 일본 정부는 청산작업을 유보해오다가 1956년 2월 21일 '폐쇄기관법'을 일부 개정하여 법률 제109호로 공포하고 조선은행 일본지점 잔여 재산에 대해 납부금을 징수하는 형태로 국고에 귀속시켰다. 청산 후 계정되는 잔여 재산 67억 엔 가운데 납부금 28억 엔을 포함하여 청산소득세, 영업세, 지방부가세 등의 명목으로 총 50억 엔을 징수한 것이다. 이어 1957년 4월에는 나머지 17억 엔을 주주배당 몫으로 하여 제2회사(일본부동산은행)

---

15) 이동준, 2010, pp. 54~55. 이동준은 미국무부 문서를 통해 일찍이 1953년 10월에 주일 미국 대사 앨리슨(John Moore Allison)이 미 국무부에 한일회담 재개 중재안 가운데 하나로, 청구권의 상호포기(mutual cancellation)를 제시했음을 밝혔다.

16) 이동준, 2010, 57-58.

17) '폐쇄기관' 지정과 청산과정에 관한 기초자료로 다음 문헌을 참고했다. 閉鎖機関整理委員会(編), 『閉鎖機関とその特殊清算』, 閉鎖機関整理委員会, 1954; 大蔵省財政史室(編), 『昭和財政史: 終戦より講和まで』(第1巻: 賠償 · 終戦処理), 東洋経済新聞社, 1984; 가와구치 마나부, 『일본 국립공문서관 소장 '폐쇄기관청산관계' 자료에 관한 기초연구』, 일제강점하강제동원피해진상규명위원회, 2009.

를 설립하게 했다.[18)]

구보타 발언 이후 한일 회담이 3년 이상 중단된 후 1957년 4월에야 제4차 한일회담이 가까스로 재개되었다.[19)] 하지만 한국정부는 일본의 '상쇄' 움직임에 대해 지속적으로 경계하는 한편, 미국에 대해서는 지난 해의 샌프란시스코조약 해석 가운데서 relevant 조항을 철회할 것을 요청했다. 그러나 미국으로부터 아무런 변화를 얻지 못하고 그 해 12월 한국정부는 결국 "미국의 해석과 같은 의견이며 이것을 근거로 하여 일본과 청구권 교섭을 해 가겠다"고 하는 합의록에 서명하기에 이르렀다.[20)]

이것은 이승만 정부가 미국의 간접적인 압력과 함께 국내외 여건에 따른 일본과의 경제협력 필요성을 인식한 결과 relevant 조항을 끝내 끊어버리지 못한 채 일본과의 청구권 교섭을 이어나가지 않을 수 없었다고 하는 현실적 인식에 도달했다는 것을 의미한다. 결국 1957년 말 시점에서 한일 양국은 청구권 금액에 관한 정치적 타결밖에는 실질적인 방안이 없다는 것을 공통 인식한 셈이다. 이러한 배경 하에서 1962년 김종필 중앙정보부장과 오히라 마사요시(大平正芳) 외무대신에 의한 명분 없는 청구권 금액 타결이 이루어지게 된 것이다.

---

18) 정병욱, 「조선은행 일본지점의 청산과정과 한일관계」, 『사학연구』 95호, 2009. 9, pp. 146-156.

19) 회담공백기 한일 양국의 회담재개 움직임에 대해서는, 이원덕, 1996, pp. 79-100 참고.

20) 이동준, 2010, pp. 60-65.

참고문헌

가와구치 마나부(川口学), 『일본 국립공문서관 소장 '폐쇄기관청산관계' 자료에 관한 기초연구』, 일제강점하강제동원피해진상규명위원회, 2009.

가토 기요후미(加藤聖文), 『대일본제국 붕괴』, 바오출판사, 2010.

경남대극동문제연구소(편), 『지방미군정자료집 I : 한국현대사자료집시리즈1』, 경인문화사, 1993.

국가기록원(편), 『해외수집기록물해제: 日本篇II』, 행정안전부 국가기록원 기록편찬문화과 2011.

국가기록원(편), 『중요 공개기록물 해설집V: 국세청 · 성업공사 편(1950~1980)』, 국가기록원 기록정보서비스부 공개서비스과 2012.

국민대학교 일본학연구소, 『한일회담 외교문서 해제집II: 평화선 · 북송 · 6차회담 (예비교섭 · 청구권)』, 동북아역사재단, 2005.

국민대학교일본학연구소(편), 『한일회담과 국제사회』, 선인, 2010.

국민대학교일본학연구소 · 동북아역사재단 편, 『한일회담 일본외교문서 목록집』, 선인, 2010.

국사편찬위원회(편), 『미군정기 군정단 군정부대 문서4: 한국현대사자료집성50』, 국사편찬위원회, 2000.

기유정(奇柔呈), 「민족국가중심론 비판과 제국연구를 위한 시론적 고찰: '綠旗'(錄人) 속 모리타 요시오의 국체론과 정체성 분석을 중심으로」, 『재조일본인의 사회사』(동국대학교 문화학술원 일본학연구소 제46회 국제학술심포지엄), 2012. 6. 30

김대상(金大商), 『부산 · 경남 언론사 연구』, 대왕문화사, 1981.

김문길(金文吉), 「在韓日本人遺骨問題와 '芙蓉會'에 관한 연구」, 『외대논총』 31집, 2005. 8.

김성희(金ソンヒ) 등, 『1면으로 보는 근현대사 1884부터 1945까지』, 서해문집, 2009.

김인호(金仁鎬), 「1945년 부산지역의 도시소개 연구」, 『한국민족운동사연구』 41호, 2004. 9.

김인호(金仁鎬) 등, 『근현대 한일관계의 제 문제』, 동북아역사재단, 2010,

김천영(金天泳), 『연표 한국현대사』, 한울림, 1984.

김현식(金賢植)・정선태(鄭善太), 『삐라로 듣는 해방직후의 목소리』, 소명출판, 2011.
남기정(南基正), 「한일 선박반환 교섭에 관한 연구: 1차 회담 선박분과위원회 교섭을 중심으로」, 『일본연구』 43호, 2010. 3.
노기영(盧琦霙), 「해방 후 일본인의 귀환과 중앙일한협회」, 『한일민족문제연구』 10호, 2006. 6.
다바타 가야(田端かや), 『식민지 조선에서 살았던 일본 여성들의 삶과 식민주의 경험에 관한 연구』(이화여자대학교 석사학위논문), 1996.
다우어(John W. Dower), 『패배를 껴안고: 제2차 세계대전 후의 일본과 일본인』, 민음사, 2009.
다테노 아키라(館野晳)(편), 『그때 그 일본인들』, 한길사, 2006.
미야타 세쓰코(宮田節子), 『식민통치의 허상과 실상』, 혜안, 2002.
박원표(朴元杓), 『부산의 古今』, 현대출판사, 1965.
박진희(朴鎭希), 『한일회담: 제1공화국의 대일정책과 한일회담 전개과정』, 선인, 2008.
배석만(裵石滿), 「미군정기 부산항과 도시민 생활」, 『지역과 역사』 5호, 1999. 2.
배석만(裵石滿), 「일제시기 부산의 대자본가 香椎源太郞의 자본축적 활동: 日本硬質陶器의 인수와 경영을 중심으로」, 『지역과 역사』 25호, 2009. 10.
부산광역시, 『광복50주년기념 사진으로 본 부산 50년』, 한국사진작가협회부산광역시지회, 1995.
부산상공회의소, 『釜山商議史: 1889年-1982年』, 부산상공회의소, 1982.
부산상공회의소, 『부산상공회의소 백년사 1889-1989』, 부산상공회의소, 1989.
부산상공회의소, 『부산의 상공업 백년』, 부산상공회의소, 1989.
사와이 리에(澤井理惠), 『엄마의 게이죠 나의 서울』, 신서원, 2000
송건호(宋建鎬), 『송건호전집5: 한국현대사의 빛과 그늘』, 한길사, 2002.
신종대(申鍾大), 「해방직후 부산경남지방의 변혁운동」, 역사문제연구소(편), 『한국근현대지역운동사: 1. 영남편』, 여강, 1993.
신현경(申賢敬), 『재조일본인 사회의 형성과 조선남성의 '일선결혼' 연구』(강원대학교 석사학위논문), 2011.
아사노 도요미(淺野豊美), 『살아서 돌아오다: 해방공간에서의 귀환』, 솔, 2005.
아사노 도요미(淺野豊美), 「식민지의 물리적 청산과 심리적 청산: 청구권의 법적 문맥과

정치적 해결」, 국민대학교일본학연구소(편), 2010.
역사문제연구소(편), 『한국근현대지역운동사: 1. 영남편』, 여강, 1993.
외무부정무국아주과 『제6차 한일회담 일반청구권소위원회 제7차회의회의록(1961년 12월 15일)』, 요코 가와시마 왓킨스(Yoko Kawashima Watkins), 『요코 이야기』, 문학동네, 2005.
우치다 쥰(Uchida, Jun), 「총력전 시기 재조선 일본인의 '내선일체' 정책에 대한 협력」, 『아세아연구』 51권 1호, 2008. 3.
유지아(柳芝娥), 「전후 미국의 한국과 일본에 대한 국방경비대(경찰예비대) 창설과정」, 『사림』 28호, 2007. 10.
이규수(李圭守), 「'재조일본인' 연구와 '식민지수탈론'」, 『일본역사연구』 제33집, 2011. 6.
이동준(李東俊), 「한일청구권교섭과 '미국해석': 회담 '공백기'를 중심으로」, 국민대학교일본학연구소(편), 2010.
이연식(李淵植), 『해방 후 한반도 거주 일본인 귀환에 관한 연구』(서울시립대학교 박사학위청구논문), 2009.
이연식(李淵植), 「전후 해외 귀환자에 대한 한일 양국의 지원법 비교연구: 입법의 역사적 배경과 성격을 중심으로」, 김인호 등, 2010.
이연식(李淵植), 『조선을 떠나며: 1945년 패전을 맞은 일본인들의 최후』, 역사비평사, 2012.
이원덕(李元德), 『한일 과거사 처리의 원점: 일본의 전후처리 외교와 한일회담』, 서울대학교출판부, 1996.
이창훈(李昌訓) · 이원덕(李元德)(편), 『한국 근현대 정치와 일본 II』, 선인, 2010.
이형식(李炯植), 「패전 후 귀환한 조선총독부 관료들의 식민지 지배 인식과 그 영향」, 『한국사연구』 153호, 2011. 6.
이홍직(李洪稙), 「소개, 森田芳夫 저 『조선종전의 기록』」, 『아세아연구』 7권 4호, 1964. 12.
임경석(林京錫)(편), 『동아시아 언론매체 사전 1815-1945』, 논형, 2010.
임종국(林鍾國), 『일본군의 조선침략사2』, 일월서각, 1989.
정병욱(鄭炳旵), 「조선총독부관료의 일본 귀환 후 활동과 한일교섭: 1950, 60년대 동화협회 · 중앙일한협회를 중심으로」, 『역사문제연구』 14호, 2005. 6.

정병욱(鄭炳昱), 「조선은행 일본지점의 청산과정과 한일관계」, 『사학연구』 95호, 2009. 9.
정선이(丁仙伊), 『경성제국대학 연구』, 문음사, 2002.
정진석(鄭晉錫), 『해방공간 4대신문: 서울심신문(매일신보), 조선일보, 동아일보, 경향신문』, LG상남언론재단, 2005.
정태헌(鄭泰憲), 「식민지시대 말기의 자금수탈 구조」, 『일제식민지정책 연구논문집』, 광복50주년기념사업위원회, 한국학술진흥재단, 1995.
조선총독부(편), 『1944년 5월 인구조사결과보고』(서울대학교 아시아태평양교육발전연구단 자료총서4), 도서출판 선인 (영인본), 2000.
차철욱(車喆旭), 「해방직후 부산경남지역 사업체관리위원회의 운영과 성격」, 『지역과 역사』 1호, 1996. 6.
최영호(崔永鎬), 『재일한국인과 조국광복: 해방직후의 본국귀환과 민족단체활동』, 글모인, 1995.
______, 「현대 일본인의 한국과 한국인에 대한 인식」, 한일관계사학회, 1998.
______, 「현대 일본의 민족주의 논의 전개양상에 대한 하나의 고찰」, 『21세기정치학회보』 9집 1호. 1999. 6.
______, 「해방직후 부산경남지역의 귀환자 원호체계와 원호활동」, 『한국민족운동사연구』 36집, 2003. 9.
______, 「일본의 패전과 부관연락선: 부관항로의 귀환자들」, 『한일민족문제연구』 11호. 2006. 12,
최영호(崔永鎬) 외, 『부관연락선과 부산』, 논형, 2007.
______, 『한일관계의 흐름 2006-2007』, 논형, 2008.
______, 「해방직후의 일본인 귀환: 세화회 활동을 중심으로」, 이창훈 · 이원덕(편), 선인, 2010,
______, 「한인 귀환자의 눈에 비친 해방직후 부산의 이미지」, 『한일민족문제연구』 20집, 2011, 6.
최영희(崔永禧), 『격동의 해방3년』, 한림대학교 아시아문화연구소, 1996.
최해군(崔海君), 『부산7000년, 그 영욕의 발자취②: 개항부터 일제말까지』, 도서출판 지평, 1997.
______, 『내사랑 부산바다: 부산항 변천사』, 부산광역시, 2001.

친일반민족행위진상규명위원회, 『친일반민족행위진상규명보고서 VI-10』, 친일반민족행위진상규명위원회, 2009.
친일인명사전편찬위원회, 『친일인명사전: 친일문제연구총서 인명편2』, 민족문제연구소, 2009.
한국법제연구회, 『미군정법령총람 영문판』, 한국법제연구회, 1971.
한국학중앙연구원, 『해방직후 한국소재 일본인 자산 관련자료』, 선인, 2005.
한일관계사학회, 『한일 양국의 상호인식』, 국학자료원, 1998.
황선익(黃善翌), 「해방 전후 재한일본인의 패전 경험과 한국 인식: 모리타 요시오를 중심으로」, 『한국학논총』(국민대학교 학국한연구소) 34호, 2010. 8.
황선익(黃善翌), 『연합군총사령부의 해외한인 귀환정책 연구』(국민대학교 대학원 박사학위청구논문), 2012.
후지와라 데이(藤原てい), 『흐르는 별은 살아있다』, 청미래, 2003.
『매일신보』
『민주중보』
『민중신문』
「역사를 찾아」, http://blog.ohmynews.com/historyseek/275755
「위키백과」, http://ko.wikipedia.org
『제1차 한일회담 청구권분과위원회회의록 제1~8차(1952년 2월 20일~4월 1일)』 한일회담 외교문서, 분류번호 723.1 JA 청1952(마이크로 필름 Re-0002).

高峻石(고준석), 『朝鮮1945-1950: 革命史への証言』, 社会評論社, 1985.
宣在源(선재원), 「引揚企業団体の活動: 戦前期海外進出企業の国内経済復帰過程」, 原朗(編), 2002.
辛在卿(신재경), 「〈君が代丸〉についての歴史的考察」, 『京都創成大学紀要』 7巻, 2007. 1.
李景珉(이경민), 「朝鮮總督府終焉期の政策」, 『思想』 734号. 1985. 8.
吳圭祥(오규상), 『ドキュメント在日本朝鮮人連盟 1945~1949』, 岩波書店, 2009.
長重九(장중구), 「王家の終焉: 側近貴族の回想」, 『友邦』 8回, 1982. 3.

淺野豊美, 『故郷へ: 帝国の解体 · 米軍が見た日本人と朝鮮人の引揚げ』, 現代史料出版,

2005.
浅野豊美・吉澤文寿(編),『日韓国交正常化問題資料: 第1期1945~1953年〈請求権問題〉』, 現代史料出版, 2010.
あの日を記録する会編,『8月15日の子どもたち』, 晶文社, 1987.
阿部安成・加藤聖文,「引揚げという歴史の問い方(上)」,『彦根論叢』 348号, 2004. 5,
飯山達雄,『小さな引揚者: 写真集』, 草土文化, 1985.
池田國司,『池田佐忠事業と人生』, 池田國司, 1999.
石川奈津子,『海峡を渡った妻たち』, 同時代社, 2001.
磯谷季次,『植民地の獄 革命家の経験的記録』, 郷土書房, 1949.
_______,『良き日よ, 来たれ: 北朝鮮民主化への私の遺書』, 花伝社, 1991.
泉靖一,『遥かな山やま』, 新潮社, 1971.
稲葉継雄,『旧韓国～朝鮮の「内地人」教育』, 九州大学出版会, 2005.
井手勇,「終戦後の朝鮮(1): 米軍政庁とその施政方針」,『同和』 166号, 1961. 10. 1.
猪又正一,『私の東拓回顧録』, 龍溪書舍, 1978.
今村勳,『私の敗戦日記: 京城六カ月』, 今村勳, 1981.
岩倉誠一,「追悼安井俊雄先生」,『マス・コミュニケーション研究』 33号, 1984. 6.
植村尚,『戦後秘話在外父兄救出学生同盟: 北朝鮮の金日成主席にも直訴して復員者・引揚者を支えた学生ボランティアたち』, eブックランド社, 2007.
浦橋勝信,『朝鮮植民地下の京城・皇城YMCAに関する研究』(九州大学人間環境学府修士論文), 2010. 1.
_______,「日本人世話会帰還事業: 京城内地学徒団・在外不兄救出学生同盟について」,『アジア教育学会発表文』, 2010. 10. 31,
永六輔,『八月十五日の日記』, 講談社, 1995.
遠藤みえ子,『1945年鎮南浦の冬を越えて: 少女と家族の引き揚げ回想録』, 長崎出版株式会社, 2012.
大蔵省管理局,『日本人の海外活動に関する歴史的調査』(通巻第一册, 総論の二: 第三章 日本及その植民地域に於ける人口の発達), 大蔵省管理局, 1947.
_______,『日本人の海外活動に関する歴史的調査』(通巻第三册, 朝鮮編第二分册: 第三章 朝鮮統治の最高方針), 大蔵省管理局, 1947.

_______,『日本人の海外活動に関する歴史的調査』(通巻第九册, 朝鮮編第八分册: 第十八章交通通信の発達), 大蔵省管理局, 1947.
_______,『日本人の海外活動に関する歴史的調査』(通巻第十一册, 朝鮮篇第十分册: 朝鮮統治の性格と実績), 大蔵省管理局, 1947.
大蔵省財政史室(編),『昭和財政史: 終戦より講和まで』(第1巻: 賠償・終戦処理), 東洋経済新聞社, 1984.
奥村芳太郎,『在外邦人引揚の記録写真集 : この祖国への切なる慕情』, 毎日新聞社, 1970.
奥山仙三,『語法・会話朝鮮語大成』, 日韓書房, 1915.
小谷益次郎,『仁川引揚誌: 元仁川在住者名簿』, 大起産業株式会社, 1952.
小野英男(編),『ああ北朝鮮の山河よ: 北朝鮮引揚げから50年小野4きょうだいの記録』, 小野英男, 1995.
外務省,『終戰史錄』, 新聞月鑑社, 1952.
外務省調査局第三課,『朝鮮統治の性格と実績』, 外務省調査局, 1946.
加藤聖文(編),『海外引揚関係史料集成(国内篇)第13巻:「恩賜財団同胞援護会会史」(上)』, ゆまに書房, 2002.
_______(編),『海外引揚関係史料集成(国外篇)第18巻: 朝鮮篇一「終戦後朝鮮における日本人の状況および引揚(一)」』, ゆまに書房, 2002.
_______(編),『海外引揚関係史料集成(国外篇)第19巻: 朝鮮篇二「終戦後朝鮮における日本人の状況および引揚(二)」』, ゆまに書房, 2002.
_______(編),『海外引揚関係史料集成(国外篇)第23巻: 朝鮮篇六「終戦後朝鮮における日本人の状況および引揚(六)」』, ゆまに書房, 2002.
_______(編),『海外引揚関係史料集成(国外篇)第24巻: 朝鮮篇七「終戦前後に於ける朝鮮事情概要」/「朝鮮引揚同胞世話会特報」他』, ゆまに書房, 2002.
金居三男,「世話会残留記」, 鮮交会(編), 1976.
金子定一全集刊行会,『金子定一集第一: 在鮮終戦日記抄』, 金子定一全集刊行会, 1958.
上坂冬子,『慶州ナザレ園: 忘れられた日本人妻たち』, 中央公論社, 1982.
加茂治作,『井原将軍言行録』, 新人物往来社, 1975.
川畑智,『生きる限り: 北朝鮮引揚げの記録』, 川畑智, 1985.

北村光彦,「戦後北朝鮮経済の展望」,『比較経済研究』 47巻1号, 2010. 1.
木村健二,『在朝日本人の社会史』, 未来社, 1989.
木村秀明,『ある戰後史の序章』, 西日本圖書館コンサルタント協會, 1980.
_______,『米軍が写した終戦直後の福岡県』, 引揚港・博多を考える集い, 1999.
京城日本人世話会,「京城日本人世話会規約・事務機構・職員の変遷」, 加藤聖文(編),『海外引揚関係史料集成(国外篇)第18巻:』, 2002.
厚生省援護局(編),『續々・引揚援護の記錄』, 厚生省, 1963.
厚生省仙崎引揚援護局,『仙崎引揚援護局史』, 厚生省仙崎引揚援護局, 1946.
古庄正,「強制連行・未払金はどのように没収されたか: 個人の財産権と国家・企業」, 古庄正・田中宏・佐藤健生他, 2000.
古庄正・田中宏・佐藤健生他,『日本企業の戦争犯罪: 強制連行の企業責任 3』, 創史社, 2000.
小林利一,「私の終戦記」, 鮮交会(編), 1976.
小林英夫,「戦後アジアにおける日本人団体の活動と特徴」, 小林英夫・柴田善雅・吉田千之輔, 2008.
小林英夫・柴田善雅・吉田千之輔,『戦後アジアにおける日本人団体: 引揚げから企業進出まで』, ゆまに書房, 2008.
小林英夫,『日本人のアジア観の変遷: 滿鉄調査部から海外進出企業まで』, 勉誠出版, 2012.
小山健一,『私だけが知っている昭和秘史: GHQ[連合国軍司令部]異聞』, 光人社, 2005.
近藤劔一,「森田芳夫著『朝鮮終戰の記錄』」,『国際政治』 2号, 1964.
斉藤哲雄,『下関駅百年: 戦前の関門・山口の交通』, 新人物往来社, 2001.
坂本悠一・木村健二,『近代植民地都市釜山』, 桜井書店, 2007.
塩田正洪,「終戦後の鉱工局関係の事情」, 森田芳夫・長田かな子(編), 1979.
ジョン・ダワー[John W. Dower],『敗北を抱きしめて(上)』, 岩波書店, 2001.
新藤東洋男,『在朝日本人教師: 反植民地教育運動の記録』, 白石書店, 1981.
新村出(編),『広辞苑, 第三版』, 岩波書店, 1983.
関屋貞三郎,「引揚同胞にうつたふ」,『引揚同胞』 1巻 1号, 1946. 4.
鮮交会(編),『朝鮮交通回顧録: 終戦記録編』, 鮮交会, 1976.

鮮交会,『朝鮮交通史』, 三信図書, 1986,
高崎宗司,『植民地朝鮮の日本人』, 岩波書店, 2002.
高杉志緒,『日本に引揚げた人々』, 図書出版のぶ工房, 2011.
武内慎一,「釜山引揚業務の追憶」, 鮮交会(編), 1976.
竹島和雄,「京城日本人世話会の援護活動概況」, 森田芳夫・長田かな子(編), 1980.
多田井喜生,『朝鮮銀行: ある円通貨圏の興亡』, PHP研究所, 2002.
田中明,「使命感の人: 森田芳夫さんを失って思うこと」,『現代コリア』326号, 1992. 11.
田中保太郎,「終戦時の本局」, 鮮交会(編), 1976.
田辺多聞,「終戦前後の釜山地方交通局管内事情」, 鮮交会(編), 1976.
田村吉雄(編),『秘錄大東亞戦史朝鮮編』, 富士書苑, 1953.
朝鮮関係残務整理事務所,『事務所の沿革と事務概要』, 朝鮮関係残務整理事務所, 1950.
朝鮮銀行史編纂委員會,「終戰前後の朝鮮銀行」, 森田芳夫・長田かな子(編), 1979.
朝鮮交通局長,「管理局長殿電報譯文」(1945. 9. 6) [일본외교문서 제16회 공개분, Reel no. K'0003,「太平洋戰爭終結による在外邦人保護引揚関係雑件: 国内受入体制の整備関係, 輸送関係」]
朝鮮総督府,『昭和13年朝鮮人口動態統計』, 朝鮮印刷株式会社, 1940.
________,「邦人引揚ニ関スル指導連絡機関ノ設置ノ件」[일본외교문서 제16회 공개분, Reel no. K'0002,「朝鮮総督府終戦事務処理本部設置申請の件」].
朝鮮総督府(編),『昭和17年度朝鮮総督府統計年報』, 朝鮮総督府, 1944.
________(編),『昭和19年5月1日人口調査結果報告其ノ一』, 朝鮮総督府, 1944.
________(編),『昭和19年5月1日人口調査結果報告其ノ二』, 朝鮮総督府, 1945.
朝鮮引揚同胞世話會,『事業概況』, 朝鮮引揚同胞世話會, 1946.
________,『昭和二十一年度実行予算案』, 朝鮮引揚同胞世話會, 1946.
________,『在朝鮮日本人個人財産額調』, 朝鮮引揚同胞世話會, 1947.
朝鮮民衆新聞社(編), 水野直樹(訳),『写真集朝鮮解放1年』, 新幹社, 1994.
鎮南浦会(編),『よみがえる鎮南浦: 鎮南浦終戦の記録』, 鎮南浦会東京本部事務局, 1984.
坪井幸生,『ある朝鮮総督府警察官僚の回想』, 草思社, 2004.
鶴岡慧,『私の北朝鮮事情: 敗戦までのささやかな青春敗戦後の抑留, 拷問, そして引揚げ』, 鶴岡慧, 2007.

通堂あゆみ,「植民地朝鮮出身者の官界進出: 京城帝国大学法文学部を中心に」松田利彦・やまだあつし(編), 2009.

東京住宅協会,『東京都全住宅案内図帳: 港区北部』, 東京住宅協会, 版年不明,

長門市(編),『歴史の證言: 海外引揚50周年記念手記集』, 海外引揚50周年記念事業實行委員會, 1995.

内閣総理大臣官房管理室,『在外財産問題の処理記録: 引揚者特別交付金の支給』, 内閣総理大臣官房管理室, 1973.

內務次官, 朝鮮政務總監宛電報「案ノ一」(1945年9月1日) [일본외교문서 제16회 공개분, Reel no. K'0003,「太平洋戰爭終結による在外邦人保護引揚関係雑件: 国内受入体制の整備関係, 輸送関係」]

內務省管理局,「戰爭終結ニ伴フ朝鮮台湾及樺太在住內地人ニ関スル善後措置要領(案)」(1945. 8. 24) [일본외교문서 제16회 공개분, Reel no. K'0003,「太平洋戰爭終結による在外邦人保護引揚関係雑件: 国内受入体制の整備関係, 輸送関係」]

中根隆行,「敗戦の記憶: 在朝鮮日本人の心性の軌跡」,『日本學報』(경상대학교 일본문화연구센터) 9号, 2004. 2.

中保与作,「略奪と赤色の劫火」, 田村吉雄(編), 1953.

成田龍一,「引揚げと抑留」,『帝国の戦争経験』(岩波講座: アジア太平洋戦争 4), 岩波書店, 2006.

西日本図書館コンサルタント協会,『日本1945』, 西日本図書館コンサルタント協会, 1982.

日本国有鉄道広島鉄道管理局,『関釜連絡船史』, 大村印刷株式会社, 1979.

野北通夫,「北村精一名誉教授のご逝去によせて」,『日皮会誌』90巻7号, 1980.

信原聖,「終戦以後の慶尚南道」,『同和』165号, 1961. 9. 1.

萩原晋太郎,『さらば仙崎引揚港』, マルジュ社, 1985.

浜田耕策,「森田芳夫先生著作目録」,『年報朝鮮学』3号, 1993. 3.

_______,「森田芳夫先生略年譜」,『年報朝鮮学』3号, 1993. 3.

原朗(編),『復興期の日本経済』, 東京大学出版会, 2002.

原田大六,「終戰に伴う引揚事務處理」, 森田芳夫・長田かな子(編), 1979,

春田哲吉,『日本の海外植民地統治の終焉』, 原書房, 1999.

引揚援護庁長官官房総務課記録係(編),『引揚援護の記録』, 引揚援護庁, 1950.

引揚げ港・博多を考える集い(監修),『博多港引揚』, 図書出版のぶ工房, 2011.

引揚体験集編集委員会(編),『死の三十八度線』, 国書刊行会, 1981.

樋口雄一,『協和会: 戦時下朝鮮人統制組織の研究』, 社会評論社 1986.

飛田紀男,「終戦直後の金融・銀行」,『豊橋創造大学紀要』8号, 2004.

平島敏夫,『楽土から奈落へ: 満州国の終焉と百万同胞引揚げ実録』, 講談社, 1972.

藤田文吉,『日本人銀行員の朝鮮史雑感と朝鮮殖産銀行』, 株式会社アドワーク, 1988.

古城剛之助,「麗水の遭難」, 鮮交会(編), 1976.

古野直也,『朝鮮軍司令部 1904~1945』, 国書刊行会, 1990.

閉鎖機関整理委員会(編),『閉鎖機関とその特殊清算』, 閉鎖機関整理委員会, 1954.

平和祈念事業特別基金(編),『資料所在調査結果報告書(Ⅰ): 資料が示す今次大戦における恩給欠格者・戦後強制抑留者及び海外引揚者の労苦』, 平和祈念事業特別基金, 1993.

_______(編),『資料所在調査結果報告書(別冊)』, 平和祈念事業特別基金, 1999.

穂積真六郎,「在鮮邦人の引揚状況」,『引揚同胞』3・4号, 1946. 7.

_______,『わが生涯を朝鮮に: 穂積真六郎先生遺筆』, 友邦協会, 1974.

_______,「京城日本人世話会長として」, 森田芳夫・長田かな子(編), 1980,

穂積真六郎外,「在外個人財産報償に關する陳情」, 1946. 7.

舞鶴市(編),『引揚港舞鶴の記錄』, 舞鶴市役所, 2000.

舞鶴引揚援護局郷土室,『引揚記念寫真帳』, 舞鶴引揚援護局郷土室, 1950.

毎日新聞社,『在外父兄救出学生同盟』, 毎日新聞社, 1968.

_______,『一億人の昭和史日本占領1: 降伏・進駐・引揚』, 毎日新聞社, 1975.

_______,『一億人の昭和史 4: 空襲・敗戦・引揚』, 毎日新聞社, 1975.

町田久寿男,「幻の沖縄移住」, 鮮交会(編), 1976.

松田利彦・やまだあつし(編),『日本の朝鮮・台湾支配と植民地官僚』, 思文閣出版, 2009.

丸山兵一,「慶尚南道及び釜山の引揚」,『同和』165号, 1961. 9.

_______,「慶尚南道及び釜山の引揚(二)」,『同和』166号, 1961. 10.

_______,「釜山日本人世話会の活動」, 森田芳夫・長田かな子(編), 1980,

_______,「朝鮮に於ける日本人の引揚状況」, 加藤聖文(編),『海外引揚関係史料集成(国外篇)第19巻』, 2002.

_______,「慶尚南道及び釜山に於ける引揚状況」, 加藤聖文(編),『海外引揚関係史料集成(国外篇)第19巻』, 2002.

水田直昌,『落葉籠』, 水田直昌(非賣品), 1980.

港区立港郷土資料館(編),『増補港区近代沿革図集: 新橋・愛宕・虎ノ門・芝公園・芝大門・浜松町・海岸』, 昭和株式会社, 2009.

宮内俊一,「京城における塾教育」, 森田芳夫・長田かな子(編), 1980.

三宅一美,「曽田嘉伊智氏」,『友邦』39巻8号, 1986. 8.

モスコビッチ[Karl Moskowitz],『植民地朝鮮における日本の銀行の従業員達』, 殖銀行友會, 1986.

本山実,「交通局長の脱出」, 鮮交会(編), 1976.

_______,「終戦前後の釜山埠頭」, 鮮交会(編), 1976.

森下研,『興安丸33年の航跡』, 新潮社, 1987.

森田秀夫,『朝鮮渡航と引揚の記錄』, 秀巧社印刷株式会社, 1980.

_______,「解放の嵐の中に: 朝鮮引揚史その二」, 田村吉雄(編), 1953.

_______,「ソ連の参戦: 朝鮮引揚史その一」, 田村吉雄(編), 1953.

_______,「待ちわびる心: 朝鮮引揚史その六」, 田村吉雄(編), 1953.

_______,『朝鮮終戦の記録: 米ソ両軍の進駐と日本人の引揚』, 巌南堂書店, 1964.

森田芳夫・長田かな子(編),『朝鮮終戰の記錄: 資料編第一卷』, 巖南堂書店, 1979.

_______(編),『朝鮮終戦の記録: 資料篇第二巻』, 巌南堂書店, 1980.

八木信雄,『日本と韓国』, 財団法人日韓文化協会, 1978.

山名酒喜男,『朝鮮総督府終政の記録(1): 終戦前後に於ける朝鮮事情概要』, 友邦協会, 1956.

浴風会(編),『浴風会60年の歩み』, 浴風会, 1986.

四十周年社史編纂室(編),『共栄火災とその活動: 創立四十年のあゆみ』, 共栄火災海上保険相互会社, 1983.

歴史學研究會,『日本同時代史1: 敗戰と占領』, 青木書店, 1990.

若槻泰雄,『戦後引揚げの記録』, 時事通信社, 1991.

ワグナー[Edward W. Wagner], 『日本における朝鮮少数民族: 1904年-1950年(復刻版)』, 龍渓書舎, 1989, p. 58.

渡部学, 「終戰後に於ける京城日本人學徒の教育營爲」, 森田芳夫・長田かな子(編), 1980.

大藏省令第95号, 「在外財産等ノ報告ニ關スル大藏省令」, 大藏省外資局, 1945. 11. 8.

第7回国会(常会), 「開拓農業に関する質問主意書」(質問主意書質問第55号), 1950. 4. 4.

東京法務局港出張所, 『閉鎖登記簿』(新橋1丁目103番9の1).

________, 『閉鎖登記簿』(新橋1丁目103番9の2).

釜山日本人世話会, 「職員名簿: 昭和20年12月1日以降」[福岡市総合図書館所蔵]

『京城內地人世話会会報』

『山陽新聞』

『鮮交人』

『朝鮮總督府官報』

『朝鮮と建築』

『朝鮮引揚同胞世話会特報』

『同和』

『西日本新聞』

『引揚同胞』

『防長新聞』

『讀賣報知』

『聯絡船』

「関麗連絡船と南朝鮮鉄道」, http://www5f.biglobe.ne.jp/~travel-100years

「The Naval Data Base:人名事典」, hush.gooside.com/name/Biography

「太平洋戦争終結による在外邦人保護引揚関係雑件: 国内受入体制の整備関係, 輸送関係」[일본외교문서 제16회 공개분, Reel no. K'0003]

「朝鮮総督府交通局共済組合の本邦内にある財産の整理に関する政令」(政令第40号, 1951. 3. 6), 小山健一, 2005.

「南朝／内地間人員輸送能力訂正(案)」(1945. 9. 27) [일본외교문서 제16회 공개분, Reel no. K'0003, 「太平洋戦争終結による在外邦人保護引揚関係雑件: 国内受入体制の整

備関係, 輸送関係」]
「日本政府発聯合軍最高司令部宛電報」[일본외교문서 제16회 공개분, Reel no. K'0003, 「太平洋戦争終結による在外邦人保護引揚関係雑件: 国内受入体制の整備関係, 輸送関係」
「引揚港・博多: 苦難と平和への願い」, http://hakatakou-hikiage.city.fukuoka.lg.jp
「語源由来辞典」, http://gogen-allguide.com
「釜山でお昼を」, http://nekonote.jp/pusan.html
「ウィキペディア」, http://ja.wikipedia.org

Augustine, Matthew R., Restitution for Reconciliation: The US, Japan, and the Unpaid Assets of Asian Forced Mobilization Victim, *The Journal of Northeast Asian History*, Volume 8, Number 1, Summer 2011.
Cumings, Bruce, *The Origins of the Korean War: Liberation and the Emergence of Separate Regimes 1945-1947*, Princeton University Press, 1981.
Gane, William J., *Repatriation: from 25 September 1945 to 31 December 1945*, Foreign Affairs Section, Headquarters USAMGIK, 1947.
Gane, William J., *Repatriation in Korea, September 1945 to January 1946*, Northwestern University (Master's Thesis), 1949.
Gane, William J., *Foreign Affairs of South Korea, August 1945 to August 1950*, Northwestern University (Doctoral Dissertation), 1951.
United States Army Military Government In Korea, *Manual of Military Government Organization and Function*, USAMGIK Office of Administration, 1946.
Uchida, Jun, *Brokers of Empire: Japanese Settler Colonialism in Korea, 1876-1945*, Harvard University Asia Center, 2011.
Wagner, Edward Willett, *The Korean Minority in Japan 1904~1950*, Institute of Pacific Relations, 1951.
Watt, Lori, *When Empire Comes Home: Repatriation and Reintegration in Postwar Japan*, Harvard University Press, 2009.
Headquarters United States Army Forces in Korea, Office of the Military Governor,

ORDINANCE no.4, CONCERNING JAPANESE MILITARY AND NAVAL PROPERTY, 1945. 9. 28.

Headquarters United States Army Forces in Korea, Office of the Military Governor, ORDINANCE no.8, ESTABLISHMENT OF THE FOREIGN AFFAIRS SECTION OF THE SECRETARIAT OF THE GOVERNMENT OF KOREA, 1945. 10. 1.

Headquarters United States Army Forces in Korea, Office of the Military Governor, ORDINANCE no.10, REGISTRATION OF JAPANESE NATIONALS, 1945. 10. 8.

Headquarters United States Army Forces in Korea, Office of the Military Governor, ORDINANCE no.33, VESTING TITLE TO JAPANESE PROPERTY WITHIN KOREA, 1945. 12. 6.

United States Army Forces In Korea, *Official Gazette*, 1945. 10. 1.

United States Army Forces in Korea, Office of the Military Governor of Korea, ORDINANCE no.2, CONCERNING PROPERTY TRANSFERS, 1945. 9. 25.

United States Army Military Government In Korea, *Manual of Military Government Organization and Function*. USAMGIK Office of Administration, 1946.

세화회 관련 주요 일지(1945년 8월 15일~1948년 7월 10일)

년도	일자	내용
1945년	8월 15일	- 일왕 포츠담선언 수락 방송, 2차대전 종결 - 일본 鈴木貫太郎 내각 총사퇴 - 조선총독부 엔도 정무총감, 여운형에게 치안협력 요청 - 조선총독부 정치범 석방을 지시 - 소련군, 함경북도 고무산 진주 폭격 - 함경북도 도청 일본인 관료 일부, 청진항에서 피난 출항
	8월 16일	- 일본 東久邇宮 내각 출범 - 조선 총독과 정무총감, 서울 거주 일본인 유지들과 간담회
	8월 17일	- 정무총감을 면담한 伊集院兼雄, 穂積真六郎에게 전화로 일본인 단체 필요성을 역설 - 조선건국준비위원회 발족(위원장 여운형)
	8월 18일	- 서울 일본인 유지, 「京城일본인회」 발족(회장 穂積真六郎) - 穂積真六郎, 정무총감 만난 후 「京城內地人세화회」로 단체명 확정
	8월 19일	- 穂積真六郎, 조선군관구 사령부 방문하여 세화회 조직에 관한 협조를 요청
	8월 20일	- 興安丸 선박 부산항 입항, 21일 출항 - 소련군, 원산 상륙
	8월 22일	- 德壽丸 선박 부산항 입항, 24일 출항 - 소련군 평양에 진주
	8월 24일	- 총독부, 세화회 설립에 관한 지시문 하달 - 평양에 만주소개 일본인 본부 결성 - GHQ SCAP, 100톤 이상 선박 항행 금지 - 浮島丸 선박, 일본 舞鶴 근해에서 폭침당함
	8월 25일	- 서울 세화회 제1차 임원회 개최
	8월 26일	- 일본 정부, 「종전연락중앙사무국 Central Liaison Office」 설치 - 조선총독부, 「종전사무처리본부」 설치 결정
	8월 28일	- 조선군관구, 북위38도선 분할 방침을 공표 - 연합군 선견대, 일본 厚木 도착 - GHQ SCAP, 仙崎와 부산 간 대형 민간 선박 興安丸 운항 허가 - GHQ SCAP, 博多와 부산 간 대형 민간 선박 德壽丸 운항 허가
	9월 1일	- 「부산내지인세화회」 발족(회장 香椎源太郎)
	9월 2일	- 일본 항복문서 조인 - GHQ SCAP, 일반명령 제1호(한반도 분할점령 확정) - 서울 세화회, 『회보』 제1호 발행 - 일본 정부, 일본인 귀환 선박을 이용하여 재일조선인 송환을 개시

	9월 3일	- 조선공산당의 평남 책임자 현준혁 암살당함
	9월 4일	- GHQ SCAP, 博多와 진해간 弘濟丸・龍平丸 선박 운항 허가
	9월 6일	- 미군 선발대, 서울에 도착
	9월 7일	- 미군 제24군, 소유권 존중・영어 공용・조선은행권 사용을 알리는 포고문 발표
	9월 8일	- 미군 제24군(사령관 Hodge 중장) 인천 상륙 - 조선군관구 사령부, 본부를 대전으로 이전
	9월 9일	- 조선총독과 조선군관구 사령관, 항복 조인
	9월 10일	- 미군정청 민정관실, 귀환자 대책으로 「피난민과 노동자를 위한 구제 기관」 제출 - 도쿄에서 「재일본조선인연맹」 준비위원회 결성(위원장 趙得聖)
	9월 11일	- 총독부를 미군정청으로 정식 개칭
	9월 12일	- 서울 세화회, YMCA와 공동으로 조선어 강습회 개시 - 미군정청, 阿部信行 총독 해임, 군정장관에 Arnold 소장 취임
	9월 13일	- 미군, 개성에 진주 - 일본 정부, 국제적십자본부에 북한 일본인 귀환 처리를 요망 - 일본 대본영 폐지
	9월 14일	- 미군정청, 조선총독부 정무총감과 국장 해임 - 미군정청, 서울 세화회 사무실을 수색 - 조선공산당, 재건대회(책임비서 박헌영)
	9월 15일	- 미군정청, 일본군인 제대자를 재소집 - GHQ SCAP, 도쿄에 사령부 본부 설치
	9월 16일	- 미군 제40사단 선발대 부산 진주 - 「京城內地人세화회」, 명칭을 「京城일본인세화회」로 변경 - 한국민주당 결성(수석총무 송진우) - 소련 정치국장, 북조선 군정을 공표
	9월 18일	- 미군정청, 대중집회 금지 명령
	9월 19일	- 阿部信行, 비행기로 일본으로 귀환
	9월 20일	- 일본 정부, 9개 항구에 인양민사무소 설치를 지시
	9월 22일	- 미국정부, 군국주의 배제 등을 강조하는 초기 대일방침 발표
	9월 23일	- 미군 제40사단 주력부대 부산 진주, 부산항 접수
	9월 24일	- 부산 군정부대, 수송 및 승선계획에 관한 회의 개시 - 미군정청, 일본군 계획수송을 위한 열차 운행 개시 - 국민당 결성(위원장 안재홍)
	9월 25일	- 미군정청, 귀환업무 주무부서로 외사과를 지정 - 미군정청, 국공유 재산의 처분을 금지하는 법령(제2호) 공포 - 미크로네시아 잔류 일본군을 태운 高砂丸 선박, 別府항에 입항

	9월 28일	- 경남도지사에 Charles S. Harris 준장, 부산시장에 John P. Kelly 소령 취임 - 일본군 계획 송출을 위한 제1호 선박 今衛丸 부산항 출항 - 일본 정부, 仙崎・博多 등 9개 항구를 귀환 항구로 지정
	9월 30일	- 田中鉄三郎 조선은행 총재 해임
	10월 1일	- 서울 세화회, 이재민구제병원 개원 - 미군정, 조선은행권과 달러 환율을 50대 1로 책정
	10월 2일	- 「종전사무처리본부」 부산 안내소 업무 가운데 전재민 원호업무를 부산 세화회가 인수
	10월 3일	- 아놀드 군정장관, 일본인 귀환자에게 세화회 등록을 지시 - 평양에서 김일성 환영 군중대회 열림
	10월 5일	- 미군정청, 군정장관 고문으로 김성수 등 조선인 11명 임명
	10월 6일	- 미군정청, 일본군인에게 휴가를 허용하고 가족 동반 송출을 개시
	10월 7일	- 서울 남산의 조선신궁 본전이 소각됨 - 남양군도 귀환 제1선 氷川丸, 일본 浦賀에 입항
	10월 8일	- 미군정청, 일본인 등록과 위수지역 이탈금지를 통고하는 법령(제10호) 공포
	10월 9일	- 일본 幣原喜重郎 내각 출범
	10월 10일	- 경성대학 의료진, 귀환자 수송 열차 안에서 진료 개시 - 일본 정부, 일본 내 정치사상범 약 3천 명을 일제히 석방함
	10월 11일	- 서울 세화회에 이동의료국 설치 - GHQ, 일본 정부에 5대개혁을 지시
	10월 13일	- 조선공산당 북조선분국 설치
	10월 14일	- 對馬島에서 博多로 향하던 珠丸 선박이 어뢰촉발로 침몰하여 귀환자 다수 사망 - 제주도 출발 일본육군 장병 9,997명 佐世保에 입항
	10월 15일	- 일본 치안유지법 폐지 - 도쿄에서 「재일본조선인연맹」 결성대회 개최(위원장 尹槿)
	10월 16일	- 미군정청, 일반 일본인 계획 수송 개시 - 미군정청, 법령제15호로 경성제국대학을 경성대학으로 개칭(총장 Harry B. Ansted) - 이승만, 미국으로부터 귀국 - 일본 외무성, 외곽단체 재외동포원호회 조직(이사장 松田令輔)
	10월 17일	- 정무총감이던 遠藤柳作, 비행기로 일본에 귀환
	10월 19일	- 일본 왕실, 전재민 구호를 위한 자금 하사
	10월 22일	- 「종전사무처리본부」 부산 안내소의 모든 업무를 부산 세화회가 인수
	10월 24일	- 국제연합(UN) 정식 발족

	10월 25일	- 부산세화회, 미군정청의 귀환자 계획수송 업무 참여 - 한국인 서울시장에 이범승(李範昇) 취임 - 대만총독부, 국민당 정부군에 항복 조인
	10월 27일	- GHQ SCAP, 三井 · 三菱 · 安田 · 住友 등 4대 재벌 해체를 결정
	10월 30일	- 진해의 일본해군부대 철수
	10월 31일	- 경성일보, 일본인 편집에 의한 신문 최종호 발행 - GHQ SCAP, 군국주의 교육의 즉시 추방을 지시
	11월 1일	- 도쿄에서 「조선사업자회」 결성(이사장 白石宗城)
	11월 2일	- GHQ SCAP, 일본 재벌자산 동결을 지시
	11월 3일	- 평양에서 조선민주당 결성(위원장 조만식) - 미군 공습 피해자 주최 「전재자(戰災者)대회」가 仙台에서 열려, 군수물자 지원 등을 요구
	11월 11일	- 서울에서 인민당 결성(위원장 여운형)
	11월 13일	- 미군정청, 국방사령부를 설치하고 조선인 군인 모집을 개시
	11월 15일	- 일본의 재단법인 중앙흥생회(中央興生會) 해산
	11월 20일	- 조선군관구 사령관이던 上月良夫 대전에서 부산을 통해 귀환
	11월 23일	- 임시정부요인, 개인자격으로 환국
	11월 24일	- 일본 정부, 지방인양원호국 설치 칙령 공포
	11월 28일	- 미군정청, 서울 세화회의 예금 동결
	11월 30일	- 일본 육군성이 제1복원성으로, 해군성이 제2복원성으로 변경됨 - 귀환자 기업의 연합체 「해외사업전후대책중앙협의회」 결성(회장 荒川昌二)
	12월 1일	- 동아일보 복간
	12월 2일	- 함흥 거류 일본인 3,282명 강원도 부평으로 이동
	12월 3일	- 함흥 일본인세화회, 「일본인위원회」로 개칭
	12월 4일	- 미군정청, 광복군을 중심으로 정규 국방군 편성
	12월 5일	- 미군정청, 국군창설 기간요원 양성기관으로 군사영어학교 개교 - 미군정청, 일본인 관리의 공금횡령 사건 조사를 위해 법무국에 특위 설치
	12월 6일	- 미군정청, 9월 25일로 소급하여 일본인 재산 일체를 몰수하는 법령(제33호) 공포
	12월 12일	- 미군정청, 서울에 보관중인 일본인 탁송화물 2만 점을 압수
	12월 14일	- 일본 정부, 橫浜 · 吳 인양원호국을 폐쇄 - 일본 정부, 大竹 인양원호국을 개국
	12월 16일	- 모스크바에서 3국 외상회의 개최 - 제2대 미군정청 군정장관에 Archer L. Lerch 소장 취임

	12월 17일	- 일본 중의원 선거법 개정 공포
	12월 18일	- 일본 중의원 해산 - 귀환 대기 중인 일본인에게 제한부 우편제도 허용
	12월 19일	- 上月良夫, 제1복원성 차관 취임
	12월 22일	- 조선군관구 사령부, 연락부 폐지 - 일본 외무성, 내부에 「배상협의회」를 설치
	12월 24일	- 일본인 귀환자 특별수송 열차 종료
	12월 26일	- 모스크바 3국 외상회의 신탁통치안 결정 - GHQ SCAP, 조선총독부 명칭 사용을 금지시킴
	12월 28일	- 모스크바 3국 외상회의 결과 3국에서 동시 발표
	12월 30일	- 한국민주당 수석총무 송진우 피살
	12월 31일	- 서울 세화회, 개성에 원호팀을 파견 - GHQ SCAP, 일본 정부의 세화회에 대한 송금 허용 요청을 기각 - 반탁국민총동원위원회 지도로 서울시민 반탁대회 개최
1946년	1월 1일	- 신탁통치반대 부산시민 총궐기대회 개최 - 일왕, 인간선언
	1월 2일	- 조선공산당, 신탁통치안 지지 성명
	1월 4일	- 평양시 군중대회에서 모스크바 3국 외상회의 결정을 지지 - GHQ SCAP, 일본 군국주의자 공직추방, 초국가주의 단체 해산을 명령
	1월 14일	- 중앙청 국기 게양대에 태극기가 처음으로 게양됨
	1월 15일	- 남조선 국방경비대 창설 - 점령지구의 조선인 일본인 계획귀환을 위한 도쿄회의 열림
	1월 16일	- 미소공동위원회 예비회담이 서울에서 개최됨
	1월 23일	- 경남도지사에 한국인(金秉奎) 취임 - 일본 정부, 門司 인양원호국을 폐쇄, 戶畑 인양원호국을 개국
	1월 24일	- 부산시장(府尹)에 한국인(梁聖奉) 승진 취임
	1월 26일	- 일본 종전사무처리본무, 내부에 귀환관계 각 부처 연락실을 설치
	1월 29일	- 조선총독부 도쿄출장소에서 「조선관계잔무정리사무소」 개설 (소장 塩田正洪)
	2월 1일	- 도쿄에서 「중앙조선협회」를 인수하여 「구우클럽」이 출범함
	2월 2일	- 후쿠오카에서 재외동포구호회 구료부(救療部) 발족
	2월 6일	- 서울 세화회, 『이동회보 제1호』 발행
	2월 8일	- 북한 임시인민위원회 설립
	2월 14일	- 미군정 자문기관으로 남조선민주의원 발족
	2월 15일	- 서울에서 민주주의민족전선 결성

	2월 16일	- 일본 정부, 금융긴급조치령을 통해 경제위기긴급대책 발표
	2월 17일	- GHQ SCAP, 일본 정부에 대해 재일조선인 등의 계획 귀환을 지시
	2월 20일	- GHQ SCAP, 소련지구 일본인 귀환을 미국정부에 요청
	2월 21일	- 미군정청, 동양척식회사를 신한공사로 변경 - 일본 정부, 田辺 · 唐津 · 別府 인양원호국을 개국
	2월 22일	- 일본제국 만주군 중좌 출신의 원용덕이 남조선 국방경비대 총사령관에 취임
	2월 26일	- 일본을 관리하기 위한 전승국의 정책기관 극동위원회(FEC) 정식 설립
	3월 1일	- 서울과 도쿄에서 조선인 좌우익 세력이 나뉘어 각각 3.1절 기념 행사 거행 - 도쿄에서 「조선인양동포세화회」 결성(회장 関屋貞三郎)
	3월 4일	- 미군정청, 일본인 관련 재판을 3월 중에 완결할 것을 지시
	3월 5일	- 북조선 임시인민위원회, 토지개혁법령 공포
	3월 8일	- 미군정청, 포고령을 통해 3주간 이내로 잔류 일본인 귀환하도록 세화회에 통보
	3월 13일	- 일본 후생성 산하기관으로 「引揚援護院」 출범
	3월 15일	- 함흥에서 일본인 집단탈출 개시
	3월 19일	- 신한공사, 일본인이 소유했던 과수원과 농장을 관리하겠다고 발표
	3월 20일	- 미소공동위원회 제1회 본회의 서울에서 개최
	3월 25일	- 후쿠오카에 귀환자 의료시설 「二日市 보양소」 설치
	3월 26일	- 일본 정부, 別府 인양원호국 폐쇄, 名古屋 인양원호국 개국
	3월 30일	- 미군정청 재산관리과장, 일본인 가옥 무단 접수한 조선인의 소유권을 부인
	3월 31일	- 서울과 부산의 세화회 직원을 각각 60명으로 감축
	4월 1일	- 미군정청, 서울과 부산 세화회 직원을 각각 60명으로 제한 - 함흥에서 「일본인전재자위원회」 결성됨
	4월 5일	- 만주 거류 일본인 209명, 만주에서 최초로 귀환선을 타고 博多에 입항
	4월 10일	- 해주 거류 일본인 탈출 종료 - 전후 최초의 일본 중의원 선거
	4월 12일	- 평안남도 추을 거류 일본인 2,700명 진남포로 이동
	4월 15일	- GHQ SCAP, 재일조선인 계획 송출 개시
	4월 17일	- 「외지인양자 서일본연맹」, 別府에서 대회 개최
	4월 20일	- 평양 일본인회 용산묘지에서 위령제 거행

	4월 25일	- 博多항 부두에 부인건강상담소 개설
	5월 1일	- 제17회 메이데이, 도쿄 황궁 앞에 50만 명 운집
	5월 3일	- 미군정청 재산관리과장, 일본재벌이나 상사 소유였던 재산을 관리하겠다고 발표 - 도쿄 극동국제군사재판 개정
	5월 12일	- 평양 거류 일본인 철도관계자 2,615명 남하
	5월 14일	- 만주 葫蘆島 첫 출발 귀환선 佐世保에 입항
	5월 22일	- 진남포 거류 일본인 남하 이동 개시 - 일본 제1차 吉田茂 내각 성립
	5월 27일	- 소련군, 함흥 거류 일본인 610명 캄차카로 이송
	5월 28일	- 일본 정부, 해외기관 관료를 퇴관시키는 칙령 287호 발령 - 동포세화회, 원호자금 모집을 위해 면세혜택을 받는 가운데 대중연예사업 운영
	5월 29일	- 미군정청, 콜레라 발생을 이유로 부산항 일시 폐쇄
	5월 30일	- 소련군, 함흥 거류 일본인 354명 캄차카로 이송
	6월 1일	- 개성·주문진 등 38도선 근처에 일본인 귀환자를 위한 천막 수용소 설치
	6월 3일	- 이승만, 정읍에서 남한단독정부 수립을 주장
	6월 4일	- 소련군, 함흥에서 일본인 남하이동을 금지
	6월 5일	- 소련군, 평양에서 일본인 남하이동을 금지
	6월 11일	- 일본 정부, 점령당국에 소련지구 일본인 귀환을 정식 요청
	6월 14일	- 일본 정부, 제1복원성과 제2복원성을 복원청으로 통합
	6월 15일	- 소련군, 북한 일본인의 노동 자유를 인정 - 함경북도 성진에서 일본인 집단 남하 개시 - 上月良夫, 복원청 제1복원국 국장에 취임
	6월 17일	- 일왕, 静岡縣의 귀환자 수용시설을 시찰
	6월 18일	- 미군정청, 국립 서울종합대학교안 발표
	6월 20일	- 부산 세화회, 직원을 30명으로 감축
	6월 24일	- 동포세화회, 오사카에서 「위기돌파대회」 개최
	6월 25일	- 평안북도 일본인연합회 결성
	6월 26일	- 대일이사회, 소련점령지구 일본인 귀환문제 논의 개시
	6월 30일	- 서울시장(府尹)에 김형민(金炯敏) 취임
	7월 12일	- 북조선 민주주의민족통일전선 결성

	7월 15일	- 해외인양자전국대회, 도쿄에서 개최됨
	7월 16일	- 평양을 떠난 일본인 2천 명, 해주에서 억류당함
	7월 21일	- 동포세화회, 귀환사망자 추도회를 도쿄 築地 本願寺에서 개최
	7월 23일	- 부산 세화회, 부산시내 사찰에 일본인 무연고 유골을 모아 위령제를 거행 - 북한에서 서북지구 일본인 이동위원회 결성됨
	7월 31일	- 穗積真六郎, 동포세화회 제2대 회장에 취임
	8월 1일	- 부산항 귀환 송출 업무 재개
	8월 10일	- 미군정청, 산업 · 교통 · 은행 등 국유화 법령 공포
	8월 12일	- 일본내각 소관 부서로서 경제안정본부 설치됨
	8월 15일	- 서울시 헌장을 발표하고 종래 京城府를 서울특별자유시로 개칭함 - 귀환자 보호시설 聖福寮, 후쿠오카에서 발족
	8월 16일	- 부산 세화회, 직원을 20명으로 감축
	8월 20일	- 일본 국회의원들로 구성된 「동포구원의원연맹」 결성
	8월 22일	- 신의주에서 일본인 2천 명 선박으로 탈출 남하 - 미군정청, 국립 서울대학교 설립을 선언
	8월 23일	- 동포세화회, 일본 중앙 및 지방정부에 귀환자 재취업 배려를 요구하는 탄원서 제출
	8월 28일	- 북조선노동당 결성대회
	9월 1일	- 미군정청, 교육제도를 6 · 6 · 4 학제로 개편하고 학년 개시일을 9월 1일로 조정
	9월 5일	- 山形縣 귀환연맹 총회 열림
	9월 7일	- 大分縣 귀환자 대회 열림
	9월 10일	- 남북한과 일본 사이에 국제우편 재개됨
	9월 12일	- 九州지구 귀환자단체 연합대회가 福岡에서 열림
	9월 14일	- 新潟縣 전재자 귀환자 대회 열림
	9월 15일	- 廣島縣 귀환자 지방대회 열림
	9월 17일	- 東京都 귀환자 원호 연락본부 발대식 열림 - 해외동포구원부인연합회 총회 열림
	9월 18일	- 홍남에서 일본인 2천 명 선박으로 남하
	9월 19일	- 인양자단체전국연합회 주최 전국대회가 東京에서 열림 - 東京都 인양자단체 연합회 발대식 열림
	9월 23일	- 宇品에서 전국 인양원호국 총무과장 회의 열림

	9월 24일	- 남한에서 대규모 철도 파업 발생
	9월 26일	- GHQ SCAP, 소련지구 일본인 귀환에 관한 성명 발표
	9월 28일	- 미군정청, 서울시를 경기도에서 분리시켜 서울자유시로 지정
	9월 29일	- 미군정청, 인천항을 정식 귀환 항구로 지정
	9월 30일	- 일본 중의원, 본회의에서 소련점령지구 잔류동포 귀환촉진에 관한 결의 채택
	10월 1일	- 대구에서 대규모 폭동 발생 - 미군정청, 일본식 행정명칭 町을 洞으로, 丁目을 街로, 通을 路로 개정 - 일본 정부, 田辺·下関·戸畑·唐津 인양원호국을 폐쇄
	10월 3일	-「재일본조선거류민단」 결성대회 (단장 朴烈)
	10월 11일	- 일본 외무성에서 경제안정본부장 등과 해외사업자 대표가 모여 기업 갱생문제를 협의
	10월 12일	- 북조선공업기술총연맹 일본인부 결성
	10월 15일	- 동포세화회 각 지역 상담소장 회의가 舊友俱樂部 사무실에서 열림
	10월 17일	- 인천의 일본인 귀환자를 위한 천막 수용소 폐쇄
	10월 21일	- 일본에 「자작농 창설 특별조치법」(1946년 법률 제43호)이 제정 공포됨
	10월 22일	- 일본 각료회의에서 해외귀환자에 대한 의류 지원 등 월동대책을 결정 - 일왕, 名古屋의 귀환자 수용시설을 시찰
	10월 25일	- 동포세화회 고문단 회의가 舊友俱樂部 사무실에서 열림
	10월 27일	- 재외동포구출학생동맹이 운수성 강당에서 전국대회를 개최
	10월 29일	- 중국 안동에서 남하한 惠比須丸 선박, 진남포 앞바다에서 침몰
	11월 2일	- 개성의 일본인 귀환자를 위한 천막 수용소가 폐쇄됨
	11월 3일	- 일본국 헌법 공포
	11월 6일	- 일본 국회의원에 의한 「동포구원의원연맹」, 귀환촉진대회 개최
	11월 12일	- 의정부의 일본인 귀환자를 위한 천막 수용소가 폐쇄됨
	11월 23일	- 남조선노동당 결성 (위원장 허헌)
	12월 2일	-「引揚者団体全国連合会」 주최 전국대회 개최
	12월 5일	- 사할린 출발 첫 귀환선, 函館 입항
	12월 6일	- 주문진의 일본인 귀환자를 위한 천막 수용소가 폐쇄됨
	12월 8일	- 연해주 나홋카 출발 첫 귀환선, 舞鶴 입항

	12월 12일	- 남조선 과도입법의원 개원(의장 김규식)
	12월 15일	- 長崎에서 일본인귀환자 규슈연합대회가 열림
	12월 16일	- 仙崎 인양원호국이 폐쇄됨
	12월 18일	- 소련군 양해 아래, 정식 귀환선 榮豊丸, 원산항을 출항
	12월 19일	- 소련점령지구 일본인 귀환에 관한 미소협정 성립
	12월 21일	- 近畿, 四國지방 대지진으로 1,330명 사망
	12월 24일	- 소련군, 2년 형기 미만의 한반도 일본인을 석방
	12월 26일	- 「愛媛縣海外引揚者大会」 열림
	12월 27일	- 서울 세화회 업무 종결
	12월 28일	- 남한지역에 대한 조선인 계획 송출 종료
	12월 29일	- 일본에 「자작농 창설 특별조치법」이 시행됨
1947년	1월 12일	- 인천 일본인 연락부 철수
	1월 13일	- 함경북도 고무산 일본군인 수용소 폐쇄
	1월 14일	- 경남도지사에 김철수(金喆壽) 취임
	1월 21일	- 宇品에서 전국 인양원호국 총무과장 회의 열림
	1월 31일	- 맥아더 사령관, 2 · 1파업 중지 명령
	2월 1일	- 일본 정부, 名古屋 · 鹿児島 인양원호국을 폐쇄
	2월 5일	- 군정청 민정장관에 안재홍 취임
	2월 21일	- 일본 정부, 大竹 인양원호국을 폐쇄
	3월 15일	- 재일조선인 북한행 제1차 귀환자 233명을 실은 大安丸, 홍남을 향해 佐世保 출항
	3월 22일	- 정식 귀환선 大安丸, 홍남항을 출항 - 東京에서 「全國引揚物故者합동위령제」 열림
	3월 31일	- 일본 중의원 해산으로 제국의회 종결
	4월 20일	- 제1회 일본 참의원 의원 선거, 穂積真六郎 당선
	4월 25일	- 일본 중의원 의원 선거
	4월 29일	- 博多 인양원호국 폐쇄
	5월 1일	- 일본 정부, 博多 · 浦賀 인양원호국 폐쇄, 横浜 인양원호국 부활
	5월 3일	- 일본국 헌법 시행
	5월 19일	- 일본 경영자단체연합회 창립

	5월 21일	- 서울에서 제2차 미소공동위원회 개최
	5월 24일	- 일본 片山哲 내각 출범
	6월 26일	- 재일조선인 북한행 제2차 귀환자 118명을 실은 信洋丸, 흥남을 향해 佐世保 출항
	6월 27일	- 정식 귀환선 丸如丸, 흥남 서호진을 출항
	7월 1일	- 동포세화회 등을 인수 합병하여 「동화협회」가 발족함
	7월 3일	- 정식 귀환선 信洋丸, 흥남을 출항, 舞鶴에 입항
	7월 15일	- 일본 국회의원에 의한 「동포구원의원연맹」, 귀환촉진대회 개최
	7월 19일	- 근로인민당 당수 여운형 암살당함
	11월 8일	- 정식 귀환선 宗谷丸, 흥남을 출항, 舞鶴에 입항
	12월 2일	- 한민당 정치부장 장덕수 암살당함
	12월 17일	- 일본 경찰법 공포
	12월 31일	- 일본 정부, 宇品 인양원호국 폐쇄, 내무성 폐지
1948년	1월 1일	- 일본 정부, 후생성 제1복원국을 복원국으로 변경
	1월 3일	- 태국 · 버마 · 베트남 거류 일본인의 귀환 종료
	1월 15일	- 후생성에서 전국 인양원호국 차장회의 열림
	1월 17일	- 인도네시아 거류 일본인의 귀환 종료
	2월 8일	- 북조선 인민군 창설
	2월 14일	- 북조선 공업기술총연맹 일본인부 해산
	3월 3일	- 비스마르크 · 솔로몬제도 · 뉴기니아 거류 일본인의 귀환 종료
	3월 10일	- 일본 芦田均 내각 출범
	3월 14일	- 일본 국회의원에 의한 「동포구원의원연맹」, 귀환촉진대회 개최
	4월 3일	- 제주도에서 폭동 발생
	4월 19일	- 김구 · 김규식 등 38도선을 넘어 남북대표자연석회의에 참가
	5월 1일	- 일본 해상보안청 설치
	5월 10일	- 남한에서 단독으로 제헌국회 의원 총선거 실시됨
	5월 31일	- 남한의 제헌국회 개원 - 일본 정부, 인양원호원과 후생성 복원국을 인양원호청으로 통합
	7월 1일	- 남한 국회, 국호를 대한민국으로 결정
	7월 4일	- 정식 귀환선 宗谷丸, 원산항을 출항
	7월 10일	- 부산 세화회 업무 종결

색인

사항

인명